U0137895

長樂鄭氏藏書之印

長樂鄭振鐸西諦藏書

國家圖書館西諦藏書善本圖録

第六册 集部二

國家圖書館古籍館 編

海峡出版发行集团 THE STRAITS PUBLISHING & DISTRIBUTING GROUP | 鹭江出版社 LUJIANG PUBLISHING HOUSE
2019年·厦门

國家圖書館西諦藏書善本圖録

編　委　會

主編：	李　堅	劉　悦	程有慶	李文潔
編委：	陳紅彦	謝冬榮	薩仁高娃	王俊雙
	李際寧	劉玉芬	程　宏	薛文輝
	劉炳梅	趙大瑩	謝　非	張　晨
	蔣　毅	賈大偉	宋宇馨	郭　静

集

集部二 〇〇〇

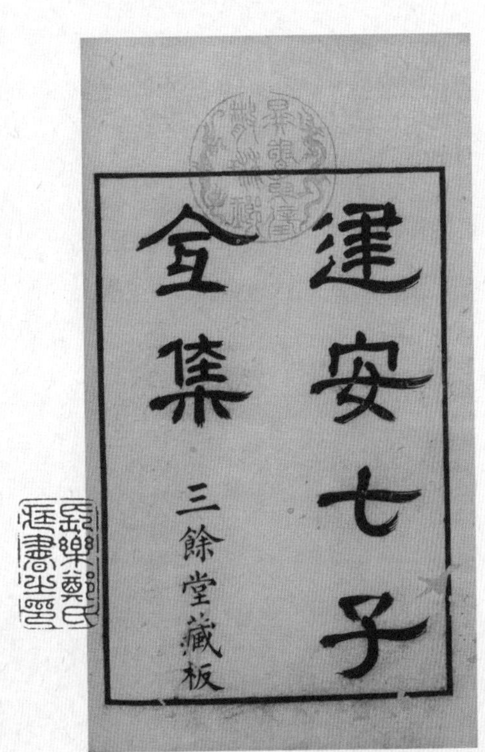

目録

集部二

總集類

屈陶合刻十六卷 —— 三
合刻忠武靖節二編二十一卷 —— 六
漢魏六朝二十一名家集一百二十三卷 —— 九
漢魏六朝百三名家集一百十八卷 —— 一一
謝光禄集一卷顔光禄集一卷 —— 一三
謝法曹集一卷 —— 一四
六朝詩集二十四種五十五卷 —— 一五
宋元詩六十一種二百七十三卷 —— 一九
十二代詩吟解集七十四卷 —— 二二
建安七子集二十八卷 —— 二三
晋二俊文集二十卷 —— 二五
二張詩集四卷 —— 二六
唐百家詩一百七十一卷唐詩品一卷 —— 二七
唐四家詩八卷 —— 二八
唐十子詩十四卷 —— 二九
前唐十二家詩二十四卷 —— 三〇
唐十二家詩十二卷 —— 三三
楊炯集二卷 —— 三四
唐人四集十二卷 —— 三五
五唐人詩集二十六卷 —— 三八
唐人六集四十二卷 —— 四一
唐八家詩二十六卷 —— 四三
唐三高僧詩集四十七卷 —— 四四
唐詩百名家全集三百二十六卷 —— 四六
唐詩百名家全集三百二十六卷 —— 四七
唐詩百名家全集三百二十六卷 —— 四八
中晚唐詩紀六十二卷 —— 五〇
中晚唐詩五十一卷 —— 五一
韓柳文一百卷 —— 五二
［唐詩抄］三卷 —— 五三
唐人選唐詩六種十二卷 —— 五四

蘇黄風流小品十六卷 —— 五六
東坡題跋六卷 —— 五七
南宋群賢小集四十八種五十七卷 —— 五八
群賢小集六十八種一百二十二卷 —— 五九
宋人小集十卷 —— 六〇
西山先生真文忠公文章正宗二十四卷續二十卷 —— 六一
元人集十種五十四卷 —— 六二
李何近體詩選七卷 —— 六四
三異人文集二十三卷附録四卷 —— 六五
皇明十六名家小品三十二卷 —— 六六
翠娱閣評選行笈必攜小札簡二卷 —— 六八
翠娱閣評選行笈必攜二十一卷 —— 六九
國朝大家制義四十二卷 —— 七〇
詩慰初集二十家二十四卷 —— 七二
詩慰初集二十家二十四卷 —— 七四
啓禎兩朝遺詩□□卷 —— 七五
明十一大家集一百十四卷 —— 七七
明十一大家集一百十四卷 —— 七八
名家詩選□□卷 —— 八二
滄江詩選三卷 —— 八三
文選六十卷 —— 八五
文選六十卷 —— 八六
文選六十卷 —— 八七
六臣註文選六十卷諸儒議論一卷 —— 八九
六臣註文選六十卷諸儒議論一卷 —— 九〇
六臣註文選六十卷諸儒議論一卷 —— 九一
新刊文選考註前集十五卷後集十五卷 —— 九二
文選章句二十八卷 —— 九三
梁昭明文選十二卷 —— 九五
文選瀹註三十卷 —— 九六
選詩七卷詩人世次爵里一卷 —— 九八
選詩三卷外編三卷拾遺二卷 —— 九九
選詩三卷 —— 一〇〇
選賦六卷名人世次爵里一卷 —— 一〇一
文選增定二十三卷 —— 一〇二
文選增定二十三卷 —— 一〇三
續文選三十二卷 —— 一〇四
古文苑二十一卷 —— 一〇五
漢魏六朝詩選八卷 —— 一〇六
鐫鍾伯敬先生秘集十五種十五卷 —— 一〇七
望湖亭集四卷 —— 一〇九
賜書樓九世詩文録四十卷 —— 一一〇
玉臺新詠十卷續五卷 —— 一一一
玉臺新詠十卷續四卷 —— 一一三
玉臺新詠十卷 —— 一一四
新刻草字千家詩二卷 —— 一一五
古樂府十卷 —— 一一七
選詩續編四卷 —— 一一八
義門鄭氏奕葉吟集三卷 —— 一一九
周詩遺軌十卷 —— 一二〇
詩紀一百五十六卷目録三十六卷 —— 一二一
詩紀一百五十六卷目録三十六卷 —— 一二三
古詩類苑一百三十卷 —— 一二五
青溪詩集六卷 —— 一二七
詩删二十三卷 —— 一二八
六朝詩彙一百一十四卷目録九卷詩評一卷 —— 一二九
絶句辨體八卷 —— 一三〇
詩學正宗十六卷 —— 一三二
茶集二卷烹茶圖集一卷 —— 一三四
詞海遺珠四卷 —— 一三六
鐫歷朝列女詩選名媛璣囊四卷女論語一卷 —— 一三七
鐫歷朝列女詩選名媛璣囊四卷女論語一卷 —— 一三八
花鏡雋聲元集三卷亨集五卷利集四卷貞集四卷花鏡韻語一卷 —— 一三九
石倉十二代詩選□□卷 —— 一四〇
補石倉詩選十四卷 —— 一四一

維風詩集三十二卷 —— 一四二
古今名媛彙詩二十卷 —— 一四三
千家詩不分卷 —— 一四四
詩岑二十二卷 —— 一四五
歷朝閨雅十二卷 —— 一四七
雲間杜氏詩選七卷 —— 一四八
惠山聽松庵竹罏圖詠四卷 —— 一四九
石研齋七律钞選三十七家 —— 一五二
青樓韻語四卷 —— 一五三
東萊先生古文關鍵二卷 —— 一五五
文章類選四十卷 —— 一五六
文章類選四十卷 —— 一五七
何大復先生學約古文十二卷 —— 一五八
古文會編八卷 —— 一五九
唐會元精選批點唐宋名賢策論文粹八卷 —— 一六〇
古文類選十八卷 —— 一六一
續刻温陵四太史評選古今名文珠璣八卷新鍥焦太史彙選百家評林名文珠璣十三卷 —— 一六二
歷代文選十四卷 —— 一六三
新鐫焦太史彙選中原文獻經集六卷史集六卷子集七卷文集四卷通考一卷 —— 一六五
古今寓言十二卷 —— 一六六
文章正論二十卷 —— 一六八
崇正文選十二卷 —— 一六九
古逸書三十卷首一卷末一卷 —— 一七〇
文壇列俎十卷 —— 一七一
秦漢文鈔六卷 —— 一七二
新鍥考正繪像圈點古文大全八卷 —— 一七三
文體明辯六十一卷首一卷 —— 一七五
文體明辯六十一卷首一卷目録六卷附録十四卷附録目録二卷 —— 一七七
文體明辯附録十四卷目録二卷 —— 一七八
先秦兩漢文膾五卷 —— 一七九
藝林粹言四十一卷 —— 一八〇
名世文宗三十卷談藪一卷 —— 一八一
秦漢文定十二卷 —— 一八二
秦漢文歸三十卷 —— 一八四
唐宋八大家文懸十卷 —— 一八五
唐宋八大家文抄一百四十四卷 —— 一八六
古今辭命達八卷 —— 一八八
藜閣傳燈十三卷 —— 一八九
周文歸二十卷 —— 一九〇
新刻大字傍音註釋全備標題古文大成□□卷 —— 一九一
彙古菁華二十四卷 —— 一九二
四六菁華二卷 —— 一九三
晚邨先生八家古文精選八卷 —— 一九四
賴古堂文選二十卷 —— 一九五
歷科大易文遠前集四卷 —— 一九六
賦略三十四卷緒言一卷列傳一卷外篇二十卷 —— 一九七
歷朝賦格十五卷 —— 一九八
新鐫註釋歷代尺牘綺縠四卷 —— 一九九
書記洞詮一百十六卷目録十卷 —— 二〇〇
翰海十二卷 —— 二〇一
春秋戰國文選十三卷 —— 二〇三
李卓吾先生批選晁賈奏疏二卷 —— 二〇四
三國文二十卷 —— 二〇五
國秀集三卷 —— 二〇六
才調集十卷 —— 二〇八
萬首唐人絶句一百一卷 —— 二〇九
新刊箋註唐賢絶句三體詩法二十卷 —— 二一一
唐僧弘秀集十卷 —— 二一二
唐詩鼓吹十卷 —— 二一三
唐詩類鈔八卷 —— 二一四
唐詩類苑一百卷 —— 二一五
唐詩類苑二百卷 —— 二一六
重校正唐文粹一百卷 —— 二一七

雅音會編十二卷 —— 二一八
唐詩選七卷彙釋七卷附録一卷 —— 二一九
唐詩選七卷 —— 二二〇
郊庵重訂李于鱗唐詩選七卷郊庵訂正詩韻輯要五卷郊庵增訂唐詩評一卷 —— 二二一
新刻錢太史評註李于鱗唐詩選玉七卷首一卷 —— 二二二
唐詩類選六卷 —— 二二四
唐詩紀一百七十卷目録三十四卷 —— 二二五
唐音統籤一千三十六卷 —— 二二六
唐詩豔逸品四卷 —— 二二七
初唐彙詩七十卷詩人氏系履歷一卷目録十卷 —— 二二九
盛唐彙詩一百二十四卷詩人氏系履歷一卷目録二十二卷 —— 二三〇
唐樂府十八卷 —— 二三一
古唐詩選全部四卷 —— 二三二
唐詩指月七卷首一卷 —— 二三三
松陵集十卷 —— 二三四
松陵集十卷 —— 二三五
松陵集十卷 —— 二三六
寒瘦集一卷 —— 二三八
唐李杜詩集十六卷 —— 二三九
增註唐賢絶句三體詩法三卷 —— 二四〇
宋十五家詩選十六卷 —— 二四一
聖宋名賢四六叢珠一百卷 —— 二四二
聖宋名賢五百家播芳大全文粹一百五卷 —— 二四三
柴氏四隱集六卷目録二卷 —— 二四四
草堂雅集十三卷 —— 二四五
草堂雅集十三卷後四卷 —— 二四六
草堂雅集十三卷 —— 二四七
玉山倡和一卷遺什一卷附録一卷 —— 二四八
元詩選不分卷 —— 二四九
聯句私抄四卷 —— 二五〇
明詩選十二卷 —— 二五一
國雅二十卷續四卷國雅品一卷 —— 二五二
寒山蔓草十卷 —— 二五三
鳴玉録□卷 —— 二五四
奕園雜詠一卷奕園史一卷 —— 二五五
歸桃花嶺詩集六卷 —— 二五六
鐫翰林考正國朝七子詩集註解七卷 —— 二五七
鐫翰林考正國朝七子詩集註解七卷 —— 二五八
盛明百家詩選三十四卷首一卷 —— 二六〇
泛舟詩一卷 —— 二六一
小瀛洲十老社詩六卷瀛洲社十老小傳一卷 —— 二六二
督撫兩浙定變輿頌録□卷 —— 二六三
督撫約□卷 —— 二六四
壬辰四友二老詩贊不分卷 —— 二六五
壬辰四友二老詩贊不分卷 —— 二六六
留計東歸贈言八卷 —— 二六七
皇明詩統四十二卷 —— 二六八
奏雅世業十一卷 —— 二六九
隱湖倡和詩三卷 —— 二七〇
錢牧齋先生列朝詩集小傳十卷 —— 二七一
扶輪集十四卷 —— 二七二
扶輪廣集十四卷 —— 二七四
扶輪新集十四卷 —— 二七五
明詩綜一百卷 —— 二七六
二仲詩二卷 —— 二七八
九大家詩選十二卷 —— 二七九
皇明文選二十卷 —— 二八〇
續編球琳瀚海表學啓蒙三卷 —— 二八一
新刊舉業明儒論宗八卷 —— 二八二
文範□□卷 —— 二八三
皇明文範六十八卷目録二卷 —— 二八四
皇明文範六十八卷目録二卷 —— 二八五
皇明近代文範六卷 —— 二八六
皇明文苑九十六卷 —— 二八七
今文韻品二卷 —— 二八八

新鐫國朝名儒文選百家評林十二卷 —— 二八九
增定國朝館課經世宏辭十五卷 —— 二九〇
國朝名公經濟文鈔十卷第一續不分卷 —— 二九一
鼎鐫諸方家彙編皇明名公文雋八卷 —— 二九二
石倉歷代文選二十卷 —— 二九三
岳石帆先生鑒定四六宙函三十卷附文武
爵秩一卷 —— 二九六
四六類編十六卷 —— 二九七
四六徽音集四卷 —— 二九八
幾社文選二十卷 —— 二九九
新刊家塾四書會編□卷 —— 三〇〇
金陵新鐫皇明史館名公經世宏辭十四卷 —— 三〇一
察院試録不分卷 —— 三〇二
明文鈔不分卷詩鈔不分卷 —— 三〇三
祁門金吾謝氏仲宗文集一卷詩集一卷 —— 三〇四
匪庵四書明文選十卷補格一卷 —— 三〇五
明文英華十卷 —— 三〇六
山曉閣選明文全集二十四卷續集八卷 —— 三〇七
山曉閣重訂昭明文選十二卷 —— 三〇九
成弘正嘉啓禎大小題文讀本 —— 三一〇
國朝七名公尺牘八卷 —— 三一二
國朝七名公尺牘八卷 —— 三一三
國朝七名公尺牘八卷 —— 三一四
繡梓尺牘雙魚十一卷又四卷補選捷用尺
牘雙魚四卷 —— 三一五
春雪箋八卷 —— 三一六
風教雲箋續集四卷 —— 三一七
古文小品冰雪攜六卷 —— 三一八
明人尺牘不分卷 —— 三一九
滕王閣全集十三卷徵彙詩文不分卷 —— 三二〇
東池詩集五卷 —— 三二一
蘭言集二十四卷 —— 三二二
汪柯庭彙刻賓朋詩十一卷 —— 三二四
詩觀初集十二卷二集十四卷閨秀別卷一
卷三集十三卷閨秀別卷一卷 —— 三二六
懷嵩堂贈言四卷 —— 三二七
豐草亭詩一卷 —— 三二九
國雅初集不分卷 —— 三三〇
過日集二十卷名媛詩一卷諸體評論一卷
曾青藜詩八卷曾丽天詩一卷 —— 三三一
百名家詩選八十九卷 —— 三三三
詩持一集四卷二集十卷三集十卷 —— 三三五
皇清詩選三十卷首一卷 —— 三三七
瑶蕊編一卷針餘小草一卷 —— 三三九
溯洄集十卷詩論一卷詩話一卷 —— 三四〇
雙溪倡和詩六卷 —— 三四二
姑蘇楊柳枝詞一卷 —— 三四四
寄園七夕集字詩一卷補遺一卷附七夕別
韵倡和一卷四景絶句一卷寄園詩一卷 —— 三四五
蕉林揮麈圖題詠一卷 —— 三四六
時賢題詠卞氏牡丹詩一卷首一卷 —— 三四七
中州名賢文表三十卷 —— 三四九
揚州東園題詠四卷 —— 三五〇
群雅集四卷 —— 三五二
文津二卷 —— 三五四
賴古堂名賢尺牘新鈔十二卷 —— 三五五
賴古堂尺牘新鈔二選藏弆集十六卷 —— 三五六
賴古堂尺牘新鈔三選結鄰集十六卷 —— 三五八
憑山閣新輯尺牘寫心集四卷 —— 三六〇
分類尺牘新語二編二十四卷 —— 三六一
分類尺牘新語廣編二十四卷補編一卷 —— 三六二
張穆祁雋藻等書劄不分卷 —— 三六三
䙆󠄀飢亭詩文稿一卷 —— 三六四
名家詩詞叢抄二十八卷 —— 三六五
宗風師法真傳五卷 —— 三六六
燕臺文選初集八卷 —— 三六七
畿輔明詩十二卷 —— 三六九
七十二峰足徵集八十八卷文集十六卷 —— 三七一
書畫題跋五種五卷 —— 三七三
甫里逸詩二卷 —— 三七四

甫里逸詩二卷逸文一卷聞見集一卷詩文選一卷竹素園詩選二卷易安詩稿一卷 三七五
崑山雜詠二十八卷 三七六
毗陵六逸詩鈔二十四卷 三七八
于野集十卷 三八〇
山陽耆舊詩不分卷 三八一
太平三書十二卷 三八二
新安文獻志一百卷 三八三
釣臺集二卷 三八四
選刻釣臺集五卷 三八六
甬上耆舊詩三十卷高僧詩二卷 三八七
四明四友詩六卷 三八九
四明四友詩六卷 三九〇
會稽掇英總集二十卷校正會稽掇英總集札記一卷 三九一
越中三子詩三卷 三九二
沈南疑先生檇李詩繫四十二卷 三九四
鴛湖倡和二卷 三九六
赤城詩集六卷 三九八
金華文統十三卷 三九九
輯刻琵琶亭詩不分卷 四〇〇
臨川文獻二十五卷 四〇二
蜀藻幽勝録四卷 四〇四
閩中十子詩十種三十卷 四〇五
閩賢遺墨不分卷 四〇七
粵西詩載二十五卷 四〇九

詩文評類

文心雕龍十卷 四一三
劉子文心雕龍二卷註二卷 四一四
陳學士吟窗雜録五十卷 四一五
全唐詩話六卷 四一六
韻語陽秋二十卷 四一八
唐詩紀事八十一卷 四一九
陳眉公訂正文則二卷 四二一
後村詩話二卷 四二二
深雪偶談一卷 四二三
歷朝詩林廣記四卷 四二四
新編名賢詩法三卷 四二五
詩話十卷 四二七
冰川詩式十卷 四二八
冰川詩式十卷 四二九
詩話類編三十二卷 四三一
木石居精校八朝偶雋七卷 四三二
作論秘訣心法不分卷 四三三
刻續名世文宗評林十卷 四三五
詩說紀事三卷 四三六
詩法火傳十六卷 四三七
五代詩話十二卷漁洋詩話二卷 四三八
詩問四卷附詩問續一卷 四三九
吕晚邨先生論文彙鈔不分卷 四四〇
西江詩話十二卷 四四二
蓮坡詩話三卷 四四四
一瓢齋詩話一卷 四四五
詩準四卷詩翼四卷 四四六
補閑三卷 四四七

集

集部二——總集類

離騷

帝高陽之苗裔兮朕皇考曰伯庸攝提貞于孟
陬兮惟庚寅吾以降皇覽揆予于初度兮肇錫
予以嘉名名予曰正則兮字予曰靈均紛吾既
有此內美兮又重之以脩能扈江蘺與辟芷兮
紉秋蘭以爲佩汨予若將不及兮恐年歲之不
吾與朝搴阰之木蘭兮夕攬州之宿莽日月忽
其不淹兮春與秋其代序惟草木之零落兮恐

離騷　　綠君亭

屈陶合刻十六卷　〔明〕毛晋編

明萬曆四十六年（1618）天啓五年（1625）毛氏綠君亭刻本　鄭振鐸跋

六册　存十一卷：屈子一至四、楚譚二卷參疑一卷、陶靖節集詩一卷、文一卷、參疑一卷、雜附一卷

半葉八行十八字，白口，四周單邊，無直格。版框 20.2×14.3 厘米

16775（14655）

停雲

停雲思親友也罇湛新醪園列初榮願言不從歎息彌襟

靄靄停雲濛濛時雨八表同昏平路伊阻靜寄東軒春醪獨撫良朋悠邈搔首延佇

停雲靄靄時雨濛濛八表同昏平陸成江有酒有酒閒飲東牕願言懷人舟車靡從

東園之樹枝條再榮競用新好以招予情人亦

一〇六五五

久欲得毛氏綠君亭本屈陶合刻南北各肆皆無有今乃於隆福寺見之亟取之歸以其本屈子只收離騷九歌天問九章遠遊卜居漁父七篇皆原之作也末附參疑譯韻譯字頗有益於讀者陶集後則附參疑及雜附亦可資參考予所收毛氏所鐫書已十得七八不知何時方能集爲大觀也一九五八年六月三日西諦記於北京

諸葛忠武書卷之一

長樂鄭振鐸西諦藏書

茂苑楊時偉編次

年譜

時偉按古人年譜無事則闕此特變體歲引時事者維侯降神以挽炎祚而桓靈之傾圮既深操權之竊據已固是故伊呂之征誅易而孔明之興復難時爲之也光和以前蘊亂未熾黃巾卓操適際侯生特紀厥要以志時艱而事涉魏吳爲稍詳焉

諸葛書　卷一　一

合刻忠武靖節二編二十一卷　〔明〕楊時偉編

明萬曆四十七年（1619）楊時偉刻本　鄭振鐸跋

六册

半葉九行十八字，小字雙行同，白口，四周單邊。版框 20.1×12.9 厘米

15905（9952）

陶靖節集卷之一

詩四言

停雲幷序

停雲思親友也罇酒新湛園列初榮願言不從歎息彌襟

靄靄停雲濛濛時雨八表同昏平路伊阻靜寄東軒春醪獨撫良朋悠邈搔首延佇

停雲靄靄時雨濛濛八表同昏平陸成江有酒有酒閒飲東窻願言懷人舟車靡從

長樂鄭振鐸西諦藏書

楊時偉嘗刻唐詩艷逸品首附百美百花
二图鐫印甚精此合刻忠武靖節二編
亦其所輯頗見其纂輯之功力芟
除僞語独存覌本色考証之精詳
明末學人罕見其傳前日見於修
綆堂遂收之亦一明刻六朝人集善本
也一九五六年十一月の日灯下西諦

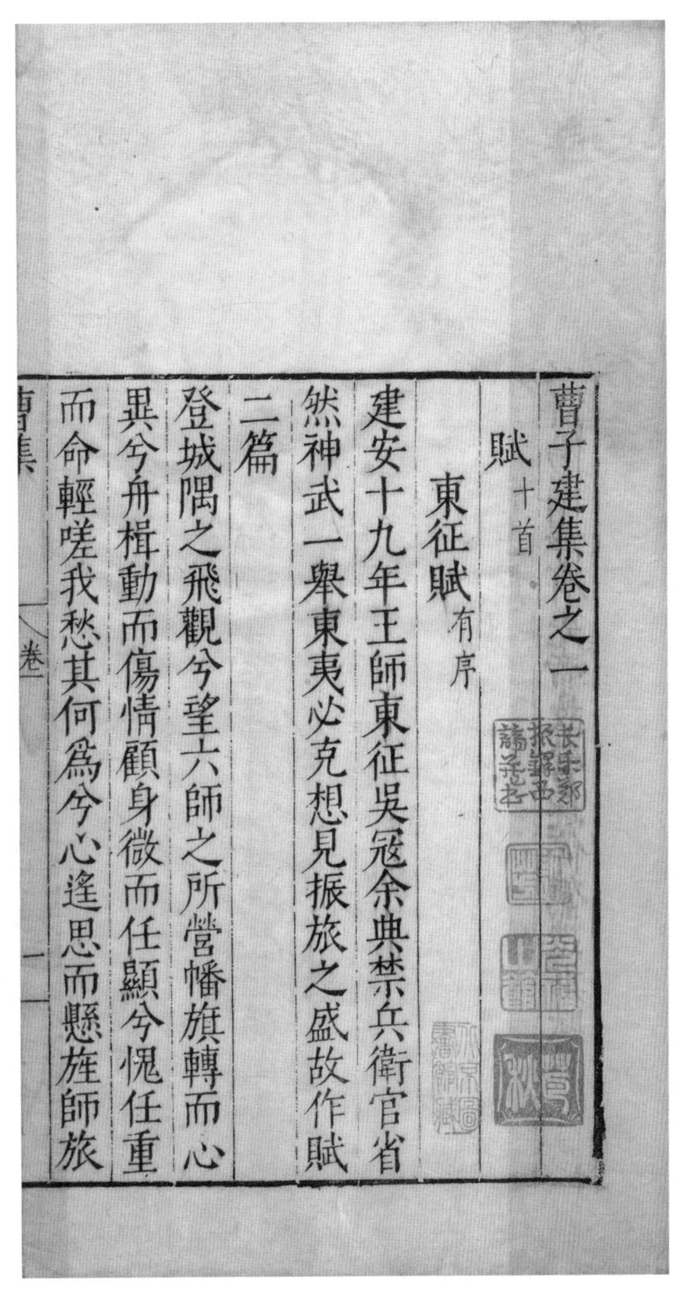

漢魏六朝二十一名家集一百二十三卷 〔明〕汪士賢編

明萬曆天啓間汪士賢刻本

十二册　存十種

半葉九行十八至二十字，白口，左右單邊或雙邊。版框 18.9×13.5 厘米

T03514（12145）

嵇中散集卷第一

晉　譙國嵇康著

明　新安程榮校

北京圖書館藏
長樂鄭振鐸西諦藏書

兄秀才公穆入軍贈詩十九首

雙鸞匿景曜戢翼太山崖抗首漱朝露晞陽振羽儀長鳴戲雲中時下息蘭池自謂絶塵埃終始永不虧何意世多艱虞人來我疑雲網塞四區高羅正參差奮迅勢不便六翮無所施隱姿就長纓卒爲時所羈單雄翩孤逝哀吟傷生離徘徊戀儔侶慷慨高山陂

漢魏六朝百三名家集一百十八卷 〔明〕張溥編

明張溥刻明徐參微印本

八十册

半葉九行十八字，小字雙行同，白口，左右雙邊。版框 20.3×14.1 厘米

T00458（1678）

賈長沙集卷全

漢 雒陽賈誼著

明 太倉張溥閱

賦

弔屈原賦

恭承嘉惠兮，竢罪長沙，仄聞屈原兮，自湛汨羅。造託湘流兮，敬弔先生，遭世罔極兮，廼隕厥身。烏虖哀哉兮。逢時不祥。鸞鳳伏竄兮。鴟鴞翺翔。闒茸尊顯兮。讒諛得志。賢聖逆曳兮。方正倒植。

北京圖書館藏 長樂鄭振鐸西諦藏書

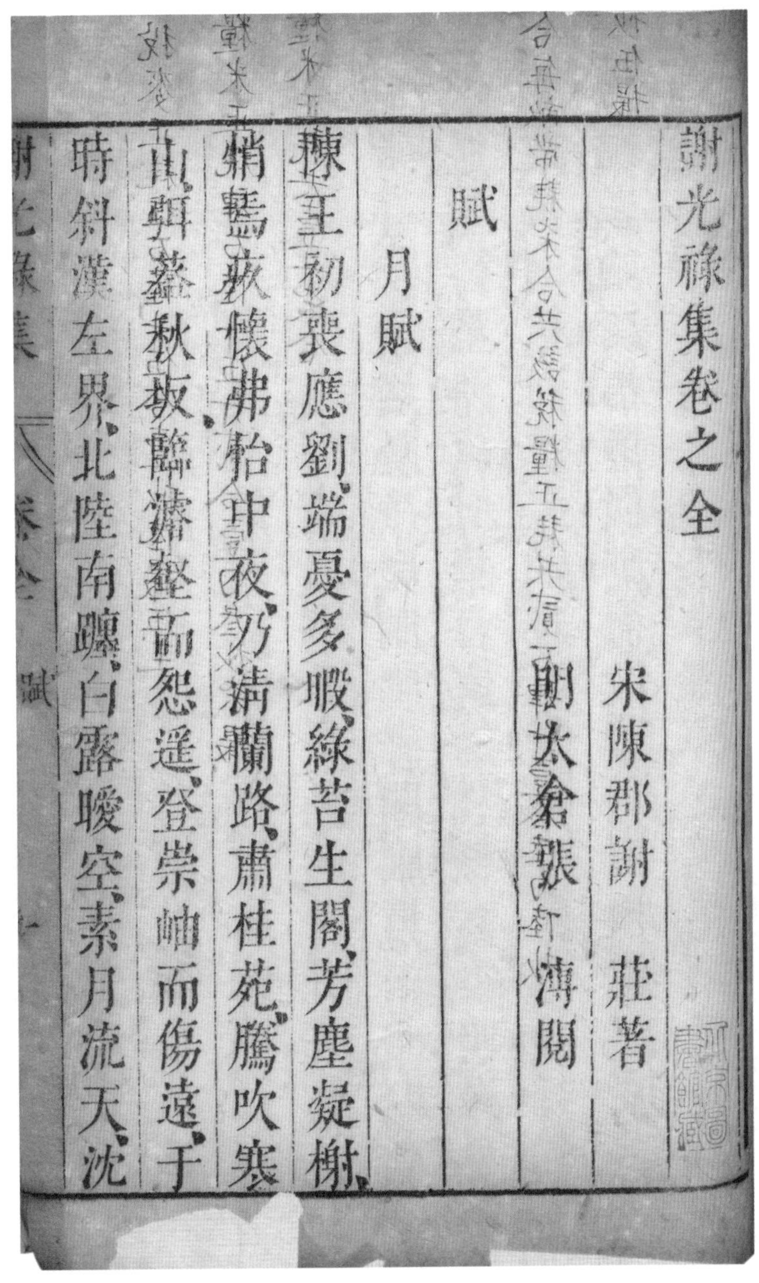

謝光禄集一卷　〔南朝宋〕謝莊撰　**顔光禄集一卷**　〔南朝宋〕顔延之撰

明張溥刻漢魏六朝百三名家集本

一册

半葉九行十八字，白口，左右雙邊。版框 20.4×14.2 厘米

T03513（15231）

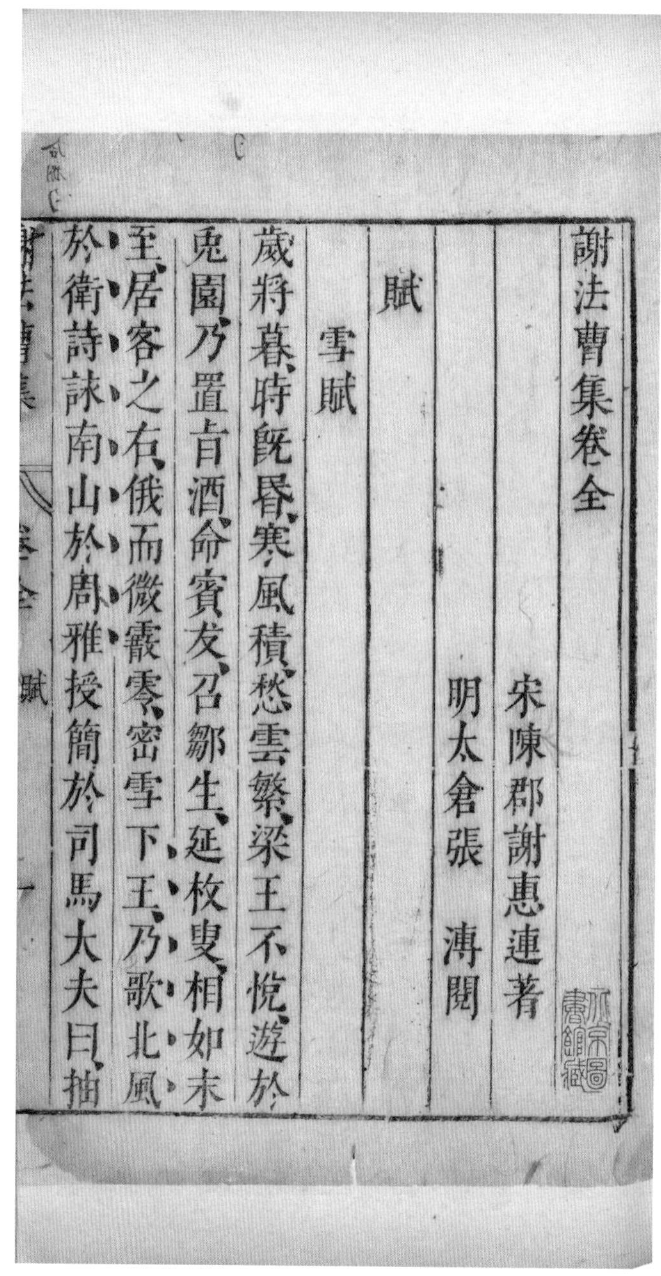

謝法曹集卷全

宋陳郡謝惠連著

明太倉張　溥閱

賦

雪賦

歲將暮時既昏寒風積愁雲繁梁王不悅遊於兔園乃置旨酒命賓友召鄒生延枚叟相如末至居客之右俄而微霰零密雪下王乃歌北風於衛詩詠南山於周雅授簡於司馬大夫曰抽

謝法曹集　卷全　賦　一

謝法曹集一卷　〔南朝宋〕謝惠連撰

明張溥刻漢魏六朝百三名家集本

一册

半葉九行十八字，白口，左右雙邊。版框 20.4×14.4 厘米

T03515（14794）

夫諸侯不貢詩行人不採風樂官不達雅國史不明變而列代之風泯焉久矣論世以徵化者於斯可以弗之觀耶
皇明嘉靖歲在癸卯立秋二日外方山人薛應旂序

毘陵陳奎刊

梁武帝集

詩

明月照高樓

圓魄當虛闥清光流思延延思照孤影悽怨還自憐臺鏡早生塵匣琴又無絃悲慕屢傷節離憂亟華年君如東扶景妾似西枊煙相去既路迥明晦亦殊懸願爲銅鐵轡以感長樂前

芳樹

綠樹始搖芳芳生非一葉一葉度春風芳芳自相接色雜亂參差衆花紛重疊重疊不可思思

六朝詩集二十四種五十五卷

明嘉靖刻本　鄭振鐸跋

十二册

半葉十行十八字，白口，左右雙邊。版框 17.8×12.6 厘米

16393（11782）

予於数歲之前，方訪廣搜六朝唐人文集之念。唐集多而較易見。六朝人集則於汪士賢、張燮、張溥諸本外，絶無所得。即張燮所刻七十二家，亦可遇不可求。予所有者，不过廿許家耳。至蔡中郎集、曹子建集、二陸集、陶淵明集，則與刻較多。予亦未能尽得之。去歲之春，始得明嘉靖刻本刘孝綽、刘孝威集。其夏，又得梁武帝、梁簡文帝集，皆是半頁十行，行十八字本。梁武帝集亦前有嘉靖癸卯（一五四三年）薛應旂序。乃知諸集皆應旂所刊。他究竟刻了多少種？是否有此本則不可知。入春以來，書運甚佳。既得明万歷本謝康樂、謝宣城（五卷）、謝惠連、鮑照（一卷）、江文通（四卷）、何遜（二卷）、沈約、陰鏗、王子淵、庾信（三卷）等二十家。頗疑是從宋書棚本覆刻。北大圖書館所藏李氏書中亦有此本，亦是二十四家。明人所刻漢魏六朝人集，當以早於此刻者。明末閔氏彙刻蕭梁文苑一書也。是以這部書為底本的。暇當用汪、張諸本細校一下。西諦又記。

唐人選唐詩六種，於中國書店得明茅一相刻本蔡中郎集於修綆堂。深感書囊無底，佳本仍不難得也。今晨過廠甸藻玉堂，王子霖云有薛刻六朝人集，甚是精善。即出以相視，乃是薛刻全書也。凡收六朝人詩二十四家。於梁武帝、簡文帝及二刻外，有梁宣帝、梁元帝、後周明帝、陳后主、隋煬帝、陳思王（四卷）、阮嗣宗（三卷）、嵇中散、陸士衡（七卷）、陸士龍（四卷）、

一九五八年二月十九日到琉璃廠藻玉堂購得此書方治漢魏六朝人詩得其明刻六朝人集中的白眉喜可知也西諦

一一七八二

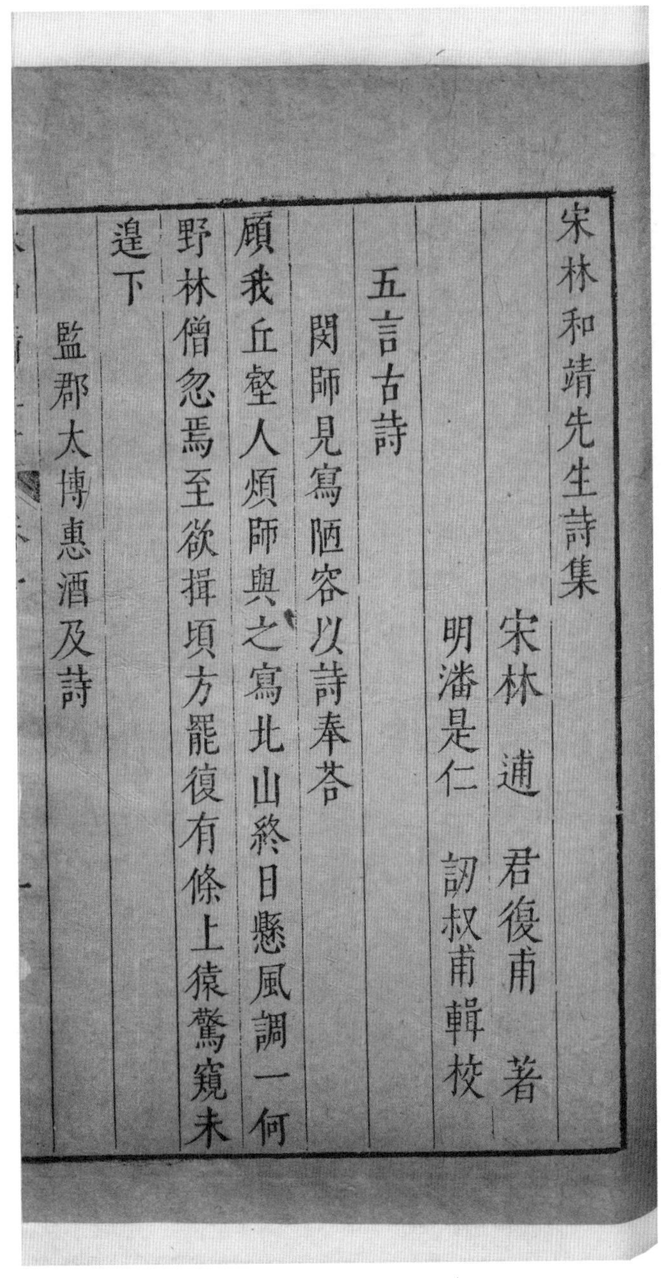

宋元詩六十一種二百七十三卷　〔明〕潘是仁編

明萬曆四十三年（1615）潘是仁刻天啓二年（1622）重修本　鄭振鐸跋

四十八册

半葉九行十九字，白口，四周單邊。版框 20.5×13.9 厘米

15449（1755）

潘是仁輯宋元名公詩集於王李七子擬
古之風既熄之后 三袁鍾譚諸家方起
之際 誠豪傑士哉 惜採擷未廣 取捨難当
人意 於是明人急於求章之習 書分北宋
南宋元初元末四編 編各有序目 核其目
間有有書目無書者 如北宋一編闕王曾
晁端友 補晁補之 李植五集 南宋一編
闕鮑由 賀鑄 刘克莊 方岳 江端友 李清照

六家 元初一編闕黃溍、戴表元 王沂 黃清老 歐
陽玄五人 元末一編亦闕 日本東方文化學院京都研
究所漢籍目錄載此書 無甲所闕亦同 豈
潘氏当日並未全刻歟 叢書書目彙編承
其全目 下注闕者缺 此本均合 每家自數卷
至十數卷 少則每卷有僅一二頁者 是欲
炫人目也 以其為選輯宋元集之祖 補故
漫識之

乙亥年七月一日 鄭振鐸

修綆堂有此書余初未之知後从琉璃廠
書肆中人得此消息急驅車往取之歸
余旧有此書殘本半部殊以珍視之今
獲全書益感書福大佳矣
一九五六年七月一日西諦

北宋一　林和靖集上

漢詩吟解集卷之一

吳郿汪楷雲憑氏輯

高帝 姓劉諱邦字季沛人在秦為泗上亭長會陳涉起遂自立為沛公舉沛人兵入咸陽五年平定海內乃即皇帝位

鴻鵠歌 帝欲廢太子立戚夫人子趙王如意太子招致四皓後宴置酒太子侍四皓皆從帝指示戚夫人曰羽翼已成難動搖矣夫人泣涕帝曰為我楚舞我為若楚歌

鴻鵠高飛一舉千里羽翼已就橫絕四海橫絕四海又可柰何雖有矰繳尚安所施

大風歌 帝既定天下還過沛留置酒沛宮悉召故人父老子弟佐酒發沛中兒得百二十人教之歌酒酣上擊筑自歌令兒皆和習之帝乃起舞慷慨傷懷

大風起兮雲飛揚威加海內兮歸故鄉安得猛士兮守四

十二代詩吟解集七十四卷 〔清〕汪楷編

稿本

十册

半葉十一行二十二字，無欄格

16462（11844）

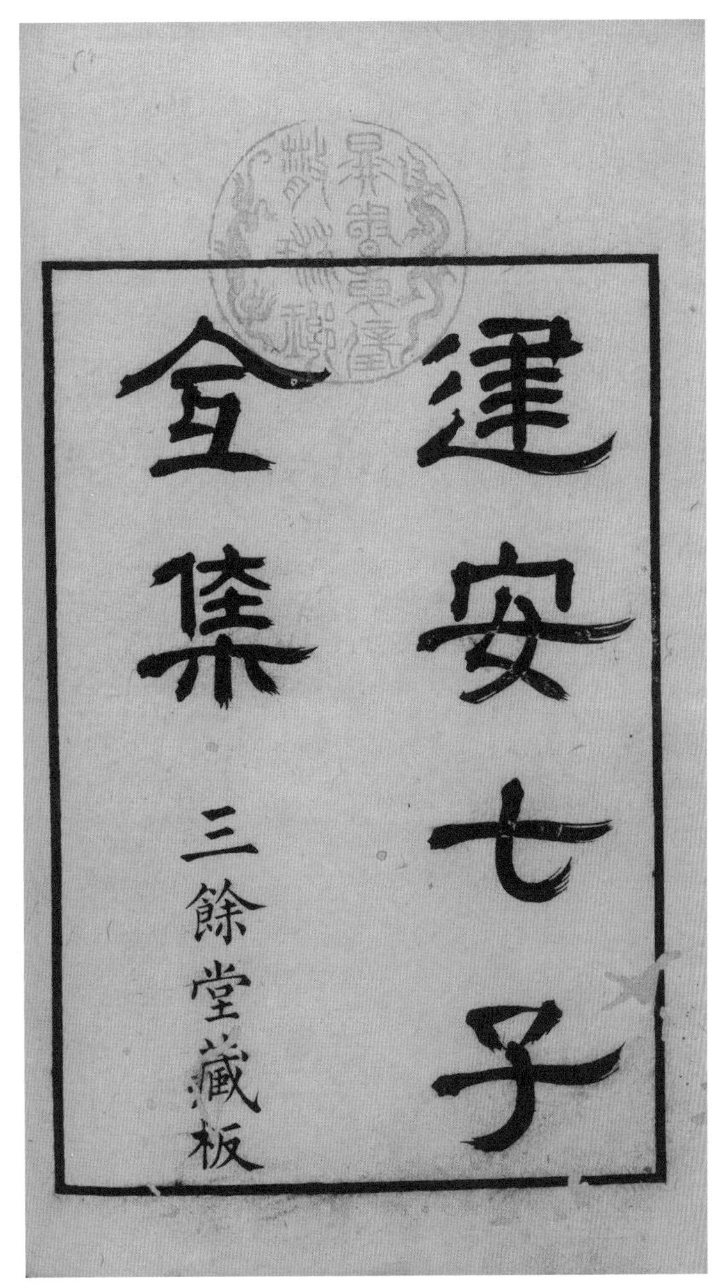

建安七子集二十八卷 〔明〕楊德周編

明崇禎十一年（1638）陳朝輔刻本

六册

半葉九行二十字，白口，左右雙邊。版框 19.9×13.9 厘米

16011（10139）

建安七子集卷之一

鄴中曹植子建著　四明　楊德周南仲輯存
　　　　　　　　　　　陳朝輔燮五增訂

賦十首

東征賦有序

建安十九年、王師東征吳寇、余典禁兵、衛宮省、然神武一舉、東夷必克、想見振旅之盛、故作賦一篇、

登城隅之飛觀兮、望六師之所營、幡旗轉而心異兮、舟楫動而傷情、顧身微而任顯兮、愧任重而命輕、嗟

長樂鄭振鐸西諦藏書

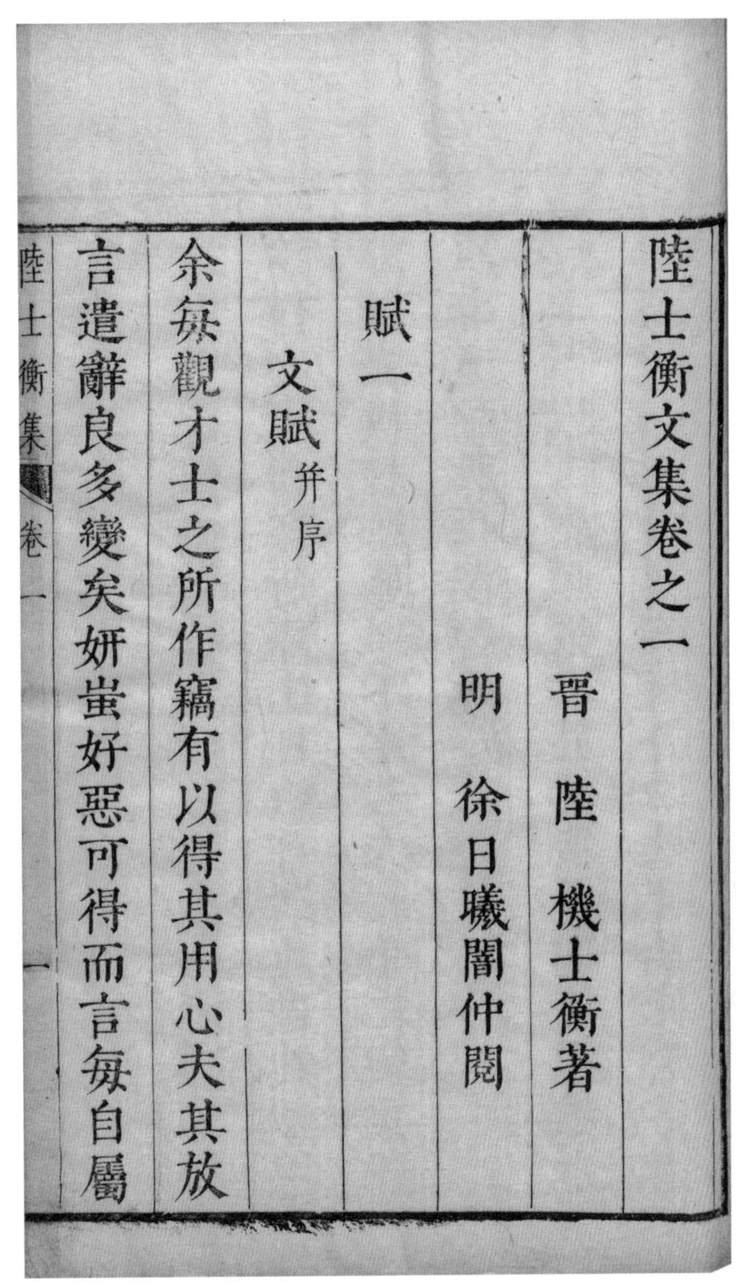
陸士衡文集卷之一
晉　陸　機士衡著
明　徐日曦闇仲閲
賦一
文賦并序
余每觀才士之所作竊有以得其用心夫其放
言遣辭良多變矣妍蚩好惡可得而言每自屬
陸士衡集　卷一　一

晉二俊文集二十卷

明末刻本

四册

半葉七行十八字，白口，左右雙邊。版框 20.5×14.7 厘米

15486（2112）

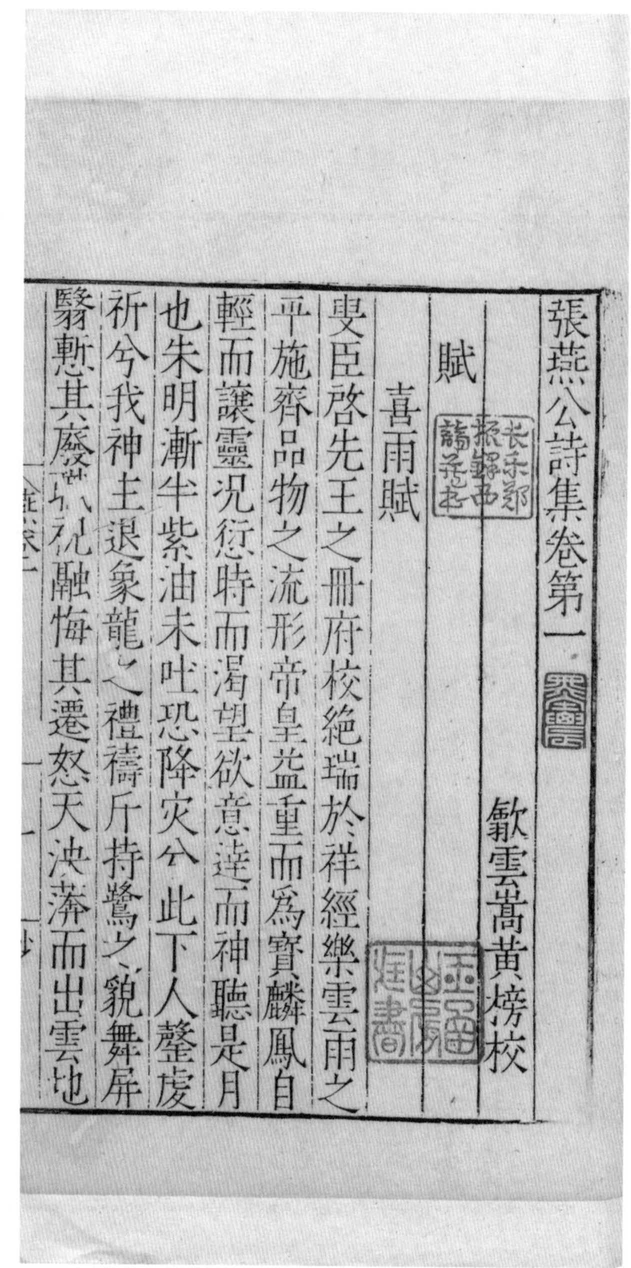
張燕公詩集卷第一

歙雲嵩黄榜校

賦

喜雨賦

叟臣啓先王之冊府校絶瑞於祥經樂雲雨之平施齊品物之流形帝皇盍重而爲寶麟鳳自輕而讓靈况愆時而渴望欲意達而神聽是月也朱明漸半紫油未吐恐降灾兮此下人罄虔祈兮我神主退象龍之禮禱斤持鷩之貌舞屏翳懃其廢職祝融悔其遷怒天決滀而出雲地

二張詩集四卷

明嘉靖三十三年（1554）黄榜刻本

四册

半葉十行十八字，白口，四周單邊。版框 17.6×12.7 厘米

15781（9044）

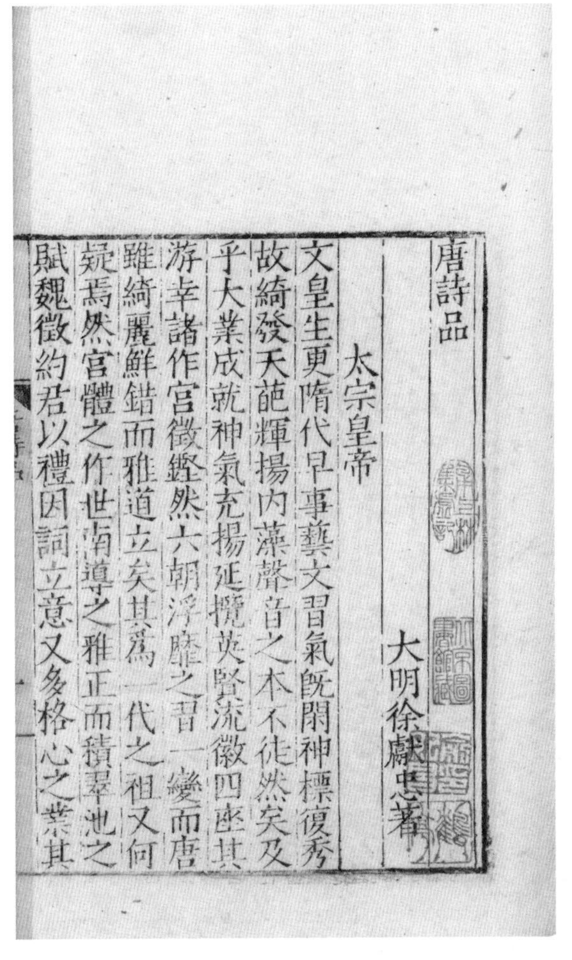
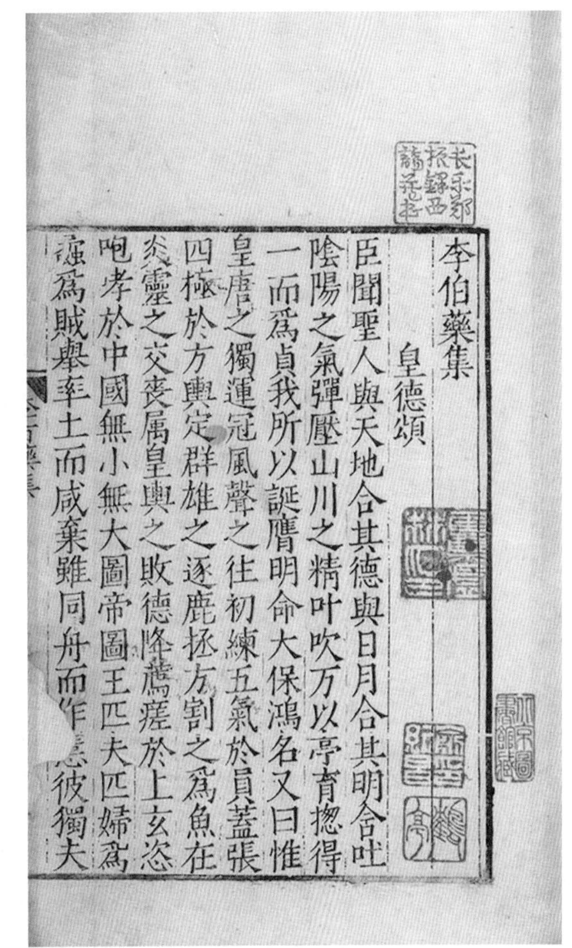

唐百家詩一百七十一卷　〔明〕朱警編　**唐詩品一卷**　〔明〕徐獻忠撰

明嘉靖十九年（1540）刻本

二十七册　存八十五家一百四十六卷（初唐二十一家、盛唐十家、中唐二十七家、晚唐四十二家），唐詩品一卷

半葉十行十八字，白口，左右雙邊。版框 16.9×12.4 厘米

T00375（9078）

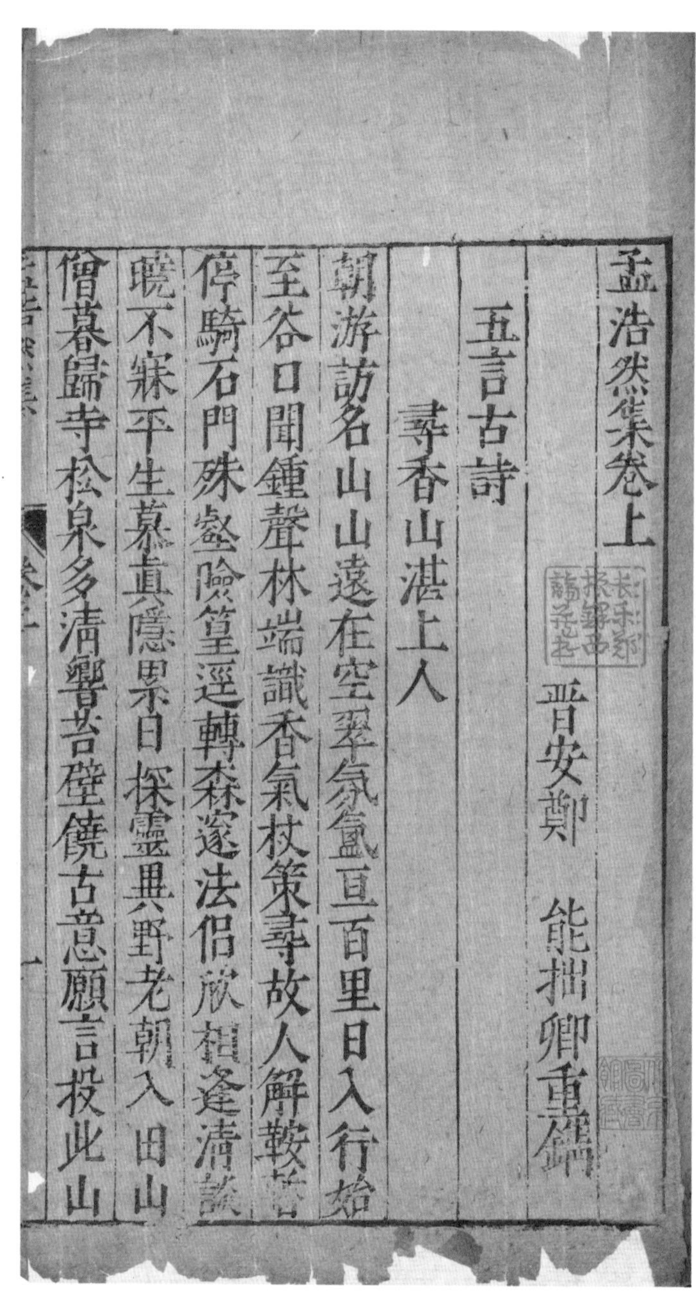
孟浩然集卷上

晉安鄭　能拙卿重編

五言古詩

尋香山湛上人

朝游訪名山山遠在空翠氛氳亘百里日入行始至谷口聞鍾聲林端識香氣杖策尋故人解鞍暫停騎石門殊壑險篁逕轉森邃法侶欣相逢清談曉不寐平生慕真隱累日探靈異野老朝入田山僧暮歸寺松泉多清響苔壁饒古意願言投此山

唐四家詩八卷

明鄭氏琅嬛齋刻本

四册

半葉九行十九字，白口，四周單邊。版框 21.2×14.3 厘米

15802（9090）

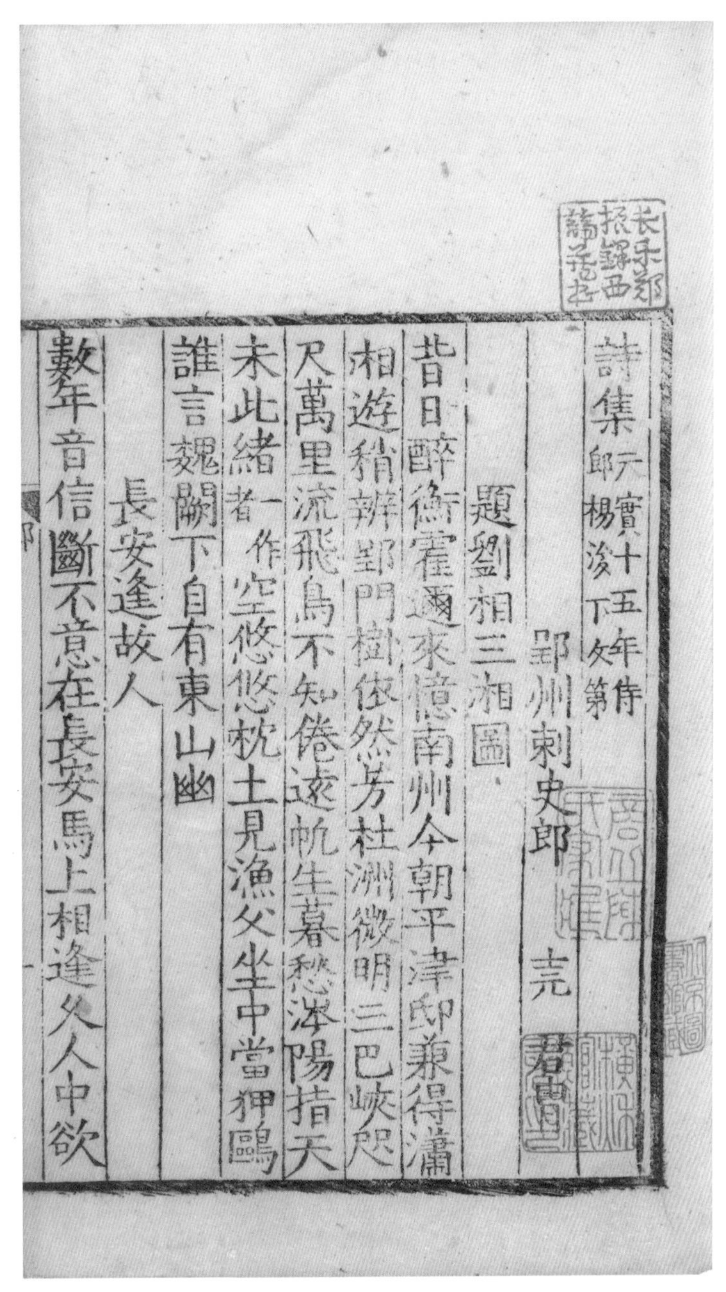

唐十子詩十四卷　〔明〕王準編

明嘉靖二十六年（1547）王準刻本

三册

半葉十行十八字，白口，左右雙邊。版框 17.5×13.0 厘米

T03436（9089）

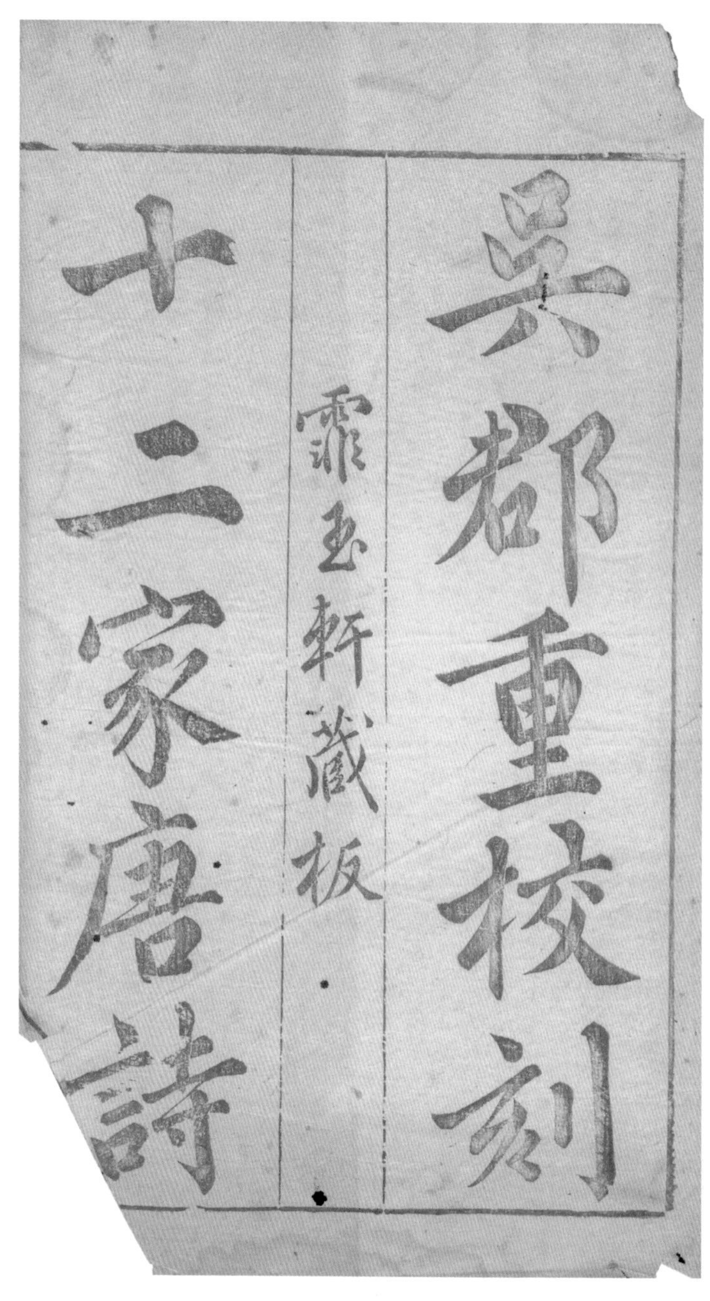

前唐十二家詩二十四卷 〔明〕許自昌編

明萬曆三十一年（1603）霏玉軒刻本　鄭振鐸跋

八册

半葉九行十九字，白口，左右雙邊。版框 22.2×14.5 厘米

16975（9072）

王勃集卷上

长乐郑振铎西谛藏书

長洲許自昌玄祐甫校

賦

春思賦并序

咸亨二年余春秋二十有二旅寓巴蜀浮遊歲序殷憂明時坎壈聖代九隴縣令河東柳大易英達君子也僕從遊焉高談胸懷頗洩憤懑于時春也風光依然古人云風景未殊舉目有山河之異不其悲乎僕不才耿介之士也竊稟宇宙獨用之心

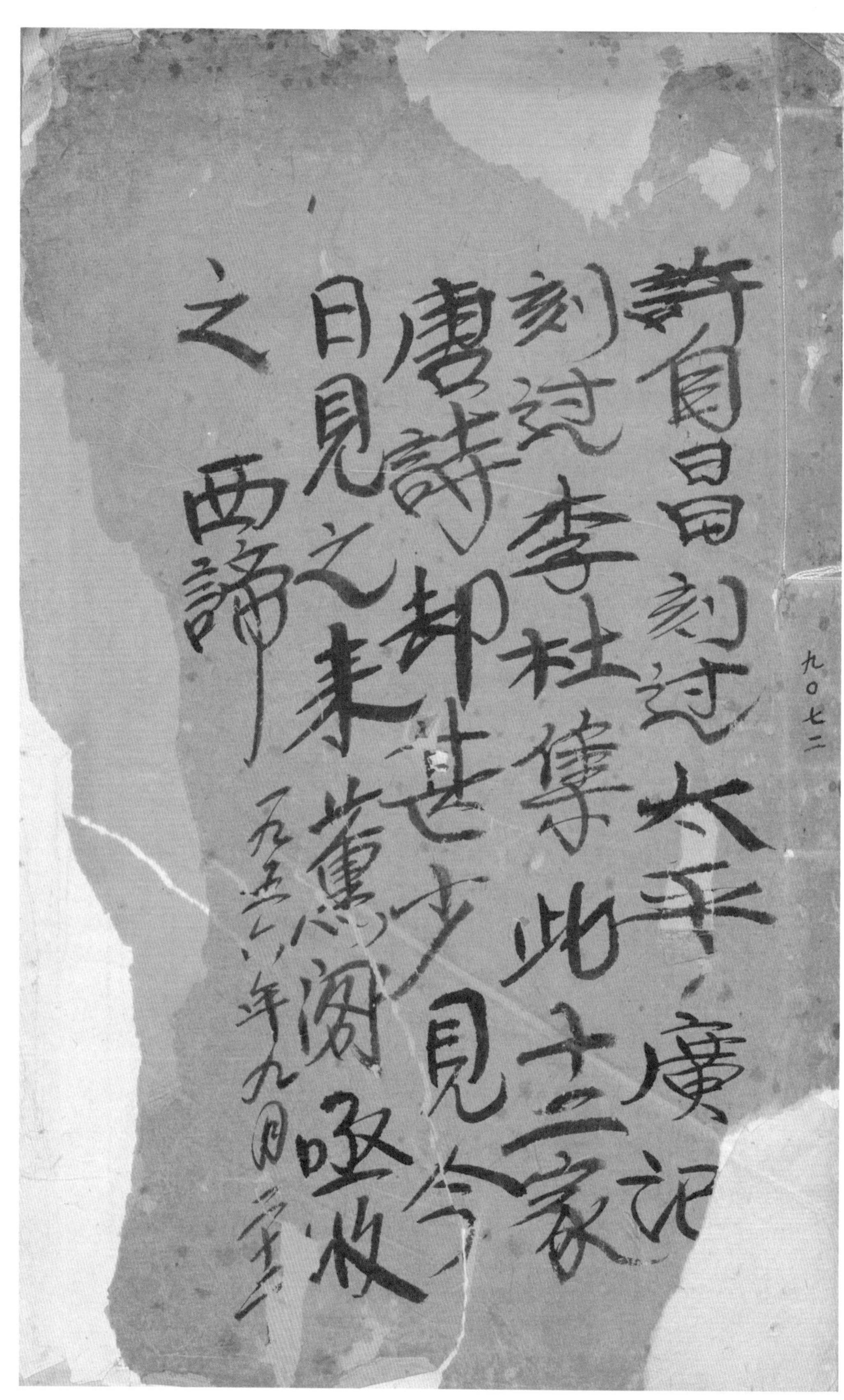

許昌刻过太平廣記 九〇七二
刻过李杜集此十二家
唐詩却甚少見今
日見之耒薰閣亟收
之 西諦
一九五八年九月二十一

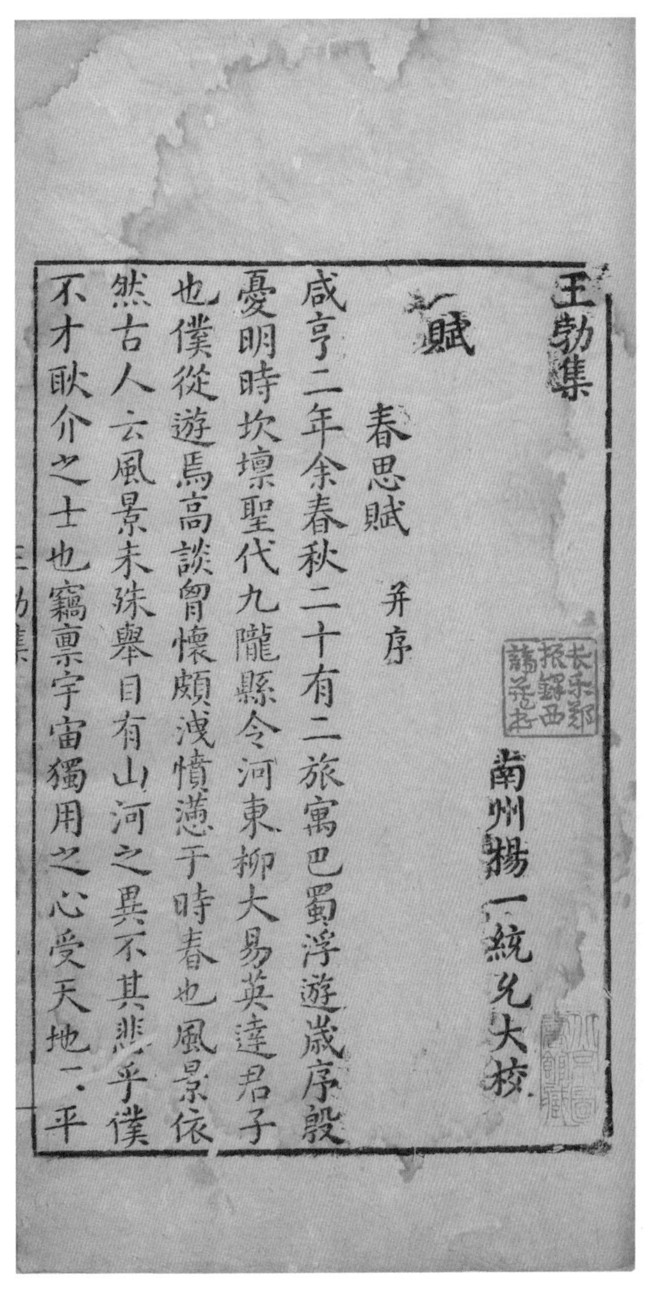

唐十二家詩十二卷 〔明〕楊一統編

明萬曆十二年（1584）刻本

十二册

半葉九行二十字，白口，四周單邊，無直格。版框 19.8×13.4 厘米

T00377（1679）

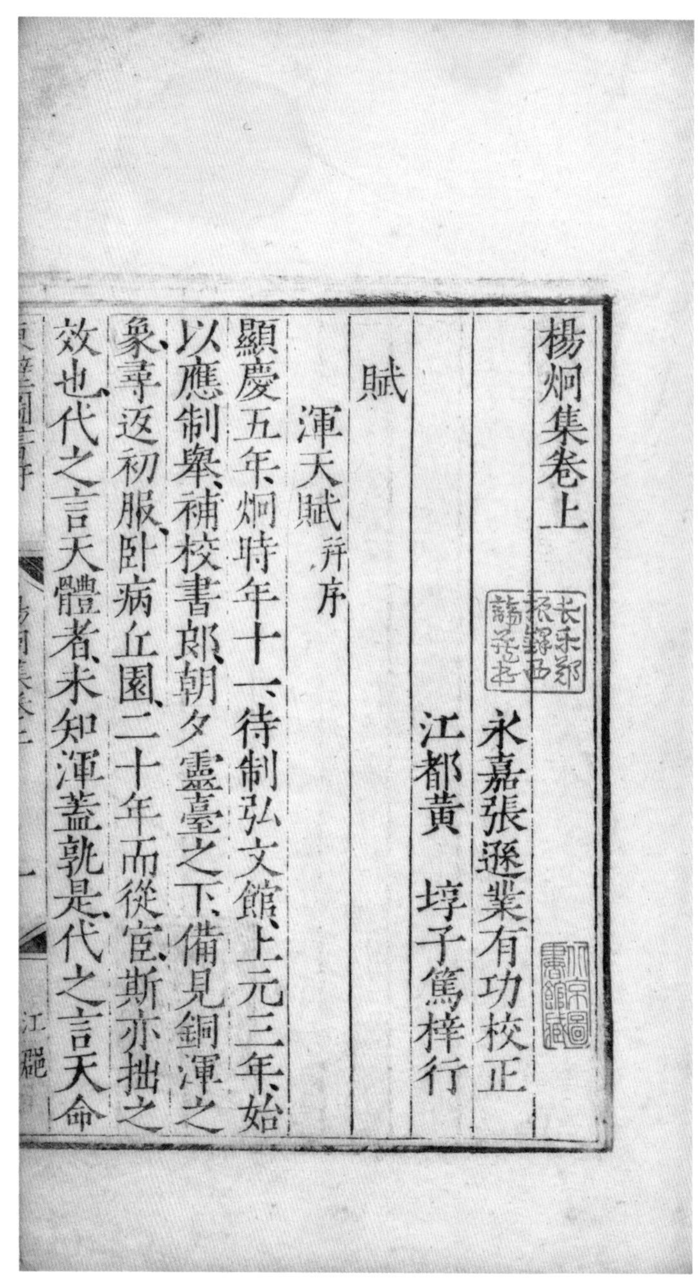

楊炯集二卷 〔唐〕楊炯撰

明嘉靖三十一年（1552）黄埻刻十二家唐詩本

二册

半葉九行十九字，白口，四周雙邊。版框 18.2×13.1 厘米

T03638（9109）

唐人四集十二卷　〔明〕毛晋編

明末毛氏汲古閣刻本　清翁同書跋，鄭振鐸跋

四册

半葉十二行二十字，細黑口，左右雙邊。版框 19.1×13.5 厘米

15834（9109）

歌詩編第一

隴西李賀

李憑箜篌引

吳絲蜀琴張高龝空白(一作山)凝雲頹不流江娥嗁竹素女愁李憑中國彈箜篌崑山玉碎鳳皇叫芙蓉泣露香蘭笑十二門前融冷光二十三絲動紫皇女媧鍊石補天處石破天驚逗龝雨夢入神山教神嫗老魚跳波瘦蛟舞吳質不眠倚桂樹露腳斜飛溼寒兔

殘絲曲

垂楊葉老鶯哺兒殘絲欲斷黃蜂歸綠鬢少年(一作年少)金釵客縹粉壺中沉琥珀花臺欲暮春辭去落花起作迴風舞榆莢相催不知數沈郎青錢夾城路

汲古閣　毛氏

余先後收得汲古閣刊諸唐人集独未有三唐人
集唐人四家集二書頃於來薰閣架上見之（此唐人四集）盡
可收得者因逕取之毛氏所刊唐人集校勘
頗精蓋以所據底本都為宋刻或舊鈔也
唐詩亟該重編但非以廣搜異本下手不可即
以汲古閣本今已不可多得況其他精抄善刻
乎唐英歌詩與唐風集汲古刊三唐人集亦
收之不知是一版否尚缺方干玄英集八卷
耳一九五七年五月十三日西諦記

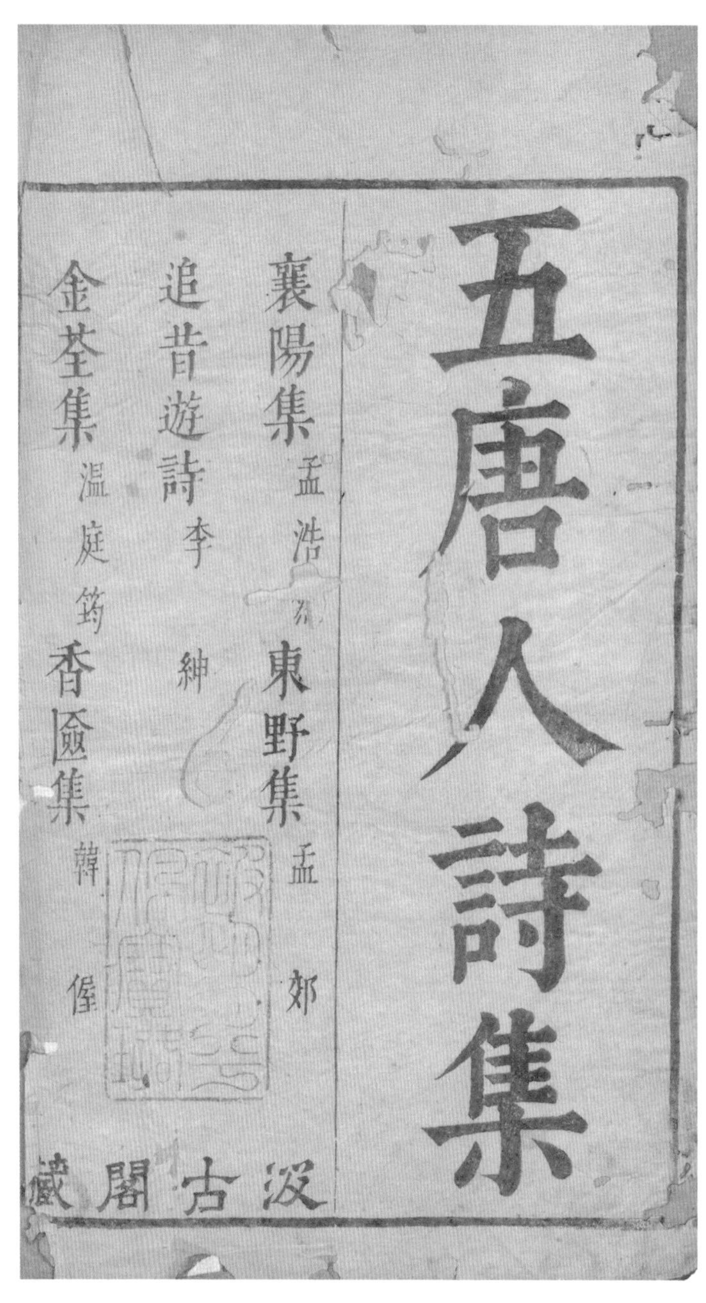
五唐人詩集
襄陽集孟浩然　東野集孟郊
追昔遊詩李紳
金荃集温庭筠　香奩集韓偓
汲古閣藏

五唐人詩集二十六卷　〔明〕毛晋編

明末毛氏汲古閣刻本　鄭振鐸跋

八册

半葉九行十九字，白口，左右雙邊。版框 18.9×14.2 厘米

16931（1684）

孟襄陽集卷第一

遊覽

宿業師山房待丁公不至 時刻宿來公山房期丁大不至

夕陽度西嶺羣壑倏已暝松月生夜涼風泉滿清聽樵人歸欲盡煙鳥棲初定之子期宿來孤琴候蘿逕

耶溪泛舟

落景餘清輝輕棹 時刻橈 弄溪渚澄明 時刻泓澄 愛水物臨泛何容與白首垂釣翁新粧浣沙女看看 時刻相看

長樂鄭振鐸西諦藏書

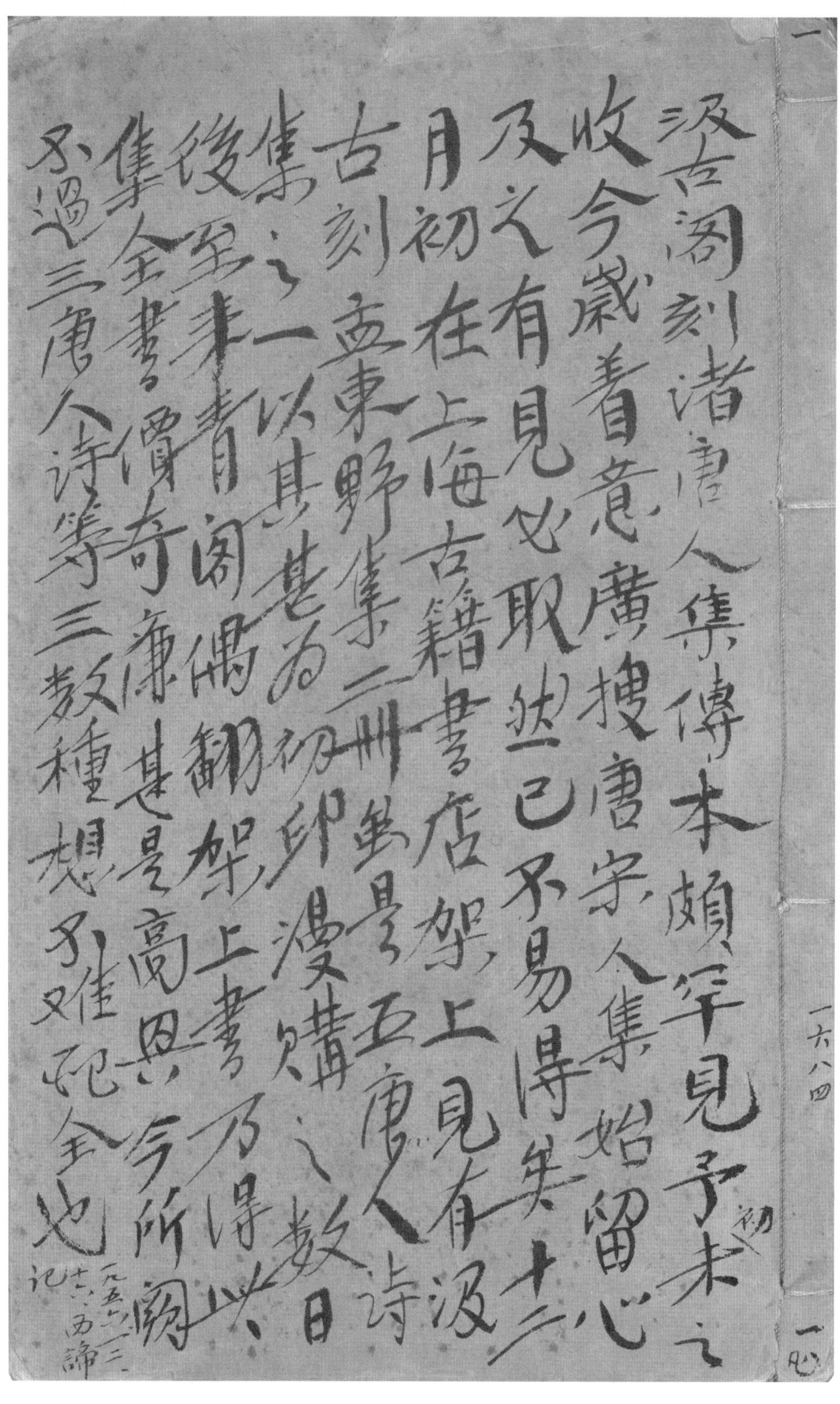

汲古閣刻諸唐人集傳本頗罕見予初未之收今歲着意廣搜唐宋人集始留心及之有見必取然已不易得矣十二月初在上海古籍書店架上見有汲古刻孟東野集二冊雖是五唐人詩集之一以其甚為初印漫購之數日後至来青閣偶翻架上書乃得此集全書價奇廉甚是高興因今所缺不過三唐人詩等三數種想不難又配全也

一九五六、一二、十六、西諦記

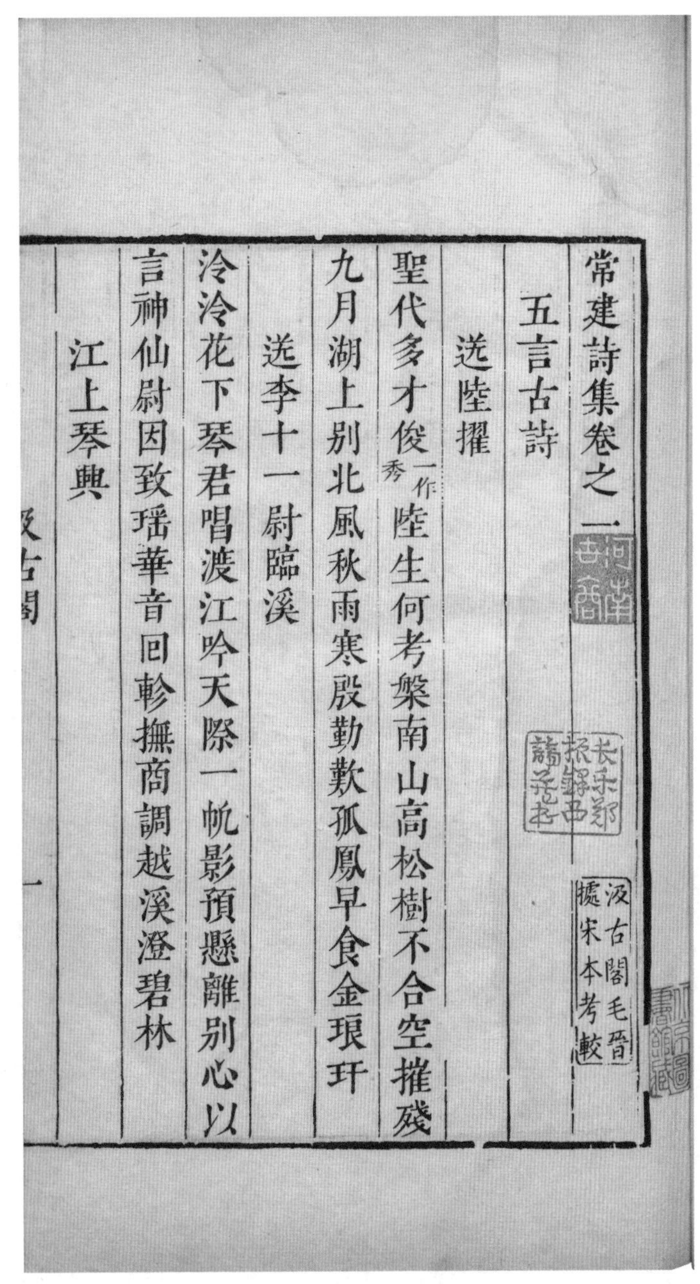
常建詩集卷之一
五言古詩
送陸擢
聖代多才俊一作秀陸生何考槃南山高松樹不合空摧殘
九月湖上別北風秋雨寒殷勤歎孤鳳早食金琅玕
送李十一尉臨溪
泠泠花下琴君唱渡江吟天際一帆影預懸離別心以
言神仙尉因致瑶華音回軫撫商調越溪澄碧林
江上琴興

唐人六集四十二卷 〔明〕毛晋編

明末毛氏汲古閣刻本　鄭振鐸跋，謝國楨題簽

十二册

半葉九行二十一字或九行十九字，白口，左右雙邊。版框 19.4×13.8 厘米

T03358（9037）

汲古閣刊諸唐人集予先後收得唐人選唐詩三唐人文集八唐人集五唐人集今又於北京隆福寺修綆堂得此六唐人集則所闕者僅三唐人集及四唐人集耳唐三高僧集亦未有想均不難購得也天寒地凍炉煖燈紅披卷讀之心身俱恰時為一九五六年十二月二十三日余五十八初度日也西諦記

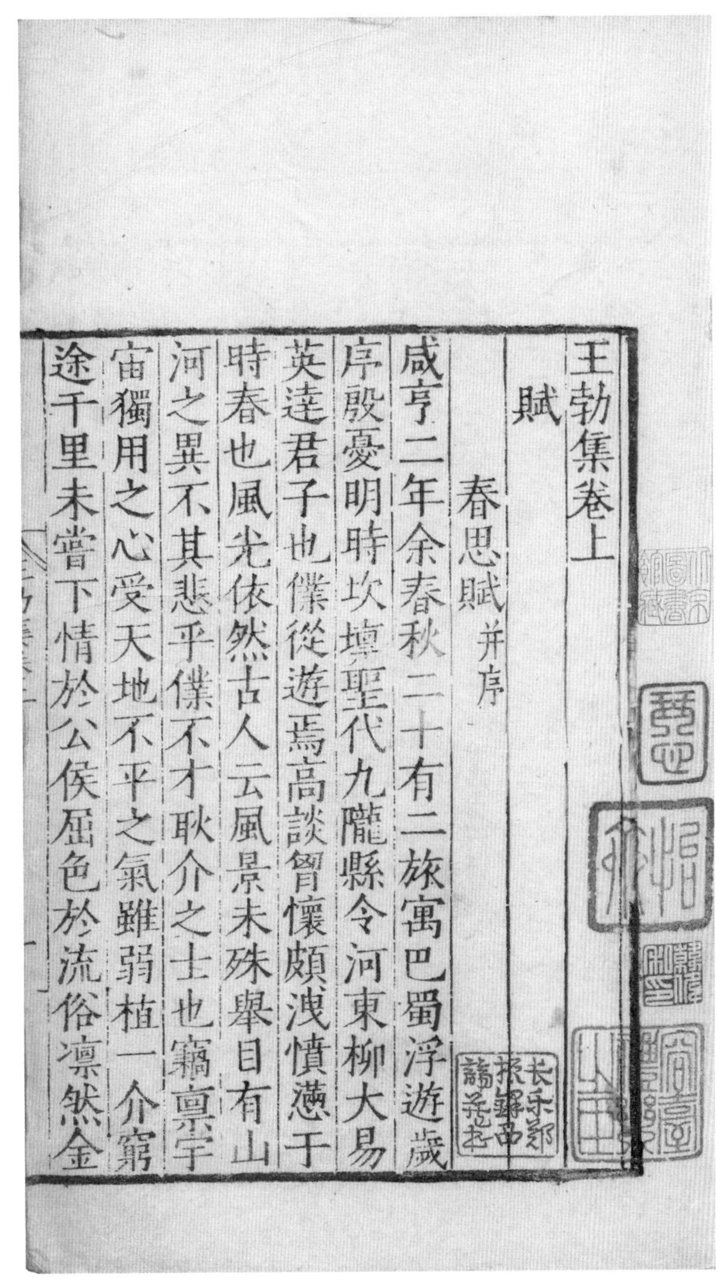
王勃集卷上

賦

春思賦并序

咸亨二年余春秋二十有二旅寓巴蜀浮遊歲序殷憂明時坎壈聖代九隴縣令河東柳大易英達君子也僕從遊焉高談胷懷頗洩憤懣于時春也風光依然古人云風景未殊舉目有山河之異不其悲乎僕不才耿介之士也竊稟宇宙獨用之心受天地不平之氣雖弱植一介窮途千里未嘗下情於公侯屈色於流俗凛然金

唐八家詩二十六卷

明刻本

八册

半葉十行十八字，白口，左右雙邊。版框 17.6×12.9 厘米

16937（12426—12432）

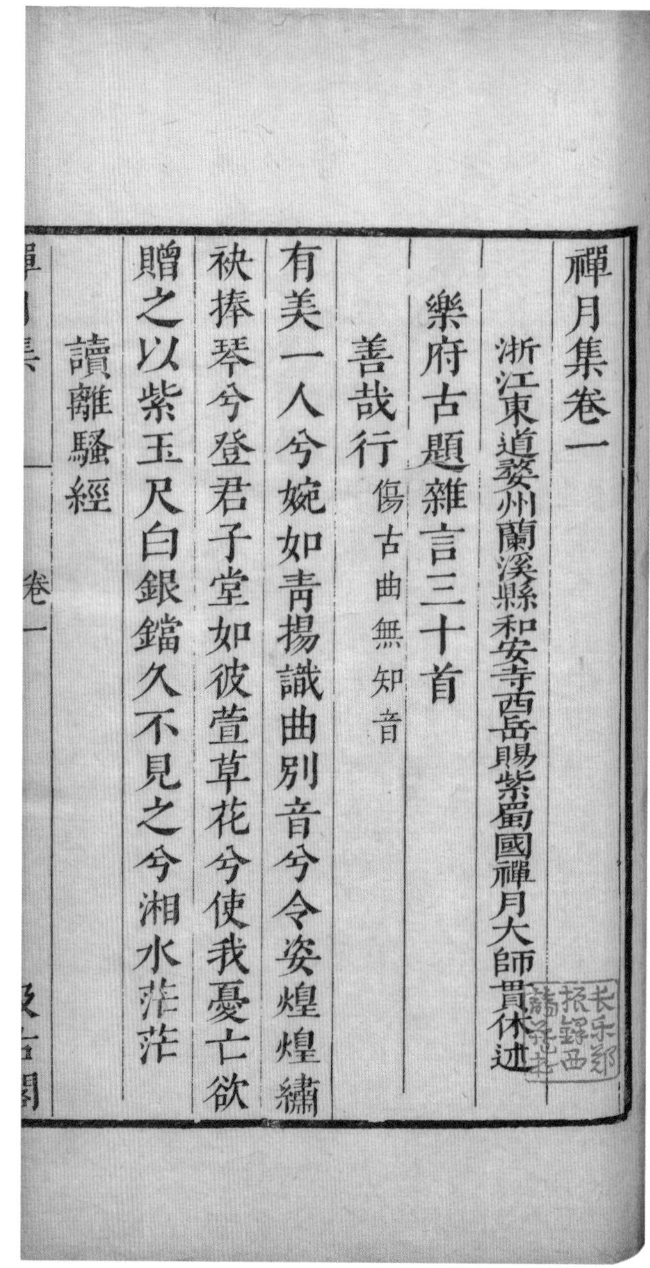
禪月集卷一

浙江東道婺州蘭溪縣和安寺西岳賜紫蜀國禪月大師貫休述

樂府古題雜言三十首

善哉行 傷古曲無知音

有美一人兮婉如青揚識曲別音兮令姿煌煌繡袂捧琴兮登君子堂如彼萱草花兮使我憂亡欲贈之以紫玉尺白銀鐺久不見之兮湘水茫茫

讀離騷經

禪月集 卷一 汲古閣

唐三高僧詩集四十七卷 〔明〕毛晉編

明末毛氏汲古閣刻本　鄭振鐸跋

六册

半葉八行十九字，白口，左右雙邊。版框 19.3×13.5 厘米

16772（14656）

予收汲古本諸唐人集各本皆絡繹
而集予齋中獨闕唐三僧詩久
覓未得前晨到琉璃廠見
有此書乃挾之歸汲古鐫唐
人集除方干元英集外乃皆
備之矣一九五八年六月四日灯
下西諦記

一〇六五六

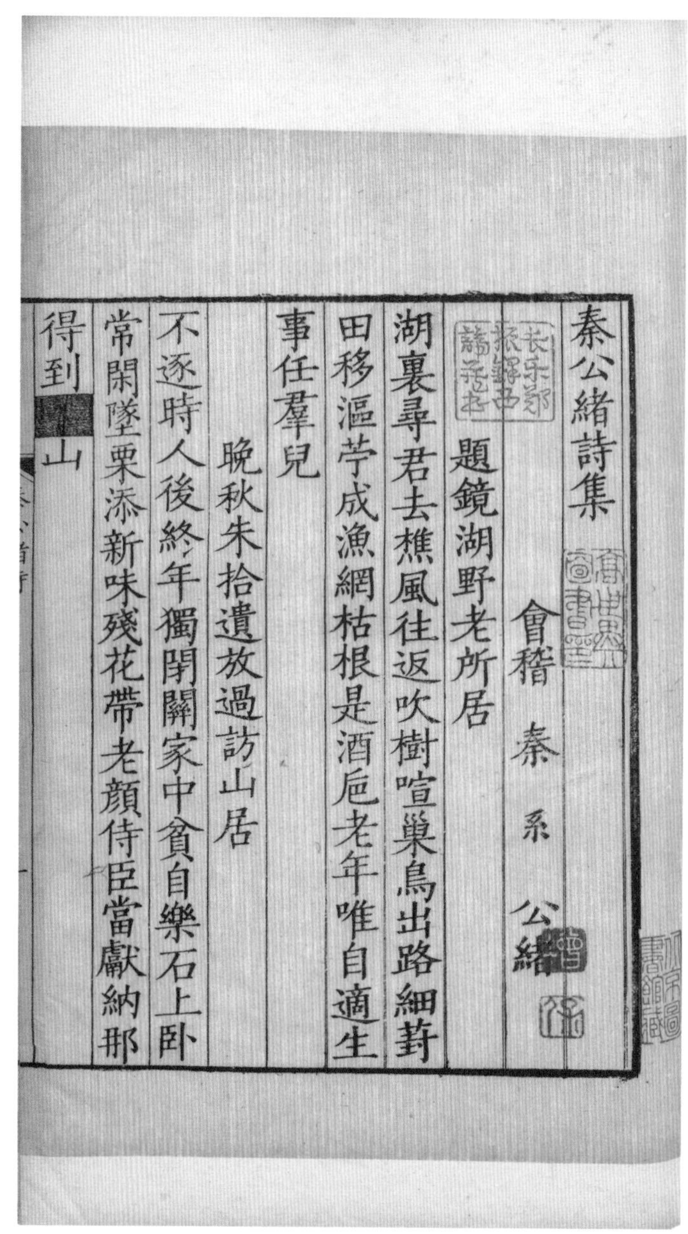
秦公緒詩集
會稽 秦系 公緒
題鏡湖野老所居
湖裏尋君去樵風往返吹樹喧巢鳥出路細葑田移漚苧成漁網枯根是酒卮老年唯自適生事任羣兒
晚秋朱拾遺放過訪山居
不逐時人後終年獨閉關家中貧自樂石上卧常閑墜栗添新味殘花帶老顔侍臣當獻納那得到山

唐詩百名家全集三百二十六卷 〔清〕席啓寓編

清康熙席氏琴川書屋刻本

四册　存七卷：秦公緒詩集一卷、司馬紮先輩詩集一卷、儲嗣宗詩集一卷、唐姚鵠詩集一卷、羅鄴詩集一卷、陳嵩伯詩集一卷、會昌進士詩集一卷

半葉十行十八字，白口，左右雙邊。版框 16.6×13.6 厘米

T00588（9173）

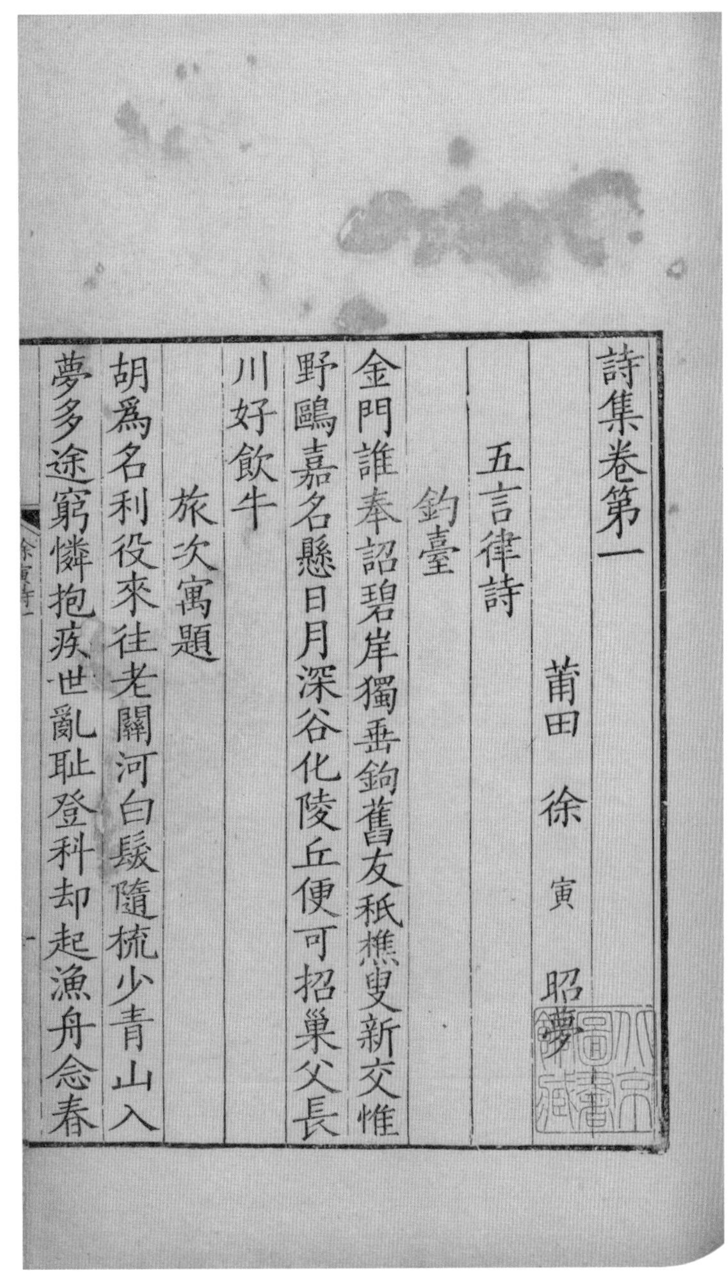

唐詩百名家全集三百二十六卷　〔清〕席啓寓編

清康熙席氏琴川書屋刻本

十四册　存九十四卷

半葉十行十八字，白口，左右雙邊。版框 16.6×13.5 厘米

T02117（3864）

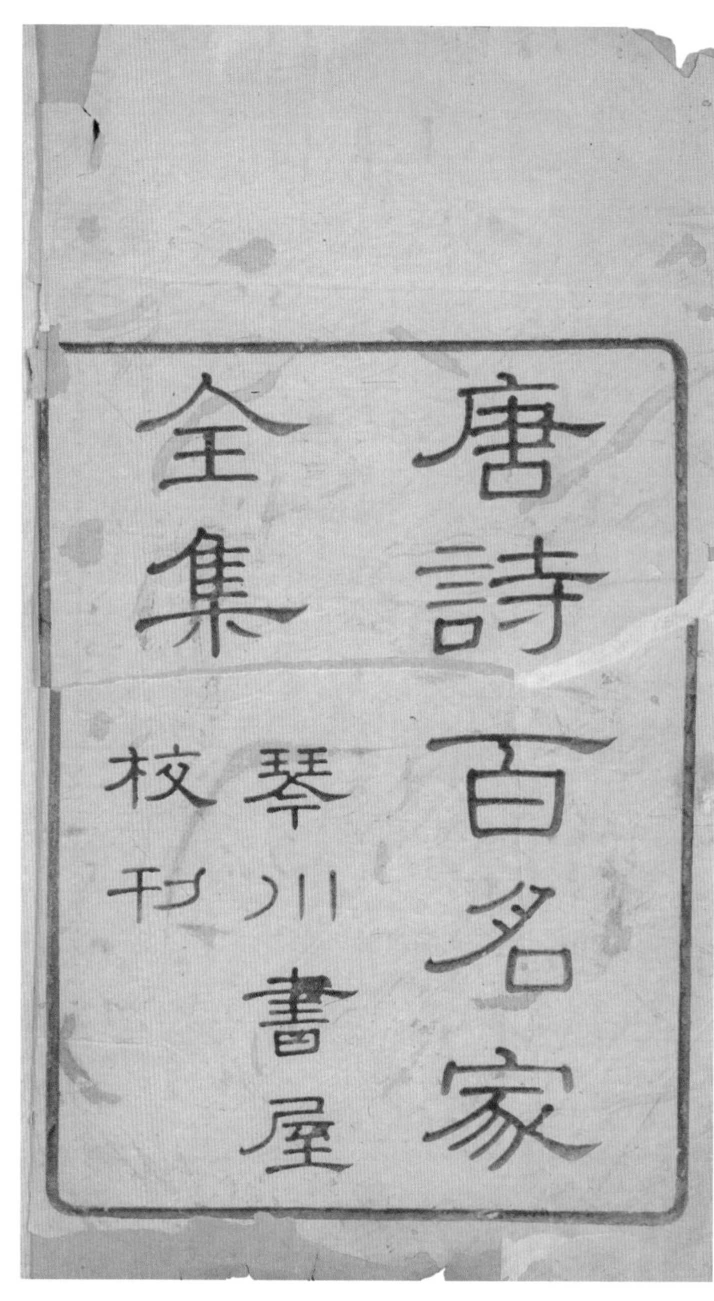

唐詩百名家全集三百二十六卷 〔清〕席啓寓編

清康熙席氏琴川書屋刻本

五十五册　存二百四十七卷

半葉十行十八字，白口，左右雙邊。版框 16.6×13.4 厘米

T02118（1811）

劉隨州詩卷第一

唐隨州刺史劉　長卿　撰

逢雪宿芙容山主人

日暮蒼山遠天寒白屋貧柴門聞犬吠風雪夜歸人

送張起崔載華之閩中

朝無寒士達家在舊山貧相送天涯裏憐君更遠人

贈秦系徵君

羣公誰讓位五柳獨知貧惆悵青山路烟霞老

無題　堤上行二首
竹枝詞五首　楊柳送客
送客還幽州　楊州送客
隋宮燕　玉真觀
岳州晚景　水

中唐張籍詩目終

張籍

古釵嘆

古釵墜井無顏色百尺泥中今復得鳳凰宛轉有
古儀欲爲首飾不稱時女伴傳看不知主羅袖拂
拭生光輝蘭膏已盡股半折雕文刻樣無年月雖
離井底入匣中不用還與墜時同

別離曲

行人結束出門去幾時更踏門前路憶昔君初納
采時不言身屬遼陽戍早知今日當別離成君家

中唐詩　張籍

中晚唐詩紀六十二卷　〔清〕龔賢編

清康熙半畝堂刻本（張祜至趙嘏三十卷配貞隱堂、玉持堂刻本）

三十六册　存六十卷：缺張夫人一卷、歐陽澥一卷

半畝堂刻本：半葉九行十九字，白口，左右雙邊；貞隱堂、玉持堂刻本：半葉十二行二十一字，白口，左右雙邊。版框 18.1×14.6 厘米

T00082（1873）

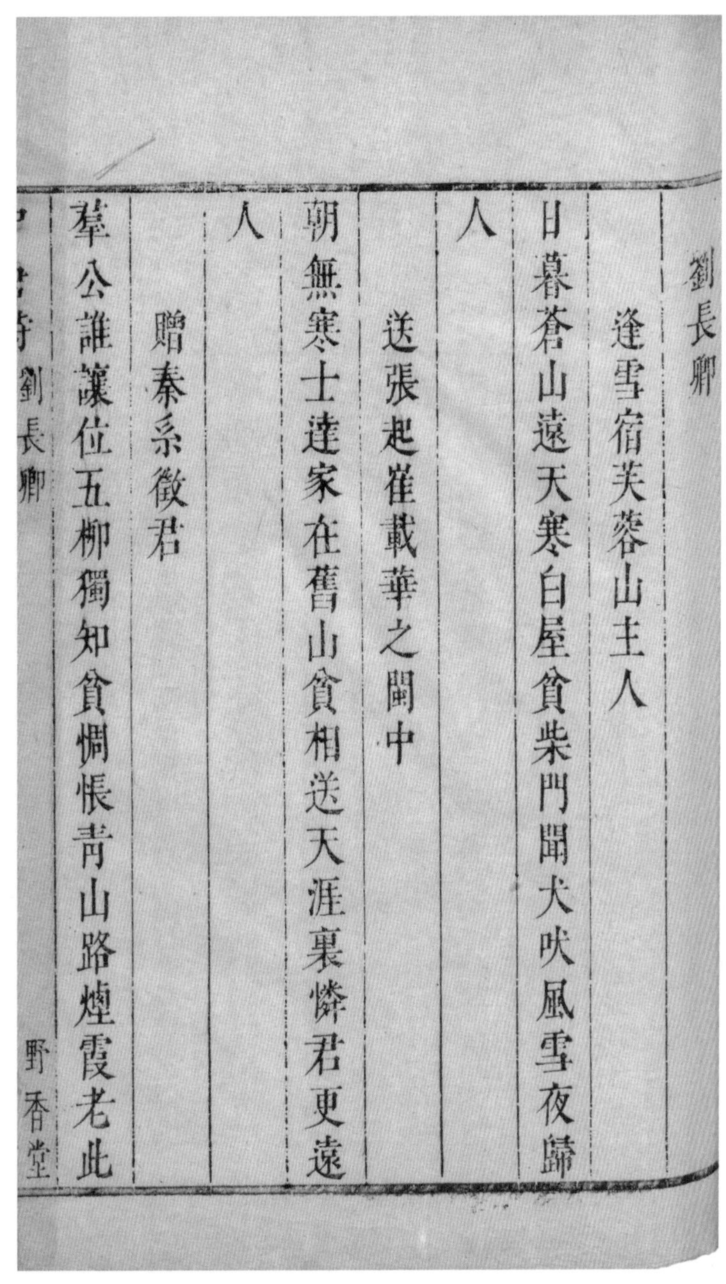

中晚唐詩五十一卷 〔清〕劉雲份編

清康熙刻本

十二册

半葉九行十九字，白口，左右雙邊。版框 18.7×13.8 厘米

15426（1586）

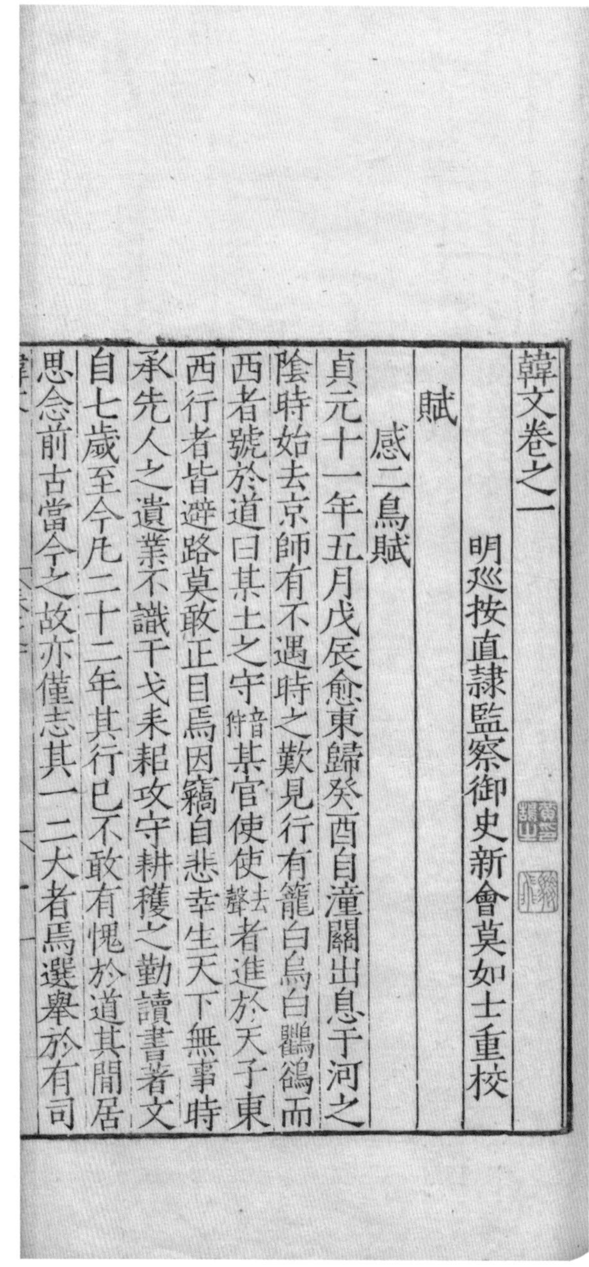

韓柳文一百卷　〔明〕游居敬編

明嘉靖三十五年（1556）莫如士刻本

十二册

半葉十一行二十二字，白口，左右雙邊。版框 18.6×13.1 厘米

16692（補 305）

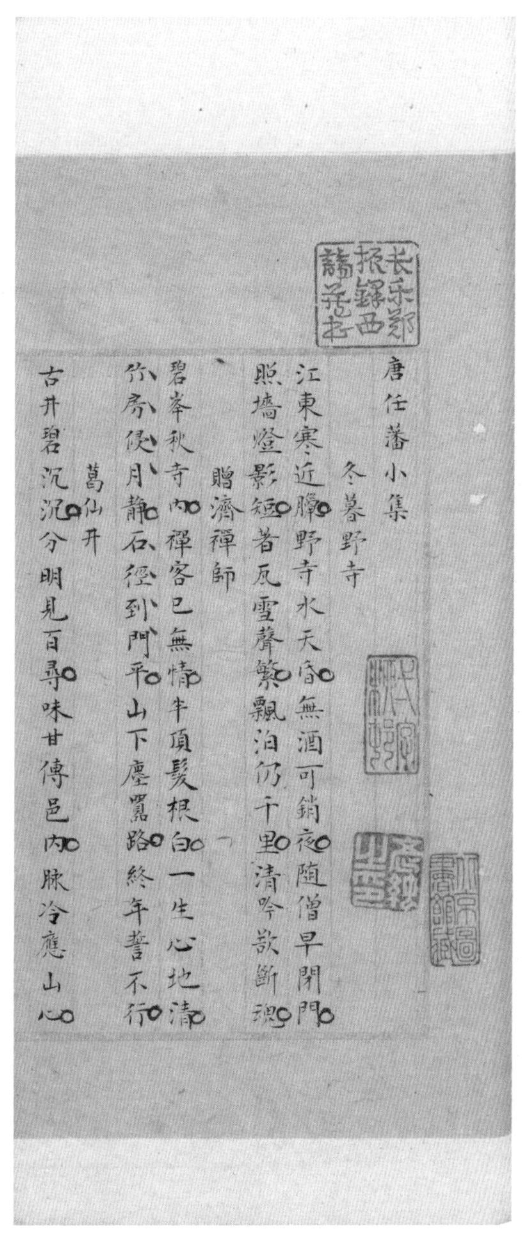

［唐詩抄］三卷　〔唐〕任藩、陳羽、顧非熊撰　〔清〕佚名輯

清乾隆抄本

一册

半葉九行二十字，紅格，白口，左右雙邊。版框 14.2×8.8 厘米

T04987（9077）

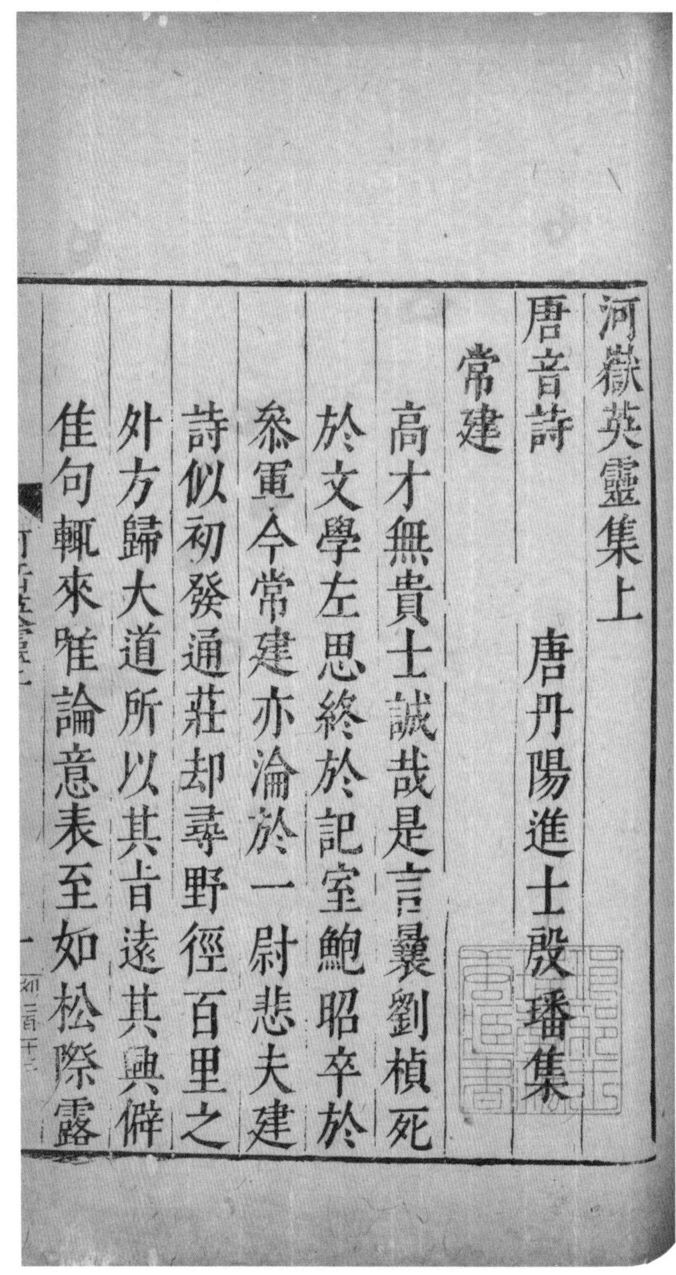

河嶽英靈集上

唐音詩　　　唐丹陽進士殷璠集

常建

高才無貴士誠哉是言曩劉楨死於文學左思終於記室鮑昭卒於厼軍今常建亦淪於一尉悲夫建詩似初發通莊却尋野徑百里之外方歸大道所以其旨遠其興僻佳句輒來唯論意表至如松際露

唐人選唐詩六種十二卷

明刻本　鄭振鐸跋

六册

半葉九行十五字，白口，四周單邊。版框 19.6×14.9 厘米

16390（11792）

唐人選唐詩向來只見有汲古閣刻御覽詩篋中集國秀
集河嶽英靈集中興間氣集搜玉小集極玄集才調
集八種後獲明仿宋刻本國秀集乃知汲刻唐人諸選
其風亦自南宋書棚刻之又得明刻本才調集則知
明刻亦非一二種頃從北京中國書店得此本所存凡篋
中國秀河嶽英靈中興間氣搜玉及極玄六種係明万
歷間刻大字本又出仿宋汲古諸本外書囊無底信
然也　一九五八年十二月十七日上午於開會後偕趙斐雲
夏作銘二君同遊書肆獲之甚是高興時風日
晴和大似春仲佳晨此書久雜度亂書堆中無人顧
問一旦脫穎而出大足慶幸　西諦

一一七九二

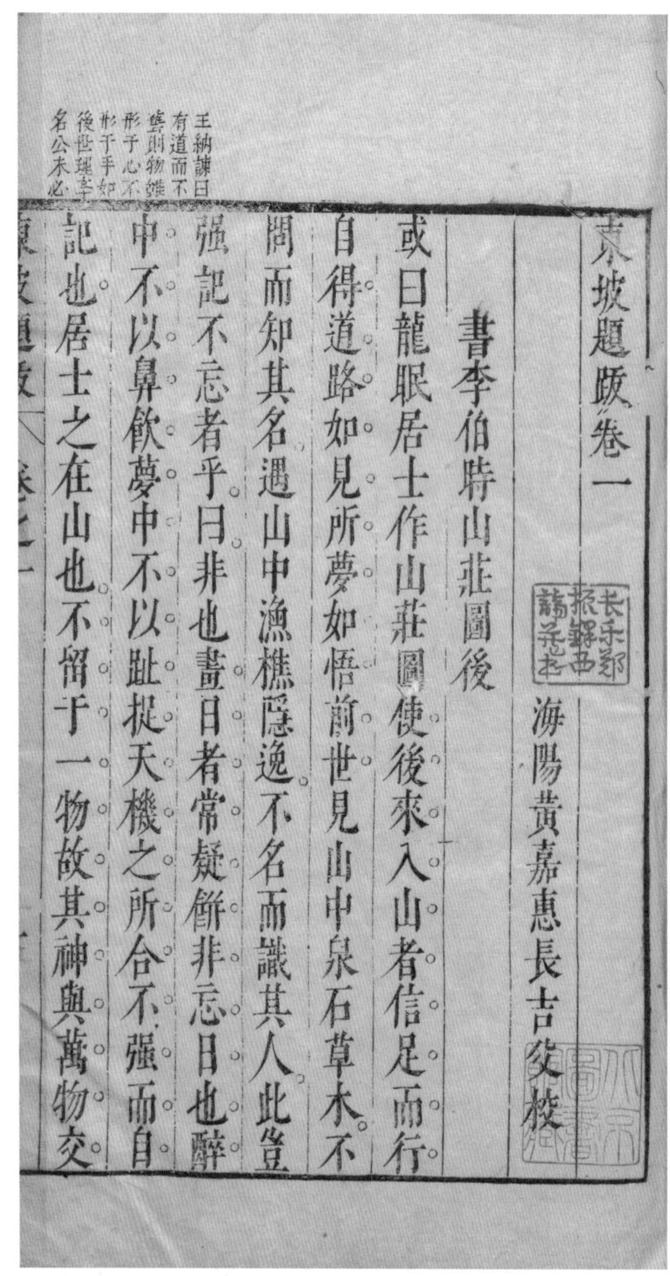

蘇黄風流小品十六卷 〔明〕黄嘉惠編

明刻本

二册

半葉九行二十字，白口，四周單邊。版框 21.1×14.1 厘米

T01087（2573）

東坡題跋卷之一

宋 眉山蘇軾 撰

明 虞山毛晉 訂

書孟德傳後

子由書孟德事見寄予既聞而異之以爲虎畏不
懼己者其理似可信然世未有見虎而不懼者則
斯言之有無終無所試之然曩余聞忠萬雲安多
虎有婦人晝日置二小兒沙上自浣衣於水者虎

東坡題跋 卷之一 汲古閣

東坡題跋六卷 〔宋〕蘇軾撰

明崇禎毛氏汲古閣刻津逮秘書本

六册

半葉九行十八字，白口，左右雙邊。版框 19.2×13.4 厘米

T02461（7583）

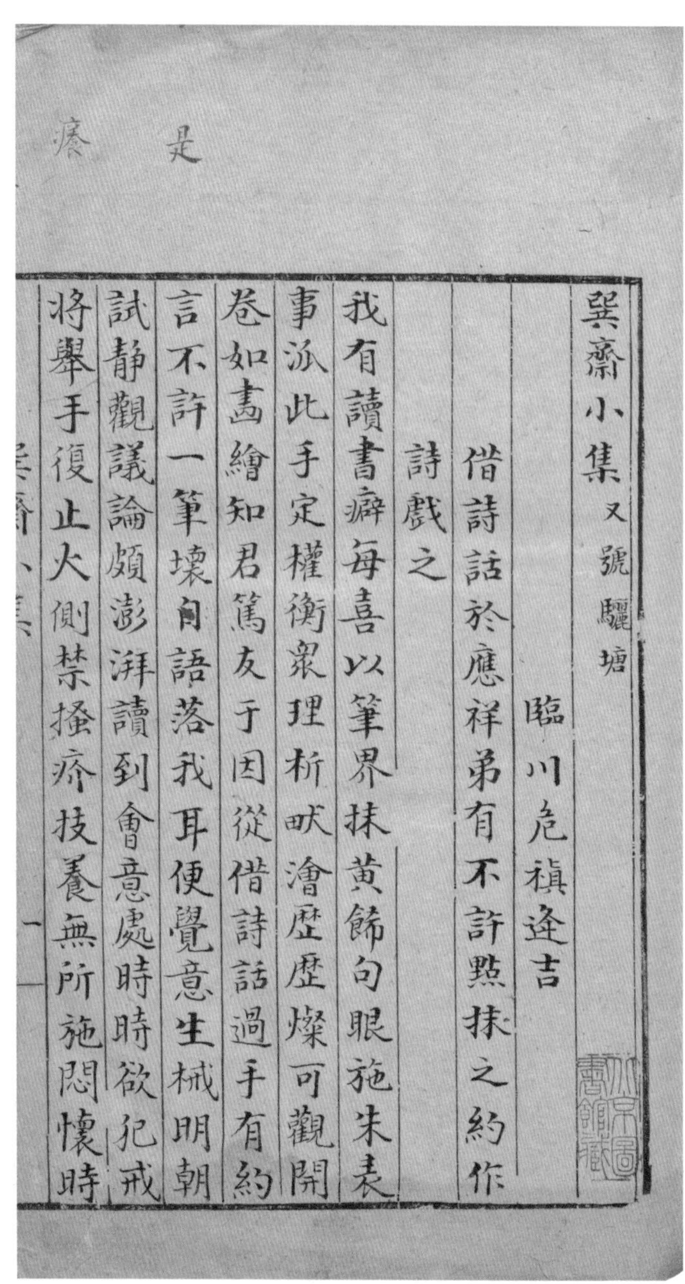

南宋群賢小集四十八種五十七卷 〔宋〕陳起編

清抄本

十五册

半葉十行十八字，白口，左右雙邊。版框 19.0×13.2 厘米

T02214（1939）

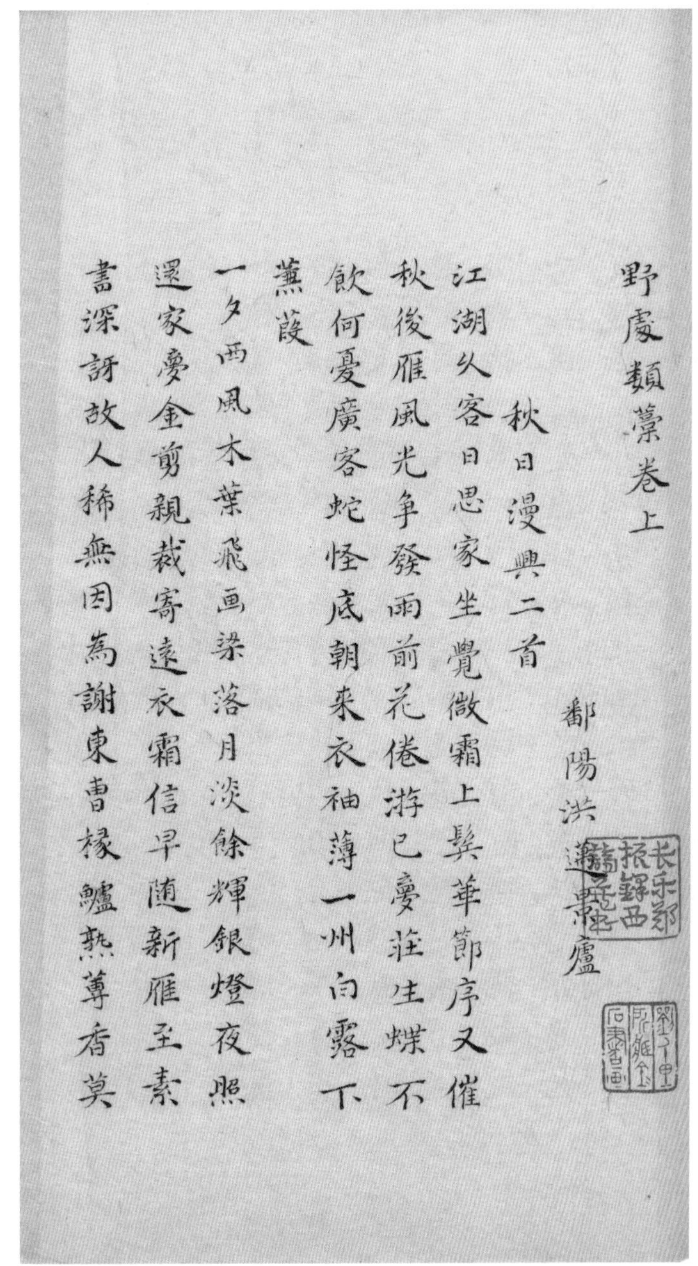

野處類藁卷上
鄱陽洪邁景盧
秋日漫興二首
江湖久客日思家坐覺微霜上鬢華節序又催
秋後雁風光争發雨前花倦游已夢莊生蝶不
飲何憂廣客蛇怪底朝來衣袖薄一州白露下
蒹葭
一夕西風木葉飛画梁落月淡餘輝銀燈夜照
還家夢金剪親裁寄遠衣霜信早隨新雁至素
書深訝故人稀無因為謝東曹椽鱸熟蓴香莫

群賢小集六十八種一百二十二卷 〔宋〕陳思編

清抄本

二十四册

半葉十行十八字，無欄格

16467（12517）

文潞公集鈔

宋　介休　文彥博

進無為而治論

臣項因奏事親聞德音謂古稱無為而治者必當先有為而致無為臣雖即時仰對曰虞舜垂衣而治者亦皆先有為而後無為誠如聖意退而伏思曰陛下有堯舜求治之心而臣愚無舉夔致君之術夙夜惕懼啟處不遑又以奏對之際蹇訥未周謹尋前典所述虞舜之德著于簡牘仰塵覽觀庶幾愚忠上裨聖政仲尼曰無為而治者其舜也與夫何為哉恭己正南面而已先儒之解以謂任官得其人故無為而治考于虞書則舜之始也流共工于幽州以其

宋人小集十卷

清吴允嘉抄本　清吴允嘉校

四册

半葉十一行二十二字，無欄格

16882（9939）

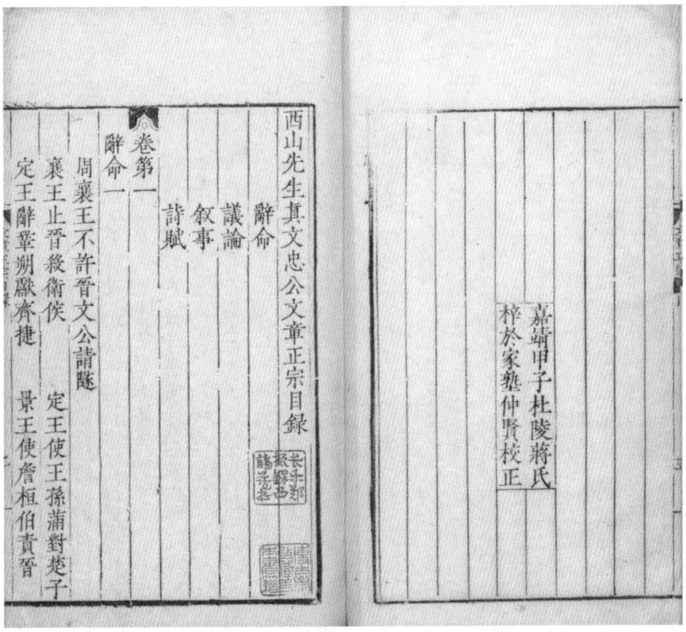
嘉靖甲子杜陵蔣氏
梓於家塾仲賢校正

西山先生真文忠公文章正宗目録
辭命
議論
叙事
詩賦
卷第一
辭命一
周襄王不許晉文公請隧
襄王止晉殺衛侯　定王使王孫蒲對楚子
定王辭鞏朔獻齊捷　景王使詹桓伯責晉

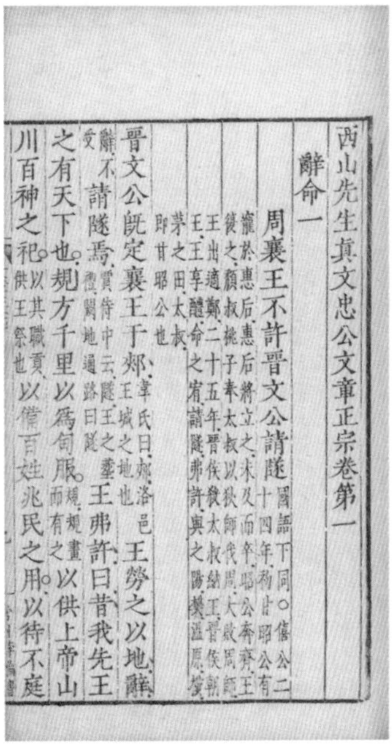
西山先生真文忠公文章正宗卷第一
辭命一
周襄王不許晉文公請隧
晉文公既定襄王于郟王勞之以地辭不請隧焉王弗許曰昔我先王之有天下也規方千里以爲甸服以供上帝山川百神之祀以備百姓兆民之用以待不庭

西山先生真文忠公文章正宗二十四卷續二十卷　〔宋〕真德秀輯

明嘉靖四十三年（1564）蔣氏家塾刻本

十八册

半葉十行二十一字，小字雙行同，白口，左右雙邊。版框 20.1×12.9 厘米

16400（11778）

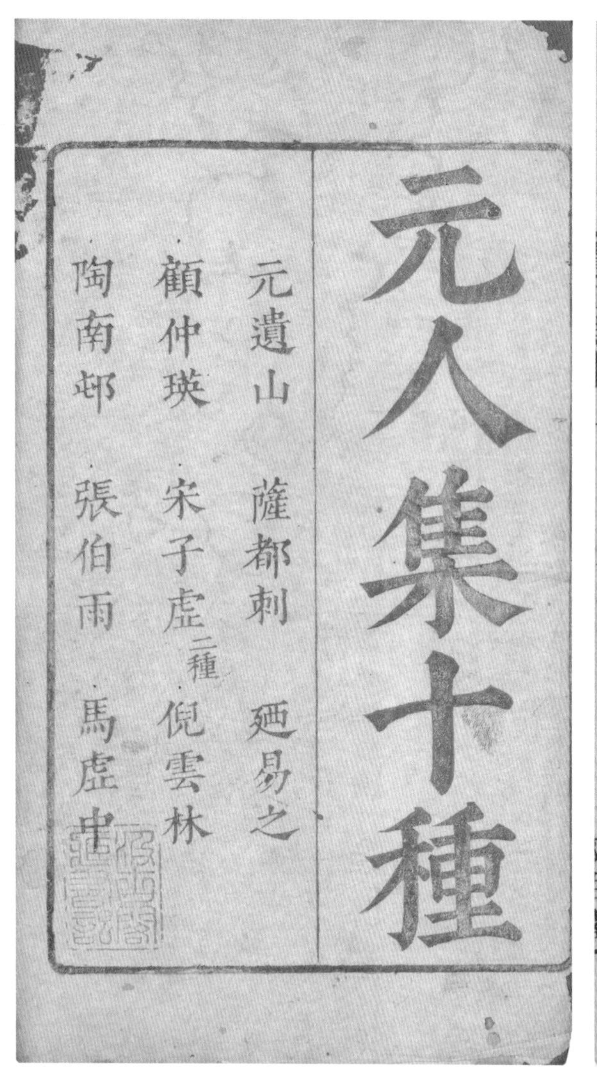

元人集十種

元遺山　薩都剌　廼易之

顧仲瑛　宋子虛二種　倪雲林

陶南邨　張伯雨　馬虛中

遺山先生詩集卷第一

五言古詩

箕山

幽林轉陰崖鳥道人迹絶許君棲隱地唯有太古
雪人間黃屋貴物外秪自潔尚厭一瓢喧重負寧
所屑降衷均義稟汨利忘智決得隴又望蜀有齊
安用薛干戈幾蠻觸宇宙日流血魯連蹈東海夷
叔采薇蕨至今陽城山衡華兩丘垤古人不可作
百念肝肺熱浩歌北風前悠悠送孤月

遺山詩集　卷之一　汲古閣

元人集十種五十四卷　〔明〕毛晋編

明崇禎十一年（1638）毛氏汲古閣刻本　鄭振鐸跋

十二册

半葉九行十九字，白口，左右雙邊，無直格。版框 18.8×13.8 厘米

16929（1608）

汲古閣刊元十家集最爲難得
商務印書館曾影印之今並
此影印本亦遍覓無有富
晉書社爲余得此原刊初
印本爲海豐吳氏旧藏亟
收之價四十五金

一九五六年一月九日

西諦

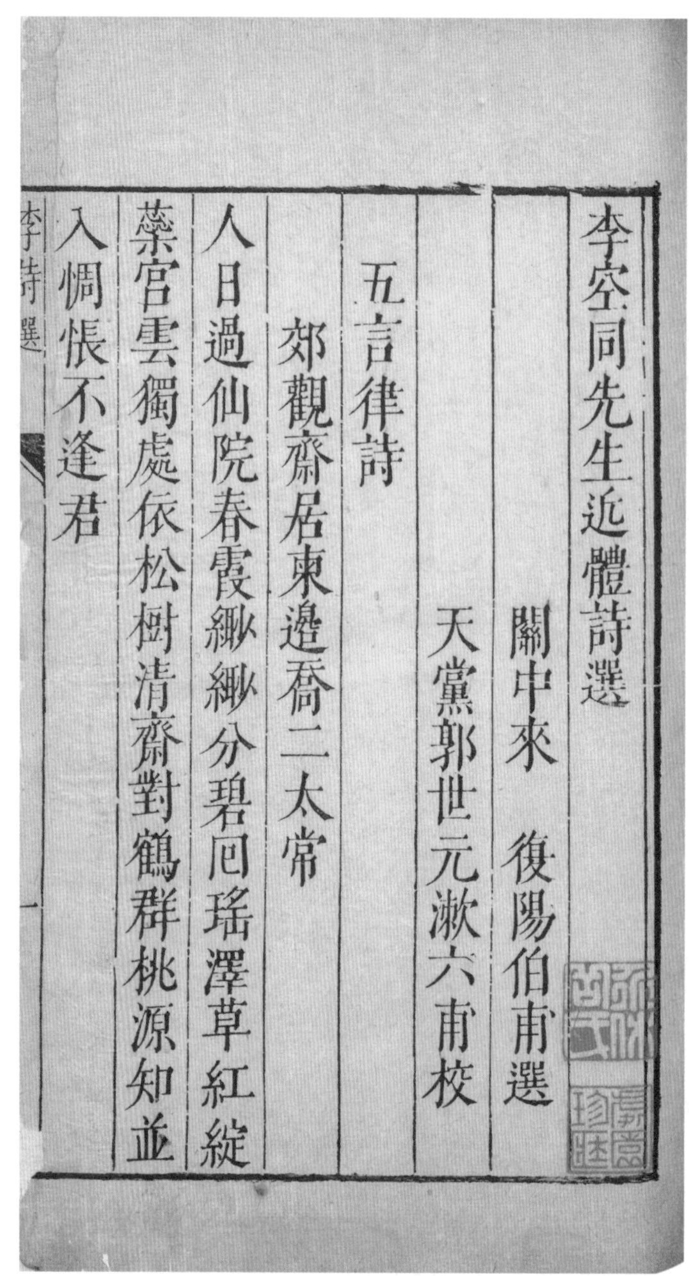

李何近體詩選七卷　〔明〕來復編

明萬曆刻本

一册

半葉八行十七字，白口，左右雙邊。版框 20.3×13.6 厘米

16640（補 121）

李卓吾評選方正學文集卷一

吳山俞允諧汝欽閱

雜著

幼儀雜箴二十首有序

道之於事無乎不在古之人自少至長於其所在皆致謹焉而不敢忽故行跪揖拜飲食言動有其則喜怒好惡憂樂取予有其度或銘于盤盂或書于紳笏所以養其心志約其形體者至詳密矣其進於道也豈不易哉後世教無其法學失其本學者汩於名勢

長樂鄭振鐸西諦藏書

李卓吾評選方正學文集一　一

三異人文集二十三卷附録四卷　〔明〕俞允諧編

明俞氏求古堂刻本

十二册

半葉九行二十字，白口，四周單邊。版框 21.6×14.5 厘米

15467（1997）

黃貞父先生
小品
崢霄館藏板
翻刻必究

黃貞父先生弁詞
武林山水最天下然三秋
桂子十里荷花僅寫其點
綴香艷而非眞色若夫陽
春老而桃李飛英清秋殘

黃敘一

皇明十六名家小品三十二卷 〔明〕陸雲龍編

明崇禎六年（1633）崢霄館刻本

十六册

半葉九行十九字，白口，四周單邊。版框 20.5×13.9 厘米

T00562（10076、10373、10374）

忽然而來川湧岳起

翠娱閣評選黄貞父先生小品卷一

武林黄汝亨貞父著

仁和丁允和叔介選

錢塘陸雲龍雨侯評

鴻苞序

今夫虛空之中忽然而有天地天地中有四海五嶽海嶽中有丘陵原隰溝澮川瀆以及于一微一塵一漚一沫自漚沫微塵侵尋而至天地不可以數計形模也而總爲虛空之所苞舉則是虛空者之爲物孰與妙合偶對哉嘗試觀之惟人之靈通

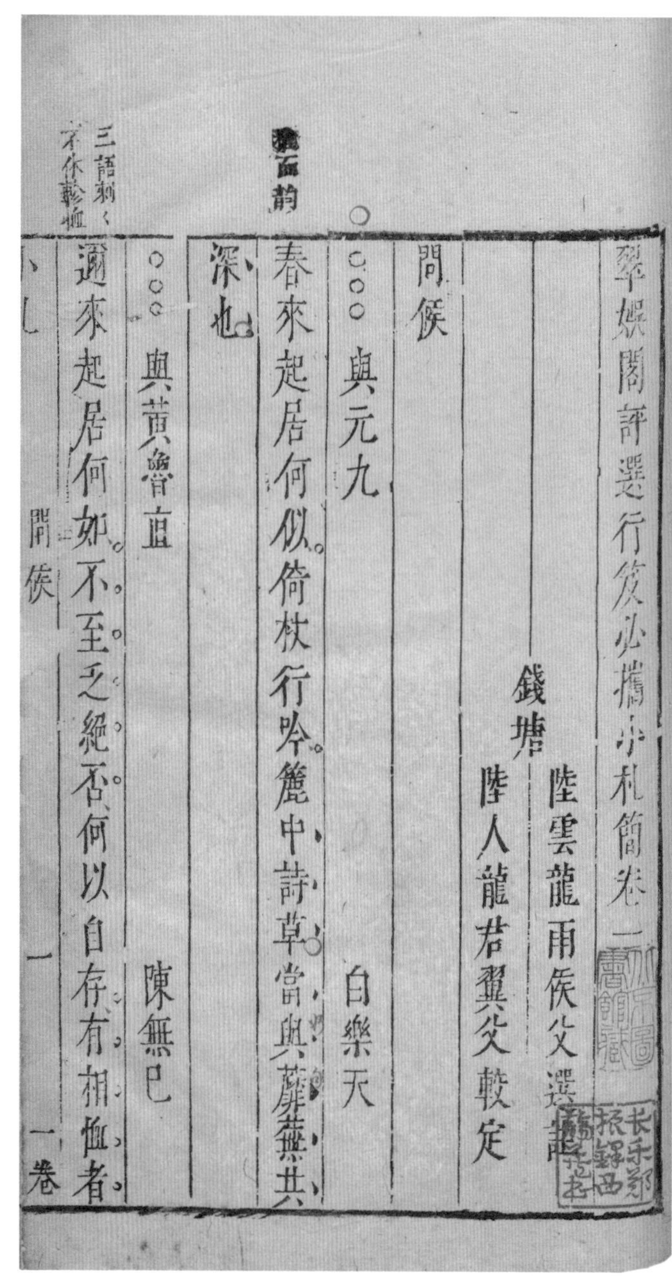

翠娱閣評選行笈必攜小札簡二卷 〔明〕陸雲龍編

明崇禎峥霄館刻翠娱閣評選行笈必攜本

二册

半葉九行十九字，白口，四周單邊。版框 20.2×13.8 厘米

T02239（1910）

○○○枯樹 庾信

選騷

○○○山中人 王維

○○○初放 東方朔

○○○哀湘竹 劉蛻

○○○下清江 劉蛻

○○○屏之山 孫一元

目次終

翠娛閣評選文韻卷一

仁和丁允和叔介父品定

錢塘陸雲龍雨侯父評註

選賦

秋雲似羅 侯喜 唐

雲之可觀。時惟佩蘭、映婺女而扇薄透姮娥而幔寒。縹緲如畫霏微似殘乍逐乘槎之人訝鶩鳥遠曳每映卿蘆之雁謂鶩幕遙看且曉霧如縠于今何在。餘霞成綺須臾則改。詎若終日似是有時而

兩聯組燦七襄

翠娛閣評選行笈必攜二十一卷 〔明〕陸雲龍編

明崇禎崢霄館刻本

五册

半葉九行十九字，白口，四周單邊。版框 20.8×14.0 厘米

T03110（1640）

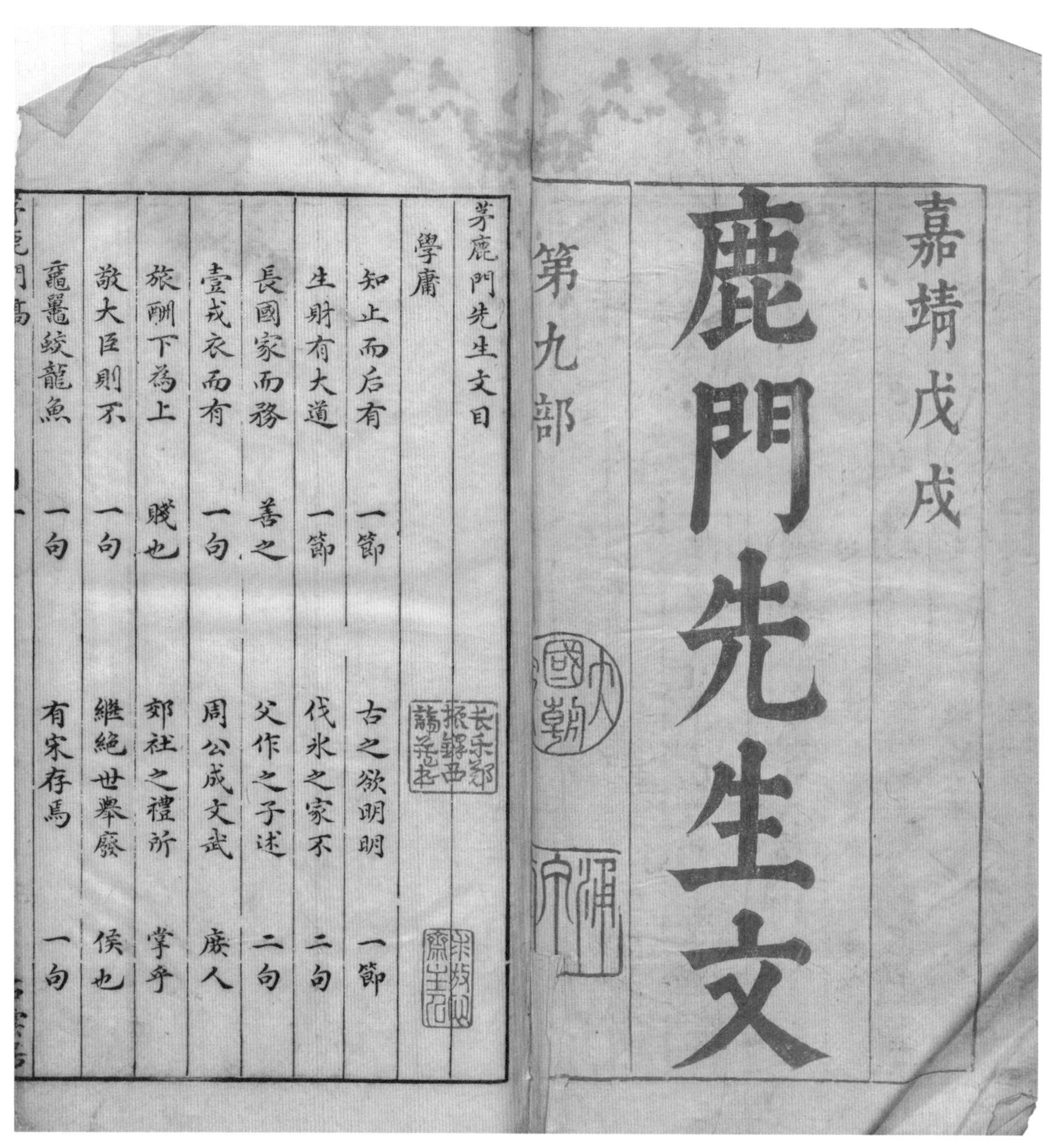

國朝大家制義四十二卷　〔明〕陳名夏輯

明末陳氏石雲居刻本

二册　存二卷：茅鹿門稿一卷、胡思泉稿一卷

半葉九行二十七字，白口，四周單邊，無直格。版框 21.7×12.0 厘米

T03880（2933）

茅鹿門稿

○○知止而后有定　一節　茅坤

大學推至善之所由得所以示學者之始功也大學莫先於知也由知止而定而靜而安且慮焉至善之所由得微矣哉且夫聖學之次第必先有以開其端而後有以要其極夫所謂至善者豈易得哉蓋於德之所以明也民之所以新也必也極其深而研其幾而於事理之精微有以洞見夫心之本體致其同而辯其異而旨趣之歸宿有以灼見夫道之大原斯則知止矣夫旣知止而定從而生焉吾知勿貳以二勿參以

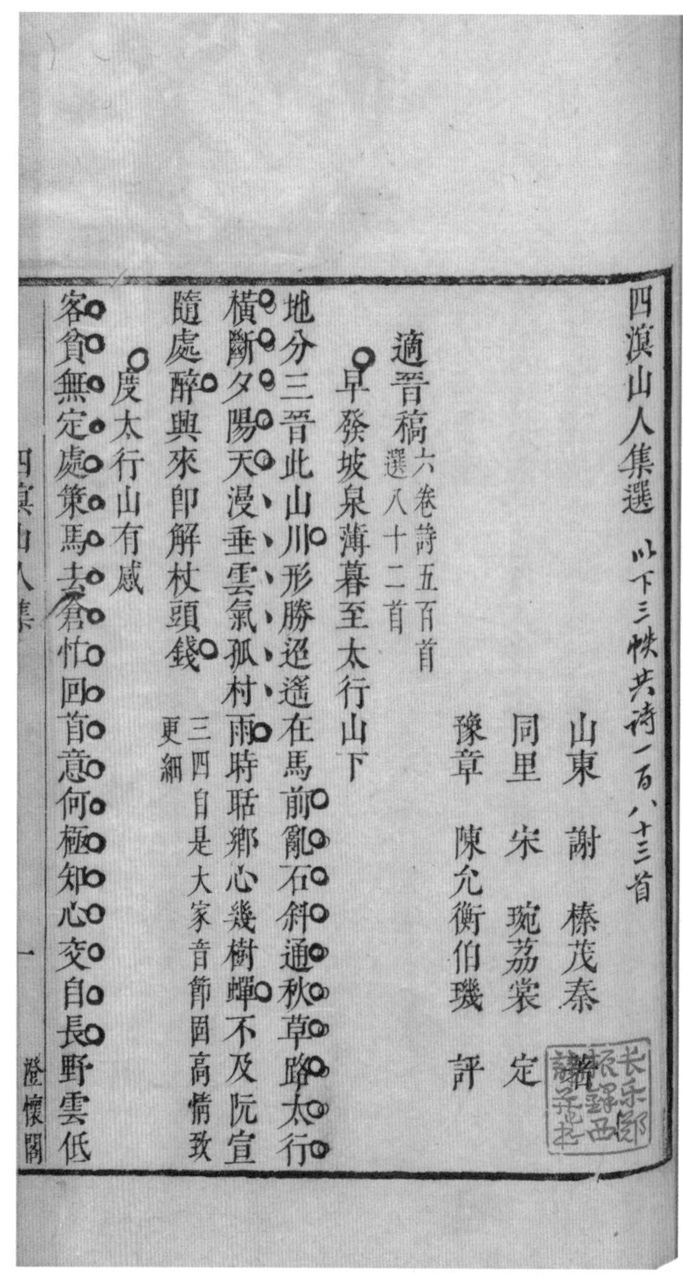

詩慰初集二十家二十四卷 〔清〕陳允衡編

清順治澄懷閣刻本　鄭振鐸跋

四册　存十四家十六卷

半葉十一行二十三字，白口，四周單邊，無直格。版框 17.7×13.1 厘米

16950（12502）

余先得陳允衡國雅，但歷訪南北各肆求詩慰初刻不可得，即董某覆刻本亦未有。頃乃於上海來薰閣得原刻詩慰四冊，某殘闕不全，亦欣然收之。曾至北京商書館抄得詩慰全目，計初集廿家，此本存者凡十四家；二集十家、續集八家，此本均無有。北京圖書館藏本所缺高淳邢孟貞昉石臼後集一卷，此本却有之。海内有此書者恐無第三家也。此書入禁書總目（全燬），故流傳甚少。

一九五七年一月十日西諦記。時大雪方霽，滁胡望皆白，是今歲年豐稔之兆也。

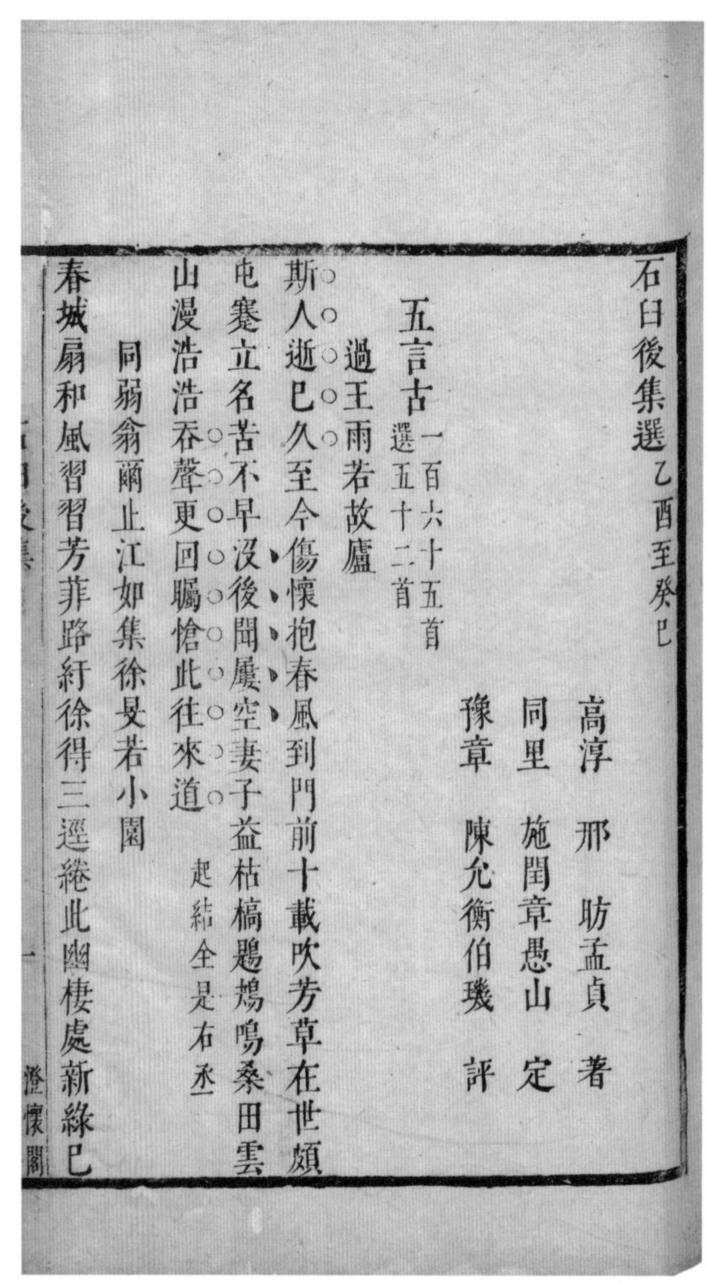

詩慰初集二十家二十四卷 〔清〕陳允衡編

清順治澄懷閣刻本

二册　存七家七卷：不已集選一卷、河邨集選一卷、嶧桐後集選一卷、石臼後集選一卷、昔耶園集選一卷、唾餘集選一卷、幾社集選一卷

半葉十一行二十三字，白口，四周單邊，無直格。版框 18.3×13.3 厘米

16996（補 224）

顧子方詩

無錫顧　杲

日出東南隅行

秦羅敷胡爲乎桑中何不蔽爾明月珠掩爾青絲籠出門一牽意自與蕩婦同使君道路人安知爾爲栢與松秦羅敷爾莫頼但當重爾足裂爾縚解爾翠琅玕使爾羅襦輕蠶子且勿育桑中難獨行

地驅樂歌

淵淵海水藏所歸爲郎情深時回眷

當牆欲高行

此陳思調也悟秋子讀書至此喟然歎曰曹生遭際偪奇窮然躁露招尤禍非無妄歌中寓意絕無責躬悔過之辭蓋千古才人未聞道者多也拈和一章聊爲陳思補過耳

讒言三至曾母虞兄我涼德非子輿血心未足感天地自使黃口櫟賢愚賢愚亦何有拮摘良不虛日月在上我行實愉若不毀我彼焉得譽但爲致一辭私意懷區區既噬樹上雄姑舍巢中雛長願終此生供君以微軀嗚呼噫嘻泰山不立齊嵎江水不下東南隅丈人且莫爲我吁曾參殺

顧文學　一　子方

啓禎兩朝遺詩□□卷　〔明〕陳濟生編

清初刻本（三十八種配清抄本）　鄭振鐸跋

四册　存八十二卷

半葉十五行二十八字，白口，四周雙邊。版框 20.6×13.3 厘米

16459（12416）

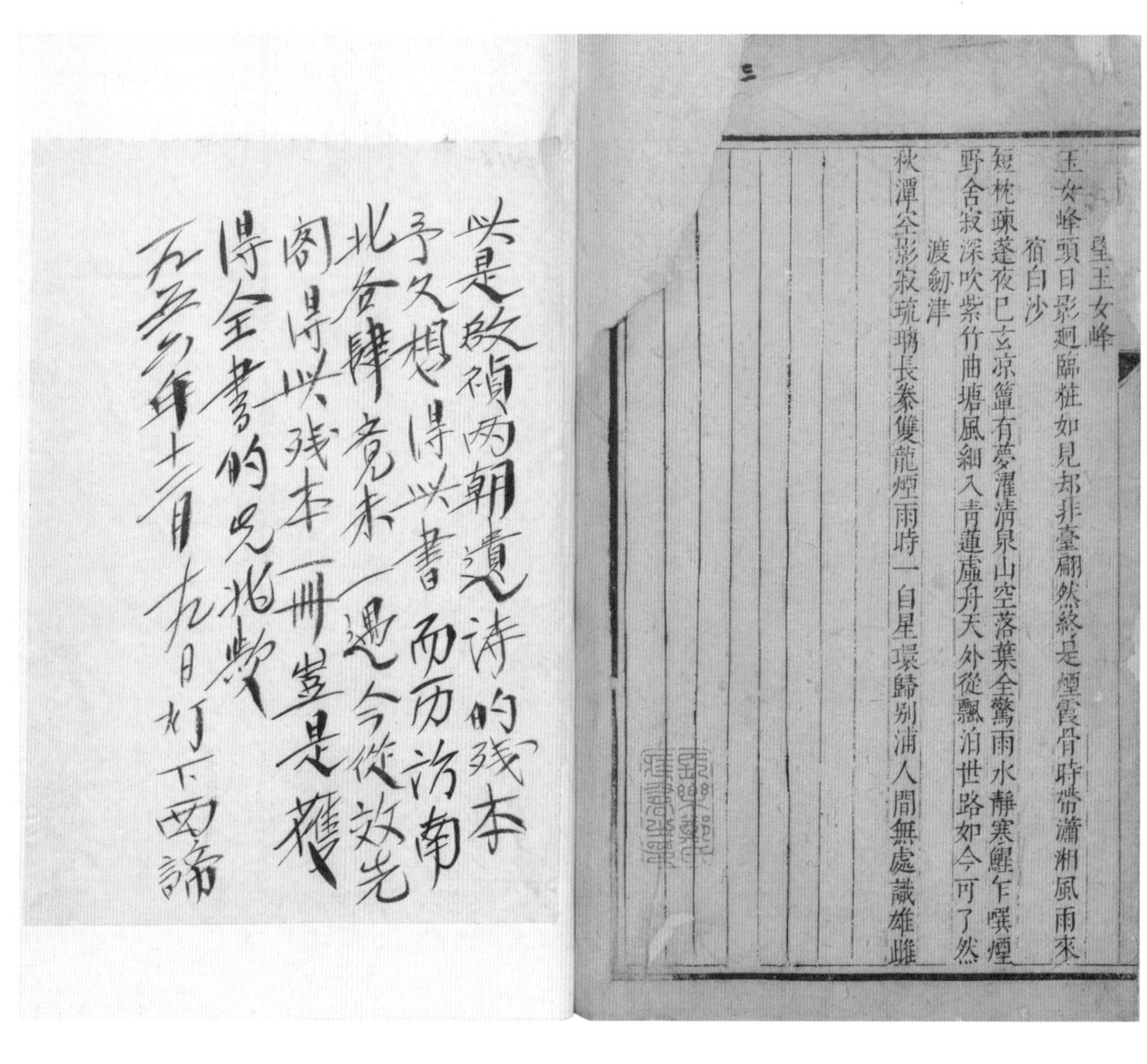

望玉女峰

玉女峰頭日影廻臨粧如見却非臺翩然終是煙霞骨時帶瀟湘風雨來

宿白沙

短枕疎蓬夜已交涼簟有夢濯清泉山空落葉全驚雨水靜寒鯉乍噀煙
野舍寂深吹紫竹曲塘風細入青蓮虛舟天外從飄泊世路如今可了然

渡劒津

秋潭空影寂琉璃長奉雙龍煙雨時一自星環歸別浦人間無處識雄雌

以是故碩丙朝遺诗的残本
予久想得此書而历访南
北各肆竟未一遇今從效先
图得此残本一冊豈是獲
得全書的兆徵
五六年十二月九日灯下西諦

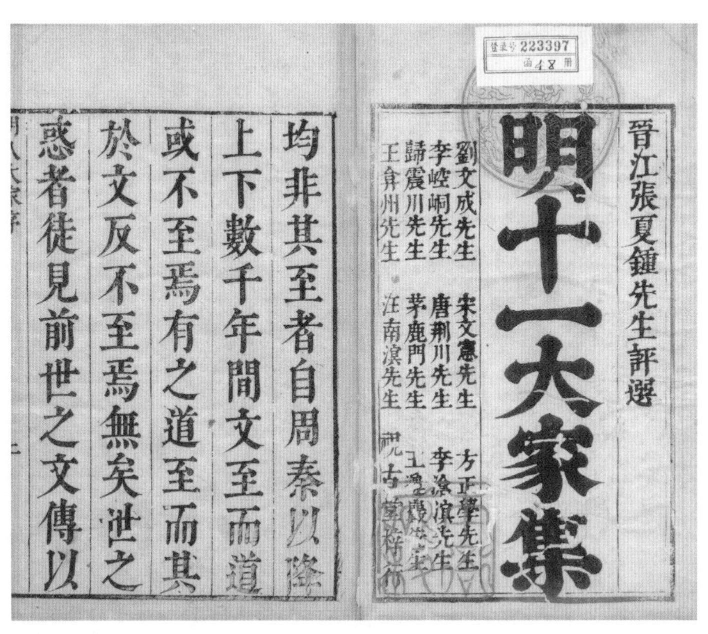

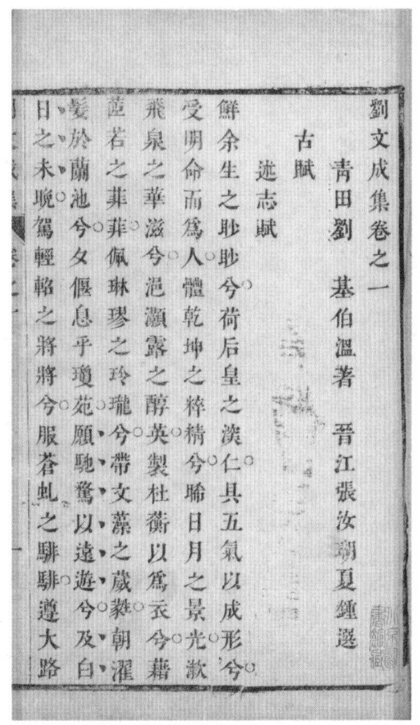

明十一大家集一百十四卷 〔清〕張汝瑚輯

清康熙視古堂刻彙印本

四十八册

半葉十行二十字，小字雙行同，白口，四周單邊，無直格。版框 21.8×14.6 厘米

T00178（補 217）

明十一大家集一百十四卷 〔清〕張汝瑚輯

清康熙視古堂刻彙印本

六十册

半葉十行二十字，小字雙行同，白口，四周單邊，無直格。版框 22.2×15.0 厘米

T00182（1740）

書号
函28册
登录号212661

晉江張夏鍾先生評選

明六名家集

劉文成先生　李空同先生
李滄溟先生　王弇州先生
茅鹿門先生　汪南溟先生

視古堂藏版

宋文憲公集卷之一

金華宋　濂景濂著　　晉江張汝瑚夏鍾選

賦

奉制撰蟠桃核賦有序

洪武乙卯夏五月丁丑、上御端門、名翰林詞臣、出示臣桃半核、蓋元內庫所藏物也○其長五寸、廣四寸七分、前刻西王母賜漢武核及宣和殿十字○塗以金○中繪龜鶴雲氣之象○後鐫庚子年甲申月丁酉日記○其字如前之數○亦以金飾之○所謂庚子、實宣和二年字、頗疑祐陵所書○旣奉

劉文成集卷之一

青田劉　基伯溫著　　晉江張汝瑚夏鍾選

長樂鄭振鐸西諦藏書
北京圖書館藏

古賦

述志賦

鮮余生之耿耿兮，荷后皇之渙仁。具五氣以成形兮，受明命而爲人。體乾坤之粹精兮，晞日月之景光。歃飛泉之華滋兮，浥沆瀣之醇英。製杜蘅以爲衣兮，藉葅若之菲菲。佩琳璆之玲瓏兮，帶文藻之葳蕤。朝濯髮於蘭池兮，夕偃息乎瓊苑。願馳騖以遠遊兮，及白日之未晚。駕輕軨之將將兮，服蒼虬之騑騑。遵大路

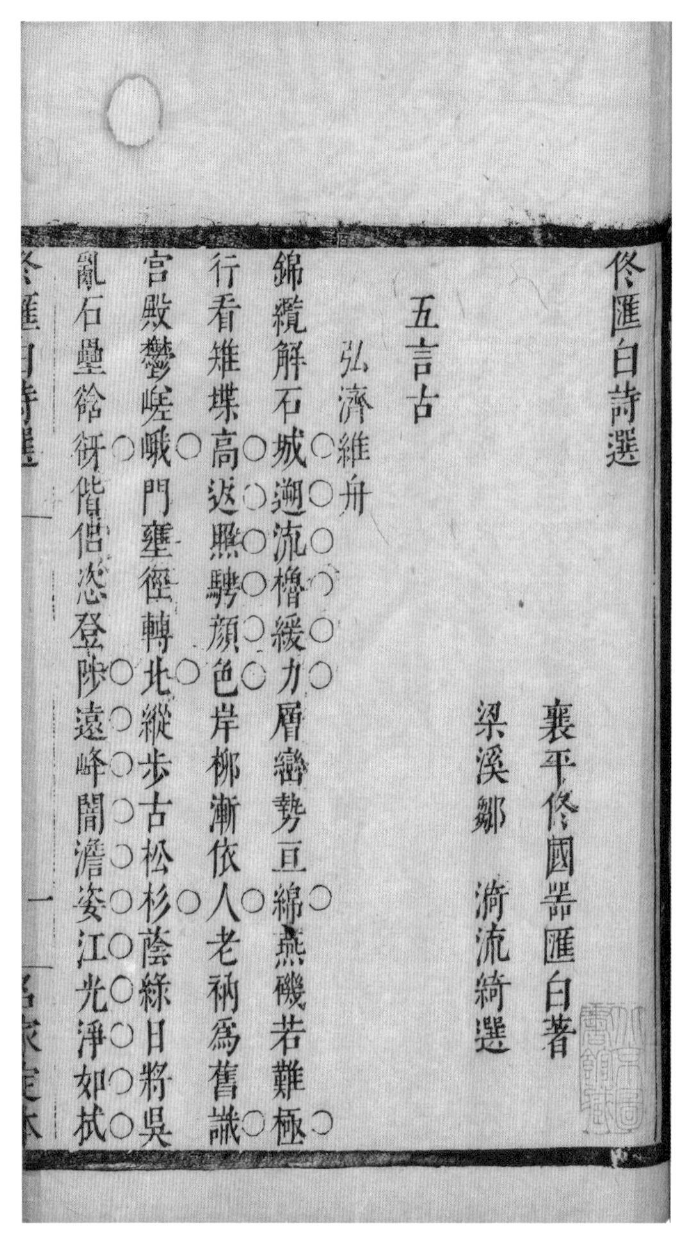

名家詩選□□卷　〔清〕鄒漪輯

清康熙刻本

二册　存六種六卷：佟滙白詩選一卷、錢日庵詩選一卷、王玉叔詩選一卷、黄雲孫詩選一卷、周文夏詩選一卷、陳大孚詩選一卷

半葉九行二十字，小字雙行同，白口，左右雙邊，無直格。版框 18.4×13.0 厘米

T00078（1823）

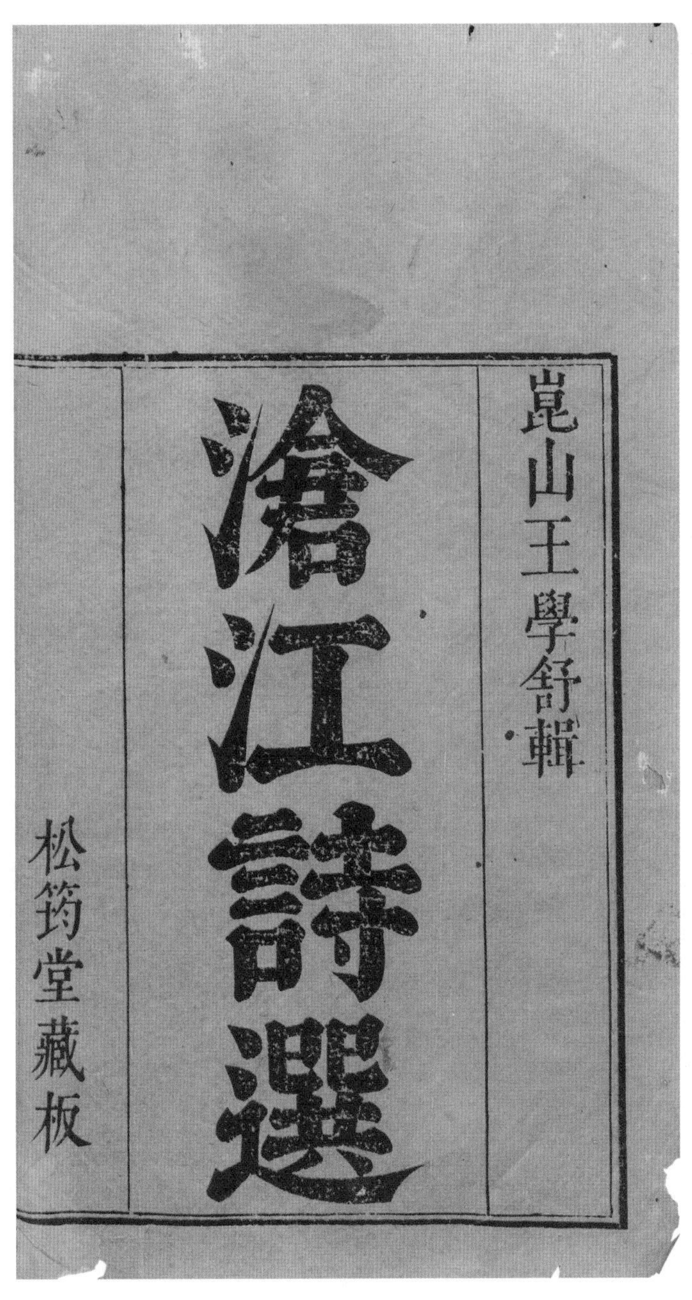

滄江詩選三卷 〔清〕王之醇編

清康熙五十三年（1714）王氏松筠堂刻本

一册

半葉九行二十字，白口，左右雙邊。版框 18.6×13.5 厘米

15399（806）

汝謙詩集

婁東錢澒績汝謙著
玉峯王之醇學舒選
吳門沈德潛確士
門人戴　湜綏伯　校

賦

廣寒宮賦

明皇開元六年八月之望寳宿齊輝氷輪初上長空一碧光華萬狀上御望仙樓迎暉院捲珠簾捐紈扇

文選卷第一

梁昭明太子選

唐文林郎守太子右内率府録事參軍事崇賢館直學士臣李善注

奉政大夫同知池州路總管府事張伯顏助率重刊

賦甲 賦甲者舊題甲乙所以紀卷先後今卷既改故甲乙並除存其首題以明舊式

京都上

班孟堅兩都賦二首 自光武至和帝都洛陽西京父老有怨班固恐帝去洛陽故上此詞以諫和帝大悅也

兩都賦序

班孟堅 范曄後漢書曰班固字孟堅北地人也年九歲能屬文長遂博貫載籍顯宗時除蘭臺令

金臺書鋪汪諒見居

正陽門內西第一巡警更鋪對門今將所刻古書目録列于左及

家藏今古書籍不能悉載願市者覽焉

翻刻司馬遷正義解註史記一部　重刻名賢叢話詩林廣記一部

翻刻梁昭明解註文選一部　重刻韓詩外傳一部十卷韓嬰集

翻刻黃鶴解註杜詩一部全集　重刻潛夫論漢王符撰一部

翻刻千家註蘇詩一部　重刻太古遺音大全一部

翻刻解註唐音一部　重刻臞仙神奇秘譜一部

翻刻玉機微義一部係醫書　重刻詩對押韻一部

翻刻武經直解一部劉寅進士註　重刻孝經註疏一冊

俱宋元板　俱古板

嘉靖元年十二月望日金臺汪諒古板校正新刊

文選六十卷　〔南朝梁〕蕭統輯　〔唐〕李善註

明嘉靖元年（1522）金臺汪諒刻本

三十二册

半葉十行二十或二十一字，小字雙行同，白口，四周單邊。版框 20.4×13.5 厘米

16333（10773）

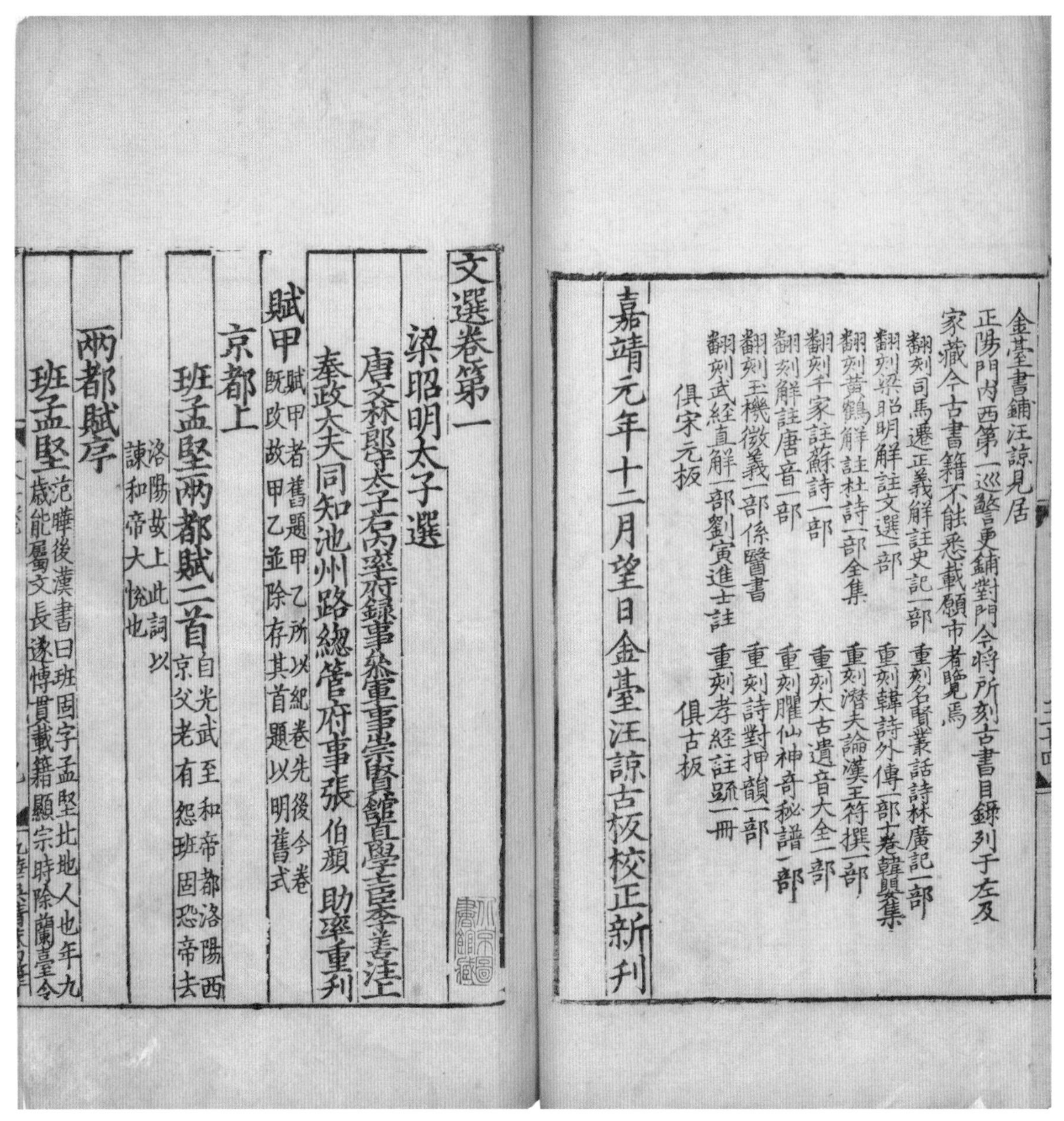

文選六十卷　〔南朝梁〕蕭統輯　〔唐〕李善註

明嘉靖元年（1522）金臺汪諒刻本

六册　存十七卷：一至十四、十八至二十

半葉十行二十一字，小字雙行同，白口，四周單邊。版框 20.5×13.7 厘米

T00409（14744）

何義門先生評點
長洲葉涵峰叅訂
重刻昭明文選李善註
海錄軒藏板

文選六十卷 〔南朝梁〕蕭統輯 〔唐〕李善註 〔清〕何焯評

清乾隆三十七年（1772）葉樹藩海禄軒刻本

十二册

半葉十二行二十五字，小字雙行三十七字，白口，左右雙邊。版框 19.1×15.0 厘米

T00406（14870）

此賦蓋因杜篤論都而作篤謂存不忘亡安不忘危雖有仁義猶設城池蓋以都洛尙非永圖特以葭萌不柔未遑論都國家不忘西都也故特作後賦折以法度前賦兼戒後王勿效西京末造之後又包平子兩京之旨也

昭明選賦獨冠兩都以兼揚馬之長義正而事實也上林長楊是諷體故

文選卷一

梁昭明太子撰　文林郎守太子右內率府錄事參軍事崇賢館直學士臣李善注上

長洲葉樹藩星衛氏參訂

賦甲　賦甲者舊題甲乙所以紀卷先後今卷既改故甲乙並除存其首題以明舊式

京都上

班孟堅兩都賦二首

張平子西京賦一首

兩都賦序　自光武至和帝都洛陽西京父老有怨班固恐帝去洛陽故上此詞以諫和帝大悅也　詞藻不如相如其體製自足冠代

班孟堅　范曄後漢書曰班固字孟堅北地人也年九歲能屬文長遂博貫載籍顯宗時除蘭臺令史遷為郎乃上兩都賦大將軍竇憲出征匈奴以固為中護軍憲敗固坐免官遂死獄中

或曰賦者古詩之流也　毛詩序曰詩有六義焉二曰賦故賦為古詩之流也諸引文證皆舉先以明後以示作者必有所祖述也他皆類此　昔成康沒而頌聲寢王澤竭而詩不作　言周道既微雅頌並廢也史記曰周武王太子誦立是為成王成王太子釗立是為

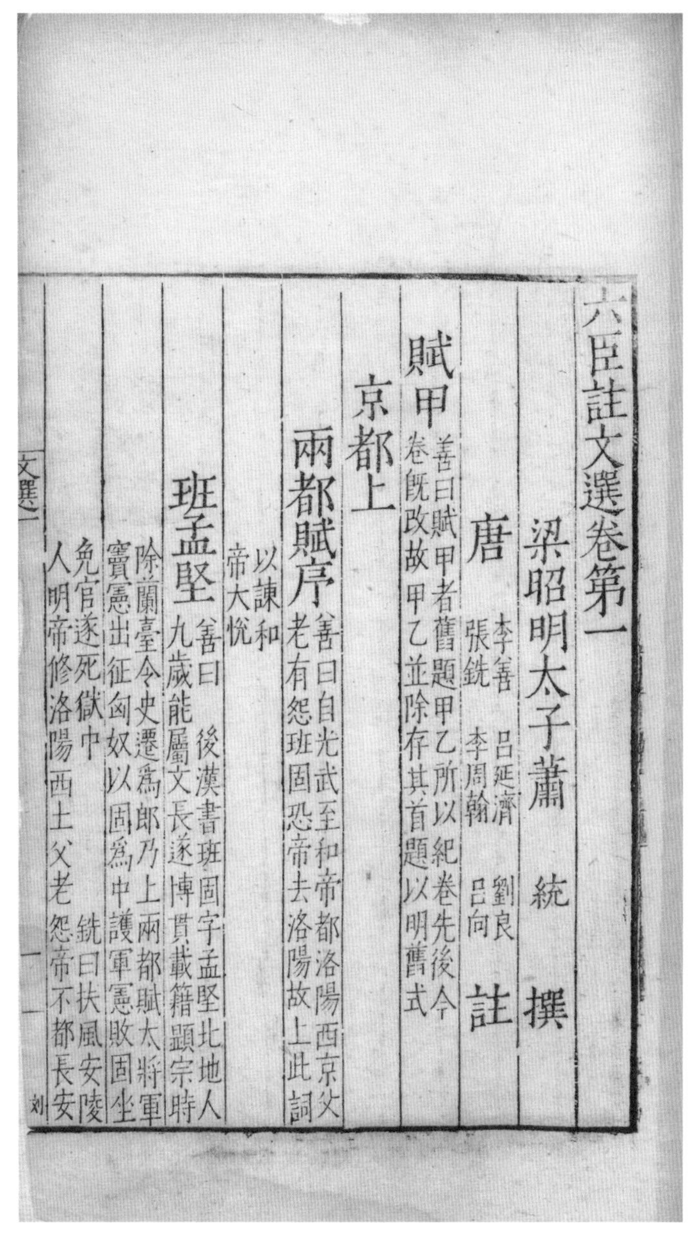

六臣註文選六十卷　〔南朝梁〕蕭統輯　〔唐〕李善、吕延濟、劉良、張銑、吕向、李周翰註　**諸儒議論一卷**　〔元〕陳仁子輯

明嘉靖二十八年（1549）洪楩刻本

二十九册　存五十九卷：一至十六、十九至六十

半葉十行十八字，小字雙行二十三字，白口，四周單邊。版框 18.9×13.9 厘米

16659（補 159）

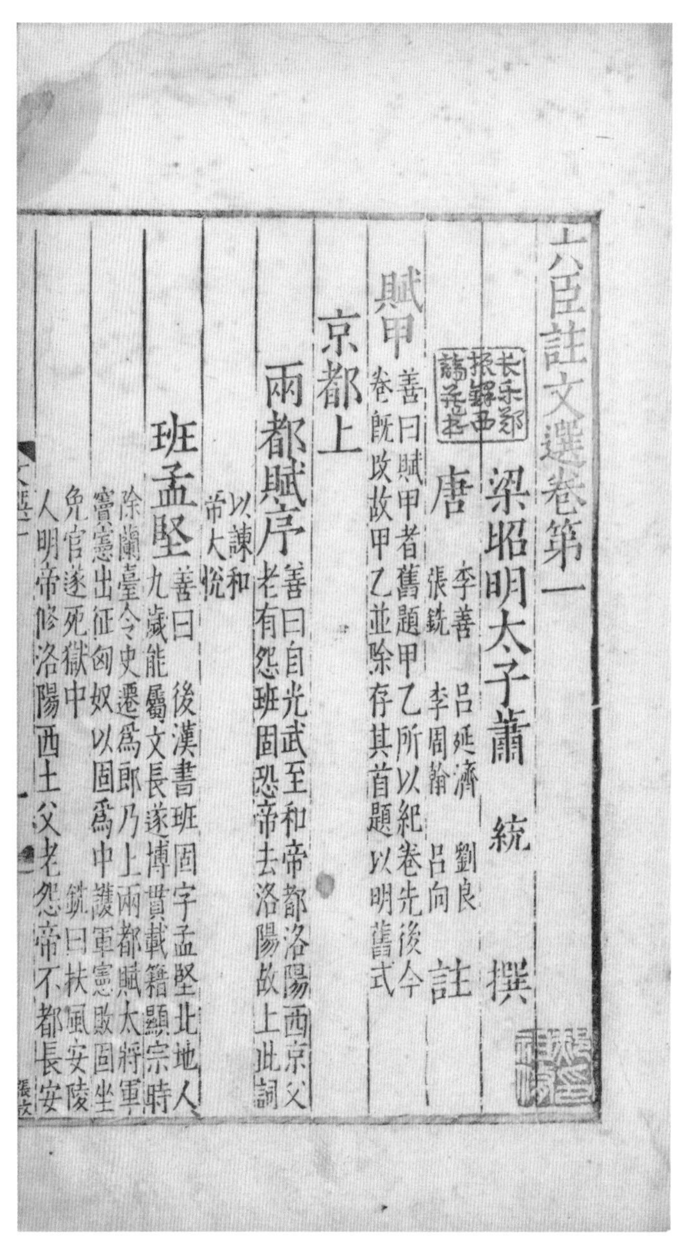

六臣註文選六十卷 〔南朝梁〕蕭統輯 〔唐〕李善、呂延濟、劉良、張銑、呂向、李周翰註 **諸儒議論一卷** 〔元〕陳仁子輯

明刻本

六十册

半葉八行十八字，小字雙行二十三字，白口，四周單邊。版框 21.1×13.8 厘米

16304（10772）

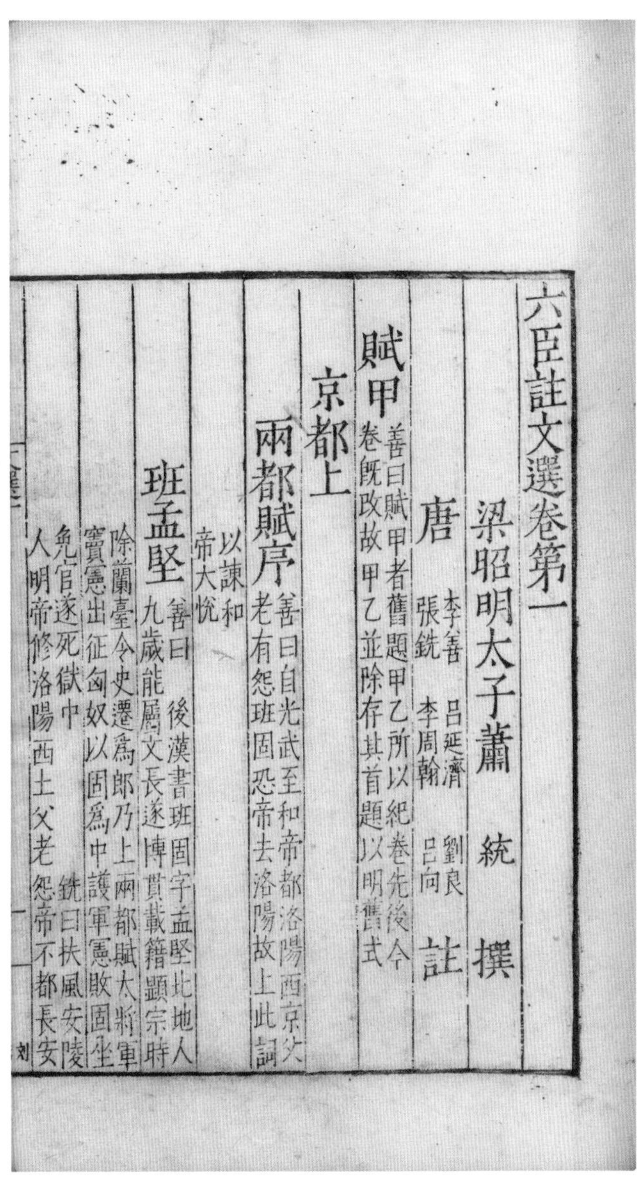
六臣註文選卷第一
梁昭明太子蕭 統 撰
唐 李善 呂延濟 劉良 張銑 李周翰 呂向 註
賦甲 善曰賦甲者舊題甲乙所以紀卷先後今卷既改故甲乙並除存其首題以明舊式
京都上
兩都賦序 善曰自光武至和帝都洛陽西京父老有怨班固恐帝去洛陽故上此詞以諫和帝大悅
班孟堅 善曰後漢書班固字孟堅北地人九歲能屬文長遂博貫載籍顯宗時除蘭臺令史遷爲郎乃上兩都賦太將軍竇憲出征匈奴以固爲中護軍憲敗固坐免官遂死獄中 銑曰扶風安陵人明帝修洛陽西土父老怨帝不都長安

六臣註文選六十卷 〔南朝梁〕蕭統輯 〔唐〕李善、吕延濟、劉良、張銑、吕向、李周翰註 **諸儒議論一卷** 〔元〕陳仁子輯

明嘉靖二十八年（1549）洪楩刻本（卷十七至六十配明潘惟時、潘惟德刻本）

三十册

半葉十行十八字，小字雙行二十三字，白口，四周單邊（卷十七至六十：半葉九行十八字，小字雙行同，白口，左右雙邊）。版框 18.9×13.6 厘米

16810（14743）

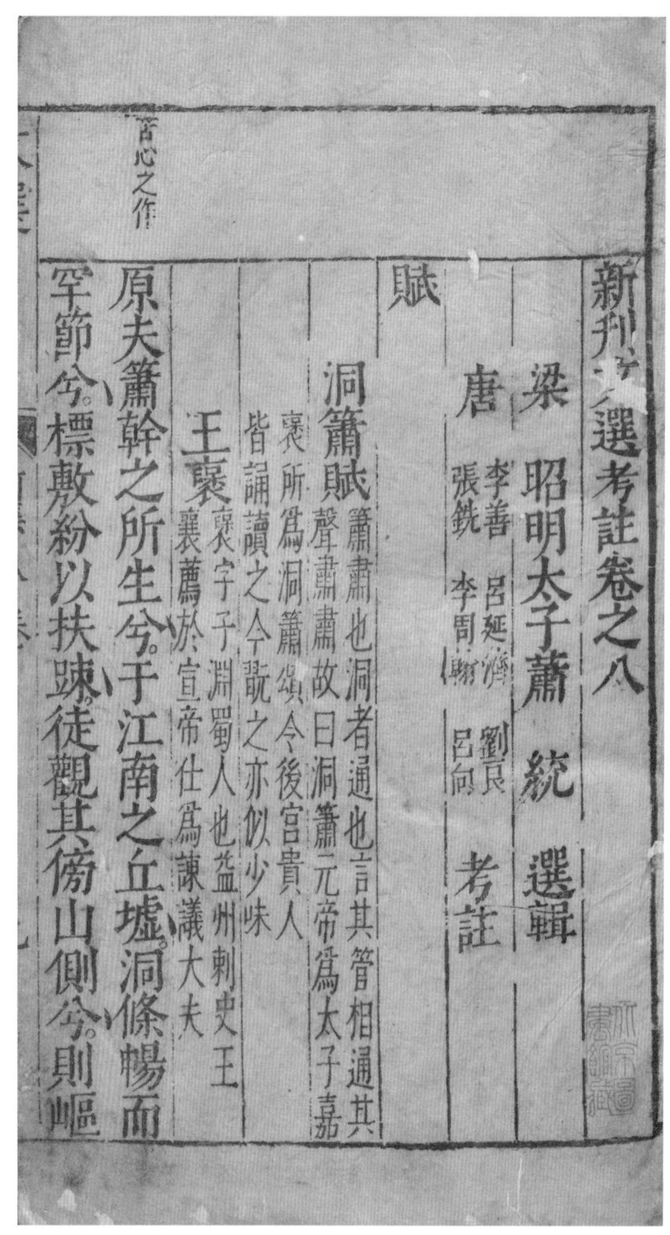

新刊文選考註前集十五卷後集十五卷 〔南朝梁〕蕭統輯 〔唐〕李善、吕延濟、劉良、張銑、李周翰、吕向註

清康熙二十七年（1688）刻本

二十册 存二十二卷：前集八、九、十一至十五；後集一至十五

半葉九行十八字，小字雙行同，白口，四周單邊。眉欄鐫評。版框 21.9×13.9 厘米

T00427（14509）

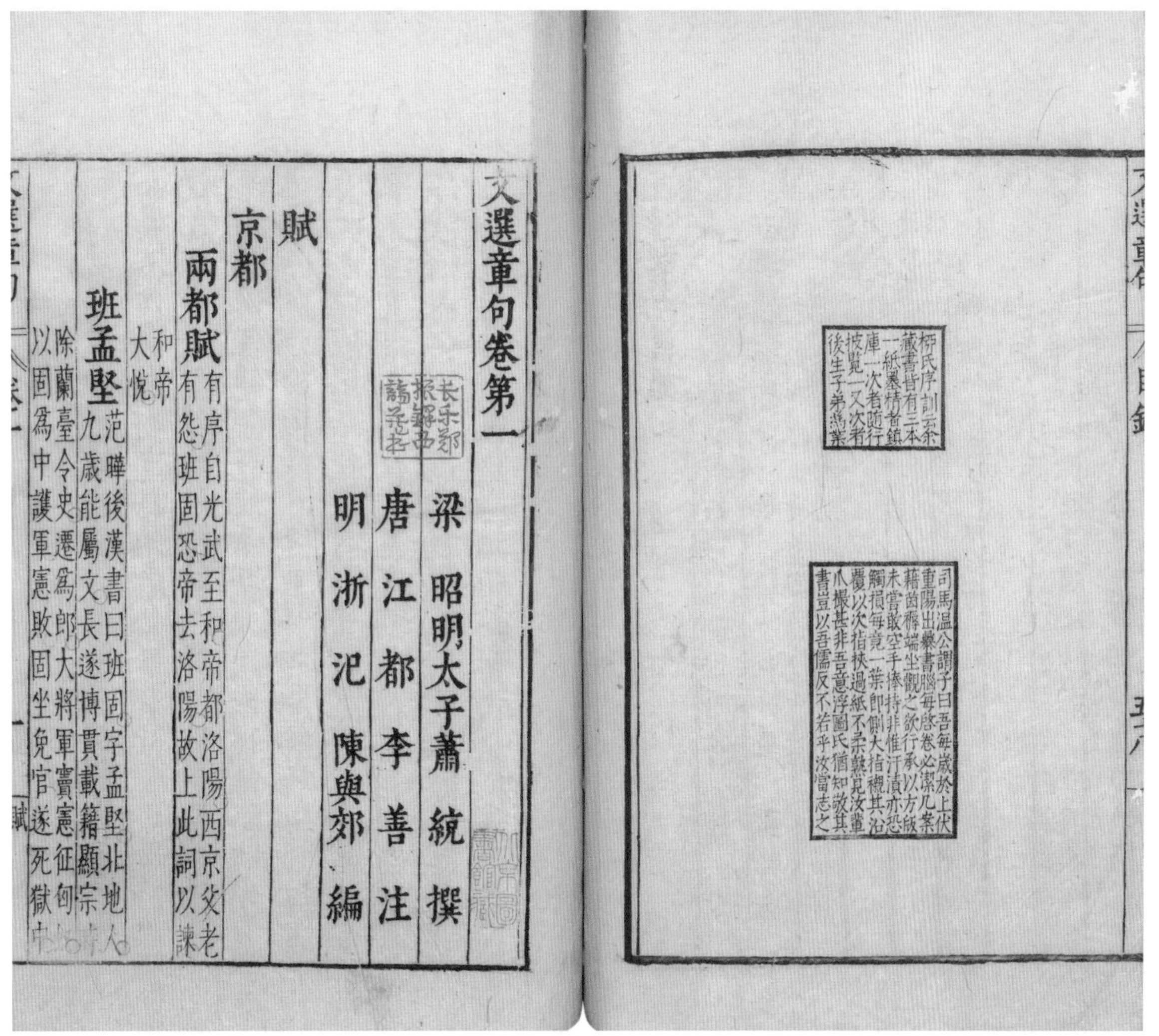

文選章句二十八卷　〔明〕陳與郊撰

明萬曆二十五年（1597）刻本　鄭振鐸跋

十册

半葉十行二十字，小字雙行同，白口，左右雙邊。版框 21.0×13.8 厘米

T00419（1654）

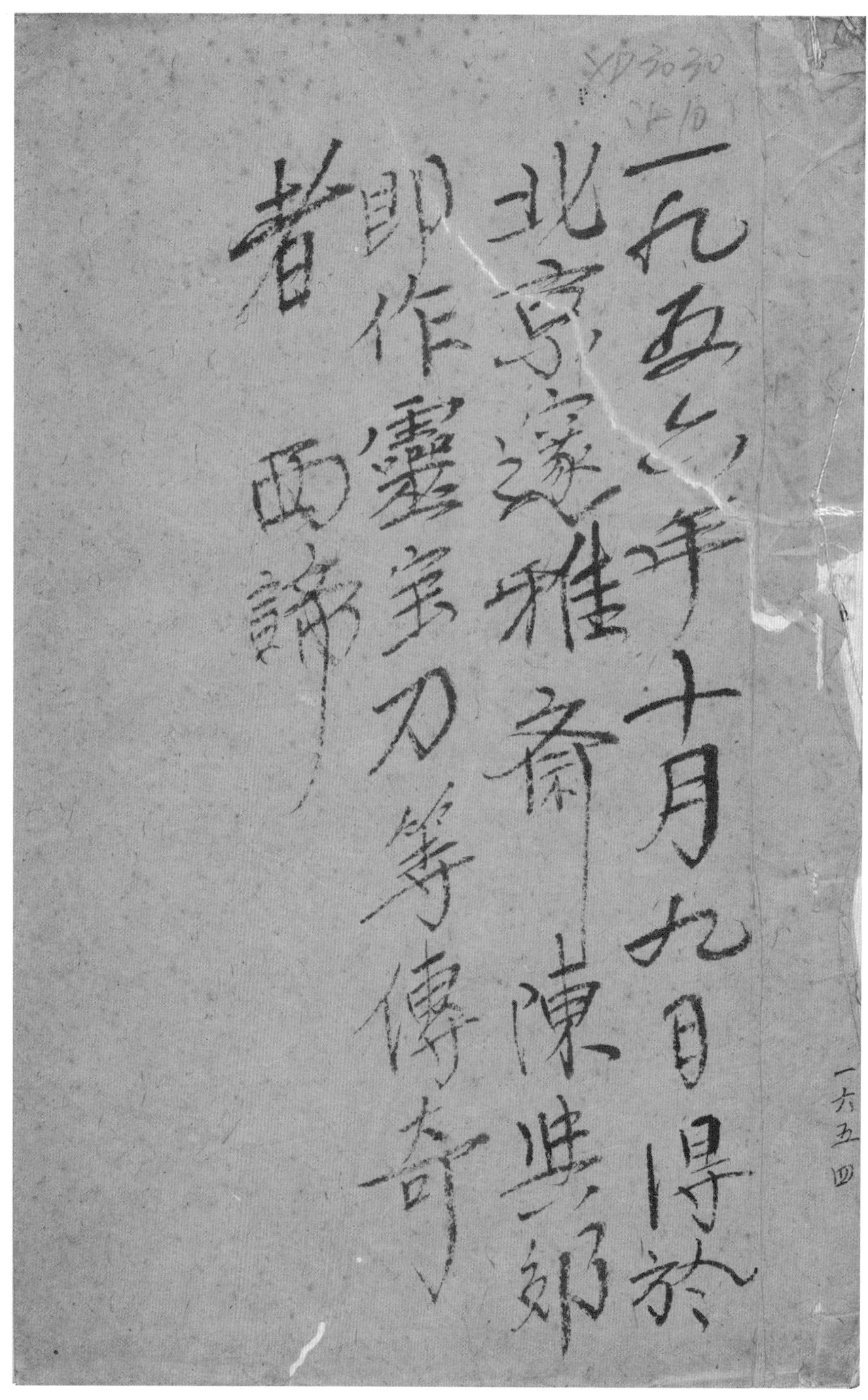

一九五六年十月九日得於

北京邃雅齋陳與郊

即作靈寶刀等傳奇

者 西諦

一六五四

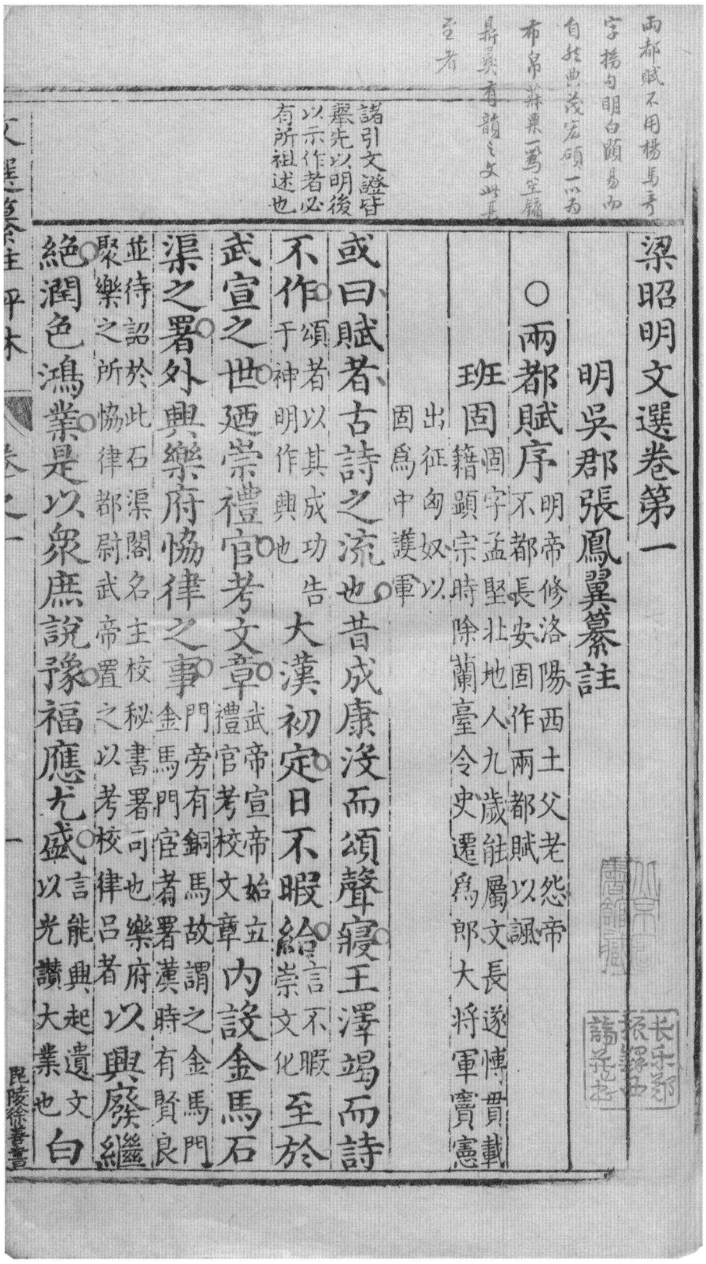

梁昭明文選十二卷 〔南朝梁〕蕭統輯 〔明〕張鳳翼纂註

明萬曆刻本

二十四册

半葉十一行二十二字，小字雙行同，白口，四周雙邊。眉欄鐫評釋。版框 24.4×15.6 厘米

T00426（1641）

序文語極淡然絕有真味調極平然絕有稚致但即眼前鋪敘更不鈎深却自無不盡節奏最渾妙舒徐典潤有自然之損抑蓋蘊藉深故氣度閒淺世所謂廟堂冠冕皆從此出

文選淪註卷一

孫月峯先生評閱　後學徐善建孝表

閔赤如先生淪註　柯維楨翰周仝校

兩都賦序明帝修洛陽西土父老怨帝不都長安固作兩都賦以諷

班固字孟堅北地人九歲能屬文長遂博貫載籍顯宗時除蘭臺令史遷爲郎大將軍竇憲出征匈奴爲中護軍憲敗坐免官死獄中

或曰賦者古詩之流也昔成康沒而頌聲寢王澤竭而詩不作大漢初定日不暇給至於武宣之世乃崇禮官考文章內設金馬石渠之署外興樂府

文選淪註卷一　賦　京都　一

北京圖書館藏
長樂鄭振鐸西諦藏書

文選淪註三十卷　〔明〕孫鑛評　〔明〕閔齊華淪註

清康熙二十年（1681）柯維楨刻本　鄭振鐸跋

十二册

半葉九行十九字，小字雙行同，白口，四周單邊，無直格。版框 21.0×15.3 厘米

T00420（1668）

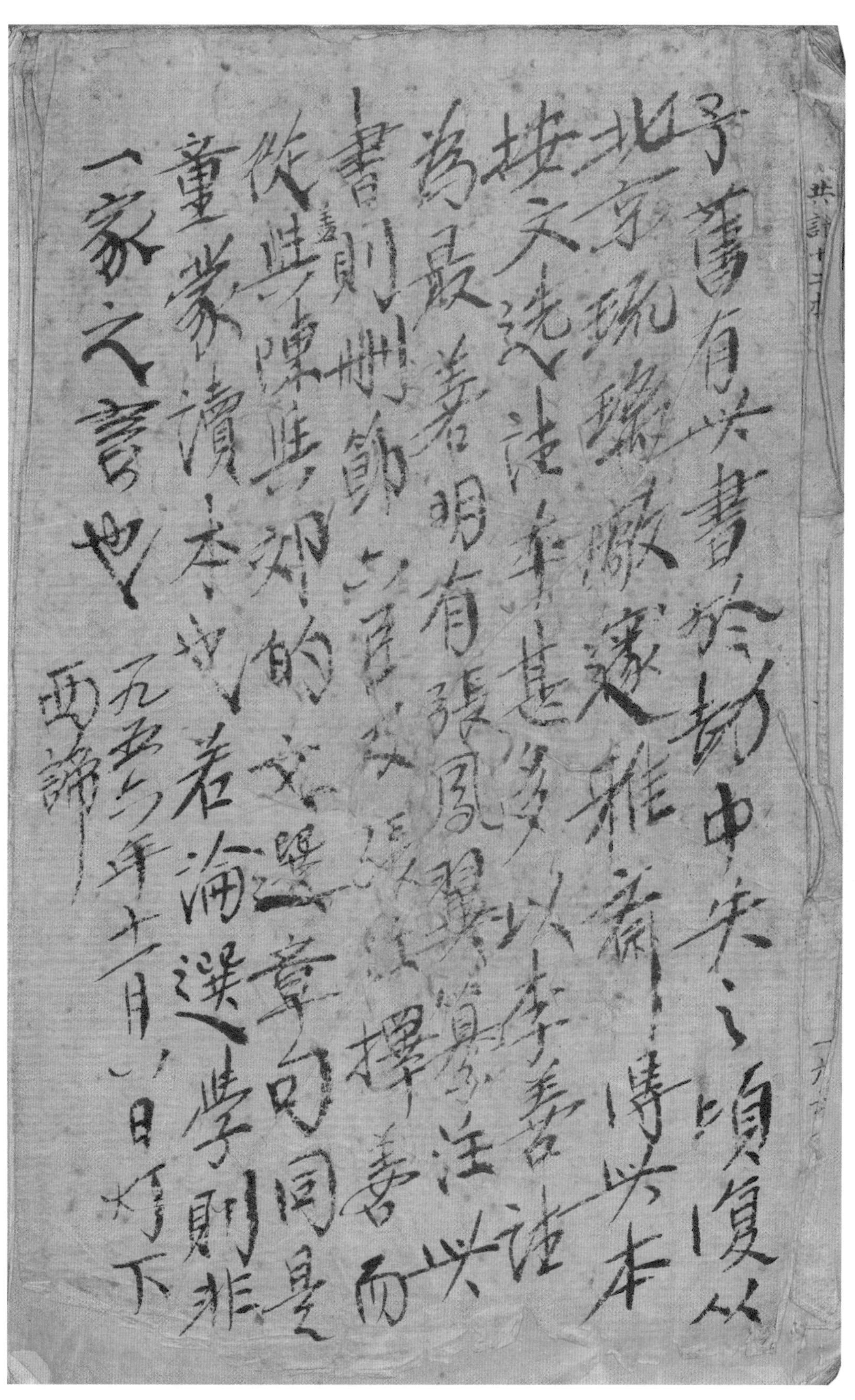

予舊有此書於劫中失之頃復從北京琉璃廠邃雅齋得此本按文選注本甚多以李善註爲最善著明有張鳳翼纂注此書則刪節之且多[illegible]擇善而從與陳與郊的文選章句同是童蒙讀本也若論選學則非一家之言也

五五年十一月八日灯下

西諦

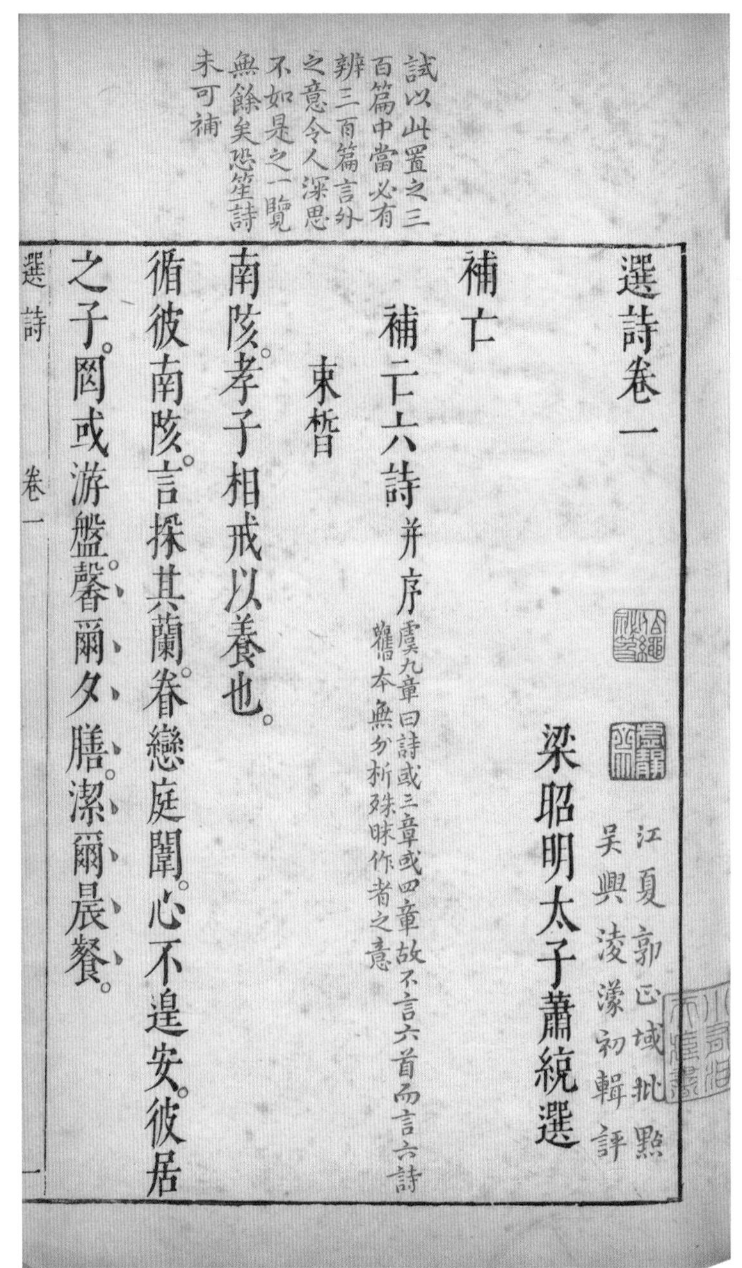
試以此置之三百篇中當必有辨三百篇言外之意令人深思不如是之一覽無餘矣恐笙詩未可補

選詩卷一
梁昭明太子蕭統選
江夏郭正域批點
吳興淩濛初輯評
補亡
補亡六詩并序 虞九章曰詩或三章或四章故不言六首而言六詩舊本無分析殊昧作者之意
束晳
南陔孝子相戒以養也
循彼南陔言採其蘭眷戀庭闈心不遑安彼居之子罔或游盤馨爾夕膳潔爾晨餐

選詩 卷一 一

選詩七卷 〔南朝梁〕蕭統輯 〔明〕郭正域批點 〔明〕凌濛初輯評 **詩人世次爵里一卷**

明凌濛初刻朱墨套印本

八册

半葉八行十八字，白口，四周單邊。版框 20.6×14.7 厘米

16808（14867）

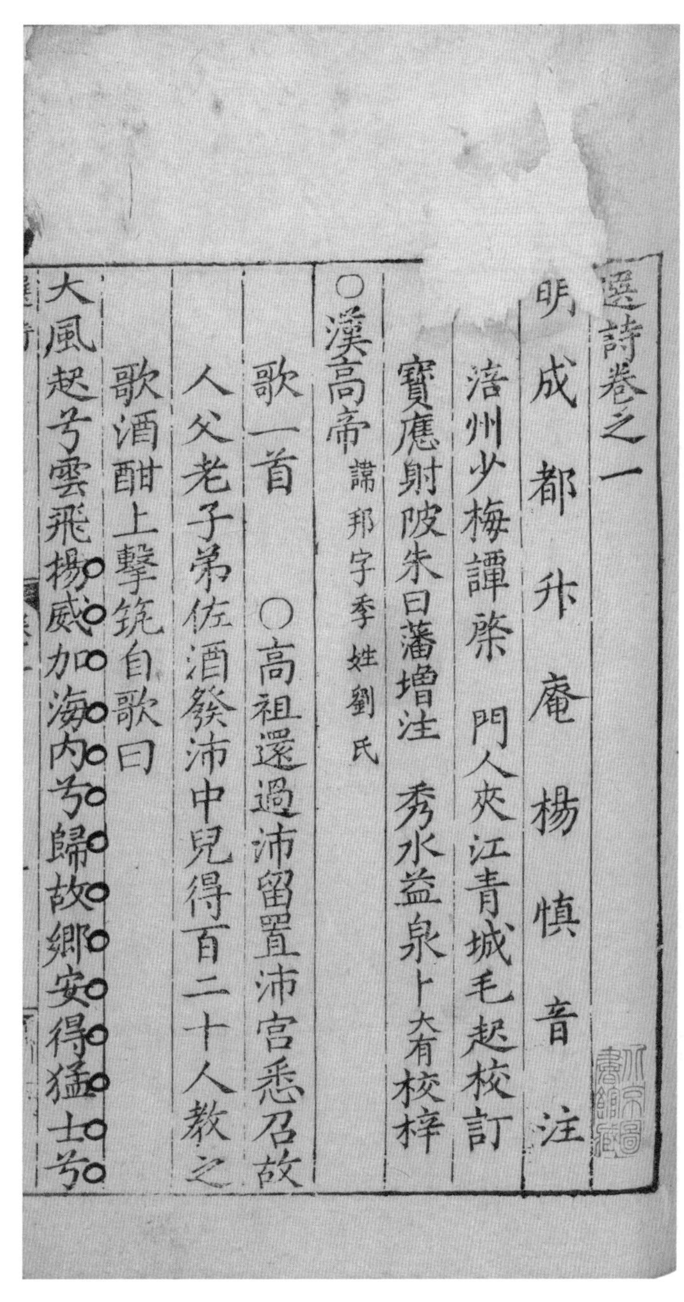

選詩卷之一
明成都升庵楊慎音注
涪州少梅譚棨　門人夾江青城毛起校訂
寶應射陂朱曰藩增注　秀水益泉卜大有校梓
○漢高帝諱邦字季姓劉氏
歌一首　○高祖還過沛留置沛宮悉召故
人父老子弟佐酒發沛中兒得百二十人教之
歌酒酣上擊筑自歌曰
大風起兮雲飛揚威加海內兮歸故鄉安得猛士兮

選詩三卷外編三卷拾遺二卷　〔明〕楊慎輯　〔明〕朱曰藩增註

明嘉靖卜大有刻萬曆重修本

三冊　存三卷：選詩一至三

半葉九行二十字，白口，四周單邊。版框 20.1×14.1 厘米

T00091（補 342）

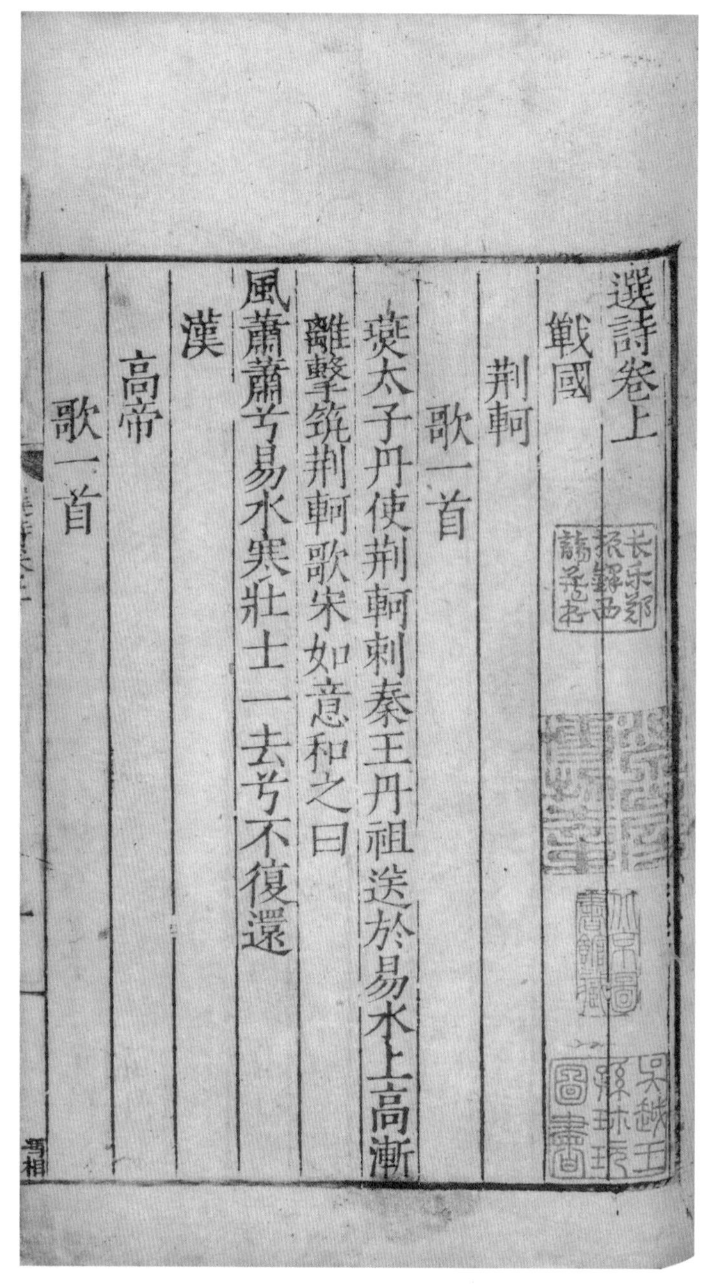

選詩三卷 〔明〕許宗魯輯

明刻本

二册　存二卷：上、下

半葉十行二十字，小字雙行同，白口，左右雙邊。版框 18.9×13.7 厘米

T03241（1593）

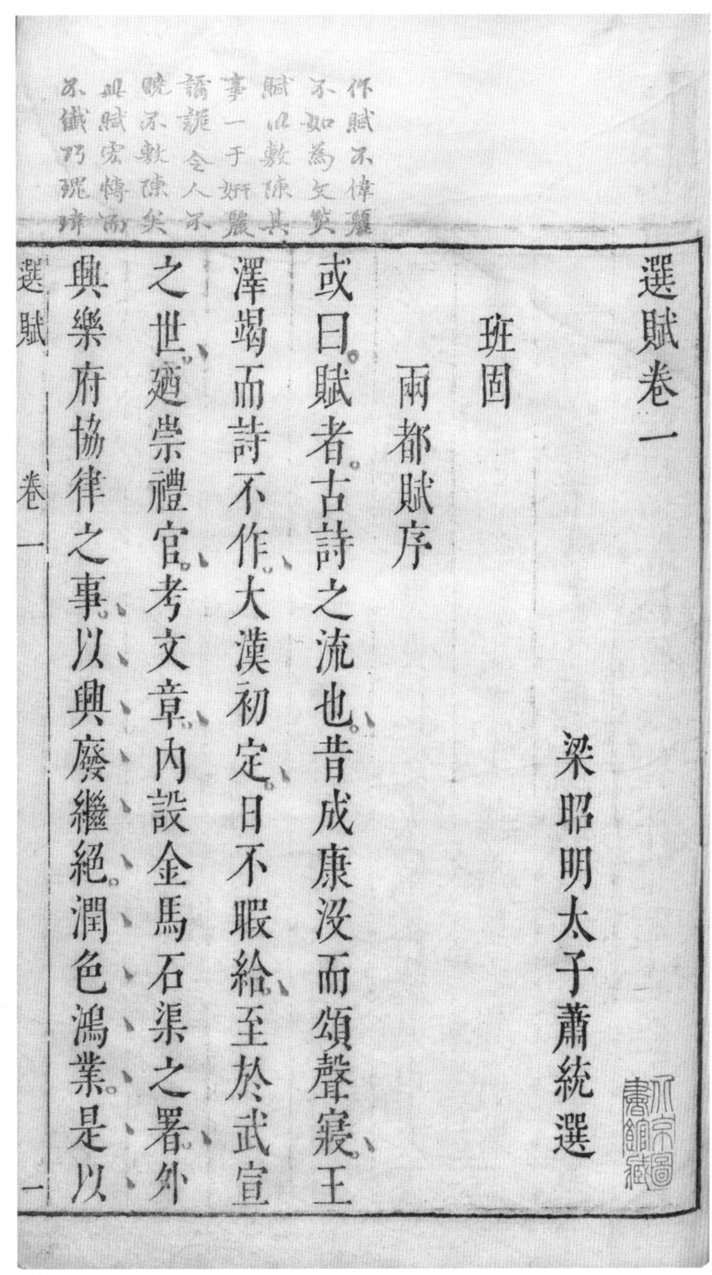

選賦六卷　〔南朝梁〕蕭統輯　〔明〕郭正域評點　**名人世次爵里一卷**

明凌氏鳳笙閣刻朱墨套印本

六册　存六卷：選賦六卷

半葉八行十八字，白口，四周單邊。版框 20.4×14.7 厘米

T03245（14895）

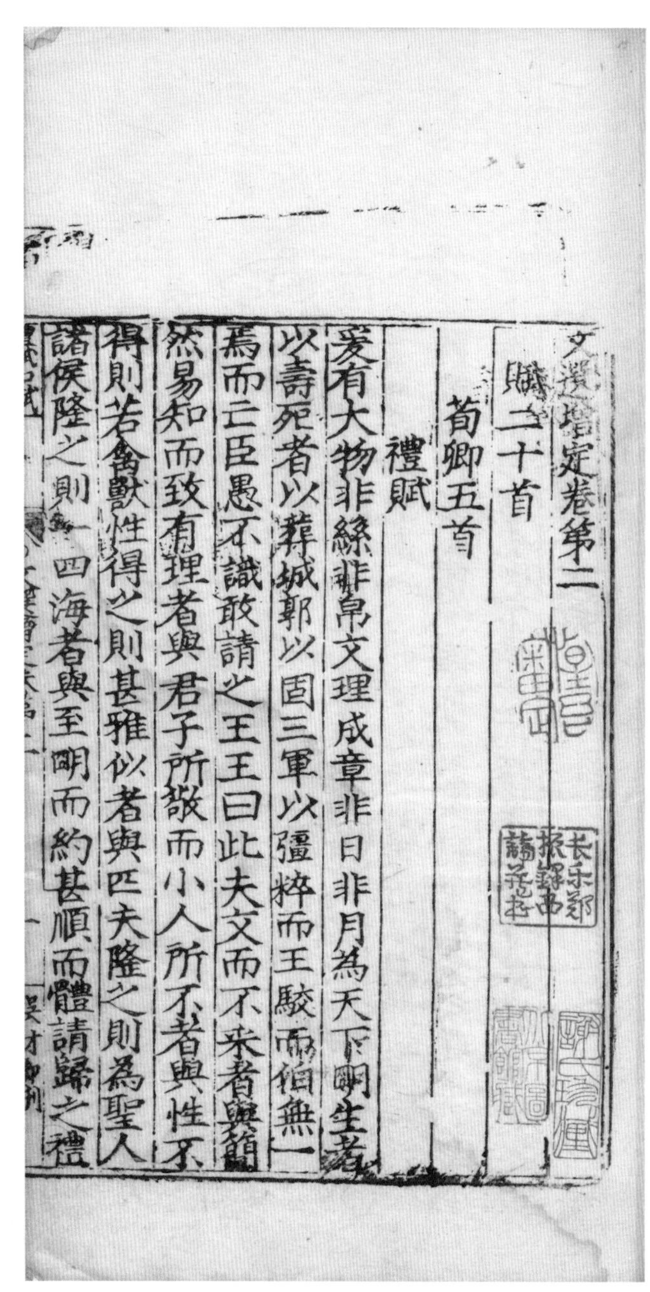

文選增定二十三卷

明嘉靖三年（1524）同文書院刻本

七册　存二十二卷：二至二十三

半葉十行二十二字，黑口，四周雙邊。版框 18.8×13.1 厘米

T00422（1871）

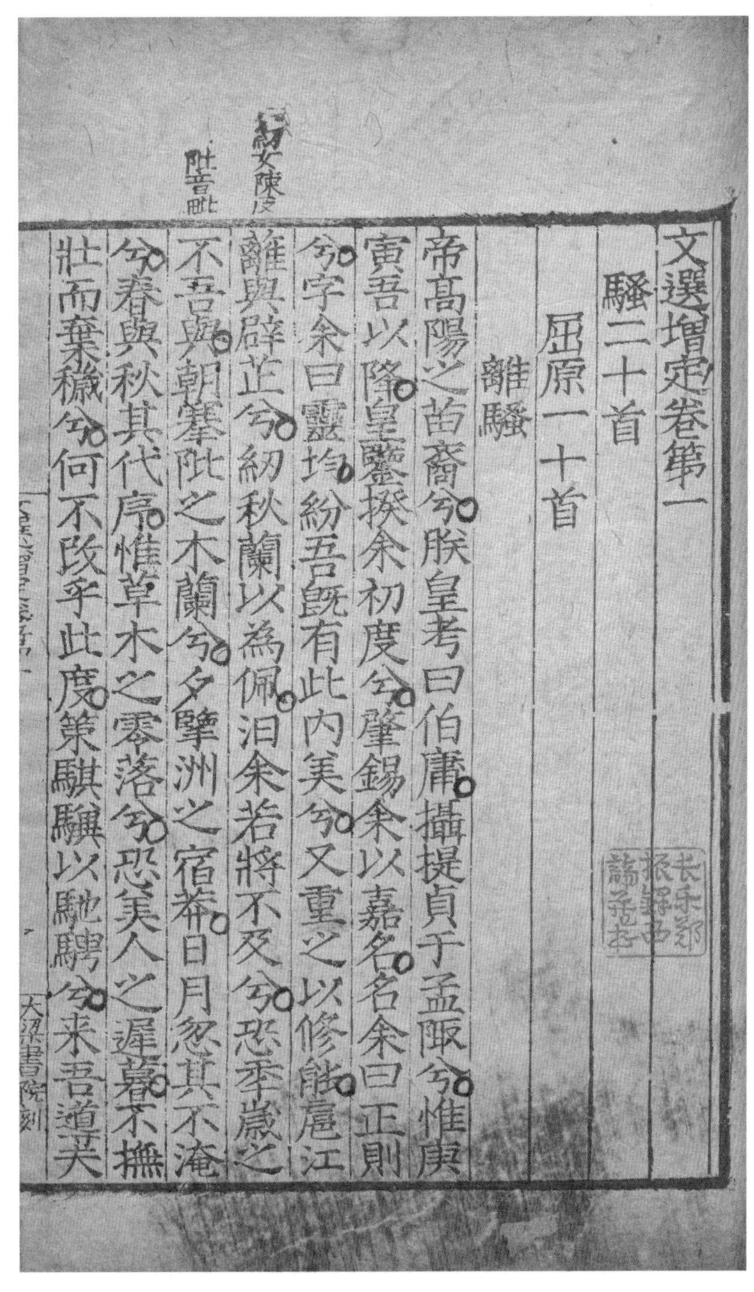

文選增定二十三卷

明大梁書院刻本

八册

半葉十一行二十二字，白口，左右雙邊。版框 19.3×14.5 厘米

16789（14658）

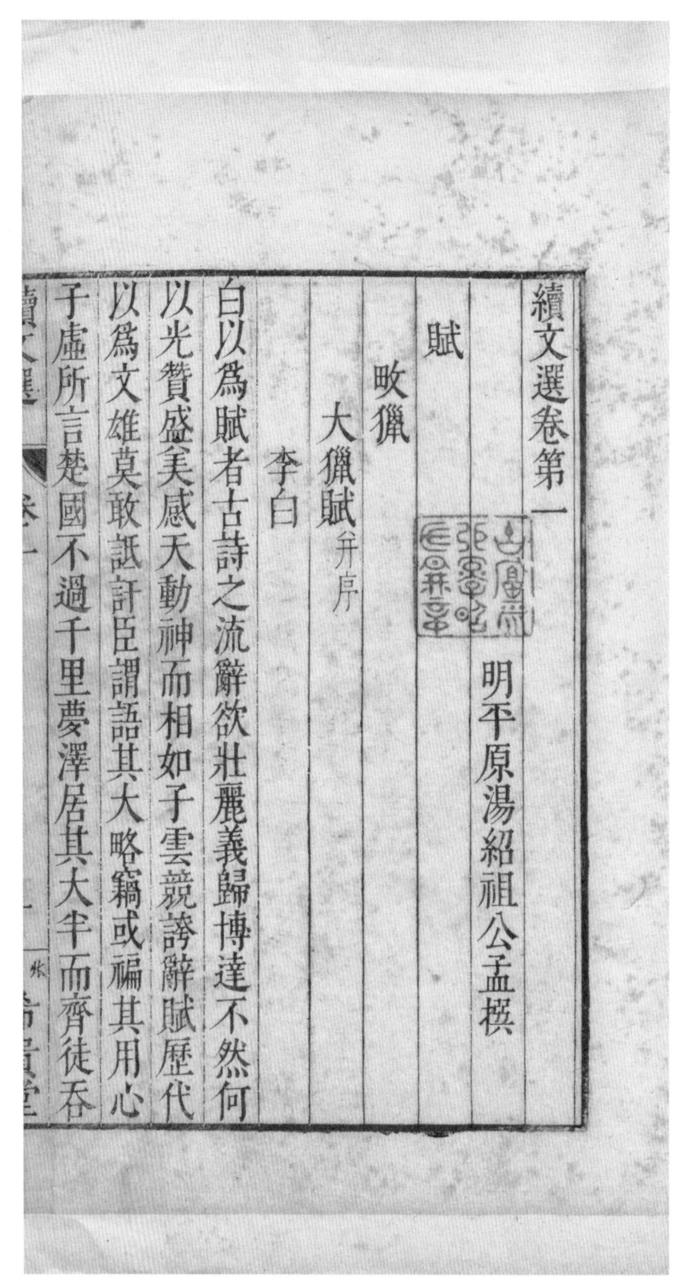

續文選卷第一

明平原湯紹祖公孟撰

賦

畋獵

大獵賦并序

李白

白以為賦者古詩之流辭欲壯麗義歸博達不然何以光贊盛美感天動神而相如子雲競誇辭賦歷代以為文雄莫敢詆訐臣謂語其大略竊或褊其用心子虛所言楚國不過千里夢澤居其大半而齊徒吞

續文選三十二卷　〔明〕湯紹祖輯

明萬曆三十年（1602）希貴堂刻本

二十册

半葉十行二十字，白口，左右雙邊。版框 21.4×14.5 厘米

16849（14894）

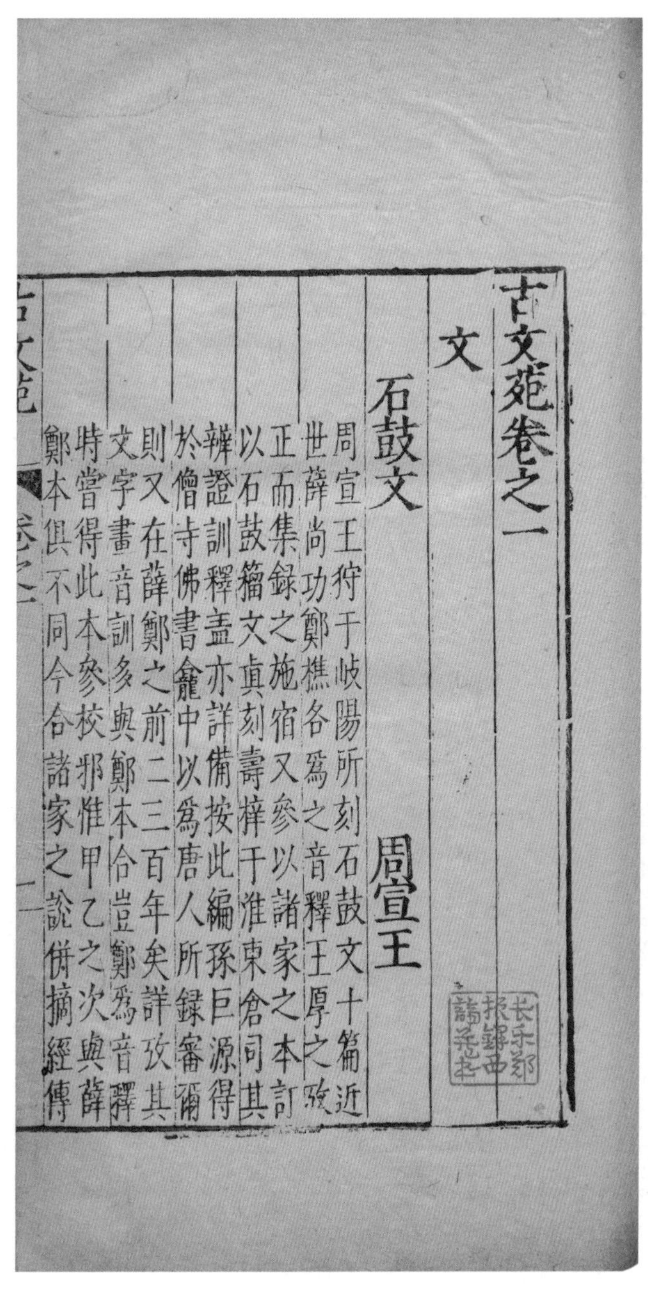

古文苑卷之一

文

石鼓文　周宣王

周宣王狩于岐陽所刻石鼓文十篇近世薛尚功鄭樵各爲之音釋王厚之攷正而集録之施宿又參以諸家之本訂以石鼓籀文真刻壽梓于淮東倉司其辨證訓釋葢亦詳備按此編孫巨源得於僧寺佛書龕中以爲唐人所録審爾則又在薛鄭之前二三百年矣詳攷其文字畫音訓多與鄭本合豈鄭爲音釋時嘗得此本參校邪惟甲乙之次與薛鄭本俱不同今合諸家之説併摘經傳

古文苑二十一卷　〔宋〕章樵撰

明萬曆張象賢刻本

四册

半葉八行十八字，小字雙行同，白口，左右雙邊。版框 20.1×13.4 厘米

16982（12650）

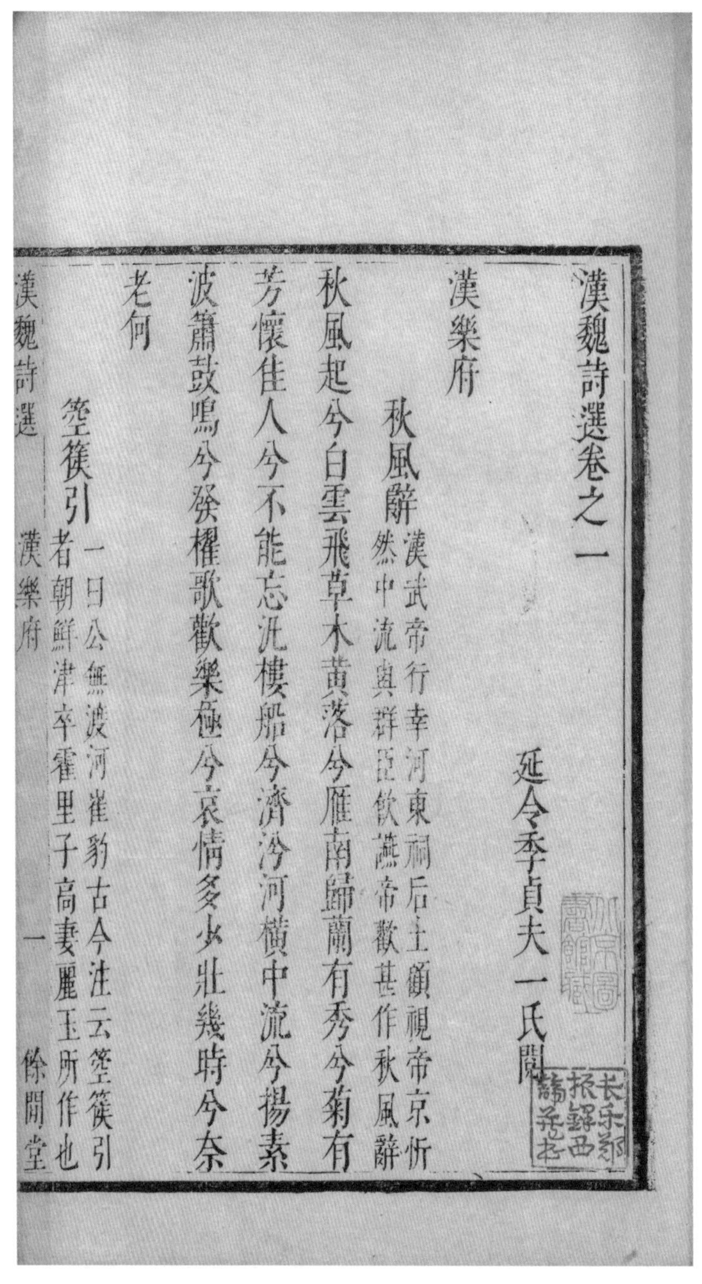

漢魏詩選卷之一　　延令季貞夫一氏閱

漢樂府

秋風辭 漢武帝行幸河東祠后土顧視帝京忻然中流與群臣飲燕帝歡甚作秋風辭

秋風起兮白雲飛草木黃落兮雁南歸蘭有秀兮菊有芳懷佳人兮不能忘汎樓船兮濟汾河橫中流兮揚素波簫鼓鳴兮發櫂歌歡樂極兮哀情多少壯幾時兮奈老何

箜篌引 一日公無渡河崔豹古今注云箜篌引者朝鮮津卒霍里子高妻麗玉所作也

漢魏詩選　漢樂府　一　餘閒堂

漢魏六朝詩選八卷　〔清〕季貞輯

清康熙十五年（1676）餘閒堂刻本

四册

半葉九行二十一字，小字雙行同，白口，四周雙邊，無直格。版框 20.3×13.8 厘米

T03260（1815）

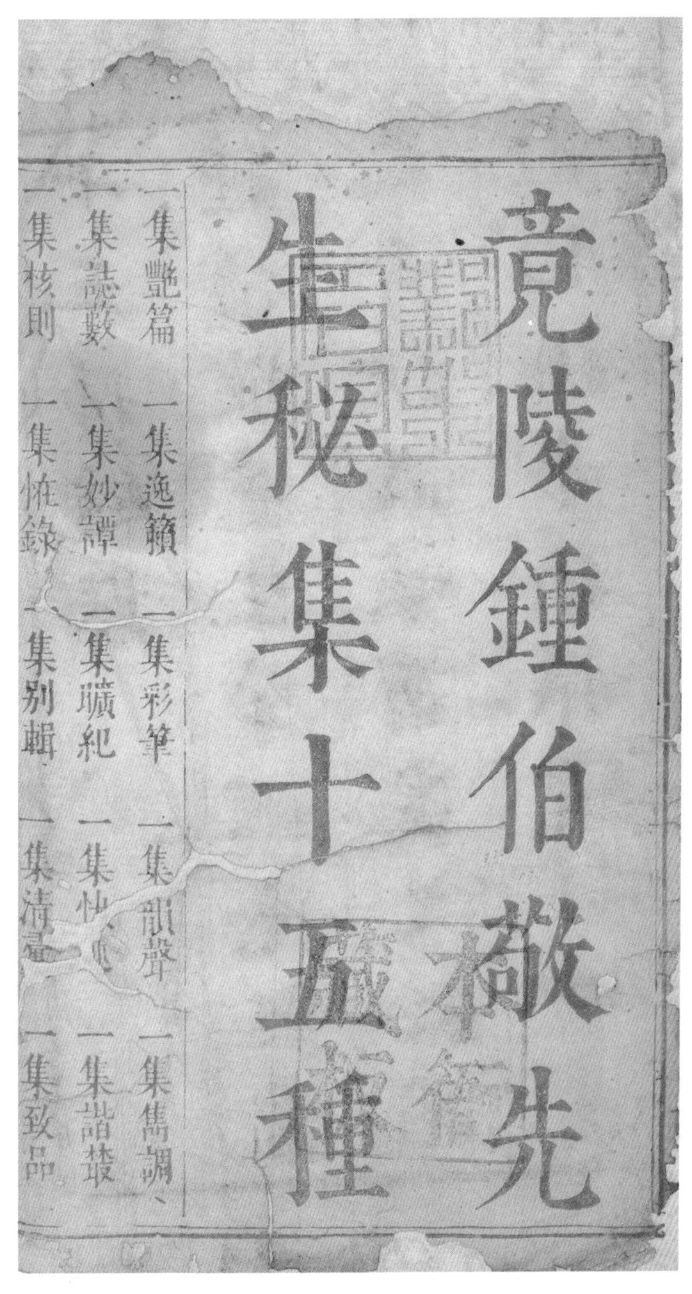
竟陵鍾伯敬先生秘集十五種

一集艷篇 一集逸籟 一集彩筆 一集韻聲 一集雋調
一集詩藪 一集妙譚 一集賸紀 一集快心 一集諧捷
一集核則 一集帷錄 一集別輯 一集清言 一集致品

鐫鍾伯敬先生秘集十五種十五卷 〔明〕鍾惺輯

明崇禎元年（1628）葉舟刻本

一册　存二卷：一至二

半葉九行二十字，白口，左右雙邊，無直格。版框 20.3×13.6 厘米

T01474（10043）

鑄鍾伯敬先生秘集十五種卷一

茂苑葉　舟凌虛父校

長樂鄭振鐸西諦藏書

艷篇

神女賦　　宋　玉

楚襄王與宋玉游於雲夢之浦，使玉賦高唐之事。其夜玉寢，夢與神女遇，其狀甚麗。玉異之，明日以白王。王曰：其夢若何。玉對曰：晡夕之後，精神怳惚，若有所喜，紛紛擾擾，未知何意。目色髣髴，乍若有記。見一婦人，狀甚奇異。寐而夢之，寤不自識。罔兮不樂，悵爾失

北京圖書館藏

望湖亭集卷一上

記　序　碑　賦

吳城順濟廟石砮記　　蘇軾

建中靖國元年四月甲午軾自儋耳北歸艤舟吳城山順濟龍王廟祠下既進謁而還逍遥江上得古箭鏃槊鋒而劔脊其廉可劌而其質則石也曰異哉此孔子所謂楛矢石砮肅慎氏之物也何為而至此哉傳觀左右失手墜於江中㢠禱於神願復得之當藏之廟中為往來者駭心動目詭異之

望湖亭集　卷一上　記　一

望湖亭集四卷　〔清〕徐聯奎輯

清乾隆四十年（1775）刻本　清徐時棟跋

二册

半葉九行十九字，白口，左右雙邊。版框 16.5×11.6 厘米

16842（2090）

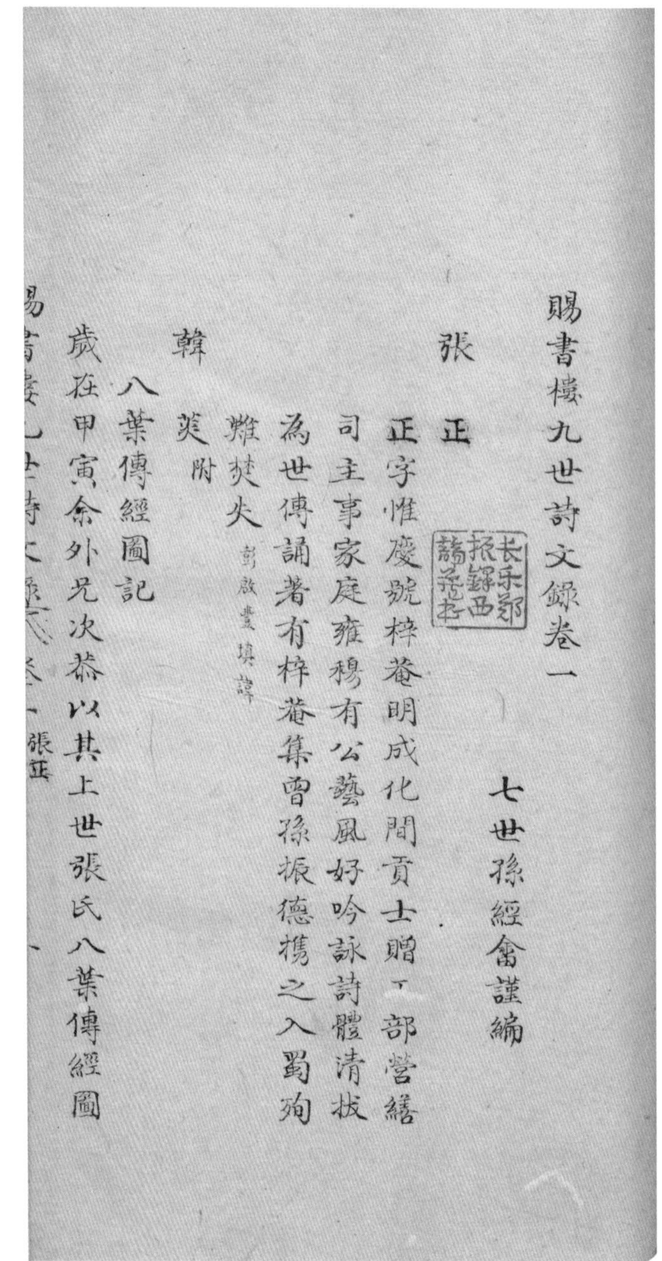

賜書樓九世詩文録四十卷　〔清〕張經畬輯

清抄本

十二册　存二十七卷：一至十三、十五至十六、十八至十九、二十一至二十三、三十三至四十

半葉九行二十字，無欄格

15836（9154）

玉臺新詠卷一

陳東海徐陵編　明歙方大法校

長樂鄭振鐸西諦藏書

古詩八首

其一　兩如韻

上山採蘼蕪下山逢故夫長跪問故夫新人復何如新人雖言好未若故人姝顏色類相似手爪不相如新人從門入故人從門去新人工織縑故人工織素織縑日一匹織素五丈餘將縑來比素新人不如故

其二

玉臺新詠卷一

玉臺新詠十卷　〔南朝陳〕徐陵輯　**續五卷**　〔明〕鄭玄撫輯

明嘉靖十九年（1540）鄭玄撫刻本　鄭振鐸跋

三册　存六卷：一至四、九至十

半葉十行十八字，白口，左右雙邊。版框16.7×13.5厘米

15888（9914）

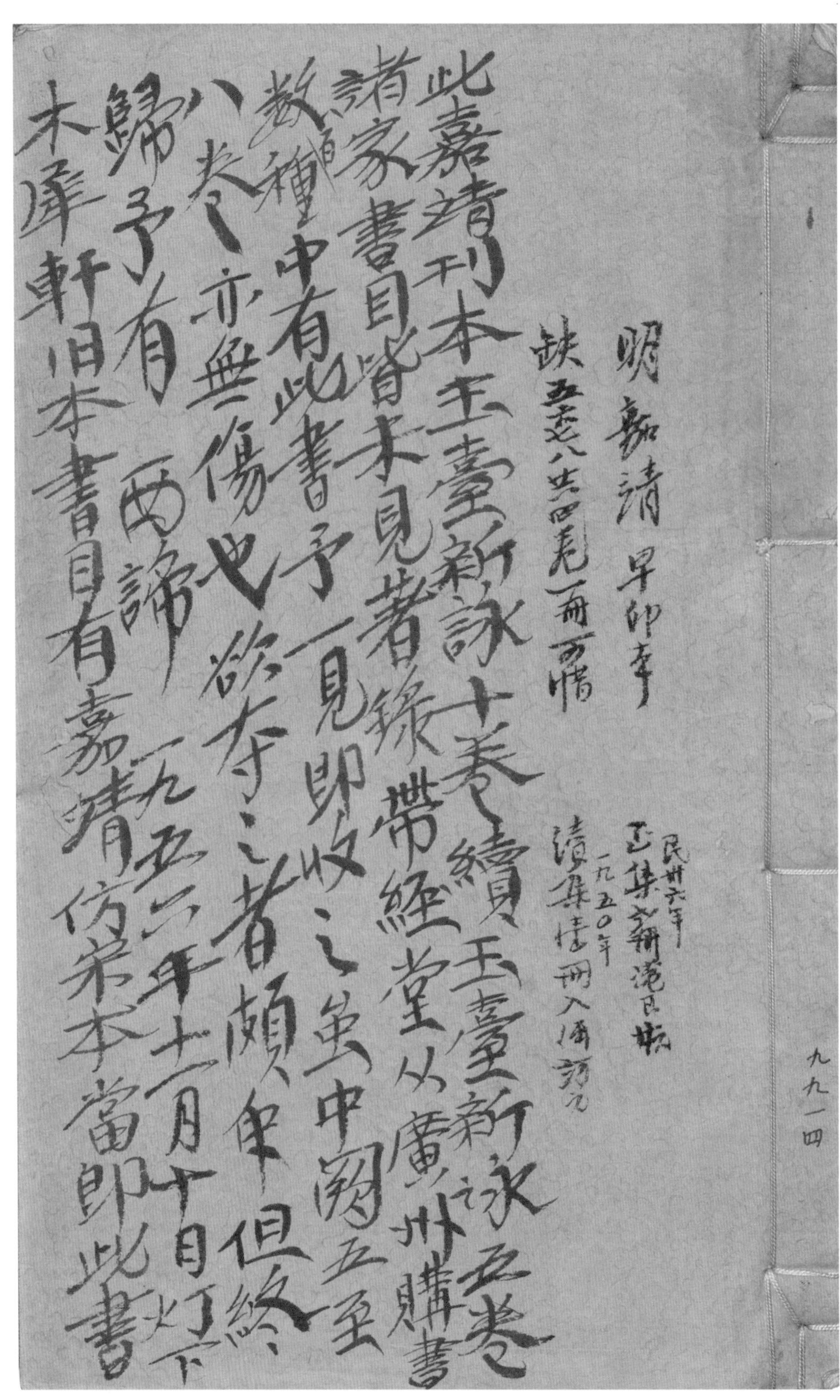

明嘉靖早印本
缺五至七、八、廿四卷 一冊 可惜

民卅六年正集於滬上購
一九五〇年續集借鈔入備齊元

此嘉靖刊本玉臺新詠十卷續玉臺新詠五卷
諸家書目皆未見著録帶經堂從廣州購書
數種中有此書予一見即收之雖中闕五至
八卷亦無傷也欲奪之者頗衆但終
歸予有 丙諦 一九五六年十一月十日燈下
木犀軒舊本書目有嘉靖仿宋本當即此書

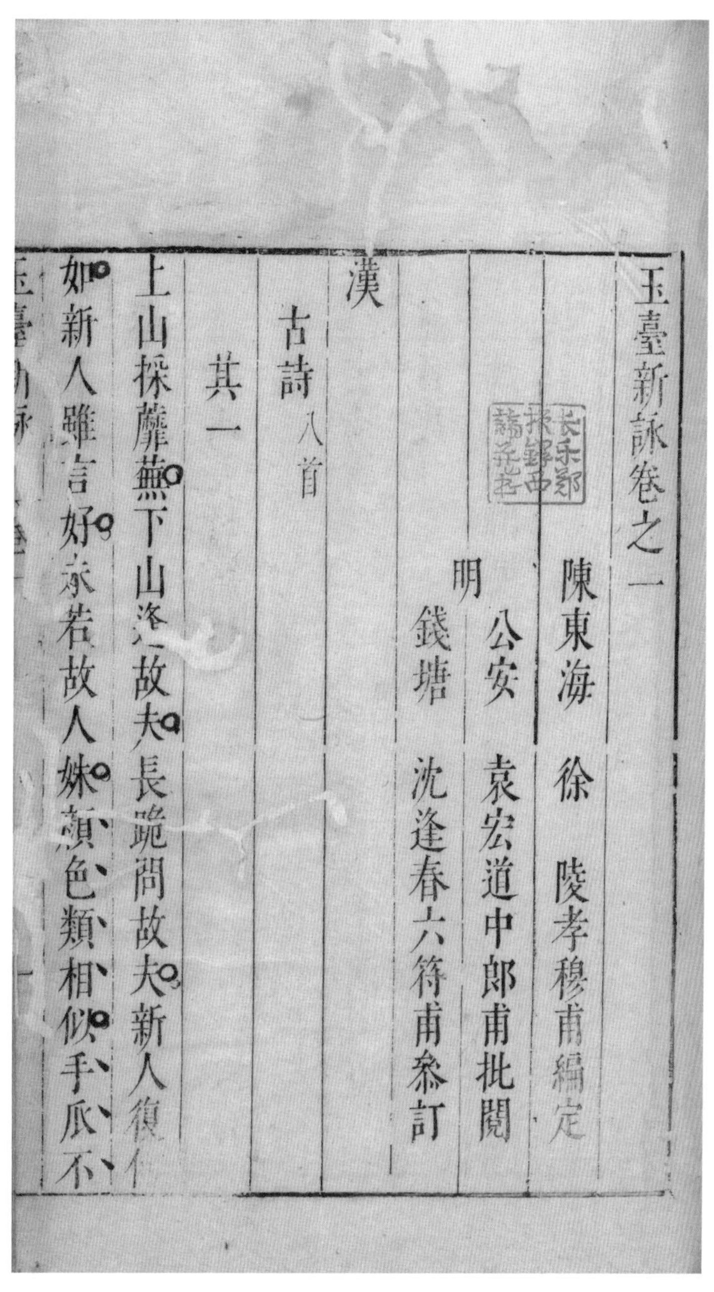

玉臺新詠卷之一

陳東海 徐 陵孝穆甫編定

明 公安 袁宏道中郎甫批閱

錢塘 沈逢春六符甫參訂

漢

古詩八首

其一

上山採蘼蕪下山逢故夫長跪問故夫新人復何

如新人雖言好未若故人姝顏色類相似手爪不

玉臺新詠十卷 〔南朝陳〕徐陵輯 **續四卷** 〔明〕鄭玄撫輯 〔明〕袁宏道評

明天啓二年（1622）沈逢春刻本

四册 存十卷：玉臺新詠十卷

半葉九行十九字，白口，四周單邊。版框 20.6×14.6 厘米

15776（9011）

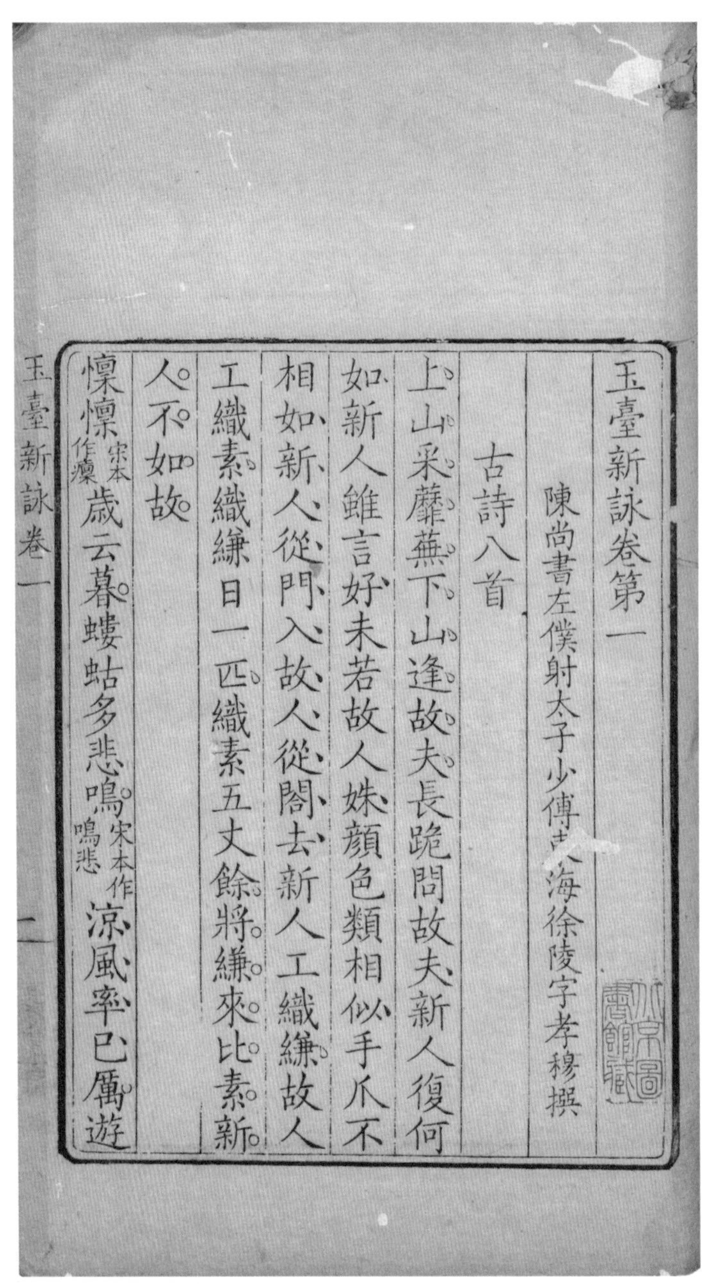
玉臺新詠卷第一
陳尚書左僕射太子少傅東海徐陵字孝穆撰
古詩八首
上山采蘼蕪，下山逢故夫。長跪問故夫，新人復何如。新人雖言好，未若故人姝。顏色類相似，手爪不相如。新人從門入，故人從閤去。新人工織縑，故人工織素。織縑日一匹，織素五丈餘。將縑來比素，新人不如故。
凜凜（宋本作懍）歲云暮，螻蛄多悲鳴（宋本作鳴悲）。涼風率已厲，遊
玉臺新詠卷一　一

玉臺新詠十卷　〔南朝陳〕徐陵輯

清康熙五十三年（1714）上黨馮鰲刻本

二册

半葉九行十九字，白口，四周雙邊。版框 17.2×14.3 厘米

T03183（12516）

新刻草字千家詩二卷　〔宋〕謝枋得輯　題〔明〕李贄書

明觀成堂陳君美刻本

二册

半葉四行七至九字，白口，四周單邊，無直格。版框 20.9×12.8 厘米

16100（10191）

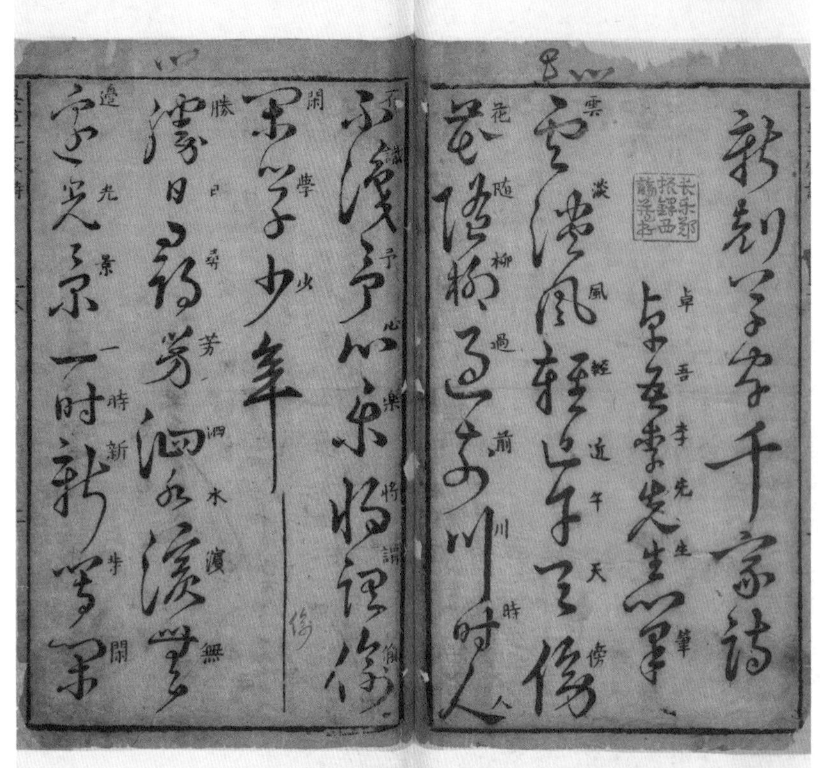
新刻草字千家詩

卓吾李先生筆

長樂鄭振鐸西諦藏書

雲淡風輕近午天，傍花隨柳過前川。時人不識予心樂，將謂偷閒學少年。

勝日尋芳泗水濱，無邊光景一時新。等閒

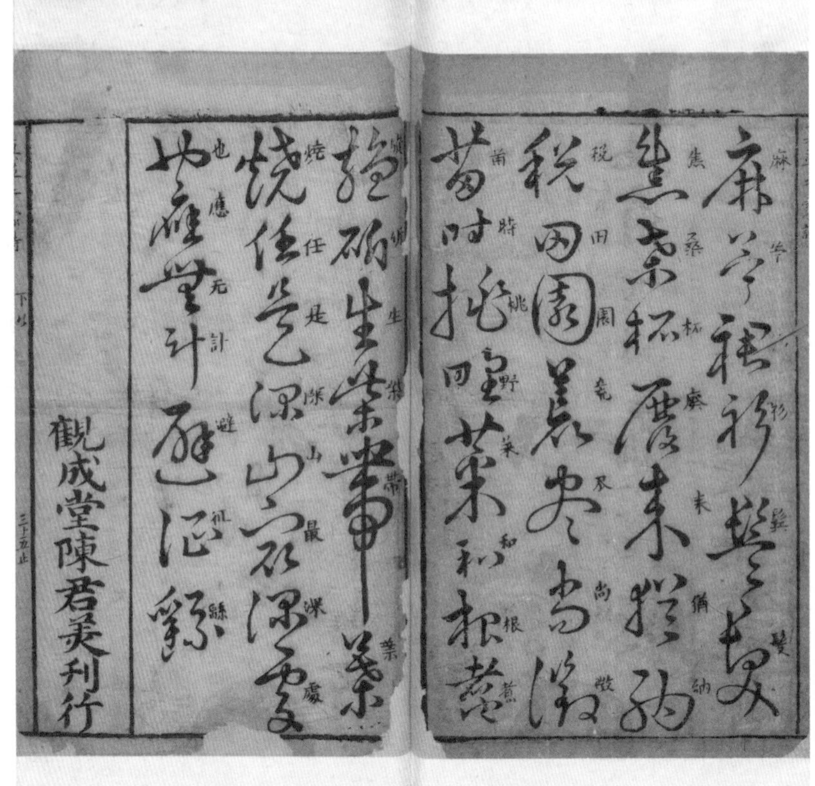
麻苧裙衫鬢髮焦，桑柘廢來猶納稅。田園荒盡尚徵苗，時挑野菜和根煮。旋斫生柴帶葉燒，任是深山最深處，也應無計避征徭。

觀成堂陳君美刊行

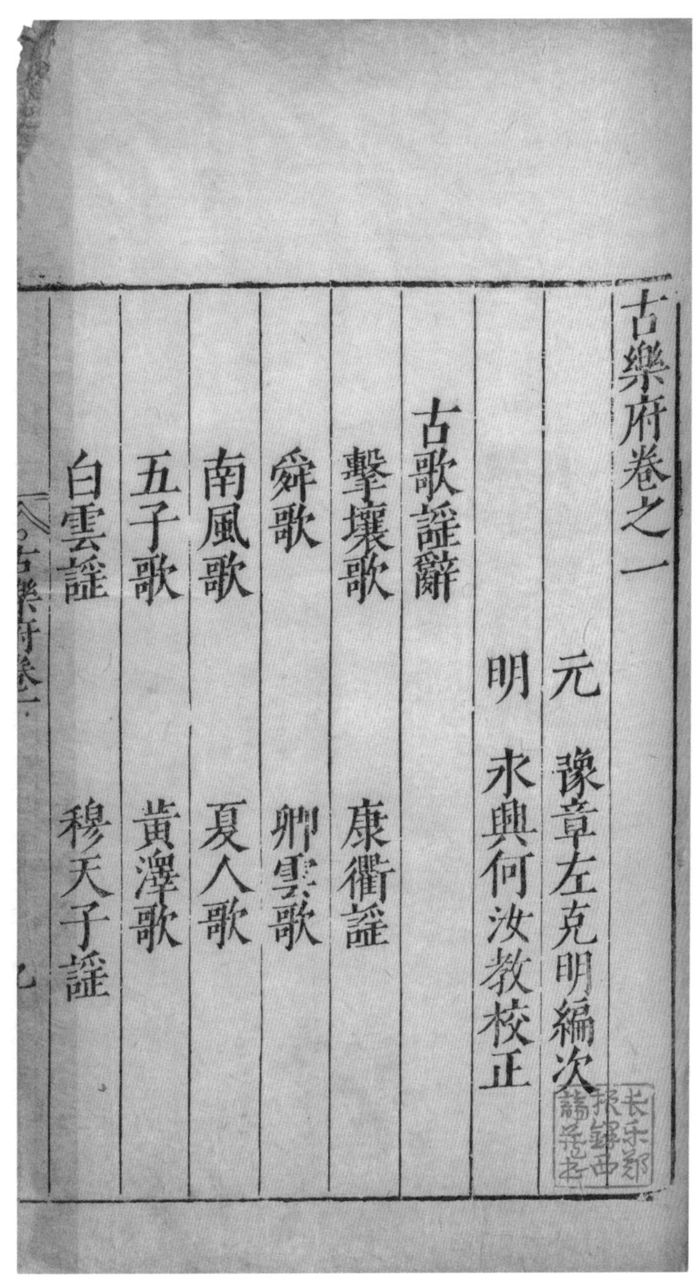

古樂府卷之一
元　豫章左克明編次
明　永興何汝教校正
古歌謠辭
擊壤歌　康衢謠
舜歌　卿雲歌
南風歌　夏人歌
五子歌　黃澤歌
白雲謠　穆天子謠

古樂府十卷　〔元〕左克明輯

明萬曆三十年（1602）何汝教刻本

四册

半葉九行十八字，白口，四周單邊。版框 18.9×14.0 厘米

15431（1603）

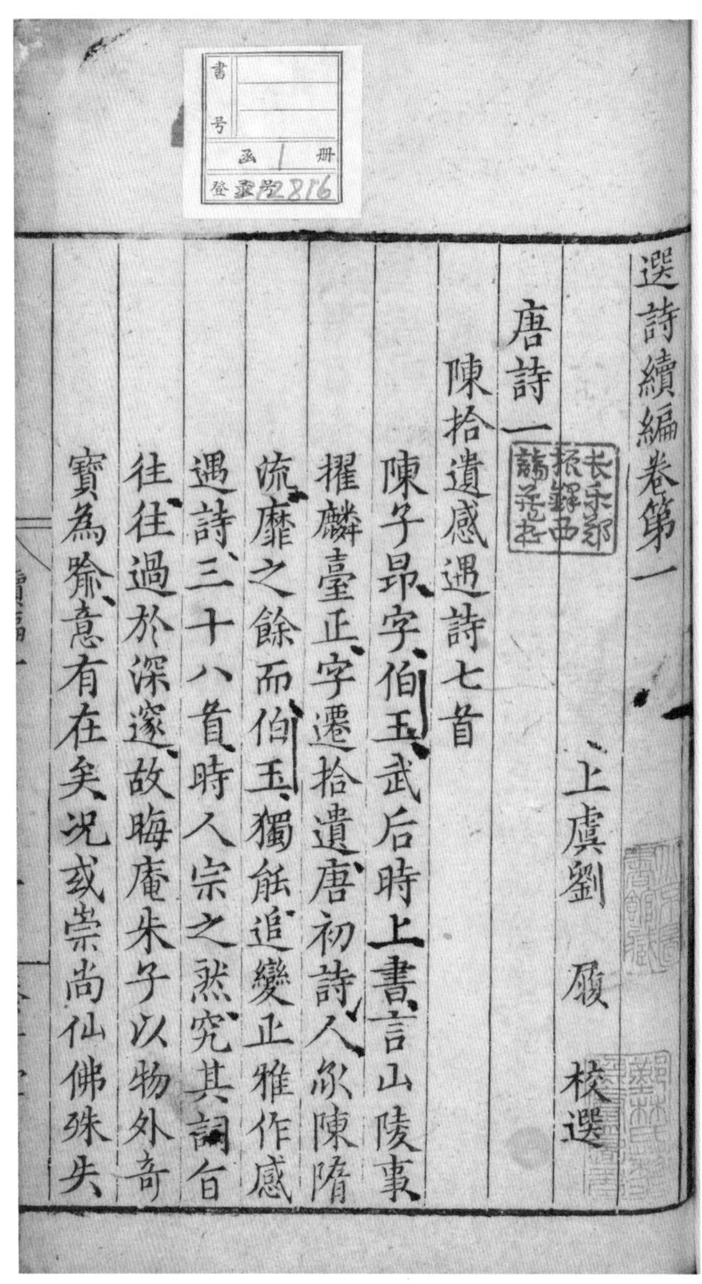

選詩續編四卷　〔元〕劉履輯

明養吾堂刻本

一册

半葉十行十九字，白口，左右雙邊。版框 19.3×13.4 厘米

T03181（1822）

義門鄭氏奕葉吟集卷之一

一樂全子 諱銘字景彝

秋扇

紈素裁扇新明月在人手爽氣逐心生清風隨意右相携不暫違敦視期悠久凉颸適何來商聲起庭柳鳴蟬抱蒼葉零露洒虛牖敧斜倚床頭不復撼予肘四時恒代謝一旦若衰朽買紙亟爲囊褁藏勿蒙垢

竹枕歌

來歲當炎天舊盟誰肯負笑持琥珀杯再滴葡萄酒

義門鄭氏奕葉吟集三卷 〔明〕鄭允宣輯

明末鄭氏書種堂刻本

二册

半葉九行二十字，白口，四周單邊。版框 20.7×12.9 厘米

16201（10380）

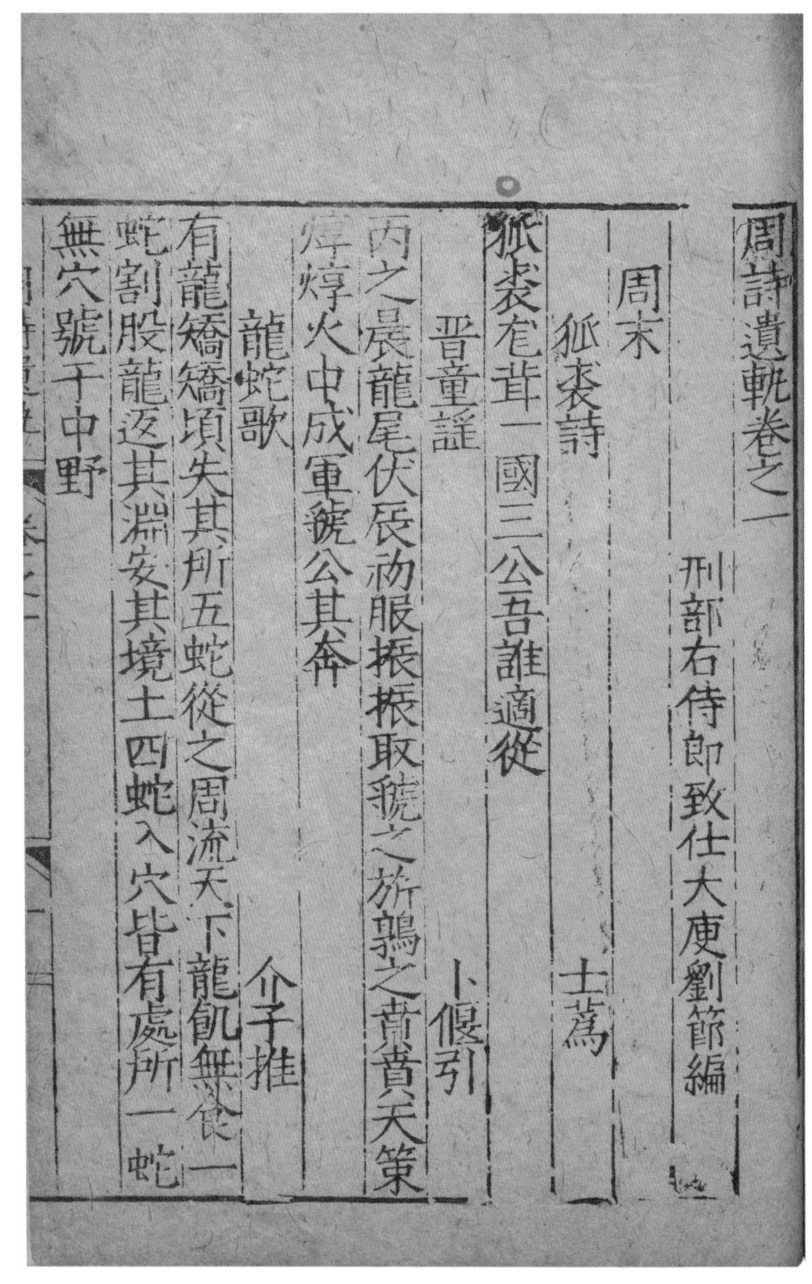

周詩遺軌卷之一
刑部右侍郎致仕大庾劉節編
周末
狐裘詩　士蔿
狐裘尨茸一國三公吾誰適從
晉童謠　卜偃引
丙之晨龍尾伏辰袀服振振取虢之旂鶉之賁賁天策
焞焞火中成軍虢公其奔
龍蛇歌　介子推
有龍矯矯頃失其所五蛇從之周流天下龍飢無食一
蛇割股龍返其淵安其境土四蛇入穴皆有處所一蛇
無穴號于中野

周詩遺軌十卷　〔明〕劉節輯

明嘉靖刻本

四册

半葉十二行二十一字，白口，四周單邊。版框 19.9×15.4 厘米

15442（1652）

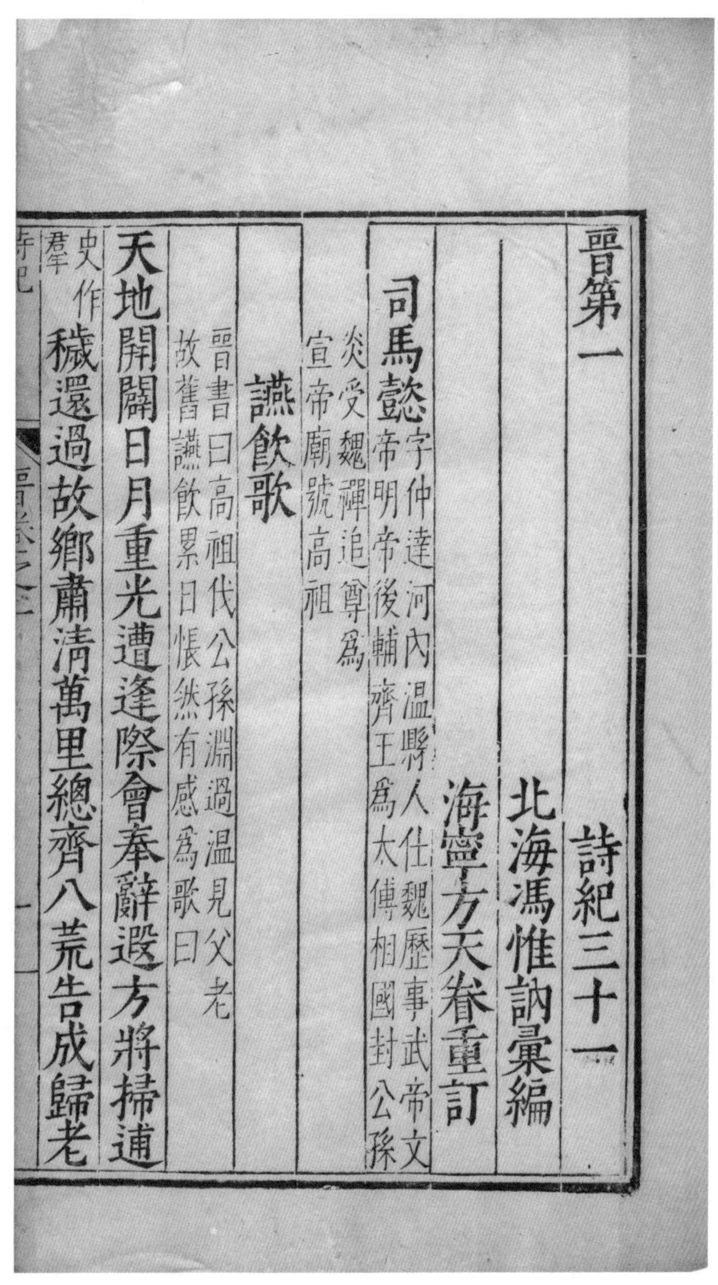
晉第一　詩紀三十一
北海馮惟訥彙編
海寧方天眷重訂
司馬懿字仲達河内温縣人仕魏歷事武帝文帝明帝後輔齊王爲太傅相國封公孫炎受魏禪追尊爲宣帝廟號高祖
讌飲歌
晉書曰高祖伐公孫淵過温見父老故舊讌飲累日悵然有感爲歌曰
天地開闢日月重光遭逢際會奉辭遐方將掃逋史作羣穢還過故鄉肅清萬里總齊八荒告成歸老

詩紀一百五十六卷目録三十六卷　〔明〕馮惟訥輯

明萬曆吴琯、謝陛、陸弼、俞策刻本

四十一册

半葉九行十九字，小字雙行同，白口，四周雙邊。版框 20.3×13.5 厘米

16939（1655）

擊鍾曰夫子之在此猶燕之巢于幕上夫幕非燕巢之所言其至危也故潘岳西征賦云危素卵之累殼甚玄燕之巢幕丘希範與陳伯之書云將軍魚遊沸鼎之中燕巢飛幕之上不亦惑乎蓋用此意後人因此言燕事多使巢幕似乎無謂謝宣遠九日從宋公集戲馬臺詩巢幕無留燕遵渚有來鴻杜子美對雨書懷詩震雷翻幕燕驟雨落河魚

藝苑雌黃

別集第十一

別集第十二　　詩紀一百五十六

北海馮惟訥彙編

東吳俞　策校訂

志遺

上古

逸詩

夏后氏孔甲田于東陽萯山天大風晦冥孔甲迷惑入于民室主人方乳或曰后來見良日也之子是必大吉或曰不勝也之子是必有殃后乃取其

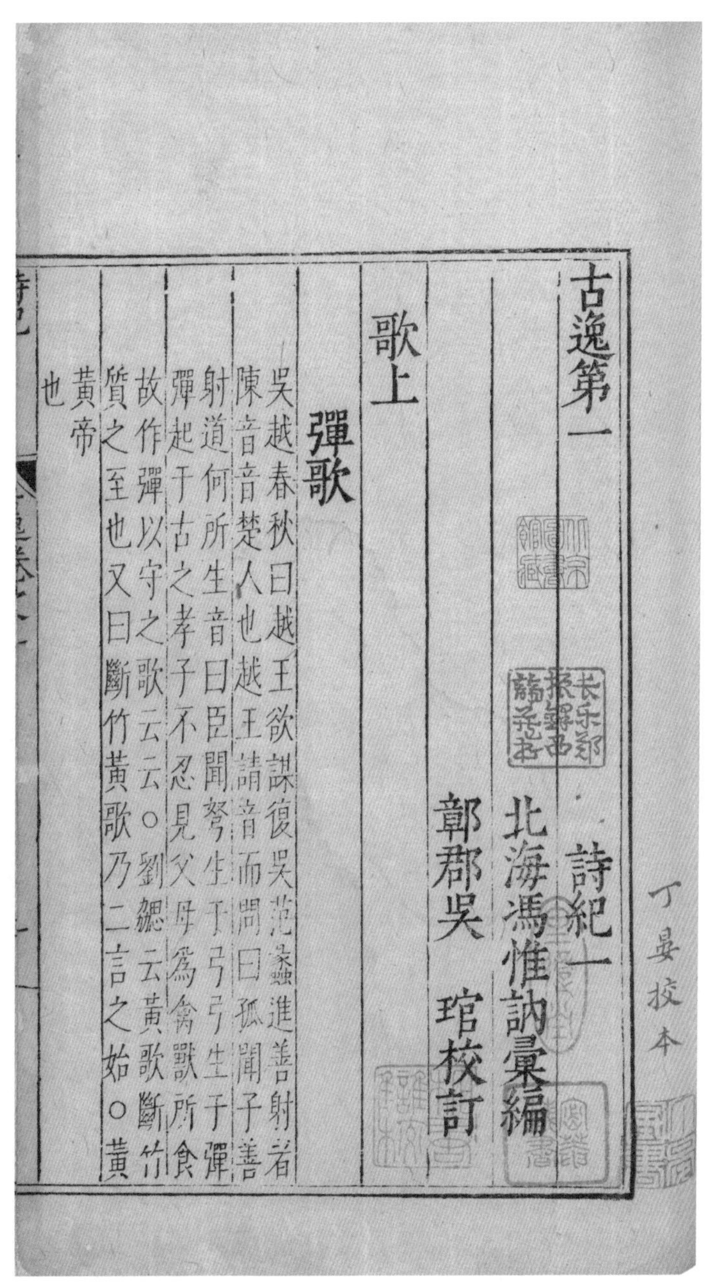

詩紀一百五十六卷目録三十六卷　〔明〕馮惟訥輯

明萬曆吳琯、謝陛、陸弼、俞策刻本　清丁晏批校

六册　存二十九卷：一至二十九

半葉九行十九字，小字雙行同，白口，四周雙邊。版框 20.3×13.5 厘米

16503（14115）

斷竹續竹飛土逐宍　宍古肉字今吳越春秋作害非

皇娥歌

王子年拾遺記曰少昊以金德王母曰皇娥處璇宮而夜織或乘桴木而晝遊經歷窮桑滄茫之浦時有神童容貌絕俗稱為白帝之子即太白之精降乎水際與皇娥讌戲並坐撫桐峯梓瑟皇娥倚瑟而清歌云云白帝子答歌云云及皇娥生少昊號曰窮桑氏

天清地曠浩茫茫萬象廻薄化無方浛天蕩蕩望滄滄乘桴輕漾著日傍當期何所至窮桑心知和樂悅未央

白帝子歌　二歌詞旨清綺似齊梁文士所作依托何疑

四維八埏眇難極驅光逐影窮水域璇宮夜靜當軒織桐峯文梓千尋直伐梓作器成琴瑟清歌流暢樂難極滄湄海浦來棲息

擊壤歌

帝王世紀曰帝堯之世天下太和百姓無事有八九十老人擊壤而歌○風土記壤以木為之前廣後銳長三四寸形如屐臘節童少以為戲分部如擿博藝經云長尺四闊三寸將戲先側一壤于地遙于三四十步以手中壤擊之中者為上古野老戲也

日出而作日入而息鑿井而飲耕田而食帝何力於我哉　力字為韻一作帝力於我何有哉

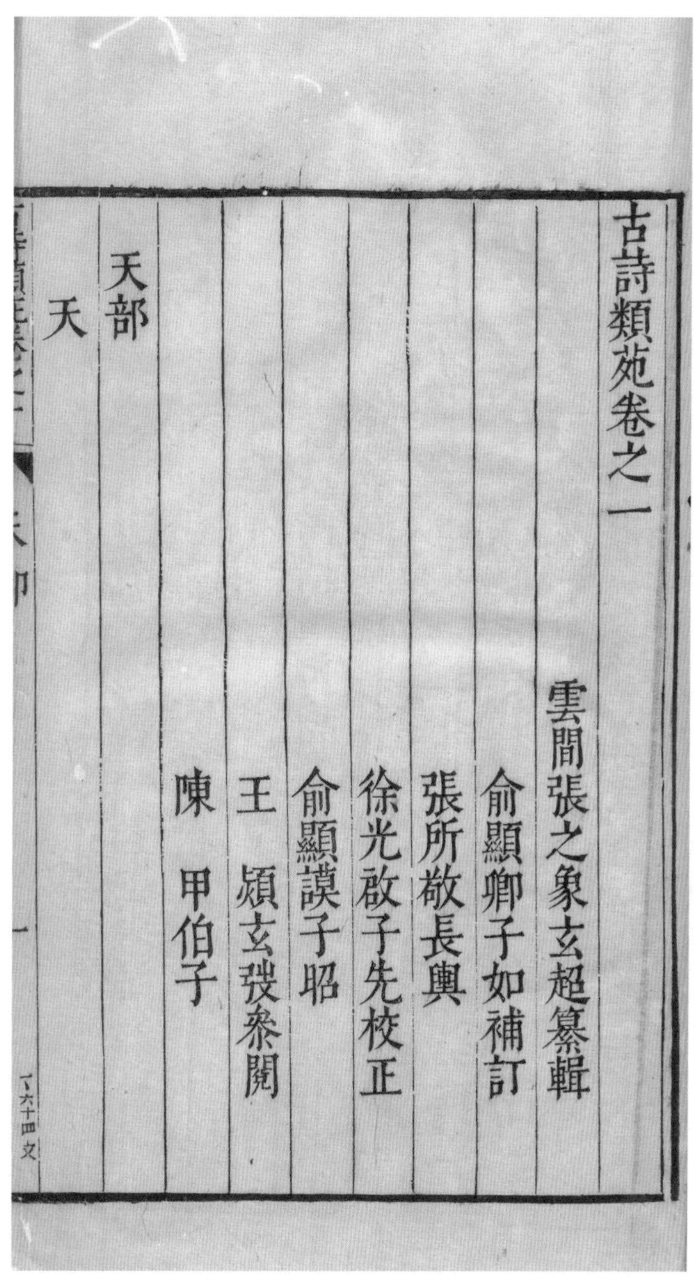

古詩類苑一百三十卷　〔明〕張之象輯　〔明〕俞顯卿補訂

明萬曆三十年（1602）俞顯謨、王頴、陳甲刻本

二十册

半葉十行二十一字，白口，左右雙邊。版框 21.2×14.2 厘米

16432（11825）

天行篇　傅玄

天行一何健日月無高蹤百川皆赴海（藝文作赴暘谷）三辰回泰蒙

天行歌　前人

天時泰兮昭以陽清風起兮景雲翔仰觀兮辰象日月兮運周俯視兮河海百川兮東流

天贊　何承天

軒轅改物以經天人容成造曆大撓創辰龍集有次星紀乃分

釋天地贊　郭璞

祭地肆瘞郊天致禋氣升太清精淪九泉至敬不文明德惟鮮

兩儀詩　傅玄

兩儀始分元氣清列宿垂象六位成日月西流景東征悠悠萬物殊品名聖人憂代念羣生（一作兩儀始分元氣上清列宿垂象六位時成日月西邁流景東征悠悠萬物殊品齊名聖人憂世實念羣生）

日

詠日　張載

白日隨天迴暾暾圓如規踊躍湯谷中上登扶桑枝

同前　傅玄

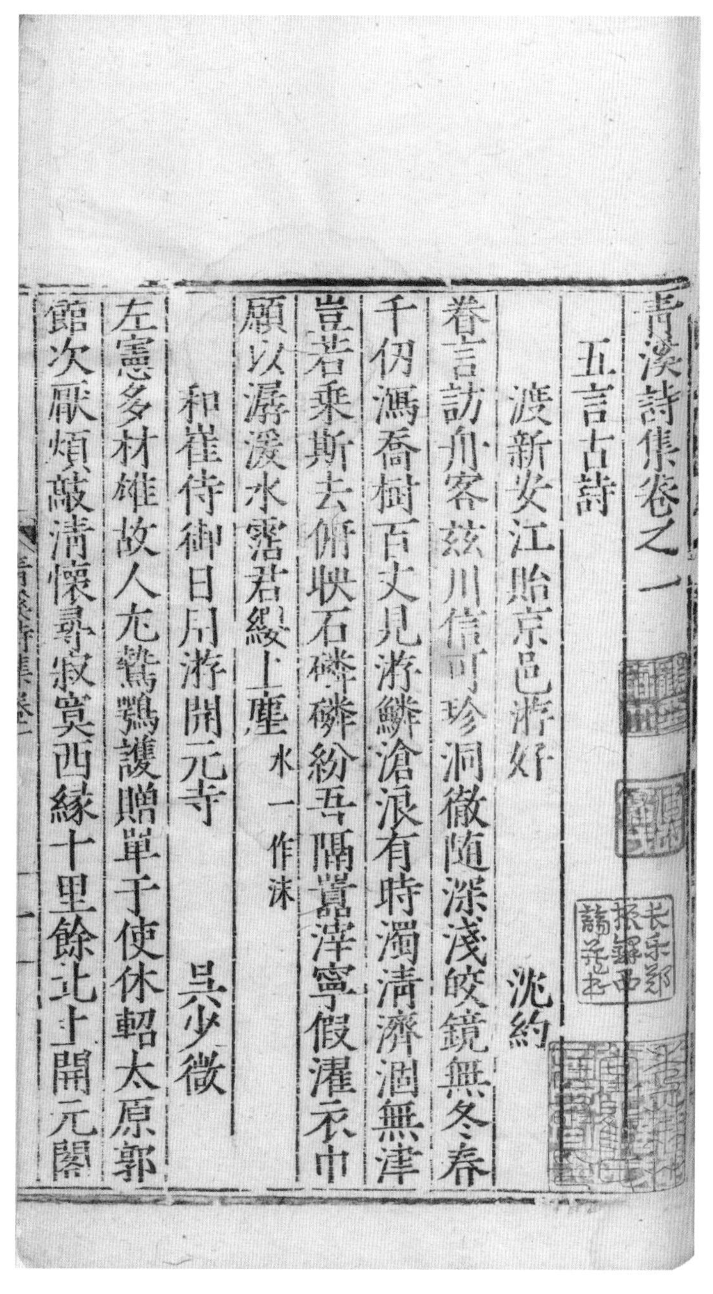

青溪詩集六卷　〔明〕徐楚輯

明嘉靖刻本

一册

半葉十行二十字，白口，四周雙邊。版框 19.0×14.2 厘米

16492（12753）

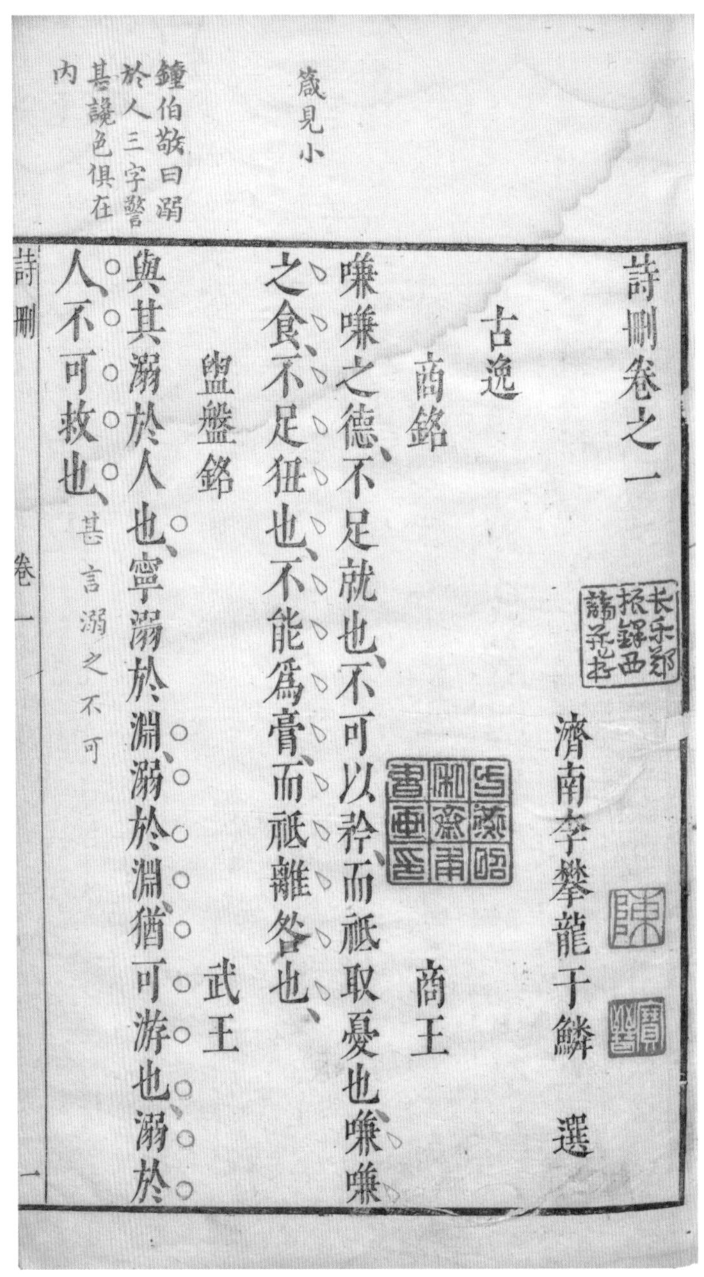

詩刪二十三卷　〔明〕李攀龍輯　〔明〕鍾惺、譚元春評

明刻朱墨套印本

一册　存十卷：一至十

半葉九行十九字，白口，四周單邊。版框 20.6×14.7 厘米

16933（1847）

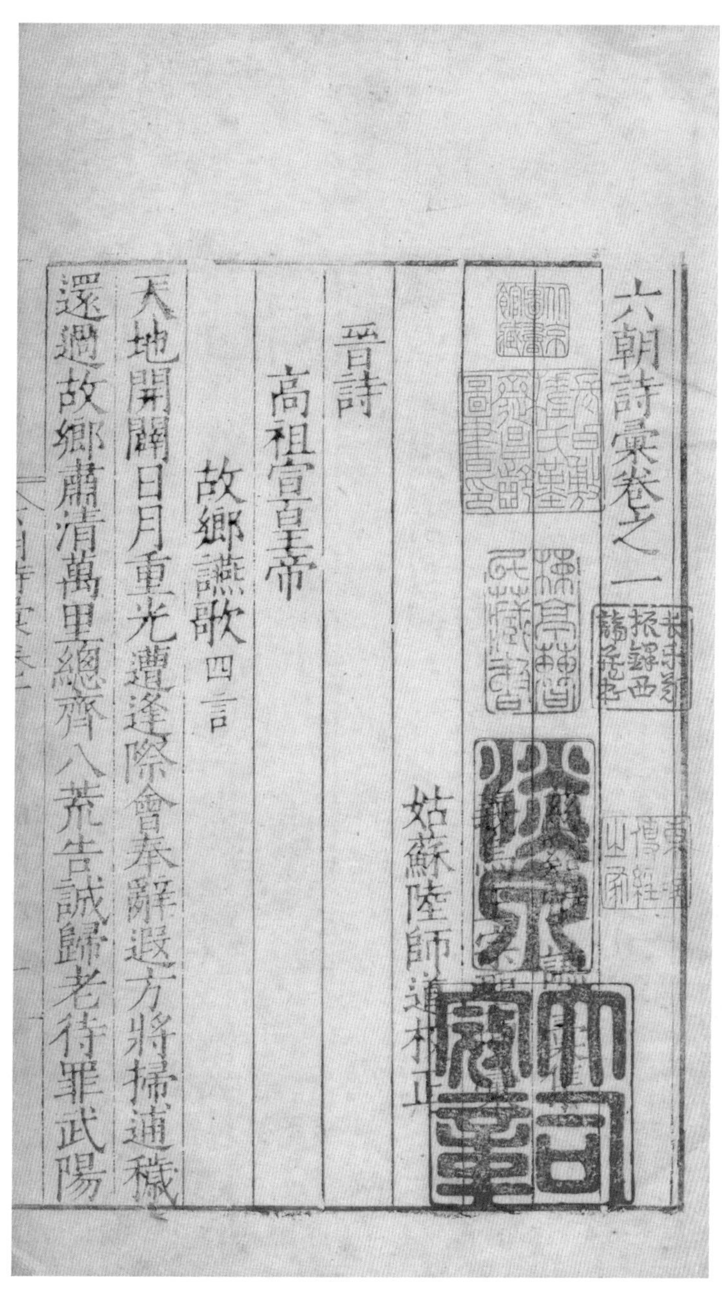

六朝詩彙一百一十四卷目録九卷詩評一卷　〔明〕張謙輯　〔明〕王宗聖增輯

明嘉靖三十一年（1552）金城陸師道刻本

十六册　存九十六卷：一至九十六

半葉九行二十字，白口，左右雙邊。版框 19.8×14.5 厘米

16099（10140）

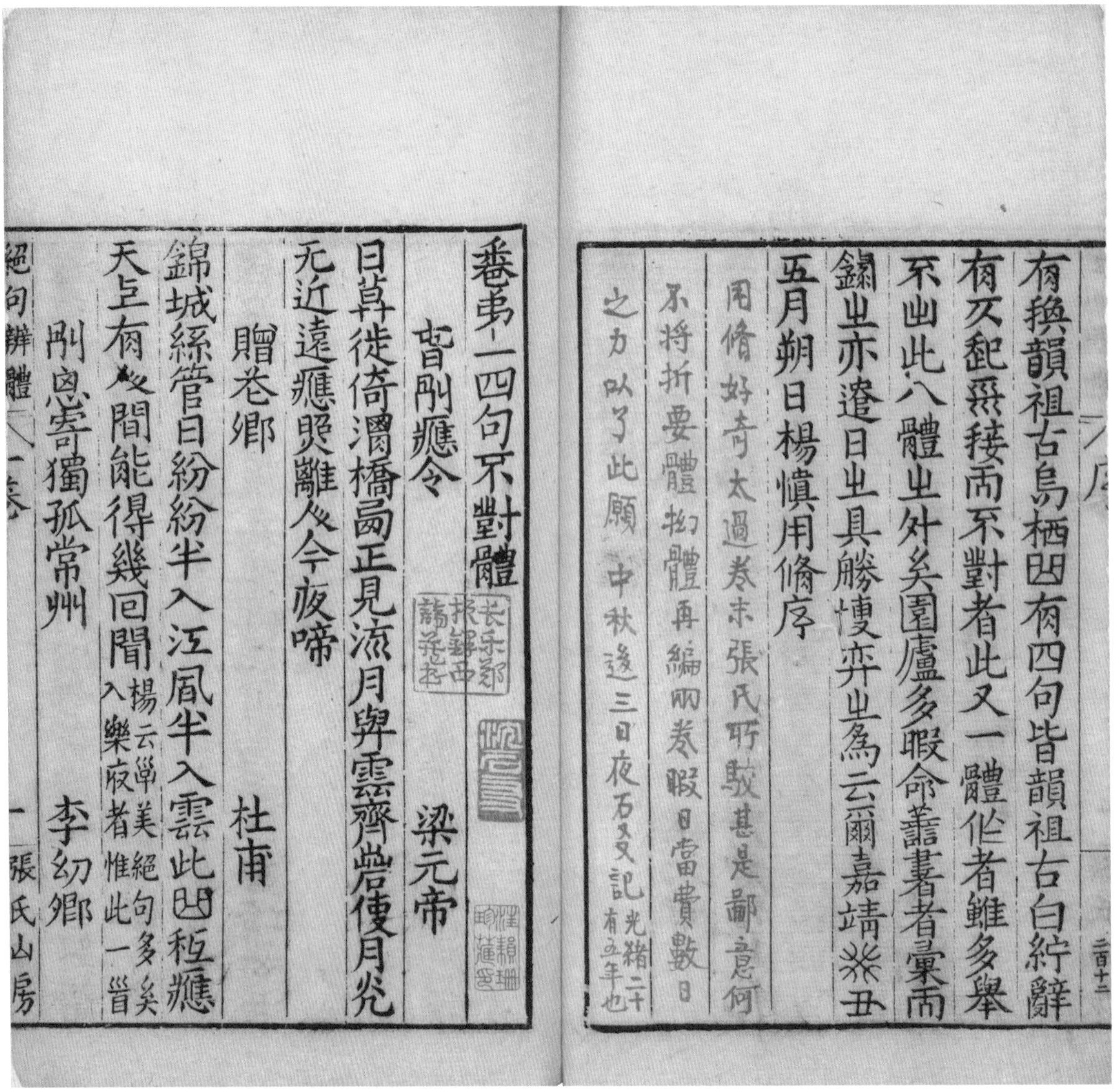
有換韻祖古烏栖因有四句皆韻祖古白紵辭
有叉起而接而不對者此又一體作者雖多舉
不出此八體之外矣園廬多暇命藷書者彙而
錄之亦遣日之具勝博弈之爲云爾嘉靖癸丑
五月朔日楊慎用脩序

用脩好奇太過卷末張氏所駁甚是鄙意何
不將折要體拗體再編兩卷暇日當費數日
之力以了此願　中秋後三日夜石叟記　光緒二十有五年也

卷第一　四句不對體
皆刪應令　梁元帝
日莫徙倚渭橋西正見流月與雲齊若使月光
无近遠應照離人今夜啼
贈花卿　杜甫
錦城絲管日紛紛半入江風半入雲此曲秖應
天上有人間能得幾回聞　楊云唐人絕句多矣入樂府者惟此一首
別恩寄獨孤常州　李幼卿

絕句辨體　卷一　一　張氏山房

絶句辨體八卷　〔明〕楊慎輯

明萬曆二十五年（1597）張棟張氏山房刻本

一册

半葉九行十八字，白口，四周單邊。版框 17.4×11.6 厘米

16489（12687）

也先生固云夫遵日出具勝摟弃出爲云

爾明月朔日文記

卷第八終

絕句辨體 八卷 皇一 張氏山房

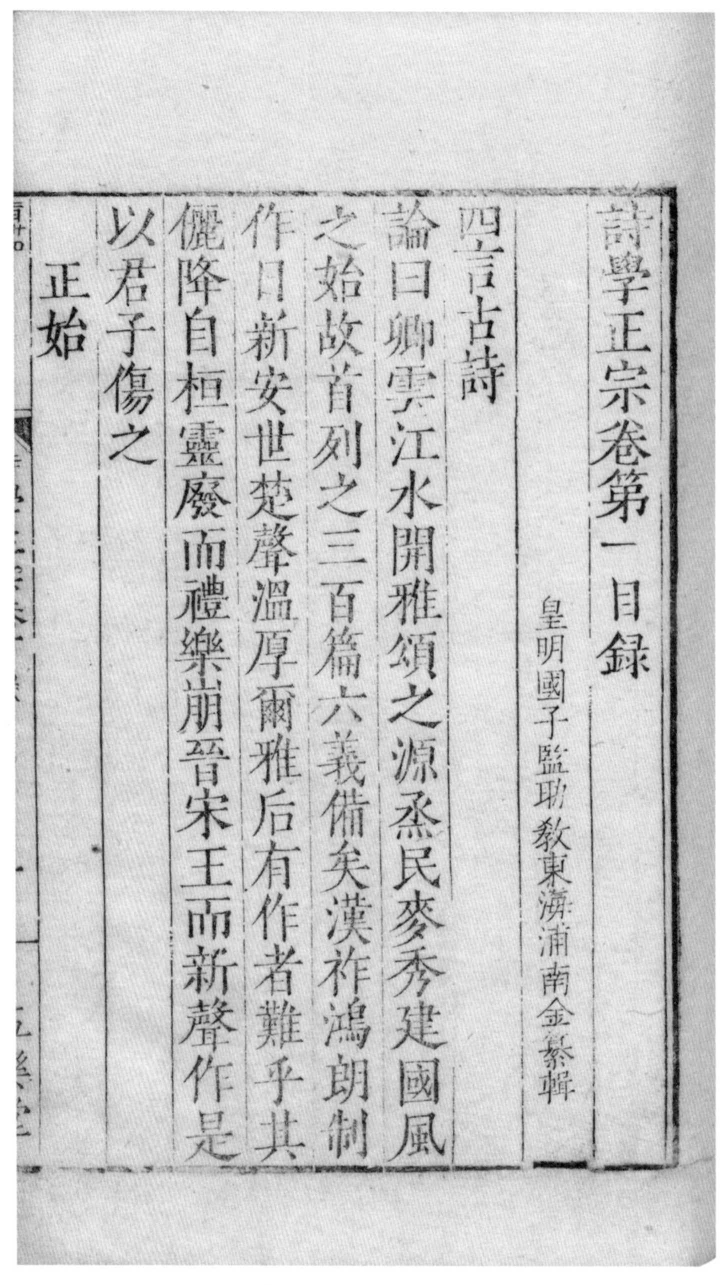

詩學正宗十六卷　〔明〕浦南金輯

明嘉靖三十六年（1557）五樂堂刻本

十一册　存十五卷：一至十三、十五至十六

半葉九行十八字，白口，左右雙邊。版框 19.0×13.2 厘米

16386（11783）

江上別李秀才　韋莊

前年相送灞陵春今日天涯各避秦莫向尊前
惜沉醉與君俱是異鄉人

金陵圖

江雨霏霏江草齊六朝如夢鳥空啼無情最是
臺城栁依舊烟籠十里堤

詩學正宗卷第十六

丁巳歲仲冬朔吉
吳曜寫　完章袞刻

茶集二卷烹茶圖集一卷　〔明〕喻政輯

明萬曆刻本

二册

半葉九行十八字，白口，左右雙邊。版框 20.8×14.5 厘米

15716（8870）

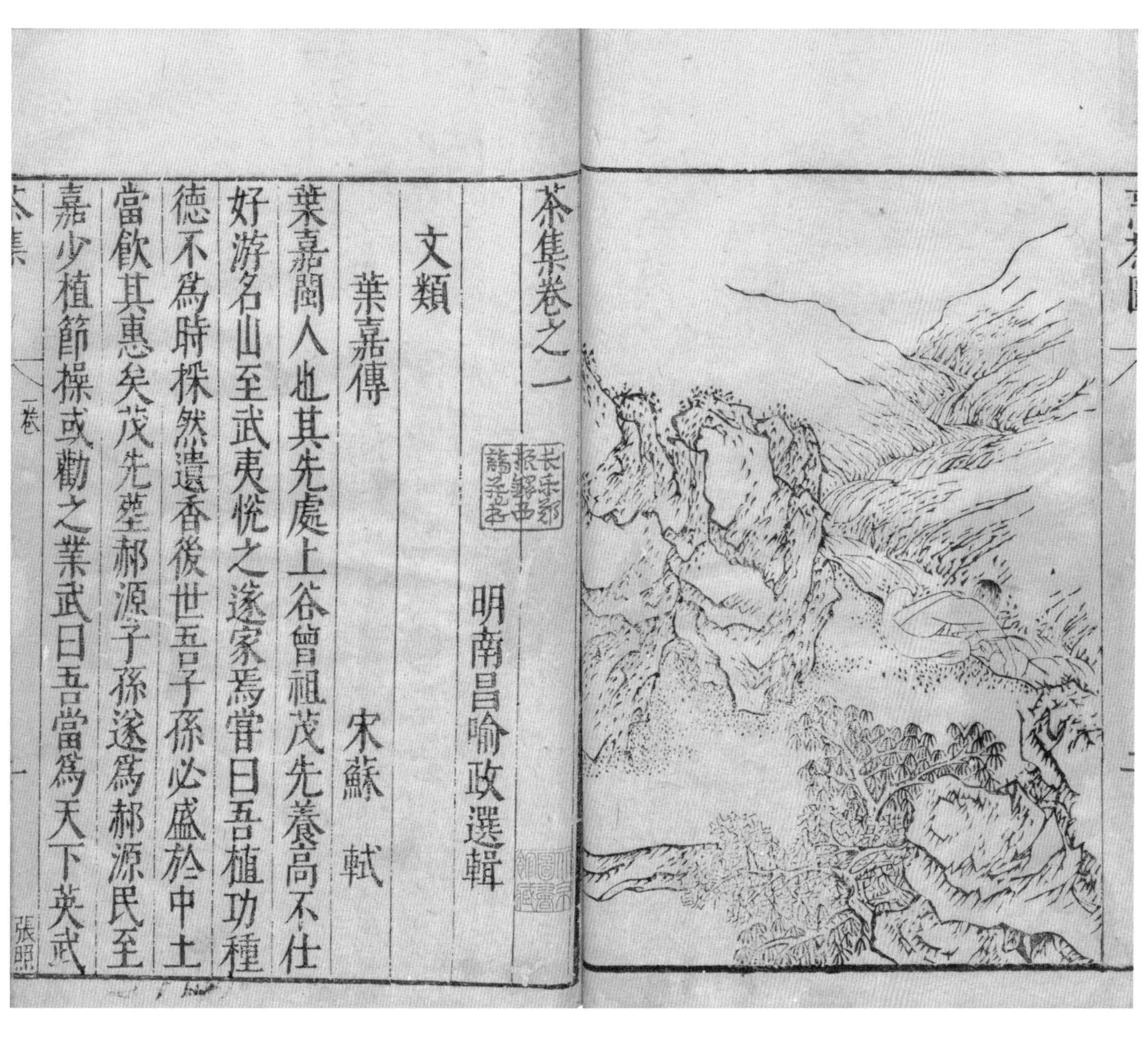

茶集卷之一

明南昌喻政選輯

文類

葉嘉傳　宋蘇軾

葉嘉閩人也其先處上谷曾祖茂先養高不仕好游名山至武夷悦之遂家焉嘗曰吾植功種德不為時採然遺香後世吾子孫必盛於中土當飲其惠矣茂先葬郝源子孫遂為郝源民至嘉少植節操或勸之業武曰吾當為天下英武

茶集　卷一　一　張照

詞海遺珠四卷　〔明〕勞堪輯

明萬曆四年（1576）盧整、吴邦刻本

一册

半葉九行二十字，白口，四周雙邊。版框 19.6×13.9 厘米

15665（8743）

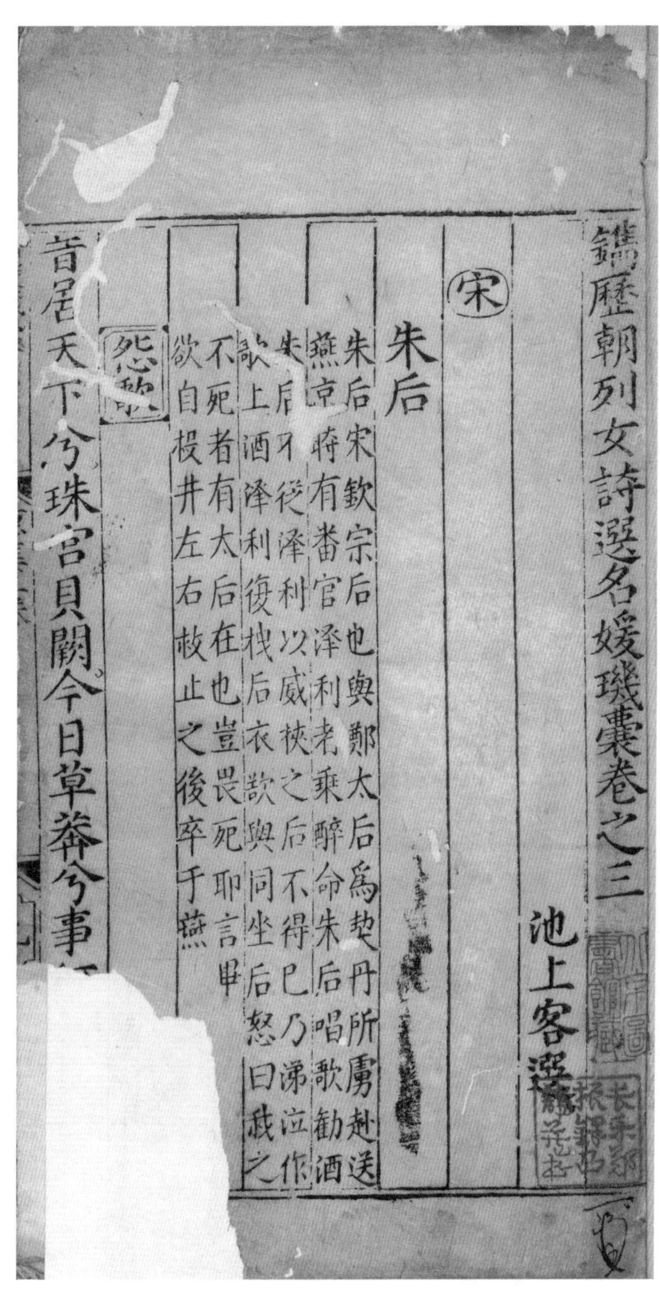

鐫歷朝列女詩選名媛璣囊四卷　題〔明〕池上客輯　**女論語一卷**

明萬曆二十三年（1595）書林鄭雲竹刻本

一册　存二卷：三至四

半葉九行二十字，白口，四周雙邊。版框 21.1×12.8 厘米

T03308（1944）

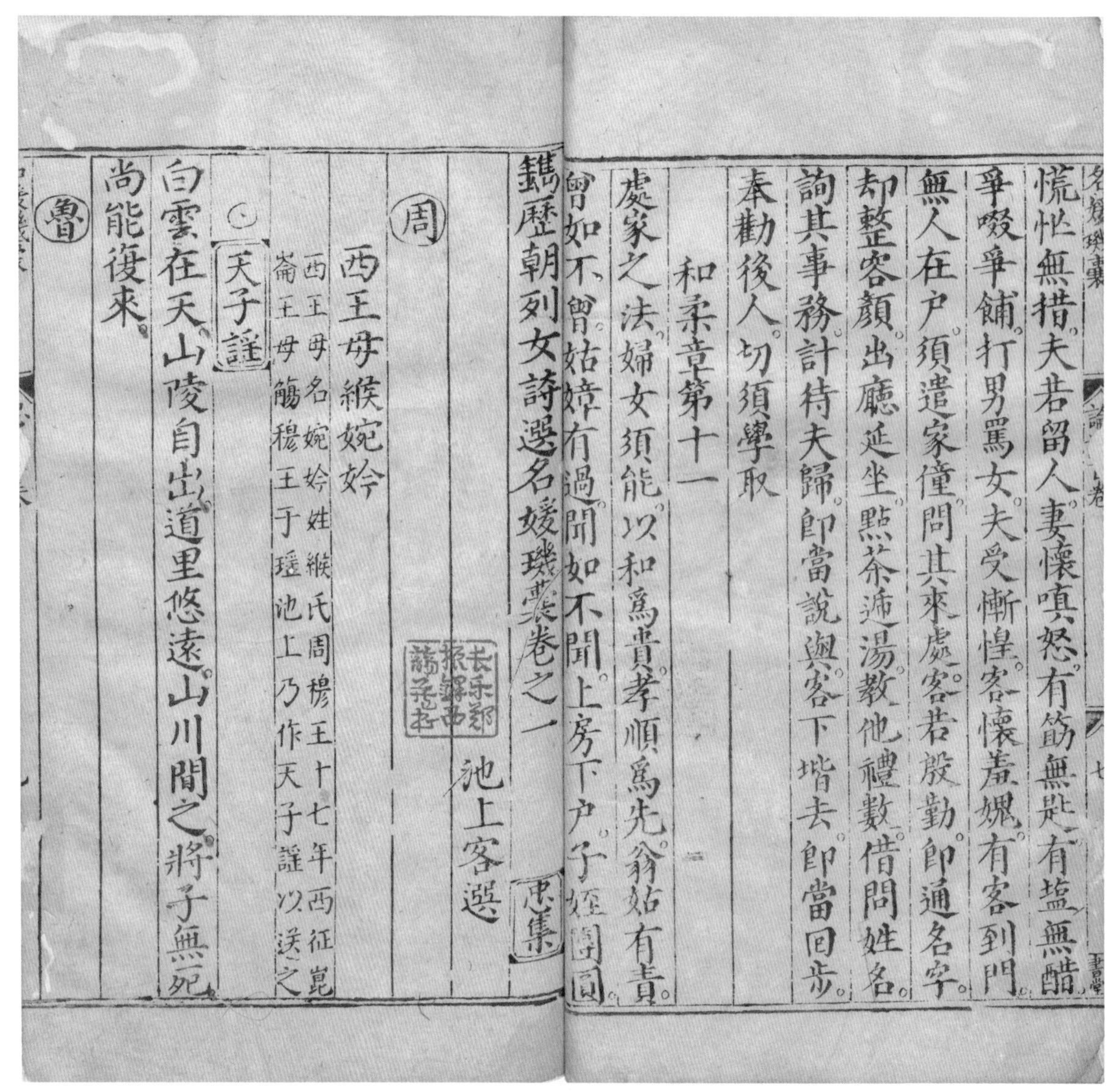

鐫歷朝列女詩選名媛璣囊四卷　題〔明〕池上客輯　**女論語一卷**

明萬曆二十三年（1595）書林鄭雲竹刻本

四册

半葉九行二十字，小字雙行同，白口，四周雙邊。版框 19.3×12.5 厘米

15455（1862）

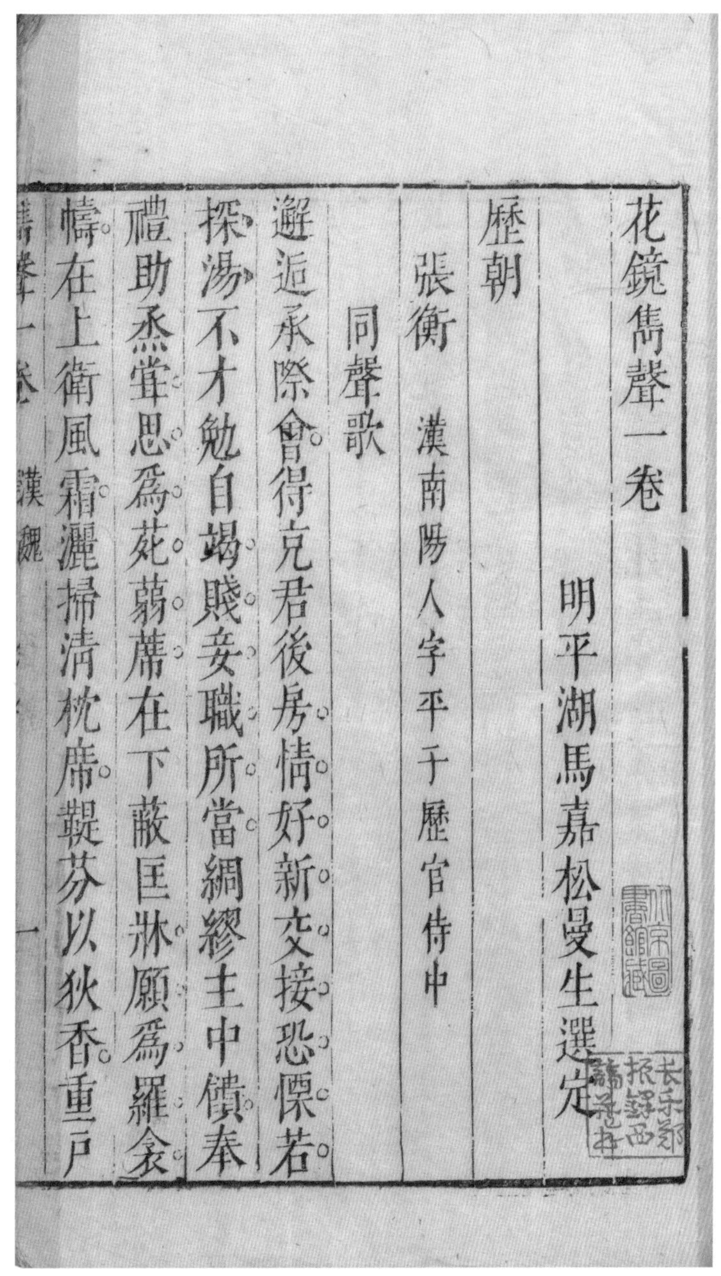

花鏡雋聲元集三卷亨集五卷利集四卷貞集四卷花鏡韻語一卷　〔明〕馬嘉松輯

明天啓四年（1624）雪林草堂刻本

二册

半葉九行十八字，白口，四周單邊。版框 20.8×14.2 厘米

T03209（10100）

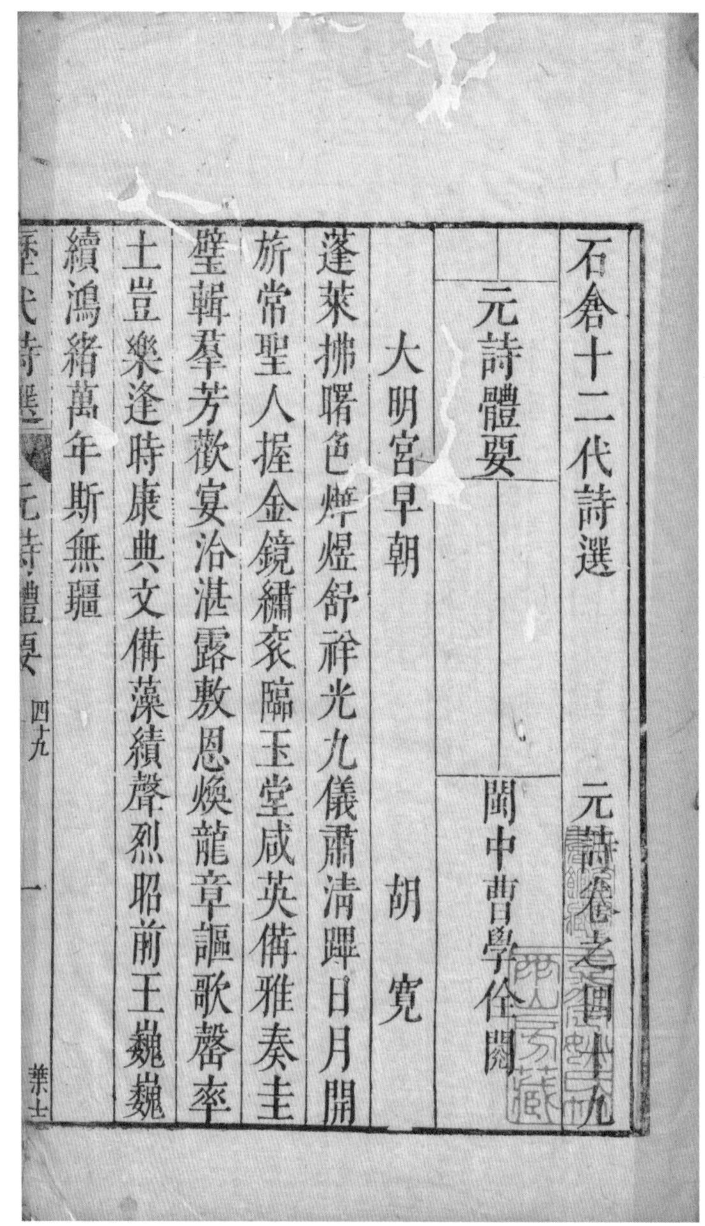

石倉十二代詩選□□卷　〔明〕曹學佺輯

明崇禎刻本

八册　存十六卷：元詩四十九至五十，明詩次集九十四至九十五，明詩四集三十六、七十六，明詩五集三至五、八至十，明詩六集十五至十八

半葉九行十八字，白口，左右雙邊。版框 19.6×13.9 厘米

T02230（補 21）

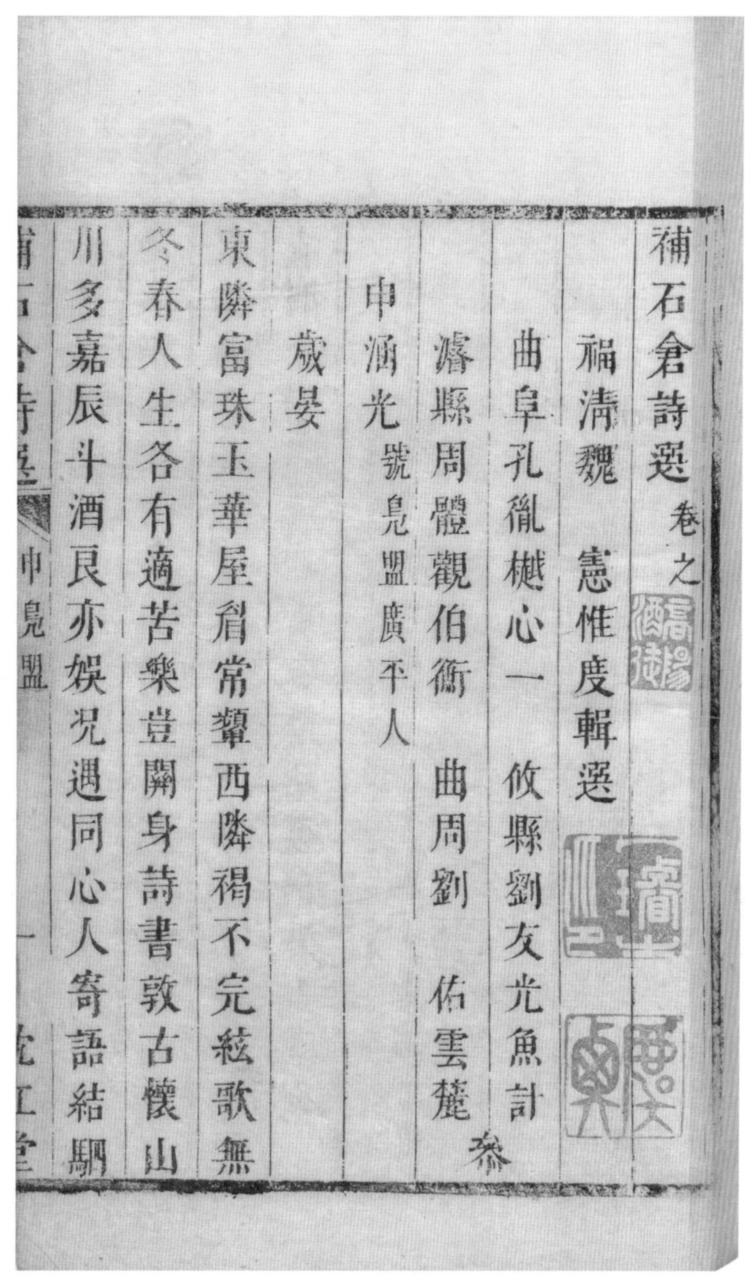

補石倉詩選十四卷　〔清〕魏憲輯

清康熙十年（1671）枕江堂刻本

四册

半葉九行十八字，白口，左右雙邊。版框 18.9×13.8 厘米

15457（1899）

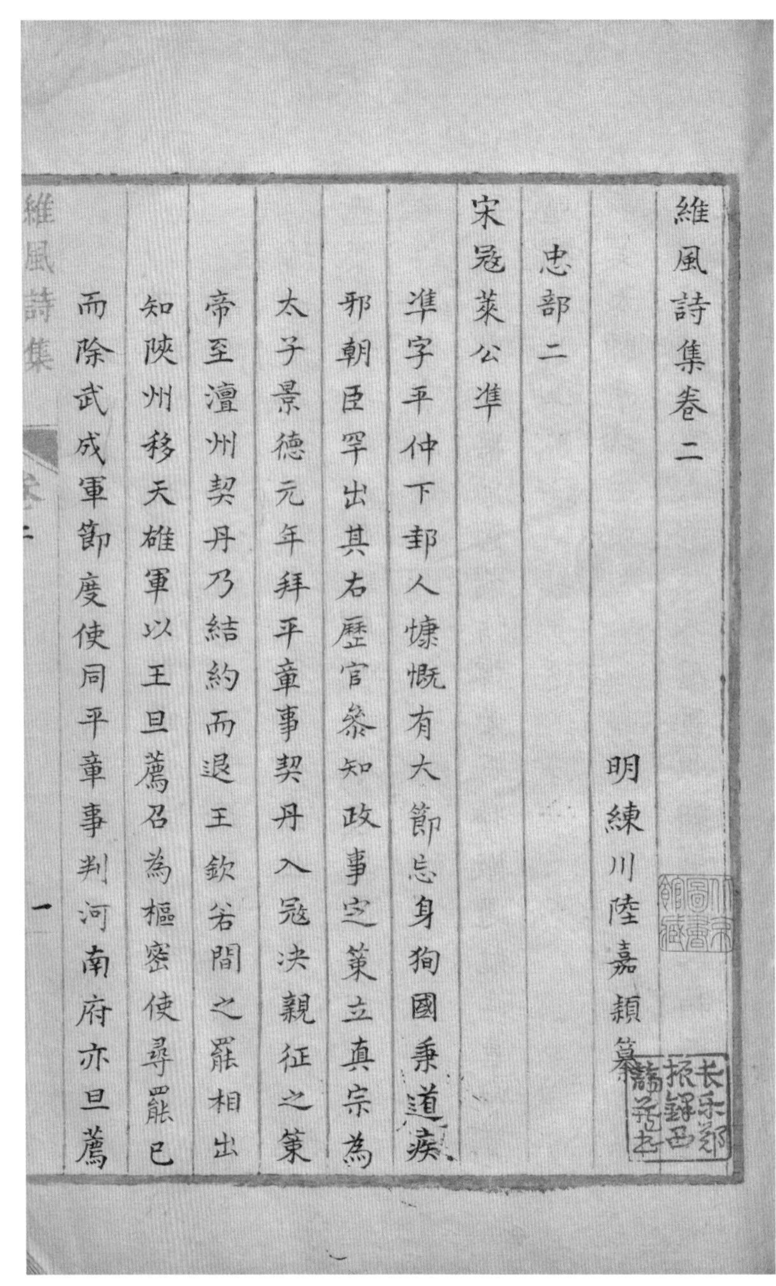

維風詩集三十二卷　〔明〕陸嘉穎輯

清抄本

七册　存二十六卷：二至十五、二十一至三十二

半葉十行二十一字，藍格，白口，左右雙邊。版框 20.7×15.2 厘米

15448（1794）

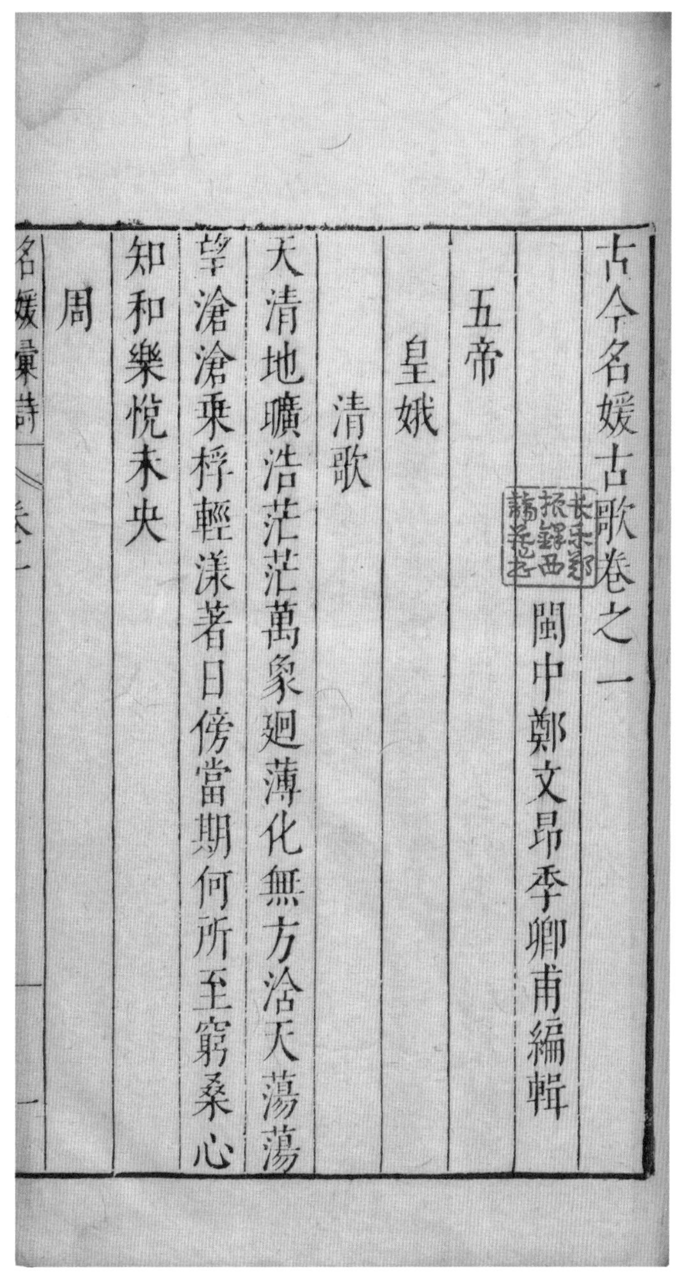

古今名媛彙詩二十卷　〔明〕鄭文昂輯

明泰昌元年（1620）張正岳刻本

五册

半葉九行十八字，白口，四周單邊。版框 20.8×14.3 厘米

15452（1850）

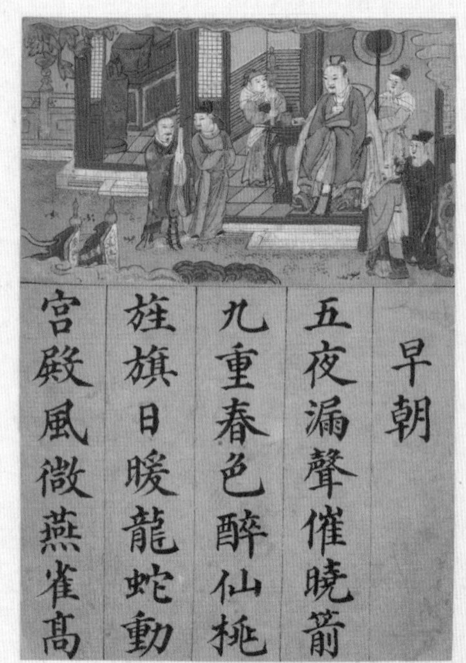

早朝

五夜漏聲催曉箭
九重春色醉仙桃
旌旗日暖龍蛇動
宮殿風微燕雀高

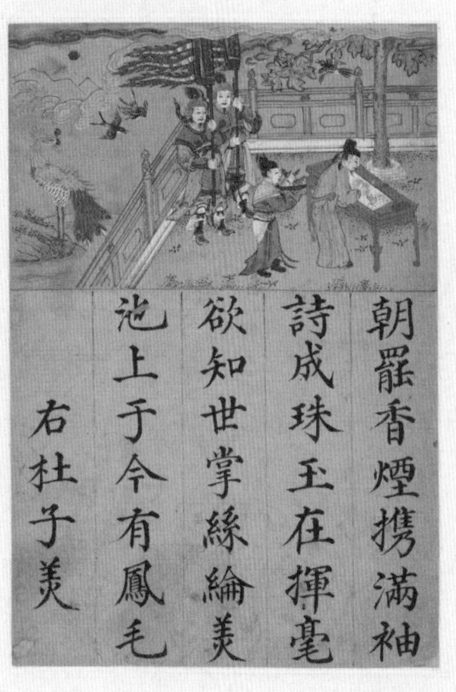

朝罷香煙攜滿袖
詩成珠玉在揮毫
欲知世掌絲綸美
池上于今有鳳毛

右杜子美

千家詩不分卷

明抄彩繪本

一册

半葉五行七字。上圖下文。版框 24.2×16.8 厘米

16580（9603）

康熙己巳新鐫
西蜀楊西亭
鍾山蕭開百　合選
自漢魏
至唐宋
詩岑
金元明暨
昭代嗣出
積風樓藏板

詩岑二十二卷　〔清〕楊梓、蕭殿颺輯

清康熙二十八年（1689）積風樓刻本

六册

半葉九行十八字，白口，左右雙邊。版框 17.6×13.8 厘米

T03300（1573）

詩岺

西蜀楊　梓西亭　選輯
鍾山蕭殿颺開百

長樂鄭振鐸西諦藏書　北京圖書館藏　長樂鄭氏藏書之印

漢

古詩十九首　無名氏

行行重行行與君生别離相去萬餘里各在天
一涯道路阻且長會面安可知胡馬依北風越
鳥巢南枝相去日已遠衣帶日已緩浮雲蔽白
日遊子不顧返思君令人老歲月忽已晚棄捐

歷朝閨雅卷一

經筵日講官　起居注翰林院掌院學士兼禮部侍郎敎習庶吉士加六級臣揆敘奉

敕纂進

五言古詩

唐

鮑君徽

關山月

高高秋月明北照遼陽城寒迥光初滿風多暈更生

征人望鄉思戰馬聞鼓驚朔風悲邊草胡沙暗虜營

霜凝匣中劍雲蔽原上旌早晚謁金闕不聞刁斗聲

歷朝閨雅　卷一　五言古詩　一

歷朝閨雅十二卷　〔清〕揆敘輯

清康熙刻本

四册

半葉十行二十字，白口，四周雙邊。版框 18.4×13.0 厘米

16766（14617）

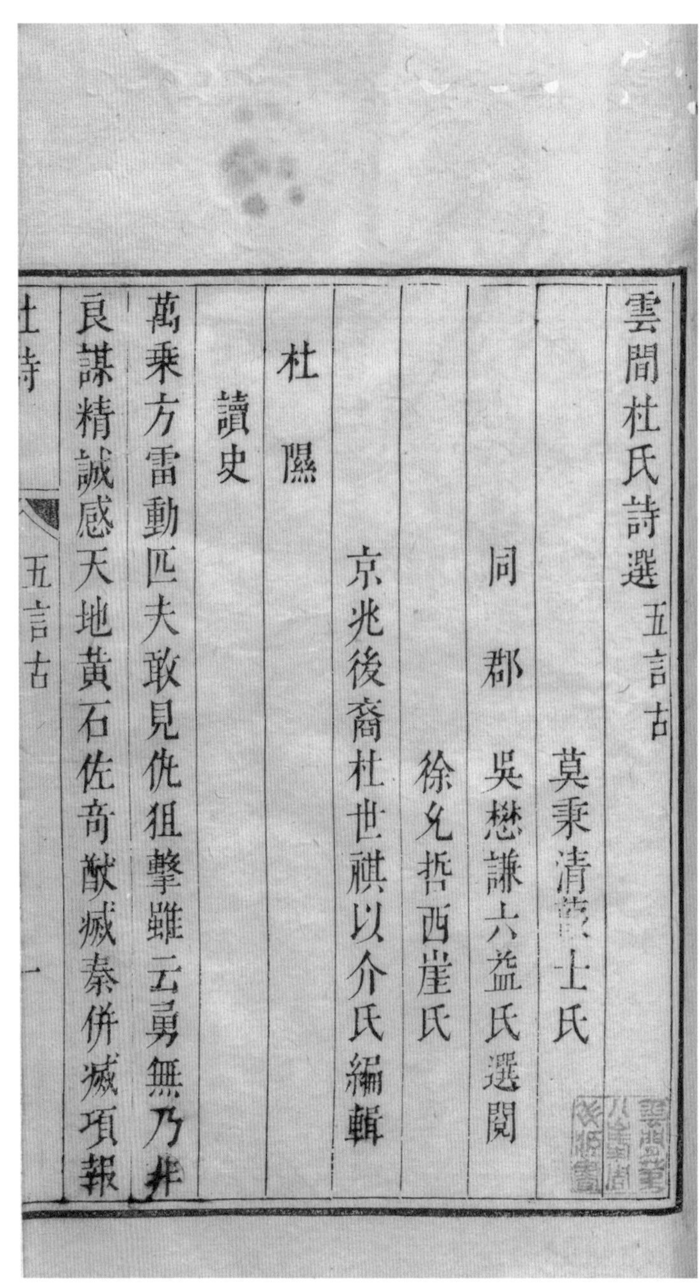

雲間杜氏詩選七卷　〔清〕杜世祺輯

清康熙十五年（1676）杜世祺刻本

二册

半葉九行十八字，白口，四周雙邊。版框 18.4×13.1 厘米

15396（891）

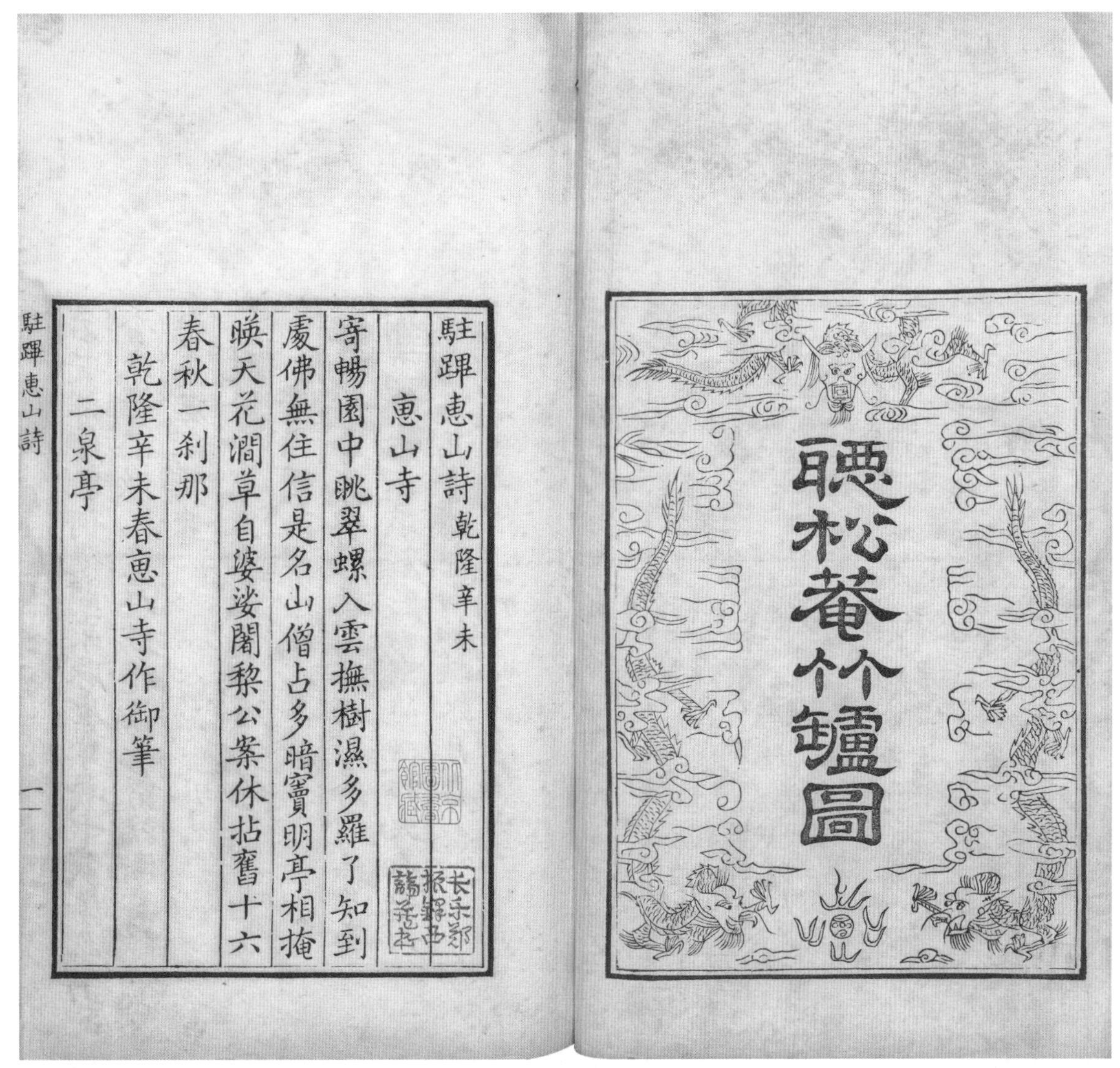

惠山聽松庵竹罏圖詠四卷　〔清〕吴鉞輯

清乾隆二十七年（1762）吴鉞刻本

一册

半葉八行十七字，白口，四周雙邊。版框 16.7×12.0 厘米

16209（10520）

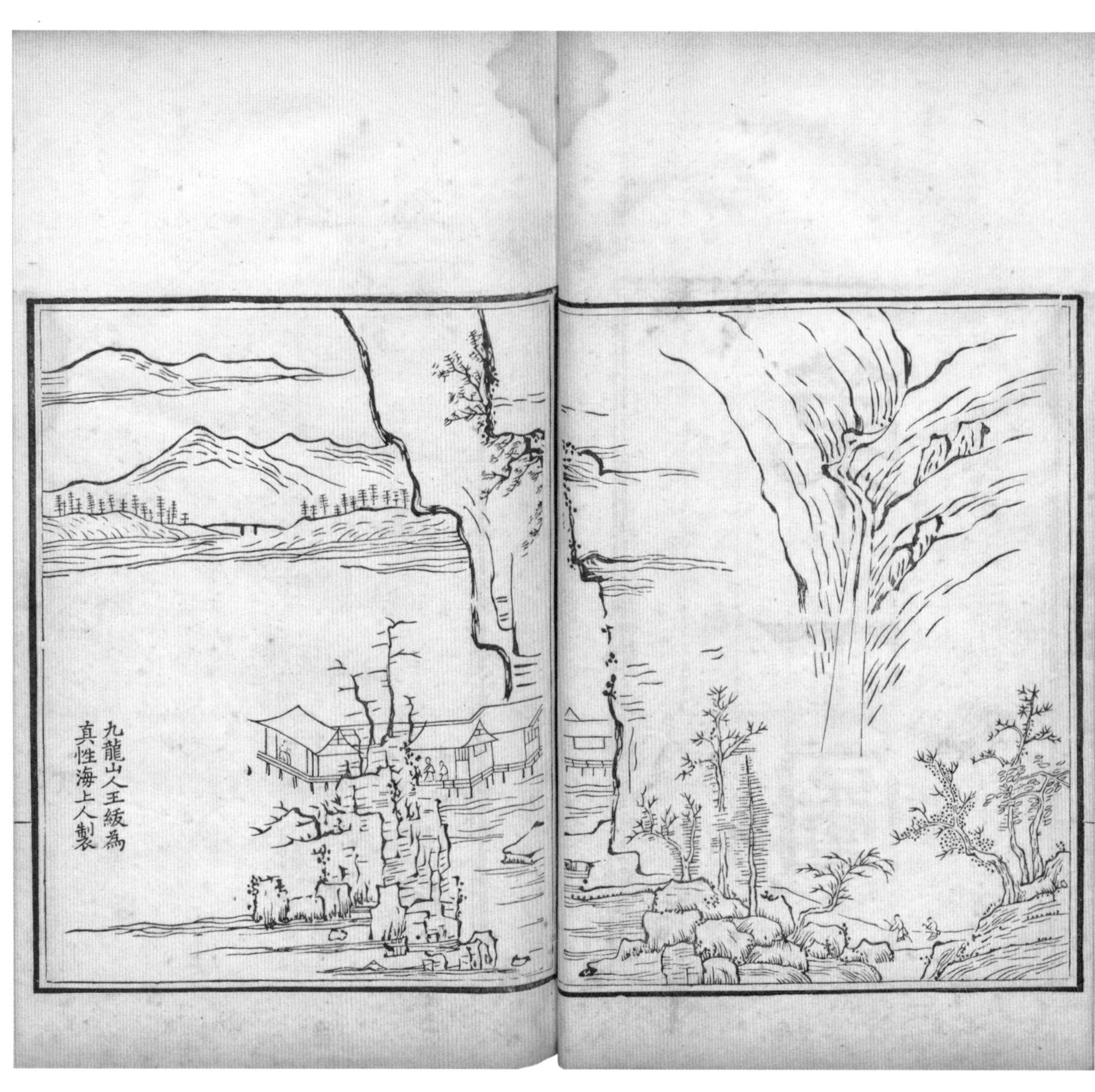
九龍山人王紱爲
真性海上人製

御題竹爐圖詠

纔酌中泠第一泉惠山聊復事烹煎品題頓

置伓㲉昔歌詠氊薌亦賴前開士幽居如虎

跑舍人文筆擬龍眠裝池更喜商邱犖法寶

僧庵愼弆全

囲囲山下出名泉火候筠爐文武煎成佛湯

嗤靈運後題詩多過玉川前試携乃學士来明

汲高謝山僧守晏眠我願靈源常勿幕飲教

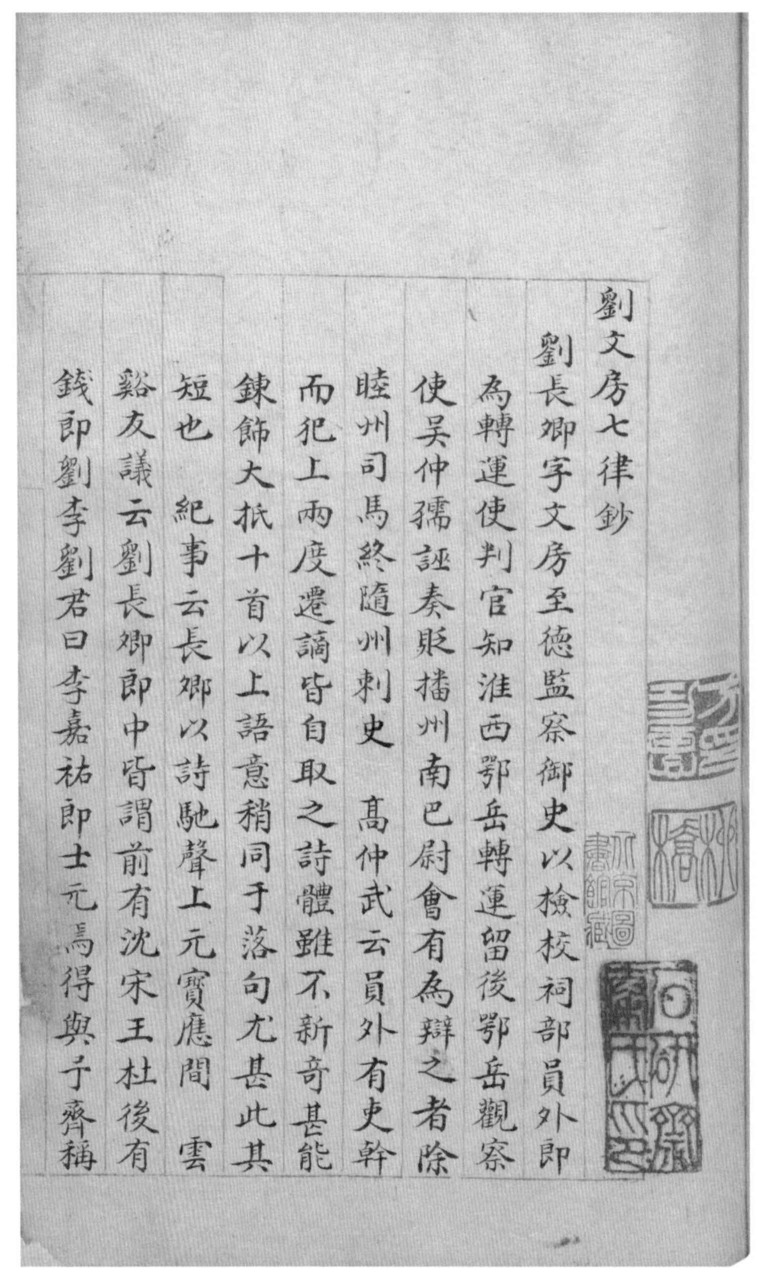
劉文房七律鈔
劉長卿字文房至德監察御史以檢校祠部員外郎為轉運使判官知淮西鄂岳轉運留後鄂岳觀察使吳仲孺誣奏貶播州南巴尉會有為辯之者除睦州司馬終隨州刺史　高仲武云員外有吏幹而犯上兩度遷謫皆自取之詩體雖不新奇甚能鍊飾大抵十首以上語意稍同于落句尤甚此其短也　紀事云長卿以詩馳聲上元寶應間　雲谿友議云劉長卿郎中皆謂前有沈宋王杜後有錢郎劉李劉君曰李嘉祐郎士元焉得與予齊稱

石研齋七律鈔選三十七家

清灰絲欄抄本

八册　存二十八家

半葉十行二十一字，白口，四周單邊。版框 18.4×13.3 厘米

T02092（補 126）

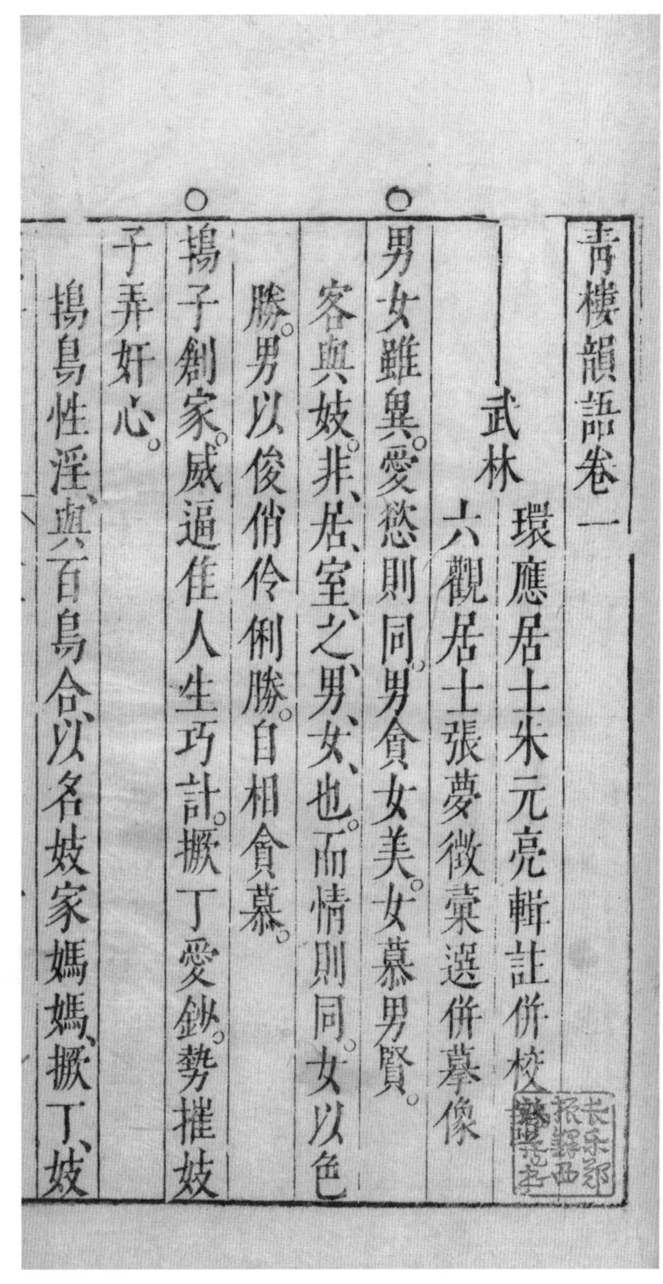
青樓韻語卷一
環應居士朱元亮輯註併校證
武林　六觀居士張夢徵彙選併摹像
男女雖異。愛慾則同。男貪女美。女慕男賢。
客與妓。非居室之男女也。而情則同。女以色
勝。男以俊俏伶俐勝。自相貪慕。
鴇子創家。威逼佳人生巧計。撇丁愛鈔。勢摧妓
子弄奸心。
鴇鳥性淫。與百鳥合。以名妓家媽媽。撇丁。妓

青樓韻語四卷　〔明〕朱元亮輯註校證　〔明〕張夢徵輯

明萬曆刻本

四册

半葉九行十八字，白口，四周單邊。版框 20.2×12.8 厘米

15677（8816）

不是司
空𡢃見
慣蛾眉
纔遇便
銷魂
徐翩

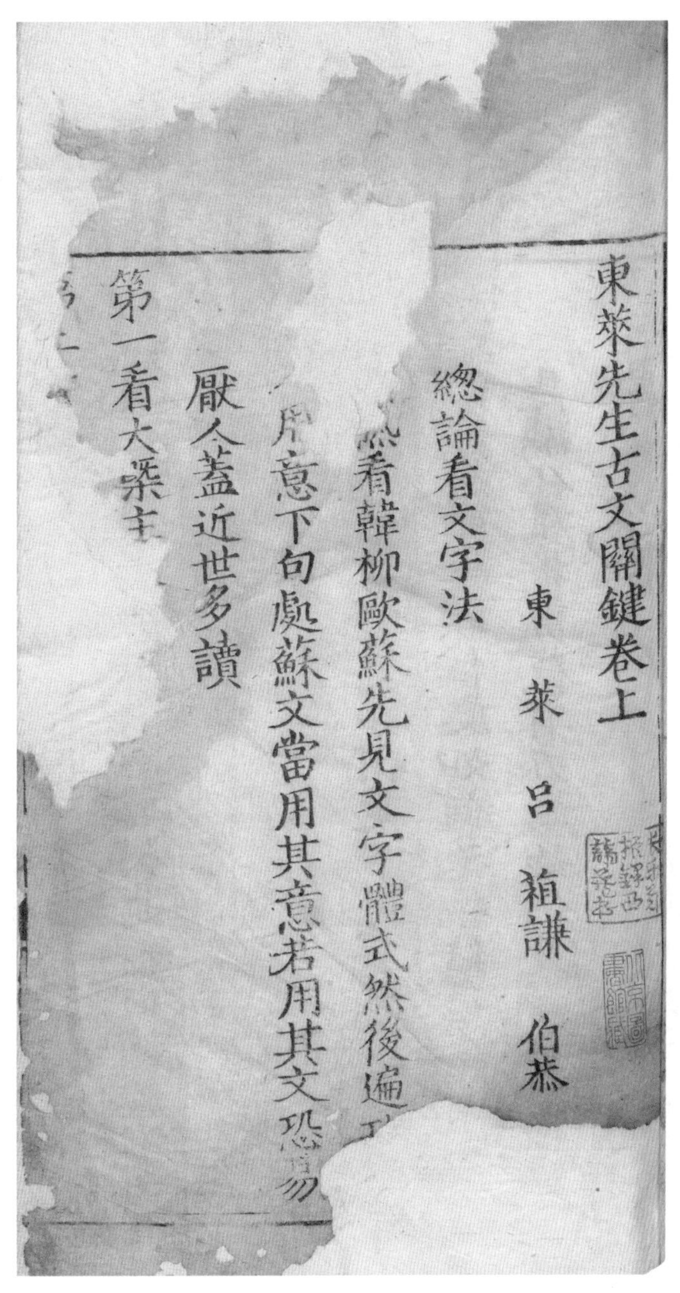

東萊先生古文關鍵二卷　〔宋〕吕祖謙輯

明刻本

一册　存一卷：上

半葉八行二十字，黑口，四周雙邊，無直格。版框 23.5×15.9 厘米

T03337（9945）

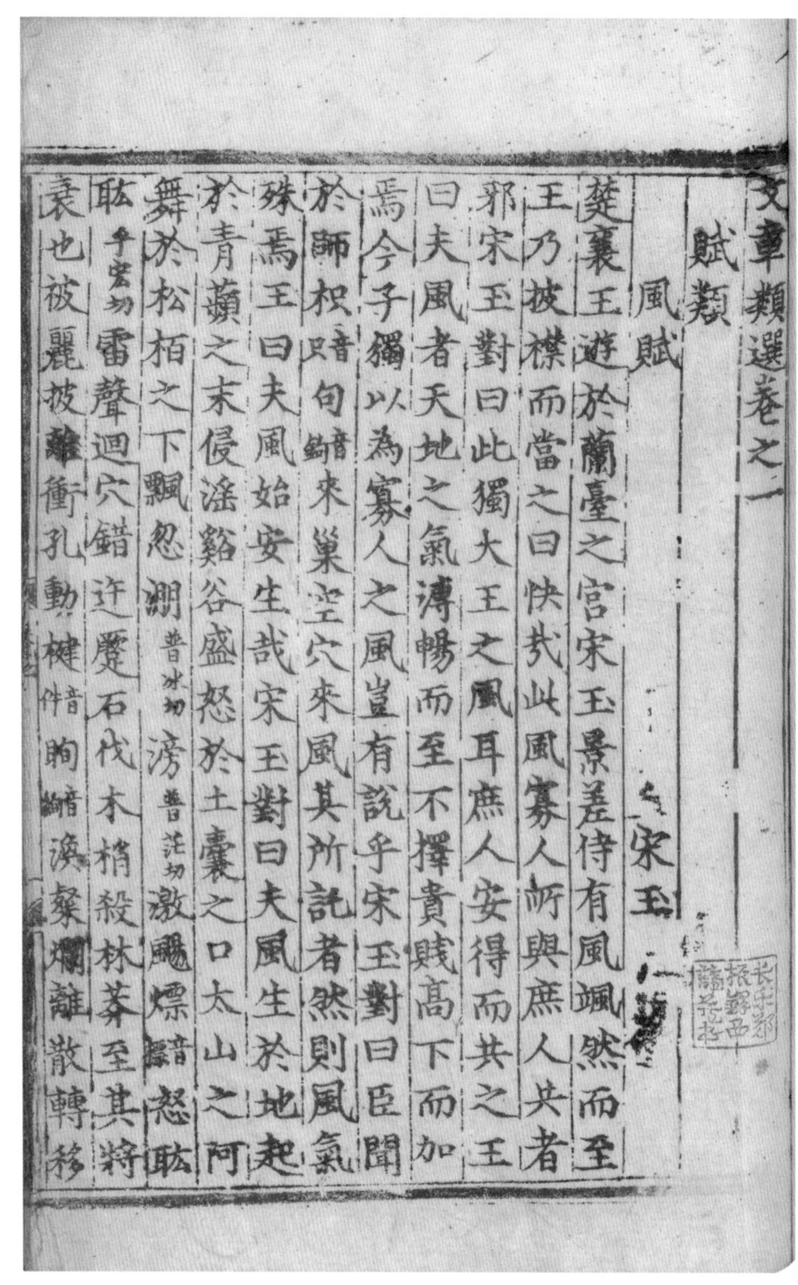

文章類選四十卷　〔明〕朱栴輯

明初刻本

十二册

半葉十四行二十字，黑口，四周雙邊。版框 25.9×19.1 厘米

15432（1620）

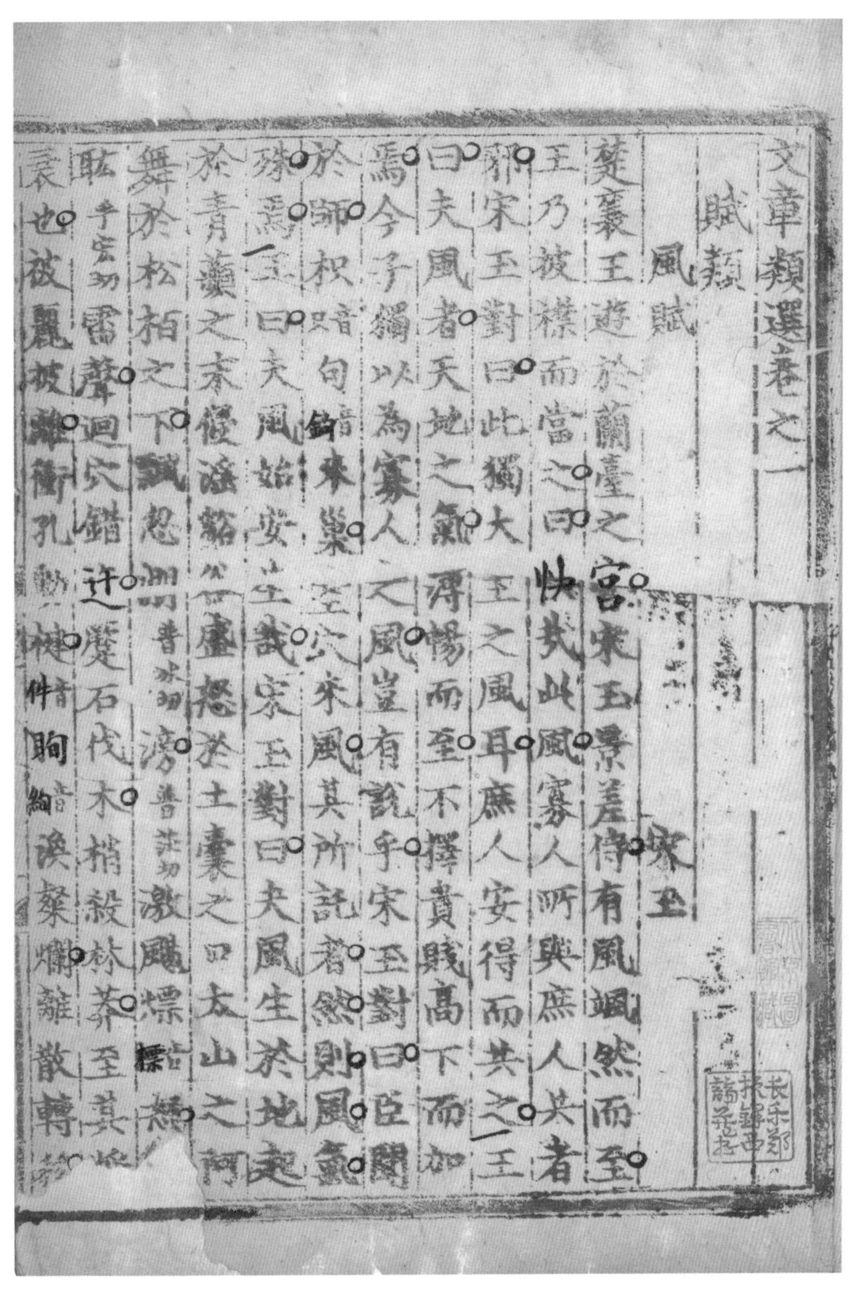

文章類選四十卷　〔明〕朱㮵輯

明初刻本

二十四册

半葉十四行二十字，黑口，四周雙邊。版框 25.8×19.6 厘米

T03377（12314）

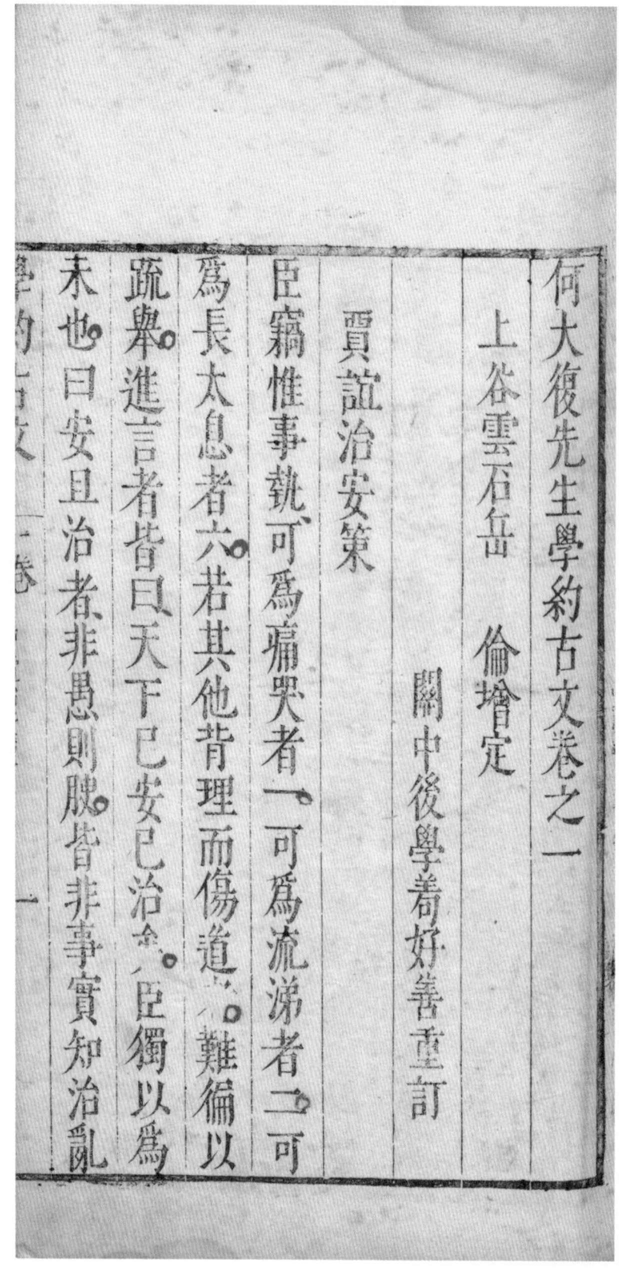
何大復先生學約古文卷之一

上谷雲石岳　倫增定

關中後學着好善重訂

賈誼治安策

臣竊惟事勢，可爲痛哭者一，可爲流涕者二，可爲長太息者六。若其他背理而傷道者，難徧以疏舉。進言者皆曰天下已安已治矣，臣獨以爲未也。曰安且治者，非愚則諛，皆非事實知治亂

學約古文　一卷　一

何大復先生學約古文十二卷　〔明〕何景明輯　〔明〕岳倫增定

明崇禎五年（1632）着好善刻本

六册

半葉八行十八字，白口，四周單邊。版框 21.4×14.0 厘米

16798（14767）

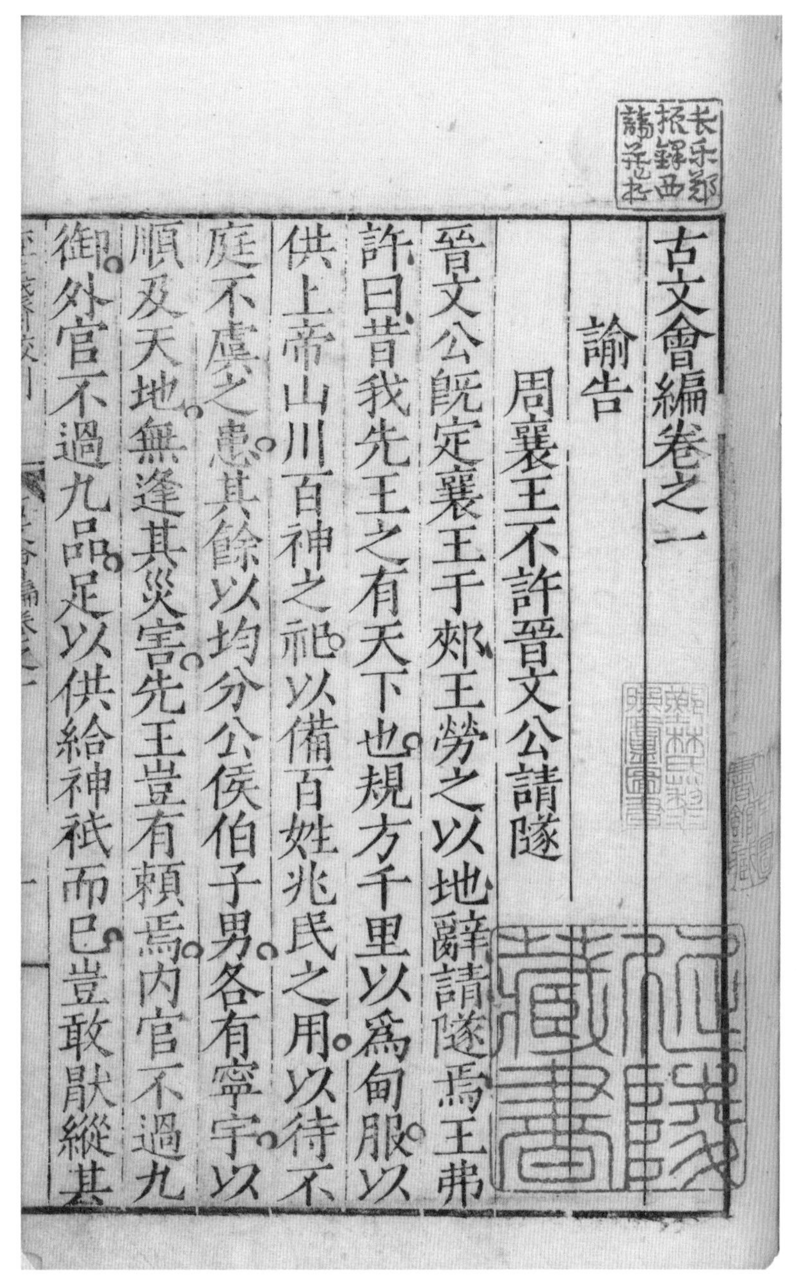

古文會編八卷　〔明〕黄如金輯

明正德五年（1510）刻本

一册　存一卷：一

半葉九行二十字，白口，四周單邊。版框 19.7×14.2 厘米

T03298（1842）

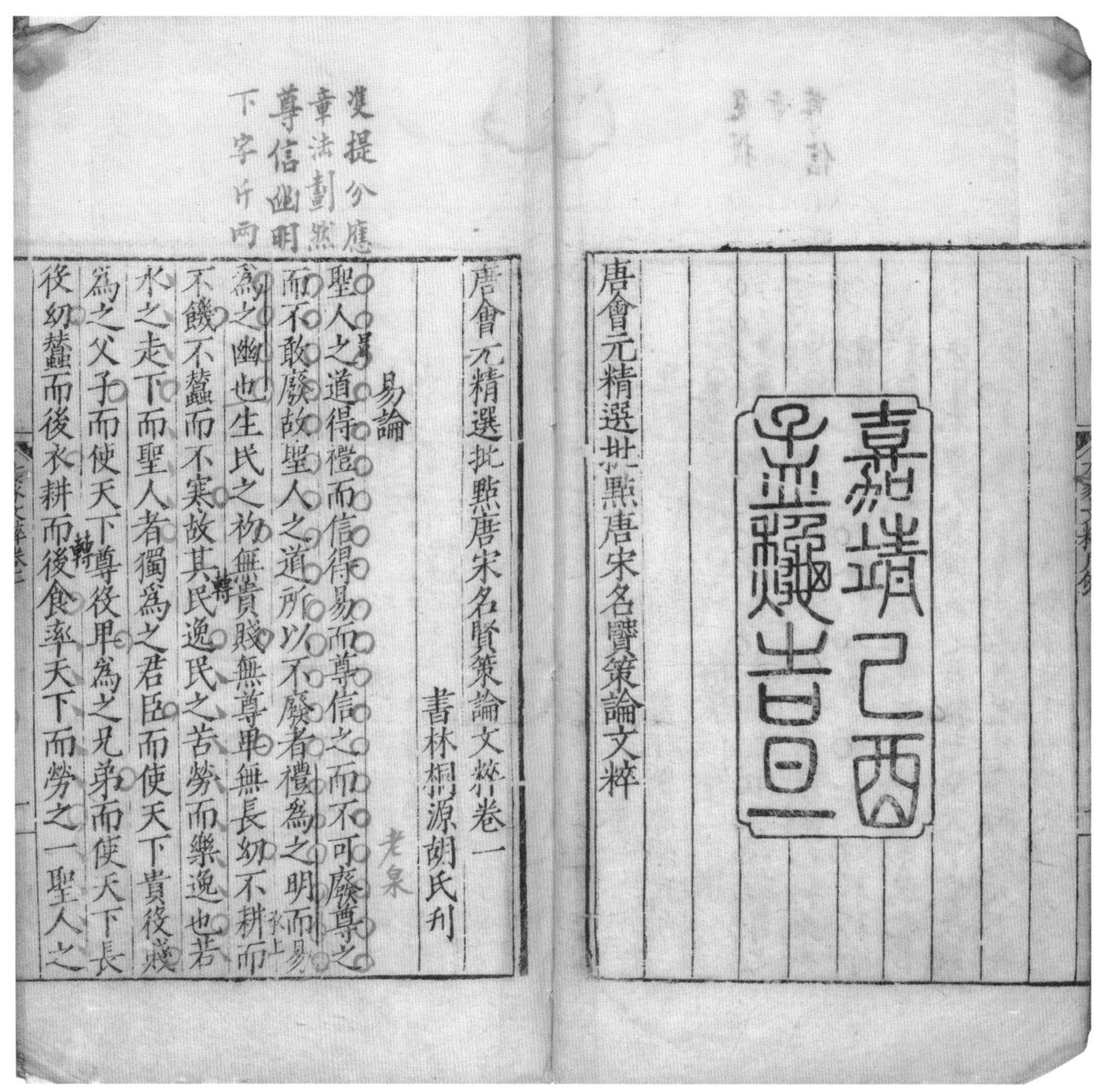

唐會元精選批點唐宋名賢策論文粹八卷　題〔明〕唐順之輯並批點

明嘉靖二十八年（1549）書林桐源胡氏刻本

四册　存四卷：一、六至八

半葉十行二十字，白口，左右雙邊。版框 19.7×14.4 厘米

16306（10800）

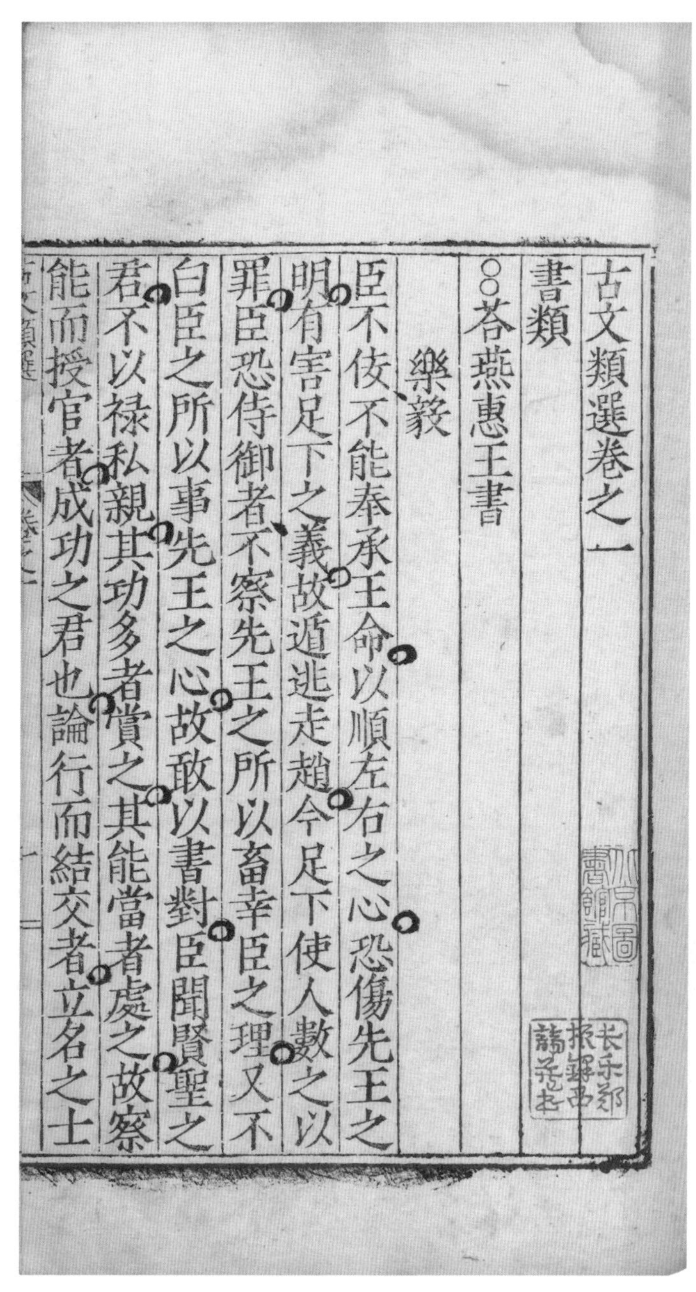

古文類選十八卷　〔明〕鄭旻輯

明隆慶六年（1572）顧知類、徐宏等刻本

七册　存十卷：一至十

半葉十行二十字，白口，四周雙邊。版框 20.0×13.6 厘米

T03376（12538）

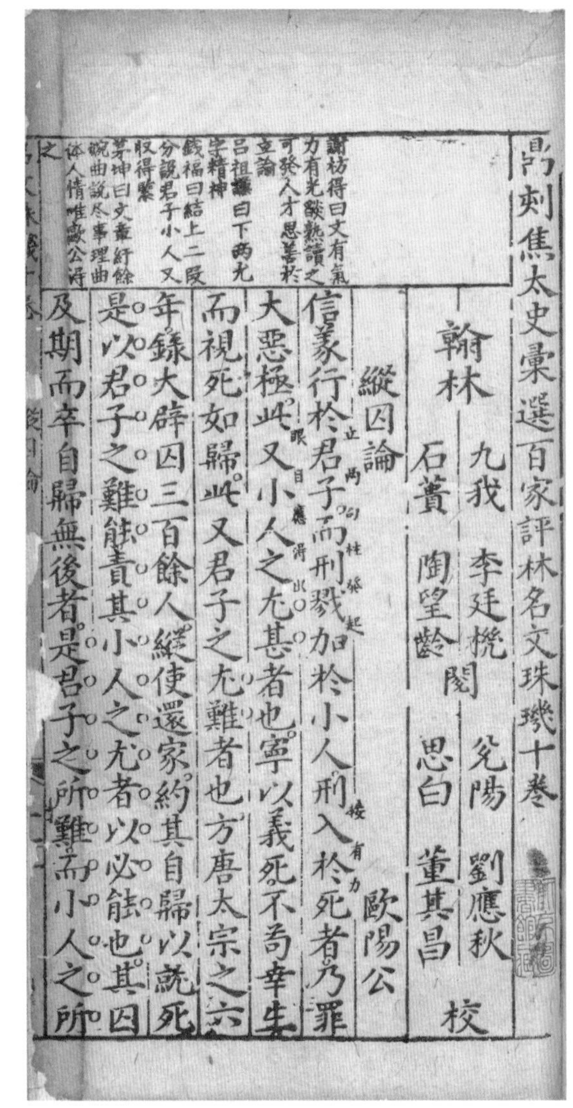
新刻焦太史彙選百家評林名文珠璣十卷

翰林　九我　李廷機　兌陽　劉應秋
石簣　陶望齡　閣　思白　董其昌　校

縱囚論　歐陽公

信義行於君子而刑戮加於小人刑入於死者乃罪大惡極此又小人之尤甚者也寧以義死不苟幸生而視死如歸此又君子之尤難者也方唐太宗之六年錄大辟囚三百餘人縱使還家約其自歸以就死是以君子之難能責其小人之尤者以必能也其囚及期而卒自歸無後者是君子之所難而小人之所

續刻温陵四太史評選古今名文珠璣八卷　〔明〕黄鳳翔等輯　**新鍥焦太史彙選百家評林名文珠璣十三卷**　〔明〕焦竑輯

明刻本

六册　存七卷：續刻温陵四太史評選古今名文珠璣一、二、六至八，新鍥焦太史彙選百家評林名文珠璣十至十一

半葉十行二十字，小字雙行同，白口，四周單邊。眉欄鐫評。版框 20.8×12.8 厘米

T03276（9919）

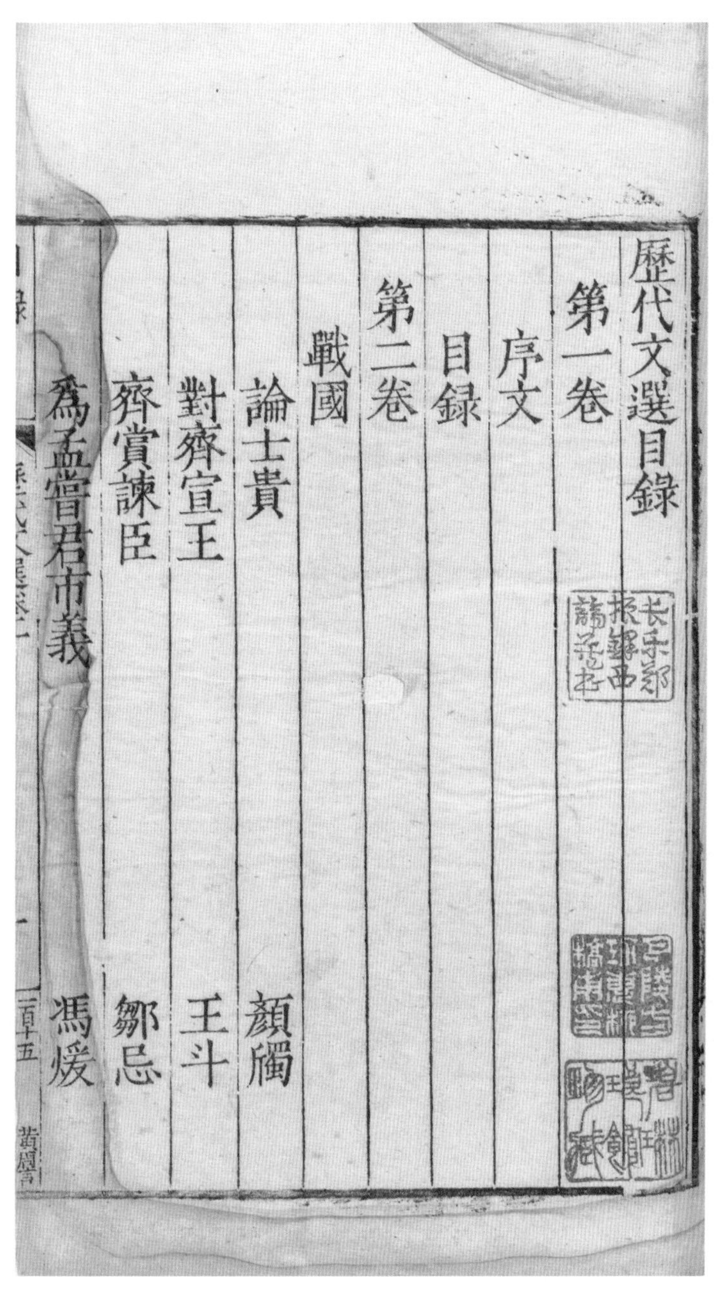

歷代文選十四卷　〔明〕凌雲翼輯

明嘉靖四十年（1561）宋守志、謝教等刻本

十二册

半葉十行二十字，白口，左右雙邊。版框 19.5×13.6 厘米

15430（1577）

歷代文選卷之三

戰國

論士貴　顔斶

齊宣王見顔斶曰斶前斶亦曰王前宣王不說左右曰王人君也斶人臣也王曰斶前斶亦曰王前可乎斶對曰夫斶前爲慕勢王前爲趨士與使斶爲慕勢不如使王爲趨士王忿然作色曰王者貴乎士貴乎對曰士貴耳王者不貴王曰有說乎斶曰有昔秦攻齊令有敢去柳下季壟五十步而樵採者死不赦令曰有能得齊王頭者封萬戸侯賜金千鎰由是觀之

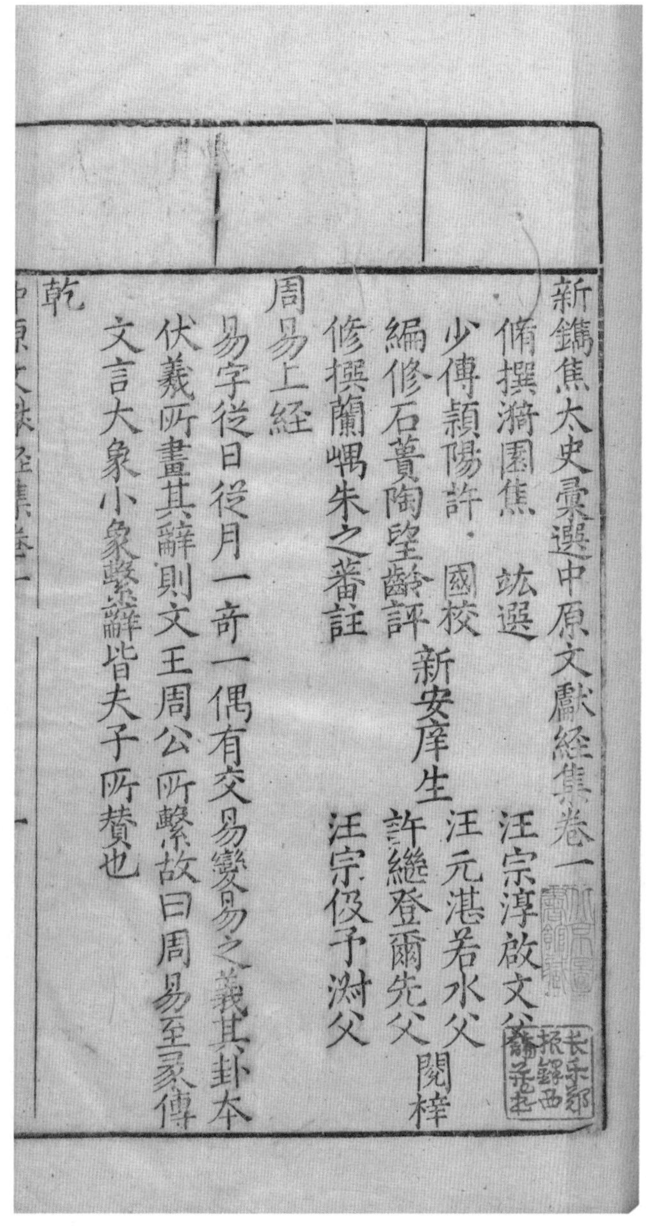
新鐫焦太史彙選中原文獻經集卷一
脩撰澹園焦　竑選　汪宗淳啟文父
少傅潁陽許　國校　汪元湛若水父
編修石簣陶望齡評　新安庠生　許繼登爾先父　閱梓
修撰蘭嵎朱之蕃註　汪宗伋子淵父
周易上經
易字從日從月一竒一偶有交易變易之義其卦本伏羲所畫其辭則文王周公所繫故曰周易至彖傳文言大象小象繫辭皆夫子所贊也
乾

新鐫焦太史彙選中原文獻經集六卷史集六卷子集七卷文集四卷通考一卷　〔明〕焦竑輯　〔明〕陶望齡評　〔明〕朱之蕃註

明萬曆二十四年（1596）汪元湛等刻本

四册　存十二卷：經集六卷、史集六卷

半葉十行二十一字，小字雙行同，白口，四周單邊，無直格。眉欄鐫評。版框 23.9×14.2 厘米

T00674（1728）

古今寓言十二卷 〔明〕詹景鳳輯

明萬曆九年（1581）陳世寶刻本

六册　存九卷：一至九

半葉九行二十字，白口，左右雙邊或四周雙邊。版框 20.1×14.3 厘米

16008（10118）

古今寓言卷之一

鉅鹿介錫陳世寶總訂

邵陽子仁車大任批點

休寧東園詹景鳳編次

長樂鄭振鐸西諦藏書

天文類

乞巧文　柳宗元

始欲去吾大拙乞彼大巧末歸之恥謠諂而定心致命抱拙以終身焉宗元此文庶幾乎知道矣顧未免黨叔文而干清議非真能擇而行之也夫子所以辨文行之難易有旨哉

易五經之原也孔子晚而好易易者時也孔子聖之時者也易之興也其於中古乎易之贊也其於末世乎程子浔明莫朱子浔邈之同人

文章正論卷之一

廵撫大同都察院右僉都御史東萊劉祐選

廵按直隸監察御史東萊徐圖校

易傳序　程子

易變易也隨時變易以從道也其為書也廣大悉備將以順性命之理通幽明之故盡事物之情而示開物成務之道也聖人之憂患後世可謂至矣去古雖遠遺經尚存然而前儒失意以傳言後學誦言而忘味自秦而下蓋無傳矣予生千載之後悼斯文之湮晦將俾後人沿流而求源此傳所以作也易有聖人

文章正論二十卷　〔明〕劉祐輯

明萬曆十九年（1591）徐圖刻本

十六册

半葉十行二十字，小字雙行同，白口，四周雙邊。版框 21.1×14.2 厘米

T03264（1806）

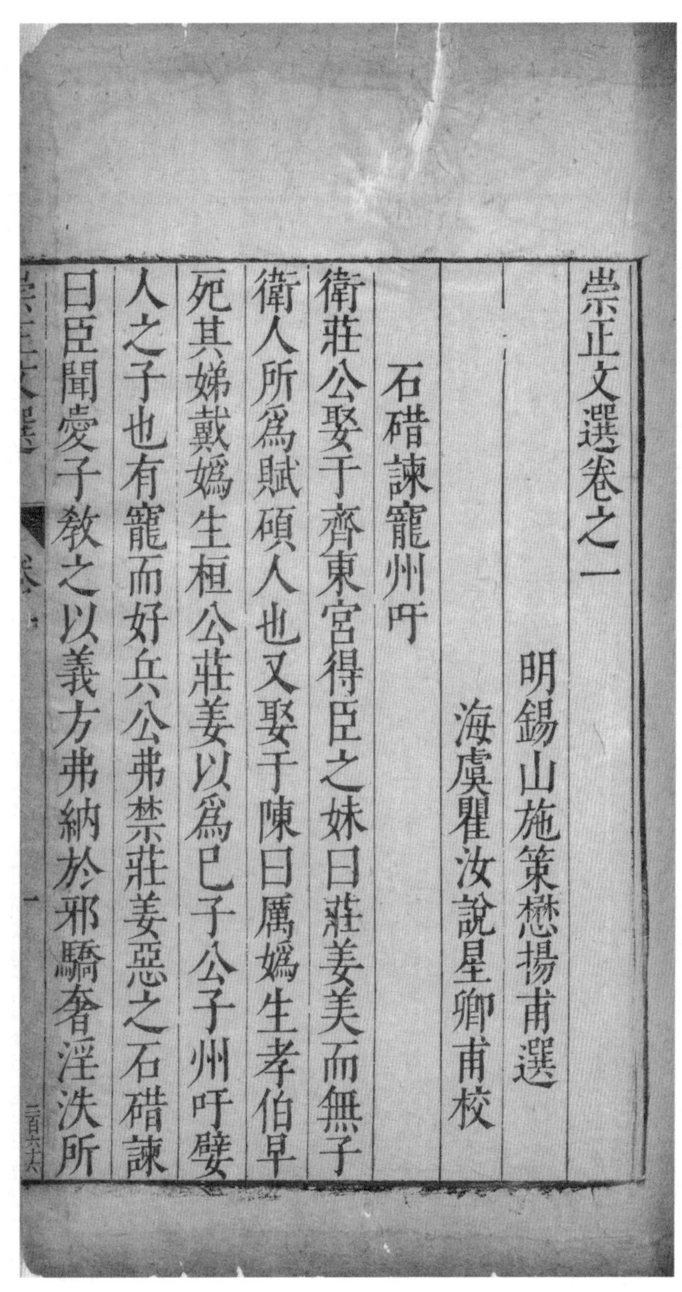

崇正文選十二卷　〔明〕施策輯

明萬曆三十八年（1610）瞿汝説刻本

十二册

半葉九行十九字，白口，左右雙邊。版框 20.3×14.0 厘米

16688（補 306）

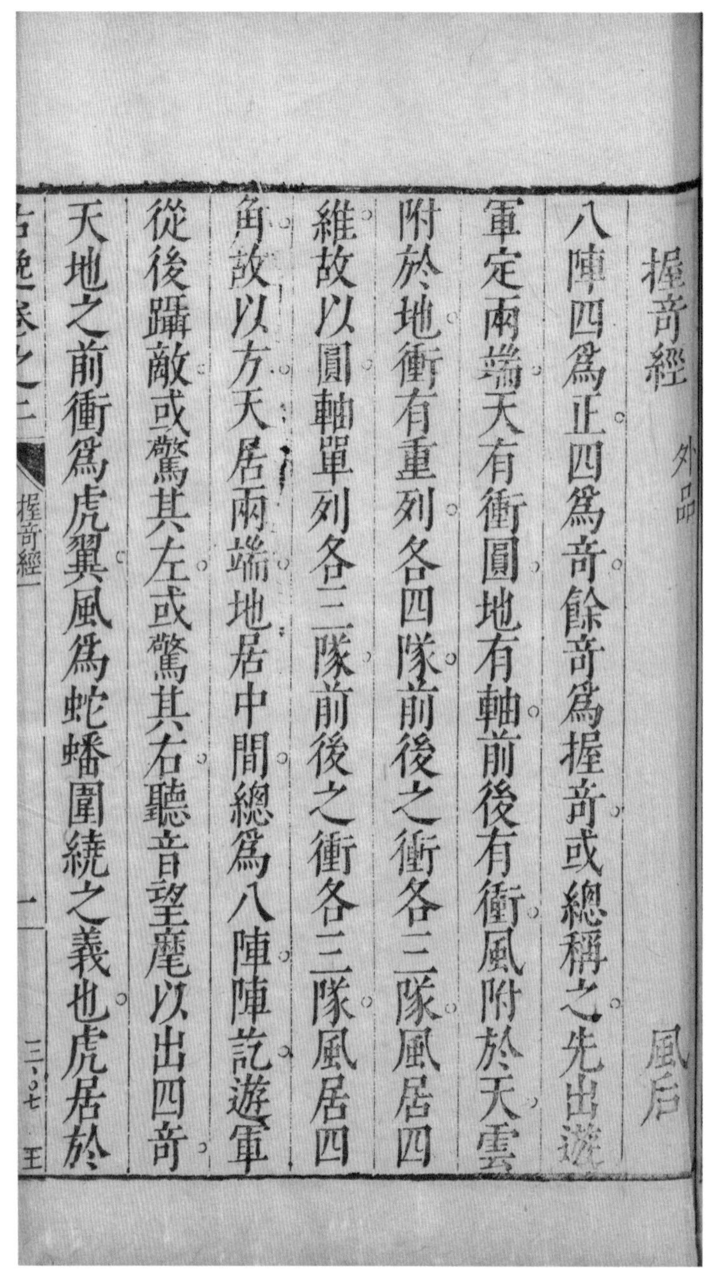

古逸書三十卷首一卷末一卷　〔明〕潘基慶輯

明萬曆刻本

十册

半葉八行二十字，小字雙行同，白口，四周單邊。版框 21.7×15.1 厘米

T01299（13717）

毛詩序　　卜商

關雎后妃之德也風之始也所以風化天下而正夫婦也故用之鄉人焉用之邦國焉風風也教也風以動之教以化之詩者志之所之也在心爲志發言爲詩情動於中而形於言言之不足故嗟歎之嗟歎之不足故永歌之永歌之不足不知手之舞之足之蹈之也情發於聲聲成文謂之音治世之音安以樂其政和亂世之音怨以怒其政乖亡國之音哀以思其民困故正得失動天地感鬼神莫近於詩先王以是經夫婦成孝敬厚人倫美教化移風俗故詩有六義

文壇列俎　《卷一　經翼　一　環翠堂藏版

文壇列俎十卷　〔明〕汪廷訥輯

明萬曆三十五年（1607）汪氏環翠堂刻本

四册　存四卷：一至四

半葉十行二十字，白口，四周單邊。版框 21.7×14.6 厘米

T03307（1947）

騷人章法變換錯落不拘

秦漢文鈔卷一

秦

屈原卜居

屈原既放三年不得復見竭志盡忠蔽障於讒心煩意亂不知所從乃往見太卜鄭詹尹曰余有所疑願因先生決之詹尹乃端策拂龜曰君將何以教之屈原曰吾寧悃悃款款朴以忠乎將送往勞來斯無窮乎寧誅鋤草茅以力耕乎將遊大人以成名乎寧正言不諱以危身乎將從俗富貴以媮

虛幻

秦漢文鈔卷一　屈原卜居　一

秦漢文鈔六卷　〔明〕閔邁德等輯　〔明〕楊融博批點

明萬曆四十八年（1620）刻朱墨套印本

六册

半葉九行十九字，白口，四周單邊。版框 20.7×14.8 厘米

T00272（14844）

新鍥考正繪像圈點古文大全八卷

明萬曆元年（1573）劉龍田刻本

二册　存四卷：五至八

半葉十行二十一字，小字雙行同，白口，四周雙邊，無直格。版框 21.5×12.7 厘米

T03356（9219）

汾音分

正繪像圈點古文大全卷之五

辭類

○秋風辭　漢武帝

（休齋云）詩変而為騷ミ変而為辭皆可歌也辭則兼詩騷之声而尤簡邃焉者漢武帝因祠后土於汾陰作秋風辭一章九三易韻其節短其声哀此辭之權輿也

上行幸河東今太原汾晋之地有后土地祇祠祠后土。顧視帝京欣然中流。與群臣飲宴上歡甚。乃自作秋風辭曰

秋風起兮白雲飛。草木黄落兮雁南歸。蘭有秀兮菊有芳。懷佳人兮不能忘。佳人謂群臣也此三韻一作泛樓船兮濟汾河作大船上施樓故號曰樓船橫中流兮揚素波。簫鼓鳴兮發棹歌發棹而歌

少去声　幾上声　淈音屈　歠

歡樂極兮哀情多。樂極生悲少壯幾時兮奈老何。古長歌行少壯不努力老大徒傷悲六韻一叶錯雜成章楚辭之躰也

○漁父辭　屈原

此篇乃屈原所作漁父蓋古巢由荷蕢丈人之屬或曰亦原設詞耳

屈原既放遊於江潭。行吟澤畔顏色憔悴。形容枯槁漁父見而問之曰。子非三閭大夫與何故至於斯屈原曰舉世皆濁我獨清衆人皆醉我獨醒。是以見放漁父曰聖人不凝滯於物而能與世推移世人皆濁。何不淈其泥而揚其波衆人皆醉何不餔其糟而歠其醨何故深自令放為屈原曰吾聞之新沐者必彈冠新浴

文體明辯卷之一

大明吳江徐師曾伯魯纂

歸安茅乾健夫校正

建陽游榕活板印行

古歌謡辯 歌○謡○謳○誦○詩○辭○諺附

按歌謡者朝野詠歌之辭也廣雅云聲比於琴瑟曰歌爾雅云徒歌謂之謡韓詩章句云有章曲謂之歌無章曲謂之謡則歌與謡之辨其來尚矣然考上古之世如卿雲采薇並爲徒歌不皆稱謡擊壤扣角亦皆可歌不盡比於琴瑟則

文體明辯　卷之一　一

文體明辯六十一卷首一卷　〔明〕徐師曾輯

明萬曆游榕銅活字印本　鄭振鐸跋

一册　存三卷：一至二、首一卷

半葉十行十九字，白口，四周單邊。版框 18.9×14.8 厘米

16199（10359）

宋元活字本書今不可得而見矣今存的最古活字本，是明人所排印的唐人集以銅活字印者近百家太平御覽太平廣記均有明活字本無錫安氏華氏均用活字印書藍印活字本墨子最為顯赫却不知為何地所印予收明清活字書不少明代所印的雖都為殘本却多半是不見著錄者此文体明辯亦是殘書乃明萬曆間閩建陽游榕製活板印行雕板史上多一重要的人物矣一九五七年一月十九日過三友堂得之彼方自山西收書歸來　西諦

一〇三五九

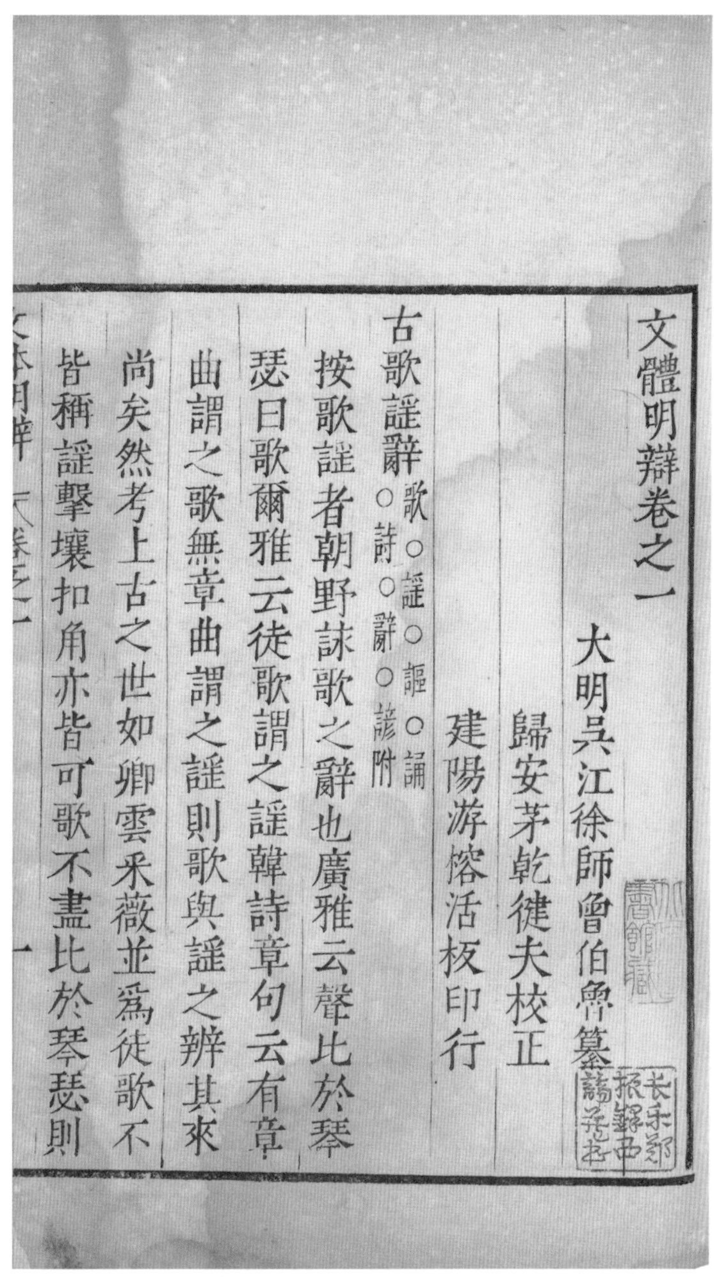

文體明辯六十一卷首一卷目録六卷附録十四卷附録目録二卷　〔明〕徐師曾輯

明萬曆游榕銅活字印本

八册　存八卷：文體明辯一至二、四至五、三十九，首一卷，附録二、四

半葉十行十九字，白口，四周單邊。版框 18.8×14.6 厘米

T03178（1585）

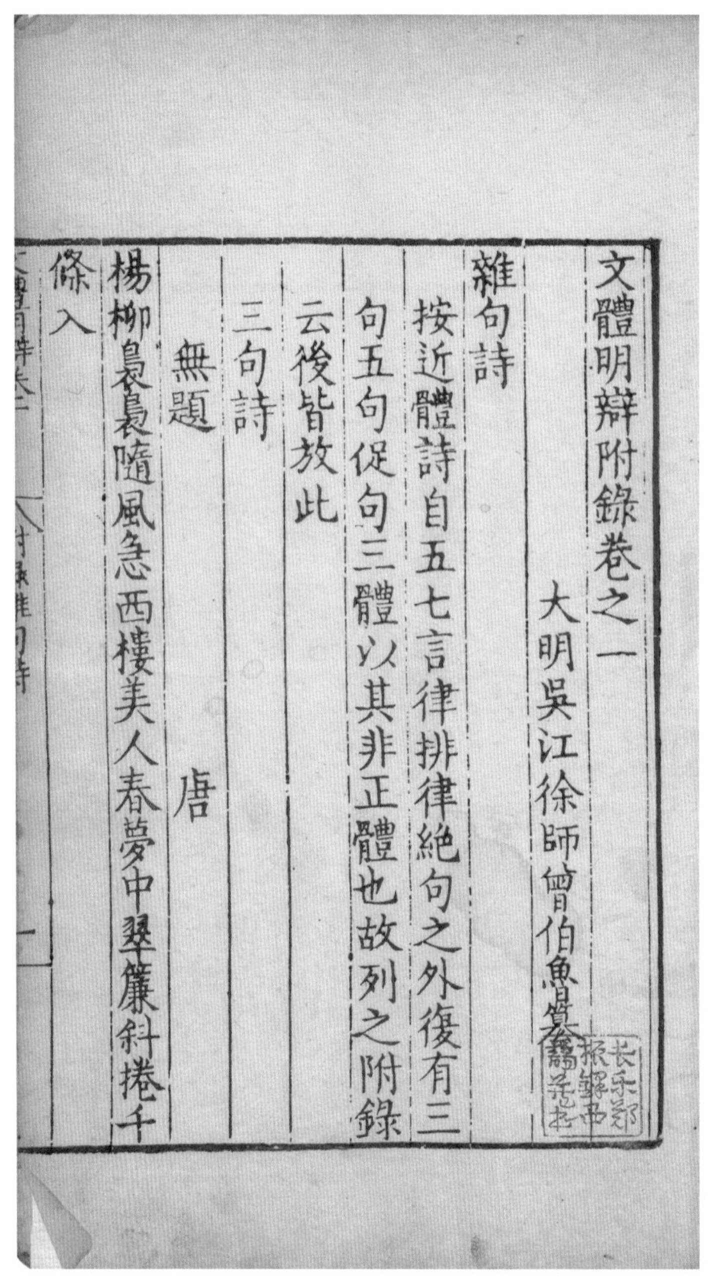
文體明辯附録卷之一
大明吴江徐師曾伯魚纂
雜句詩
按近體詩自五七言律排律絶句之外復有三句五句促句三體以其非正體也故列之附録云後皆放此
三句詩
無題　唐
楊柳梟梟隨風急西樓美人春夢中翠簾斜捲千條入

文體明辯附録十四卷目録二卷　〔明〕徐師曾輯

明萬曆十九年（1591）刻本

六册

半葉十行十九字，白口，左右雙邊。版框 19.2×14.0 厘米

15433（1632）

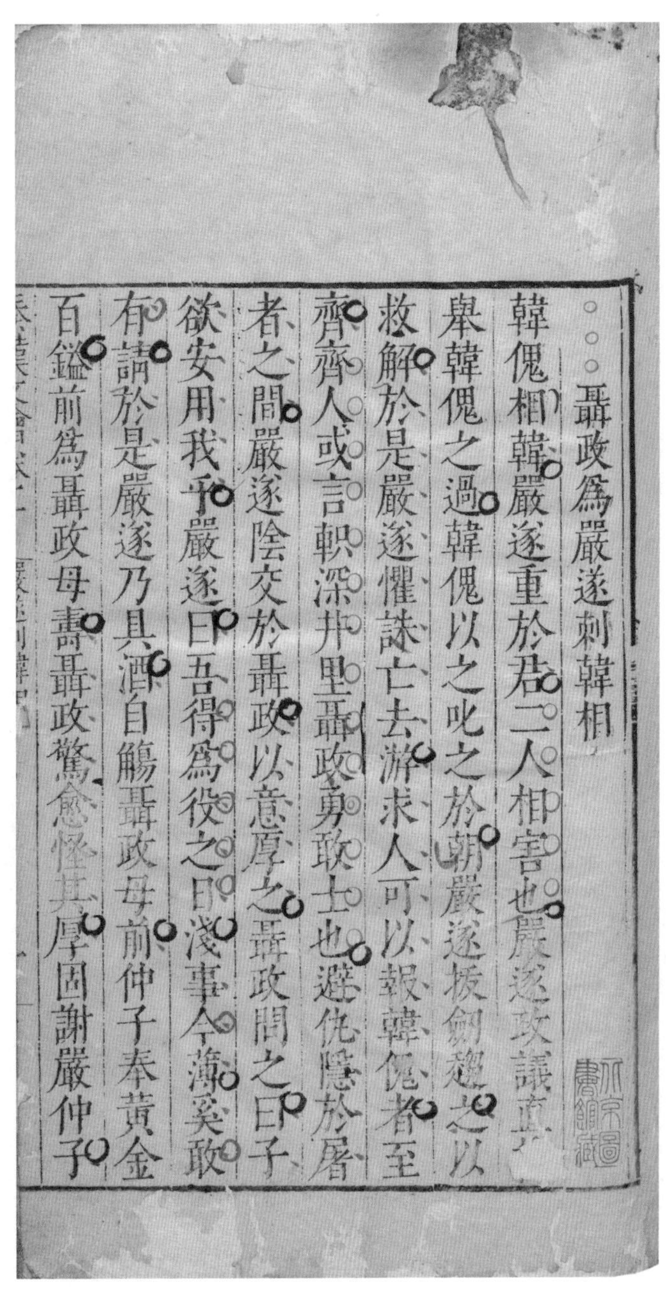

先秦两漢文膾五卷　〔明〕陳繼儒輯

明萬曆刻本

五册

半葉九行二十字，白口，左右雙邊。版框 20.0×14.1 厘米

T03248（14842）

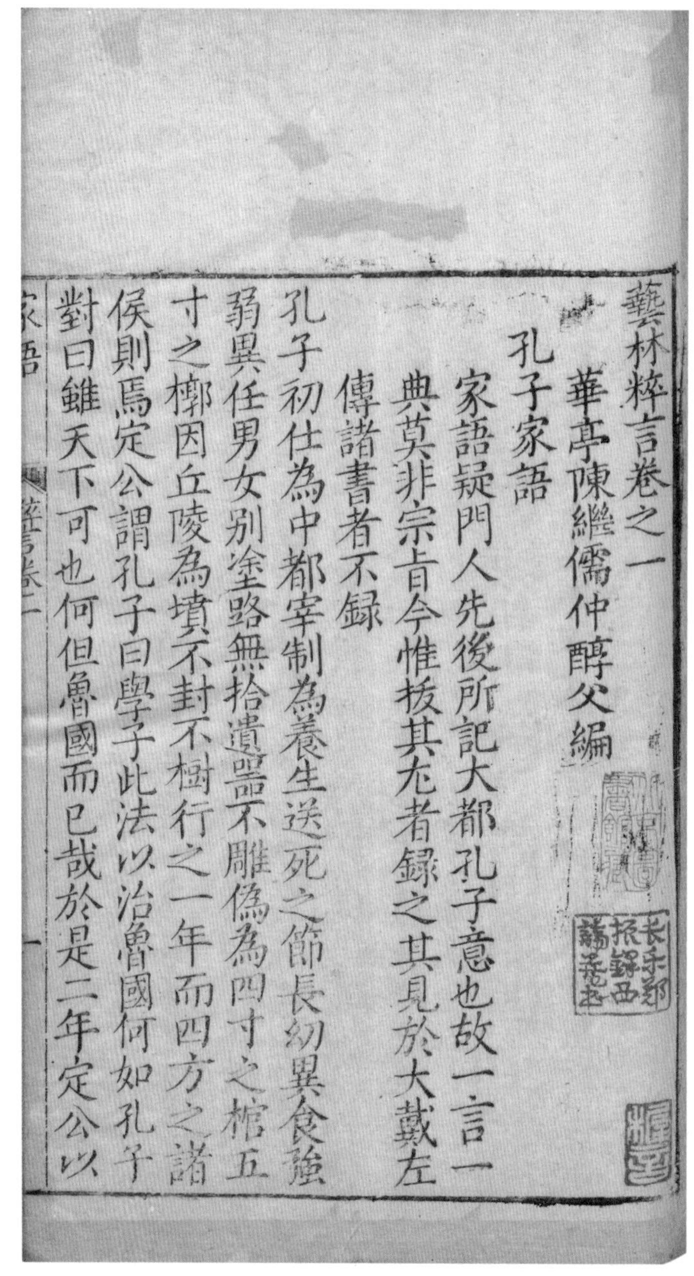

藝林粹言四十一卷　〔明〕陳繼儒輯

明刻本

八册

半葉十一行二十一字，白口，四周單邊，無直格。版框 19.9×14.6 厘米

T01274（1693）

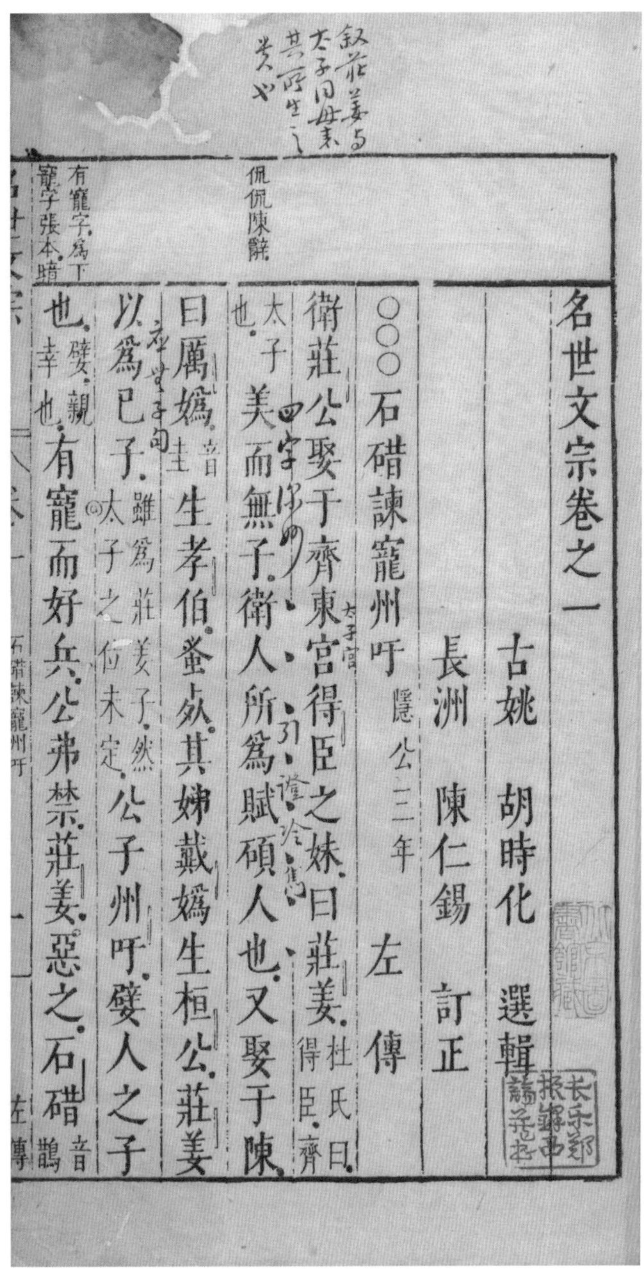

名世文宗三十卷談藪一卷　〔明〕胡時化輯

明崇禎元年（1628）刻本

十册　存十六卷：一至十五，談藪一卷

半葉九行十八字，小字雙行同，白口，四周單邊。眉欄鎸評。版框 23.0×14.0 厘米

T02971（1874）

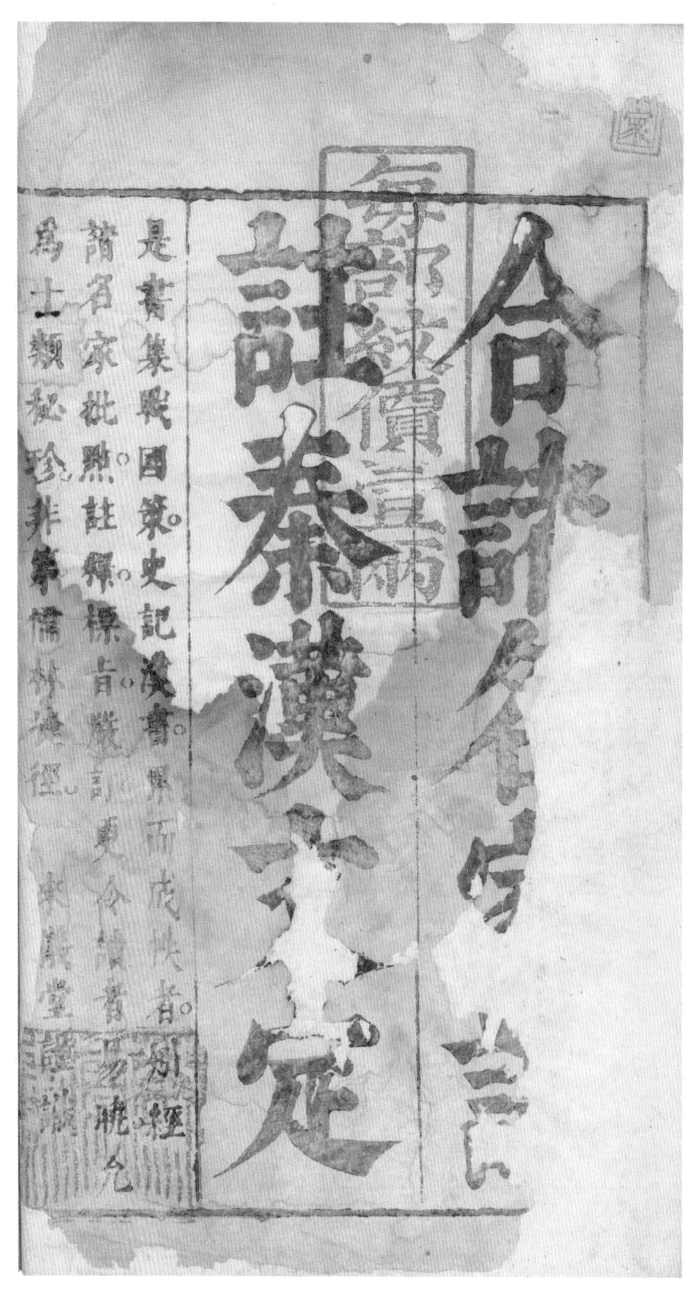

秦漢文定十二卷 〔明〕倪元璐輯

明末來儀堂刻本

四册

半葉九行二十字，小字雙行同，白口，四周單邊。眉欄鐫評。版框 21.7×14.2 厘米

T00349（9953）

秦漢文定卷之一

始寧　倪元璐　鴻寶甫　輯
古吳　項煜　仲昭甫　參
清江　楊廷麟　伯祥甫　定

秦

卜居　屈原

屈原既放，三年不得復見，竭智盡忠，蔽鄣於讒，心煩意亂，不知所從，乃往見太卜鄭詹尹曰：余有所疑，願因先生決之。詹尹乃端策拂龜曰：君將何以教之。端正

心煩意亂不知所從二句爲下張本

□□圖書館藏
長樂鄭振鐸西諦藏書

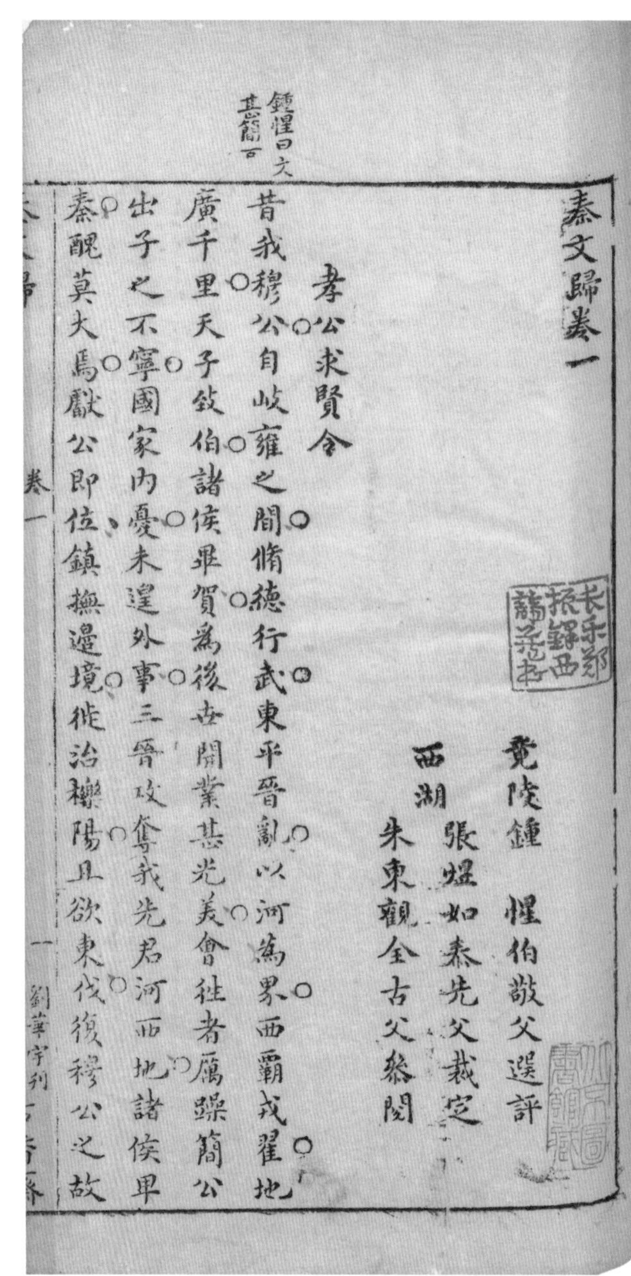
鍾惺曰文甚簡古

秦文歸卷一

竟陵鍾　惺伯敬父選評

西湖張煜如泰先父裁定

朱東觀全古父參閱

孝公求賢令

昔我穆公自岐雍之間脩德行武東平晉亂以河為界西霸戎翟地廣千里天子致伯諸侯畢賀為後世開業甚光美會往者厲躁簡公出子之不寧國家內憂未遑外事三晉攻奪我先君河西地諸侯卑秦醜莫大焉獻公即位鎮撫邊境徙治櫟陽且欲東伐復穆公之故

秦文歸　卷一　一　劉華字刊　古香齋

长乐郑振铎西谛藏书
北京圖書館藏

秦漢文歸三十卷　〔明〕鍾惺輯並評

明末古香齋刻本

八册　存二十六卷：秦文歸一至十、漢文歸一至十六

半葉九行二十六字，白口，四周單邊，無直格。版框 21.0×12.3 厘米

T00742（1659）

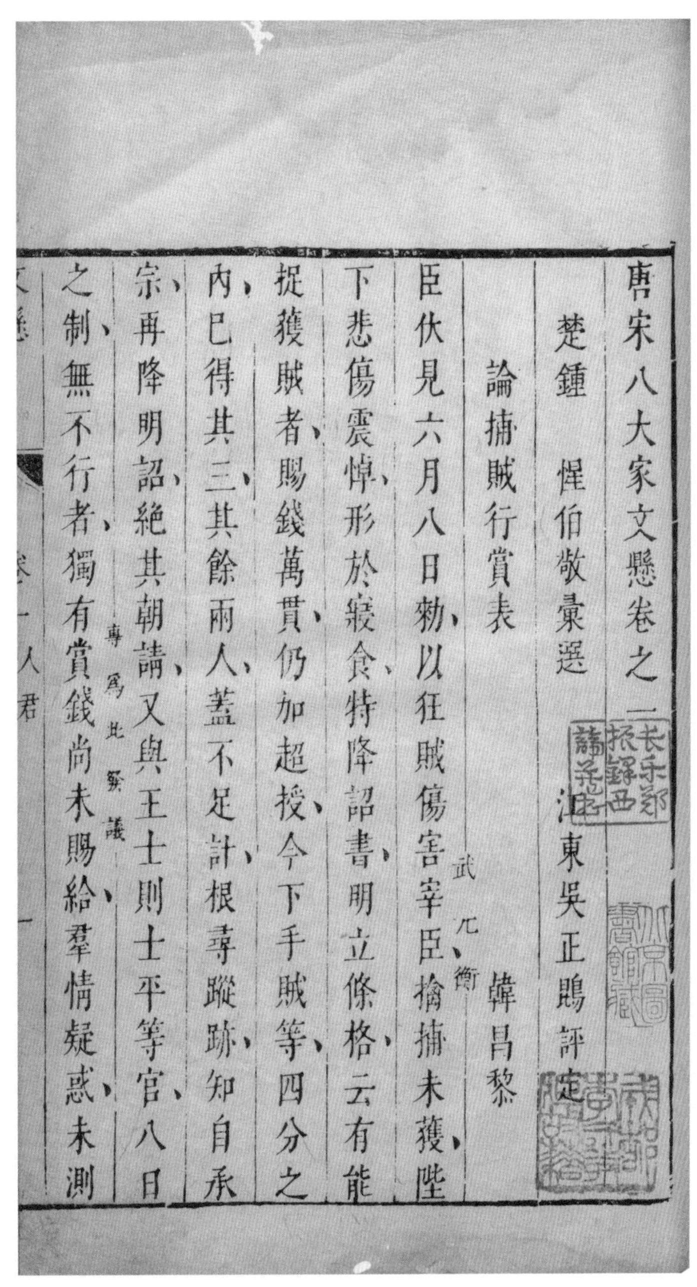

唐宋八大家文懸十卷　〔明〕鍾惺輯　〔明〕吴正鶠評

明崇禎刻本

十二册

半葉九行二十字，白口，四周單邊。版框 19.9×13.3 厘米

T03180（2815）

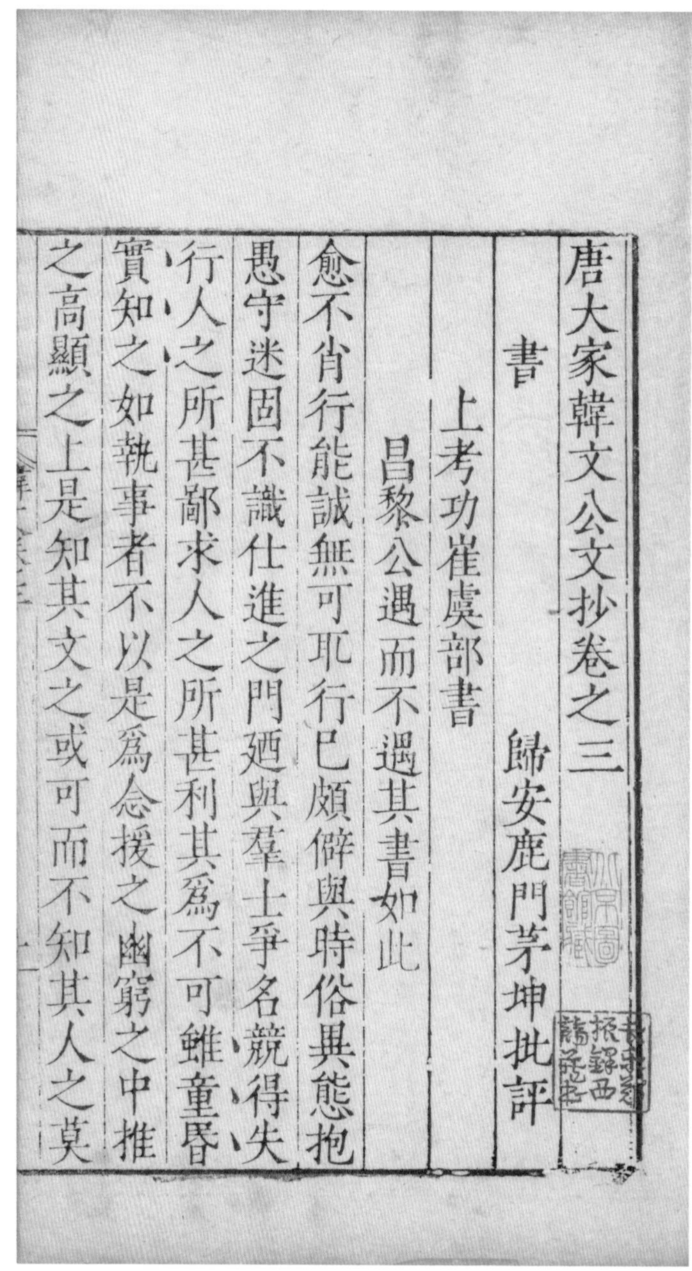
唐大家韓文公文抄卷之三

書　歸安鹿門茅坤批評

上考功崔虞部書

昌黎公遇而不遇其書如此

愈不肖行能誠無可取行已頗僻與時俗異態抱愚守迷固不識仕進之門廼與羣士爭名競得失行人之所甚鄙求人之所甚利其爲不可雖童昬實知之如執事者不以是爲念援之幽窮之中推之高顯之上是知其文之或可而不知其人之莫

唐宋八大家文抄一百四十四卷　〔明〕茅坤編

明萬曆七年（1579）茅一桂刻本

四十七册　存一百四十二卷（缺韓文公文抄卷一至二）

半葉九行十九字，白口，左右雙邊。版框 20.5×14.0 厘米

T03261（1812）

唐大家柳柳州文抄卷之一

歸安鹿門茅坤批評

書

予覽子厚書由貶謫永州柳州以後大較並從司馬遷答任少卿及楊惲報孫會宗書中來故其爲書多悲愴嗚咽之旨而其辭氣環詭跌宕譬之聽胡笳聞塞曲令人斷腸者也至其中所論文章處必本之乎道當與昌黎並驅故録其可誦者二十九首

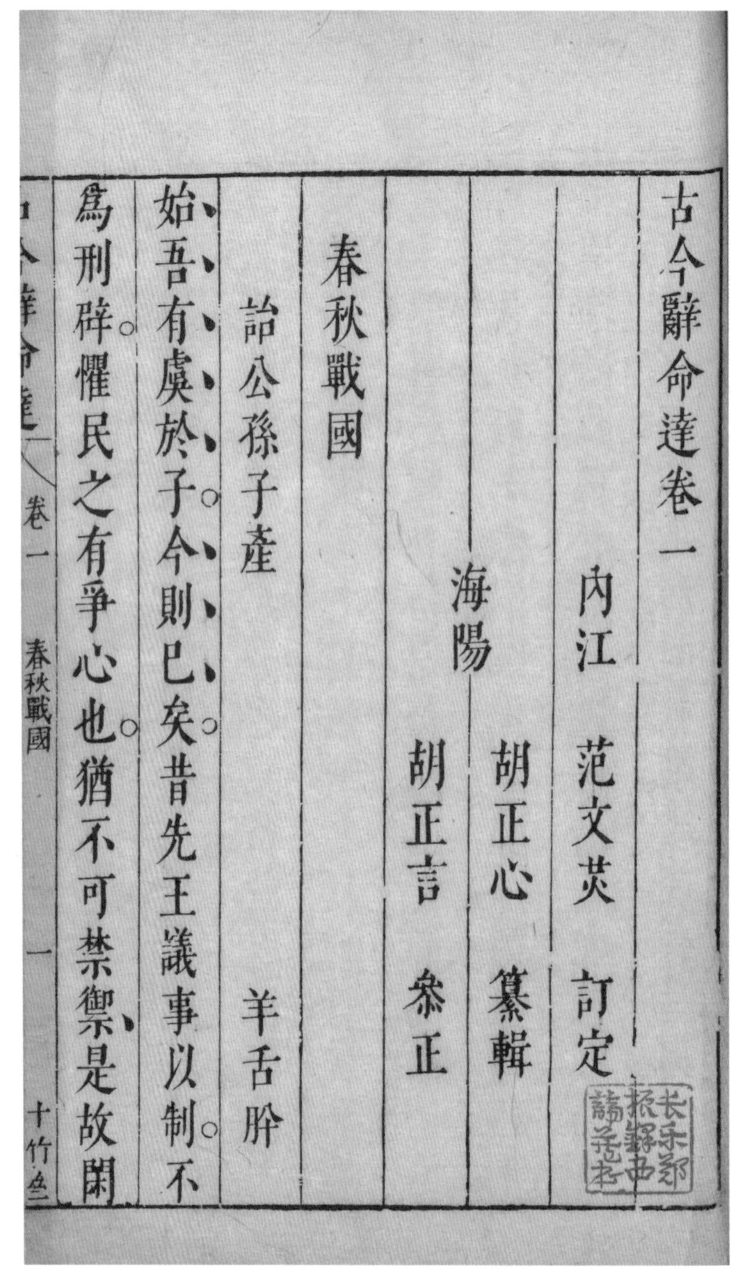

古今辭命達八卷　〔明〕胡正心輯

明崇禎十二年（1639）胡氏十竹齋刻本

四册

半葉八行十八字，白口，四周單邊。版框 20.4×14.2 厘米

16117（10214）

藜閣傳燈十三卷　〔明〕劉萬春輯

明崇禎十年（1637）刻本

十二册　存十二卷：一至四、六至十三

半葉九行二十字，白口，四周單邊，無直格。眉欄鐫評。版框 23.2×14.0 厘米

16770（14623）

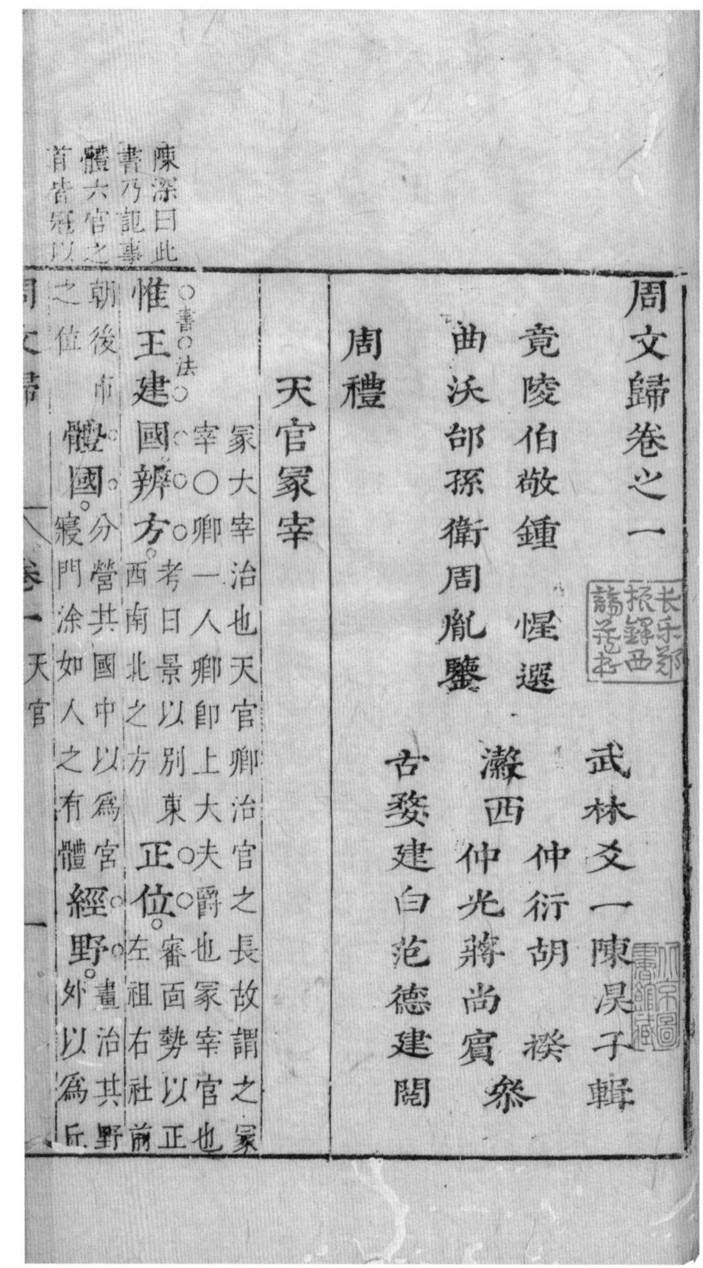

周文歸二十卷　〔明〕鍾惺輯

明崇禎刻本

六册

半葉九行十九字，小字雙行同，白口，四周單邊。版框 18.9×14.5 厘米

T00740（10137）

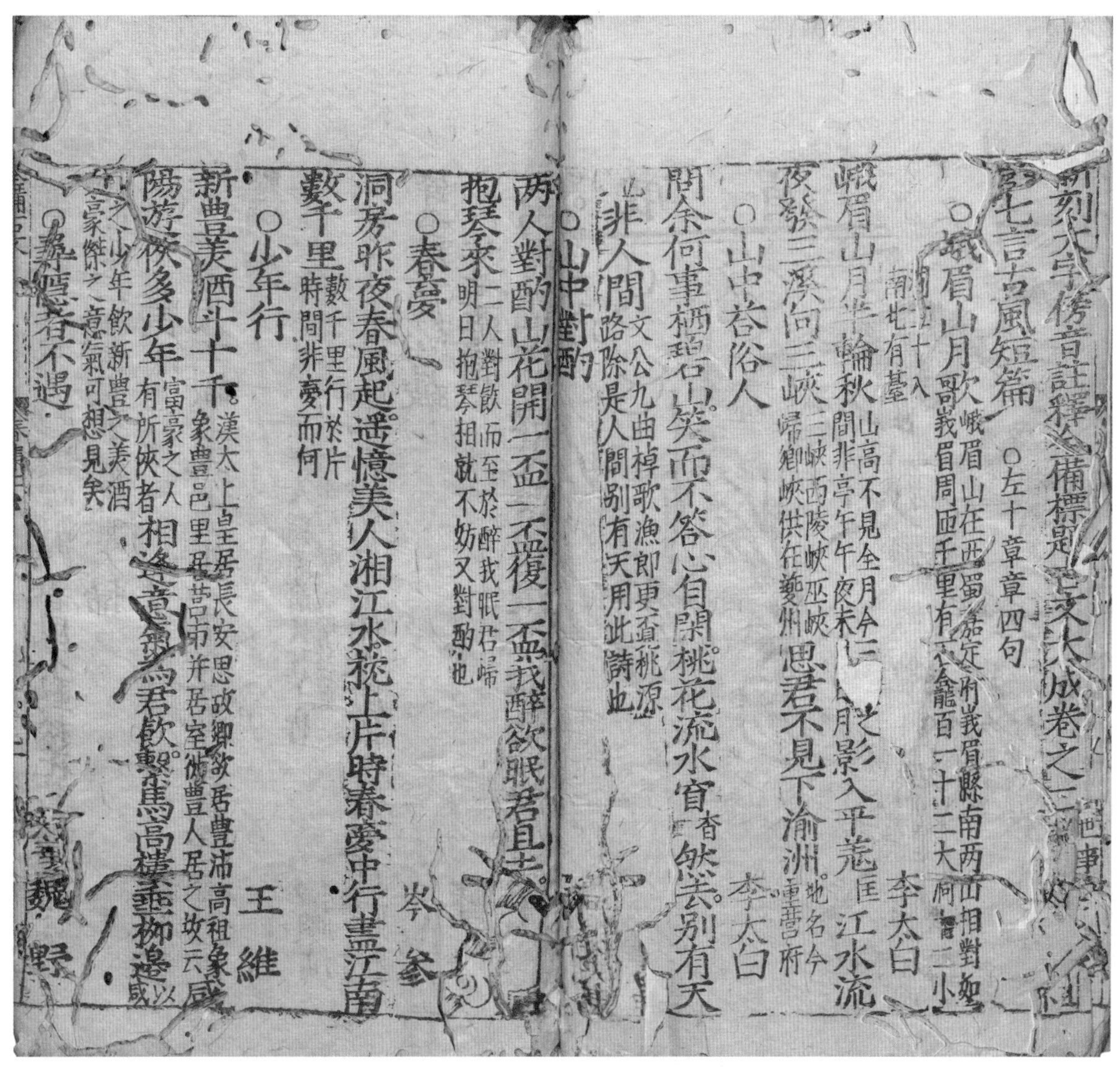

新刻大字傍音註釋全備標題古文大成□□卷

明刻本

一册　存四卷：一至四

半葉十行二十五字，小字雙行同，白口，四周單邊，無直格。版框 19.1×12.5 厘米

T03312（10782）

滙古菁華卷五

周禮

天官冢宰

大宰之職掌建邦之六典以佐王治邦國一曰治典以經邦國以統百官以均萬民二曰教典以安邦國以教官府以擾萬民三曰禮典以和邦國以治官府以諧萬民四曰政典以平邦國以正百官以紀萬民五曰刑典以詰邦國以刑百官以糾萬民六曰事典以富邦國以任百官以生萬民以入

彙古菁華二十四卷　〔明〕張國璽、劉一相輯

明萬曆二十四年（1596）褚鈇刻本

一册　存二卷：四至五

半葉九行十九字，小字雙行同，白口，四周單邊。版框 21.3×14.5 厘米

T01294（12587）

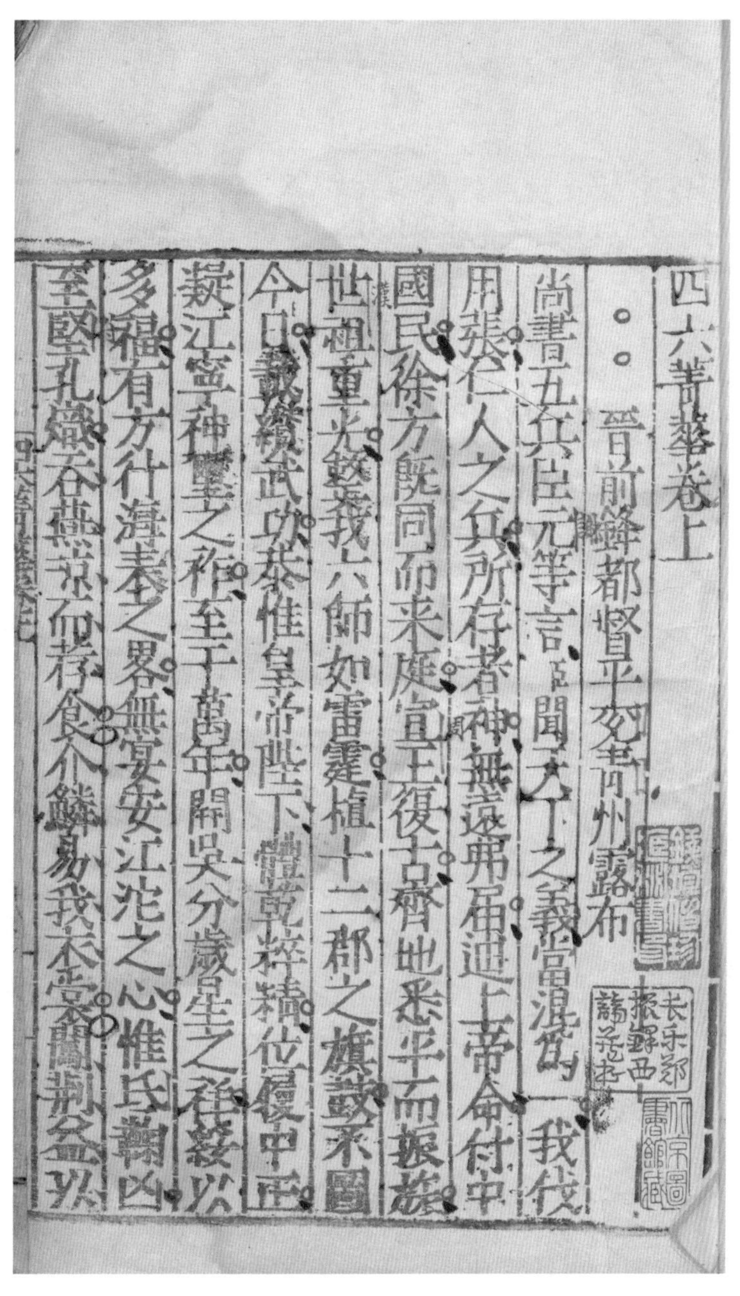

四六菁華二卷　〔明〕胡松輯

明嘉靖二十一年（1542）劉大賓刻本

四册

半葉十行二十字，白口，四周單邊。版框 20.0×14.9 厘米

T03314（10358）

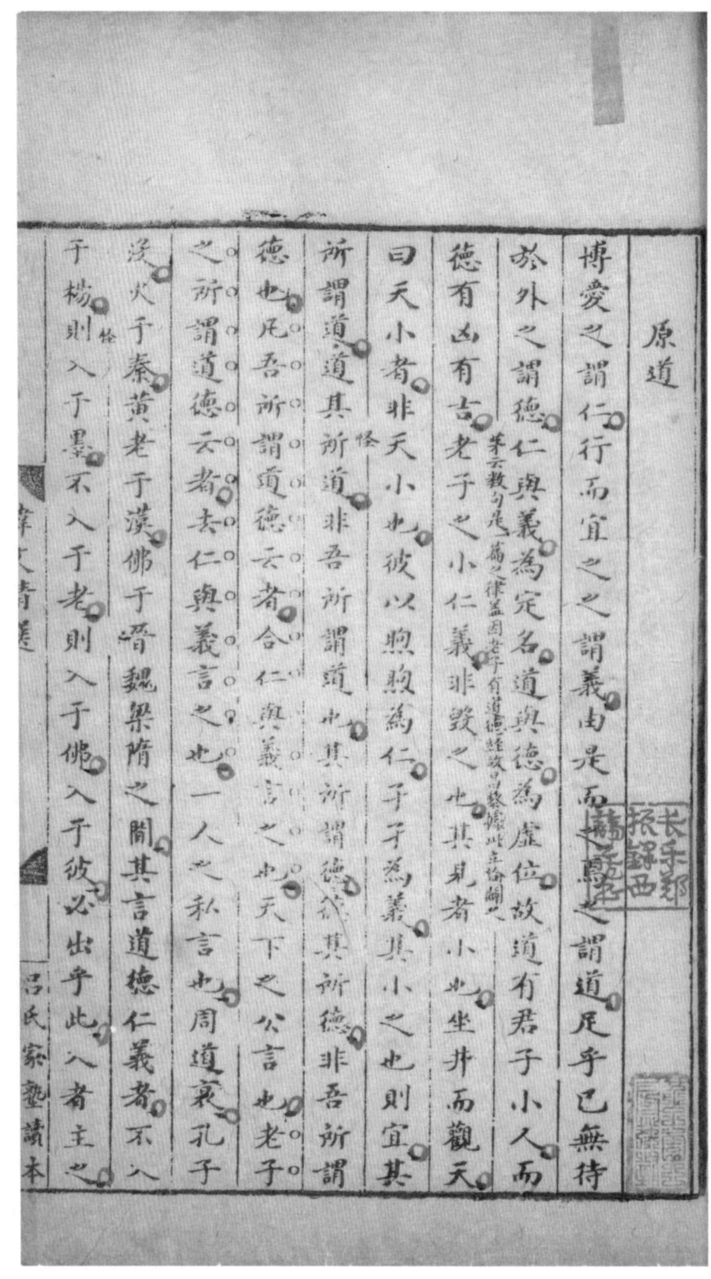

晚邨先生八家古文精選八卷　〔清〕吕留良輯　〔清〕吕葆中批點

清康熙四十三年（1704）吕氏家塾刻本

六册

半葉十行二十五字，白口，左右雙邊。版框 19.7×14.2 厘米

16927（1689）

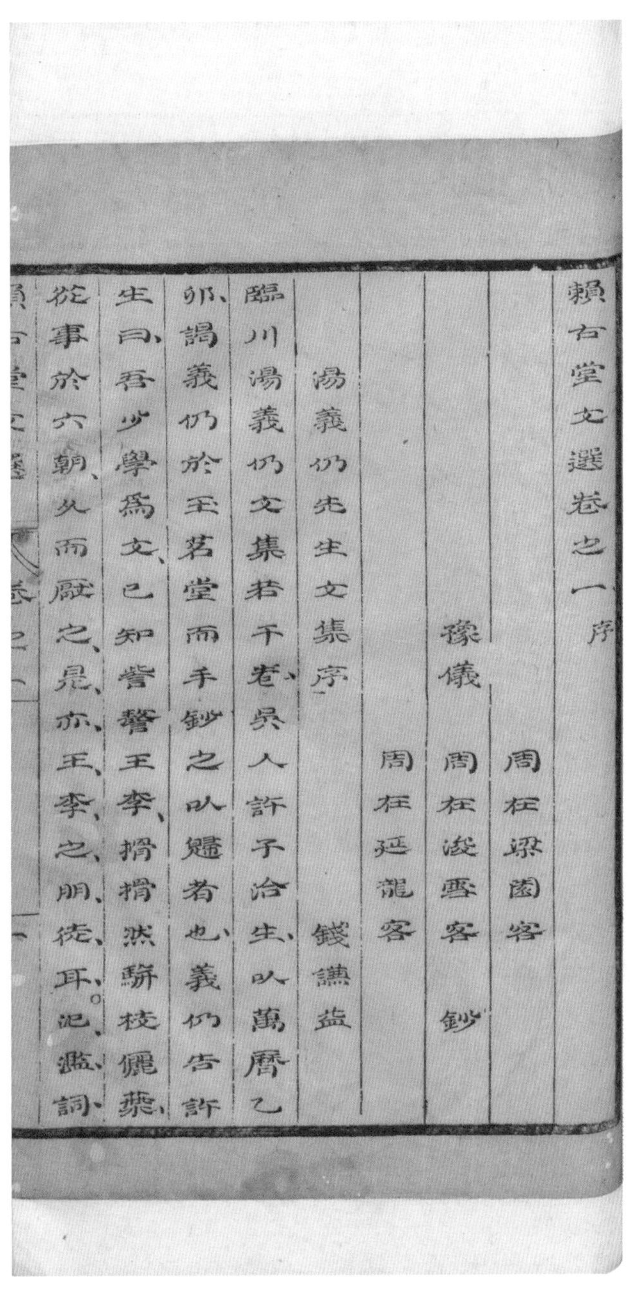

賴古堂文選二十卷　〔清〕周亮工輯

清康熙六年（1667）周亮工刻本

二十册

半葉九行二十字，白口，四周單邊。版框 20.0×14.2 厘米

15443（1703）

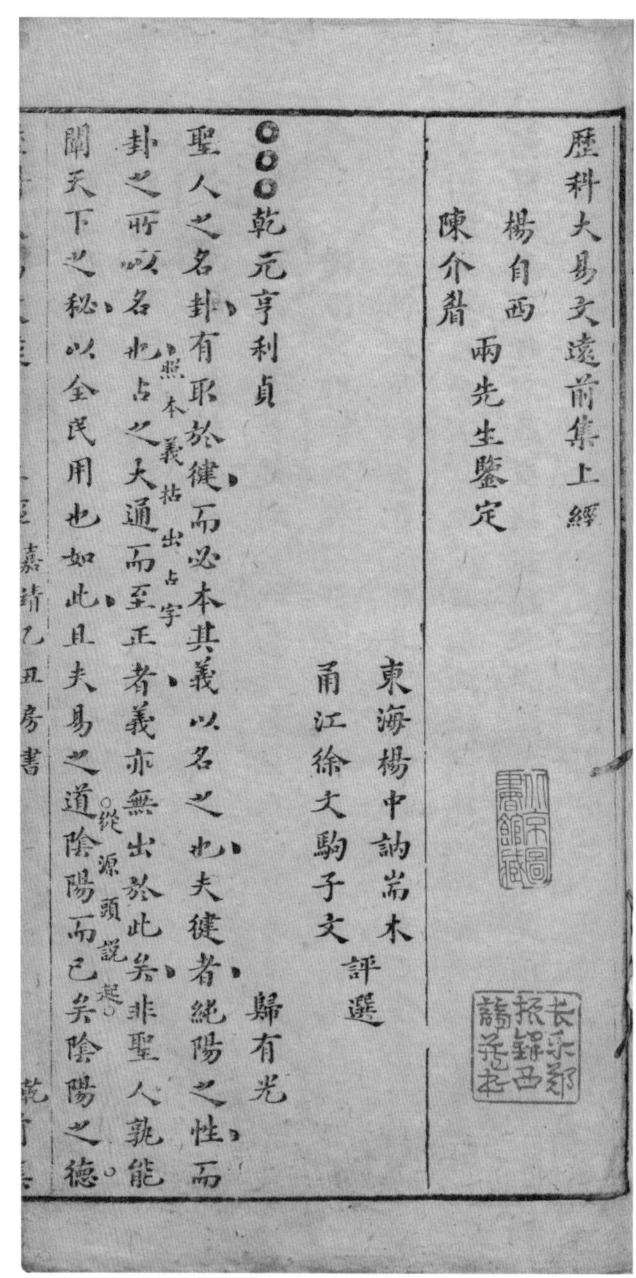
歷科大易文遠前集上經

楊自西
陳介眉　兩先生鑒定

東海楊中訥耑木
甬江徐文駒子文　評選

歸有光

○○○乾元亨利貞

聖人之名卦，有取於健，而必本其義以名之也。夫健者，純陽之性，而卦之所以名也。（照本義拈出占字）占之大通而至正者，義亦無出於此矣。非聖人孰能闡天下之秘以全民用也如此。且夫易之道，陰陽而已矣。（從源頭說起）陰陽之德

嘉靖乙丑房書

北京圖書館藏
長樂鄭振鐸西諦藏書

歷科大易文遠前集四卷　〔清〕楊中訥、徐文駒輯並評

清康熙刻本

九册

半葉九行二十六字，白口，左右雙邊，無直格。版框 21.1×12.1 厘米

T03910（12858）

紆徐委曲不可測識

賦畧卷一　楚一之一

責聞陳山毓輯錄

屈原

藝文志屈原賦二十五篇按志凡賦四種七十八家千有三篇其完善者屈子一家耳

離騷

楚辭屈原執履忠貞而被讒衺憂心煩亂不知所愬乃作離騷

帝高陽之苗裔兮朕皇考曰伯庸攝提貞于孟

賦略三十四卷緒言一卷列傳一卷外篇二十卷　〔明〕陳山毓輯

明崇禎七年（1634）陳舒、陳臯等刻本

十册

半葉九行十八字，白口，四周單邊，無直格。版框 20.5×15.4 厘米

16941（1927）

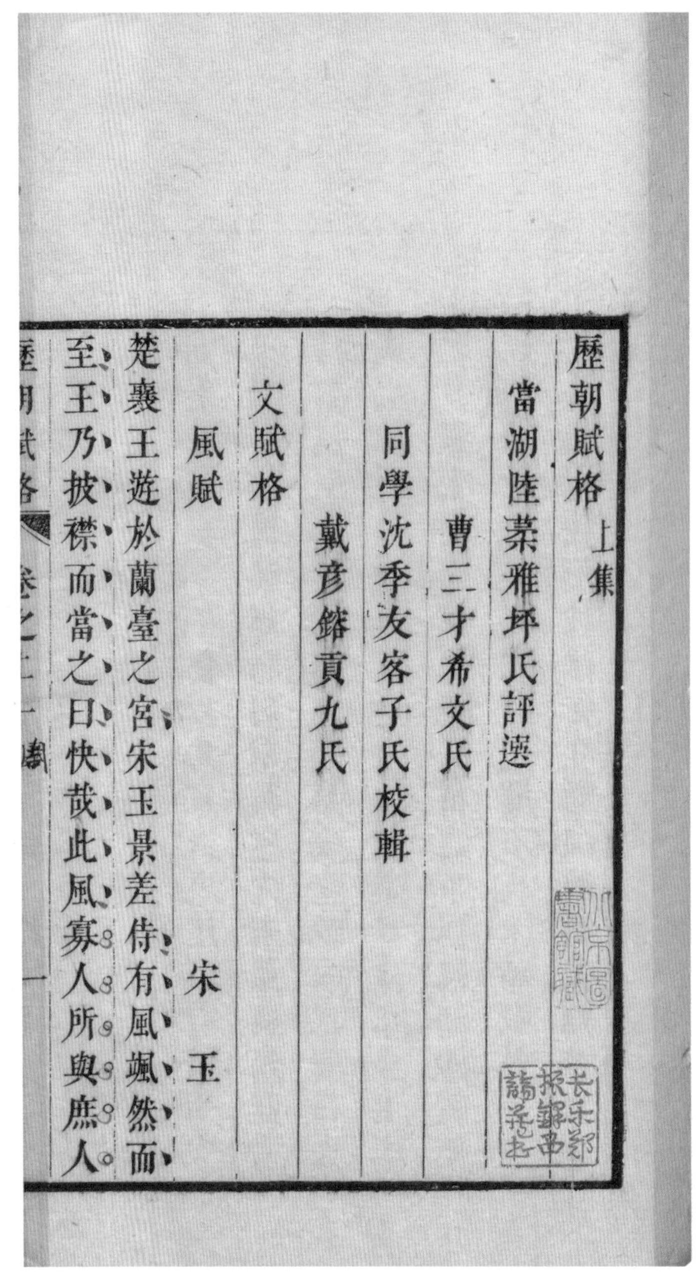

歷朝賦格十五卷　〔清〕陸棻輯並評

清康熙二十五年（1686）刻本

十册

半葉九行十九字，白口，四周單邊。版框 18.3×13.1 厘米

T03290（1590）

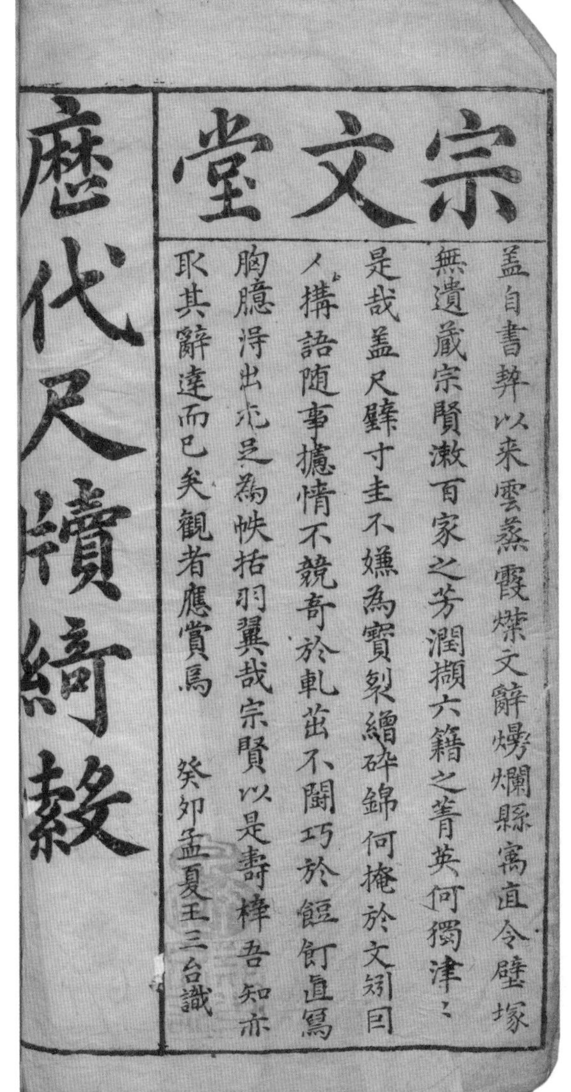

宗文堂

歴代尺牘綺縠

蓋自書契以来雲蒸霞爍文辭燁爛縣寓直令壁塚
無遺蔵宗賢漱百家之芳潤擷六籍之菁英何獨津津
是哉蓋尺牘寸圭不嫌為寶裂繒碎錦何掩於文矧曰
人人構語随事攄情不競奇於軋茁不鬬巧於餖飣直寫
胸臆得出亦是為帙括羽翼哉宗賢以是壽梓吾知亦
取其辭達而已矣観者應賞焉　癸卯孟夏王三台識

新鐫註釋歴代尺牘綺縠

古宣　馮汝宗宗賢手選
王大醇孟醇註釋

楚成王

告齊桓公

君處北海寡人處南海唯是風馬牛不相及也不虞
君之涉吾地也何故

○與陸敬承　屠隆

功名胡可以巧取哉巧而得者命固得之也命苟得
之巧亦来不巧亦來不然造物能破壞之矣

長樂鄭振鐸西諦藏書

新鐫註釋歷代尺牘綺縠四卷　〔明〕馮汝宗輯　〔明〕王大醇註釋

明萬曆三十一年（1603）書林鄭氏少齋刻本

一册

半葉九行二十字，小字雙行同，白口，四周單邊，無直格。版框 21.0×12.2 厘米

15450（1837）

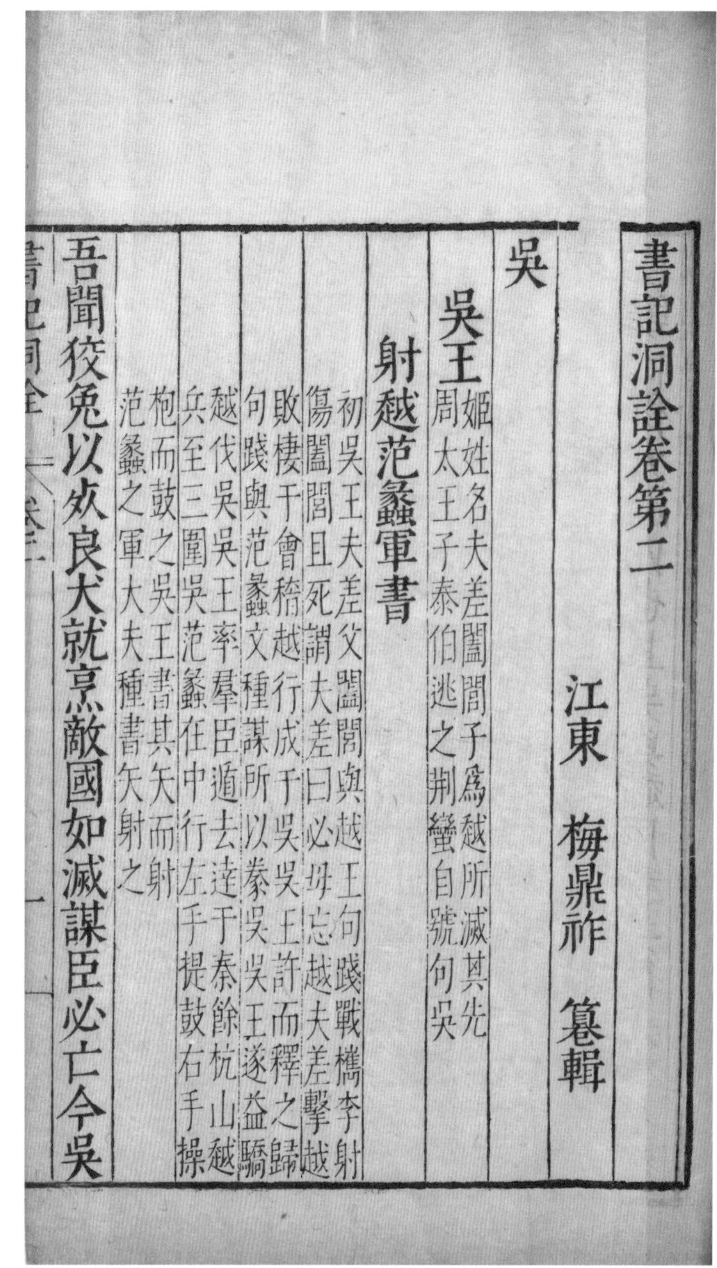
書記洞詮卷第二

江東　梅鼎祚　纂輯

吳

吳王姬姓名夫差闔閭子爲越所滅其先周太王子泰伯逃之荆蠻自號句吳

射越范蠡軍書

初吳王夫差父闔閭與越王句踐戰檇李射傷闔閭且死謂夫差曰必毋忘越夫差擊越敗棲于會稽越行成于吳吳王許而釋之歸句踐與范蠡文種謀所以豢吳吳王遂益驕越伐吳吳王率羣臣遁去逵于秦餘杭山越兵至三圍吳范蠡在中行左手提鼓右手操枹而鼓之吳王書其矢而射范蠡之軍大夫種書矢射之

吾聞狡兔以死良犬就烹敵國如滅謀臣必亡今吳

書記洞詮　卷二　一

書記洞詮一百十六卷目録十卷　〔明〕梅鼎祚輯

明萬曆二十五年（1597）玄白堂刻本

十六册

半葉十行二十字，小字雙行同，白口，左右雙邊。版框 20.8×14.2 厘米

16782（14746）

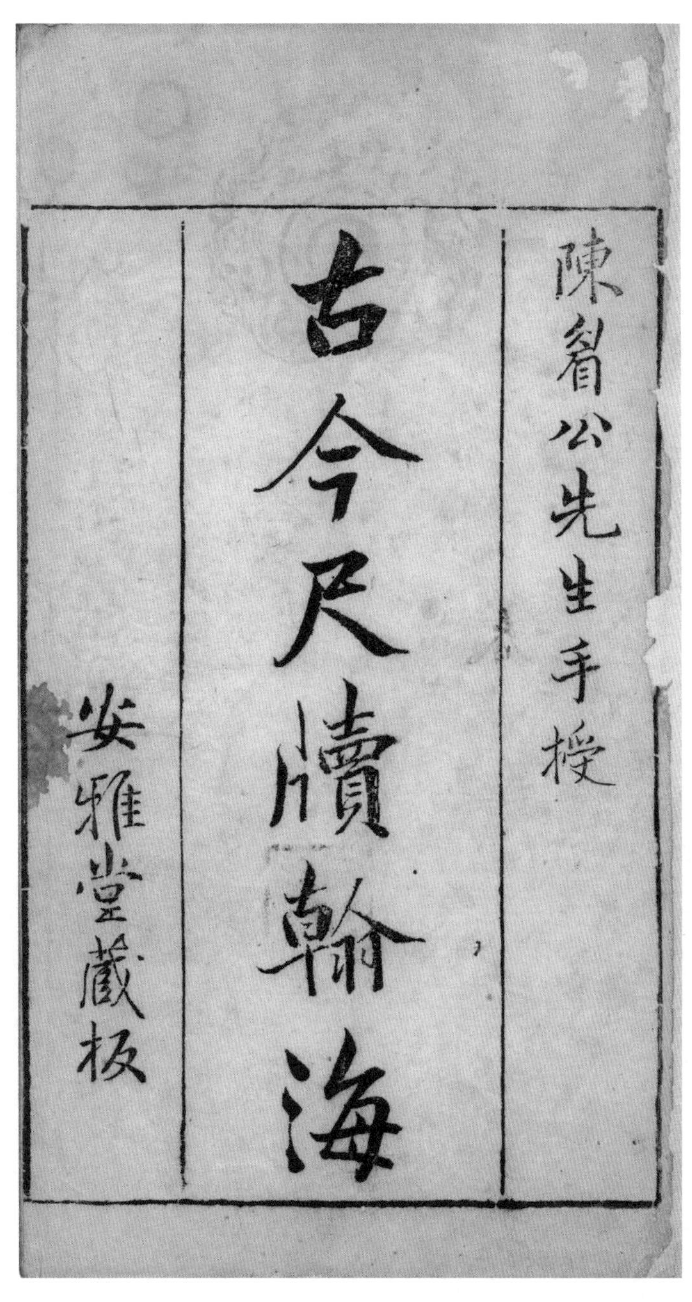

翰海十二卷　〔明〕沈佳胤輯

明末刻本

十二册

半葉九行二十三字，白口，四周單邊，無直格。版框 19.3×12.3 厘米

T03881（14636）

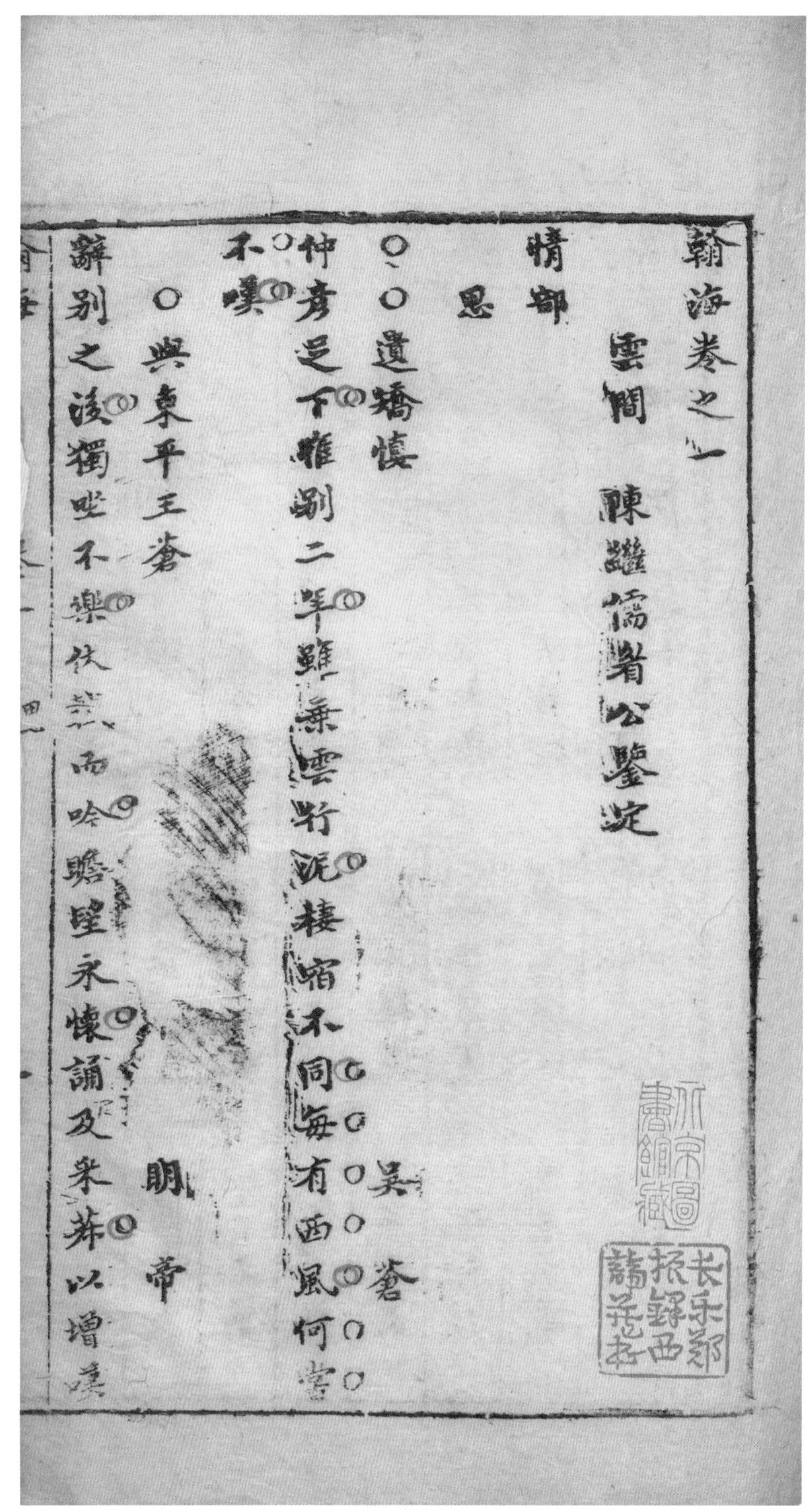

翰海卷之一

雲間　陳繼儒著　公鑒定

情部

思

○遺嬌慎　　吳蒼

仲彥足下雖別二年雖乘雲野泥棲宿不同每有西風何嘗

不嘆

○與東平王蒼　　明帝

辭別之後獨坐不樂伏几而吟瞻望永懷誦及采菽以增嘆

北京圖書館藏
長樂鄭振鐸西諦藏書

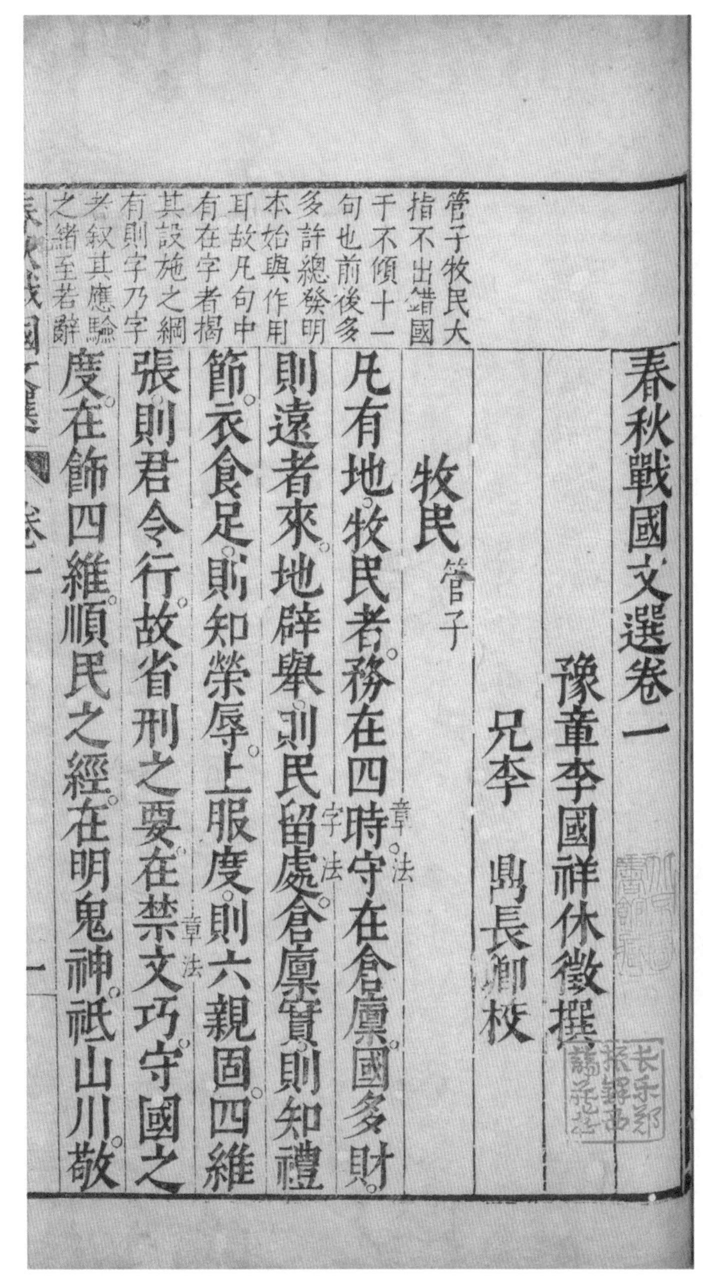
春秋戰國文選卷一
豫章李國祥休徵撰
兄李嵎長卿校
牧民　管子
凡有地牧民者務在四時守在倉廩國多財
則遠者來地辟舉則民留處倉廩實則知禮
節衣食足則知榮辱上服度則六親固四維
張則君令行故省刑之要在禁文巧守國之
度在飾四維順民之經在明鬼神祇山川敬

章法　字法　章法

管子牧民大指不出措國于不傾十一句也前後多多許總發明本始與作用耳故凡句中有在字者揭其設施之綱有則字乃字者叙其應驗之緒至若辭

春秋戰國文選　卷一　一

春秋戰國文選十三卷　〔明〕李國祥輯

明萬曆四十年（1612）刻本

十六册

半葉九行十七字，白口，左右雙邊。眉欄鐫評。版框 21.4×14.3 厘米

T03267（1747）

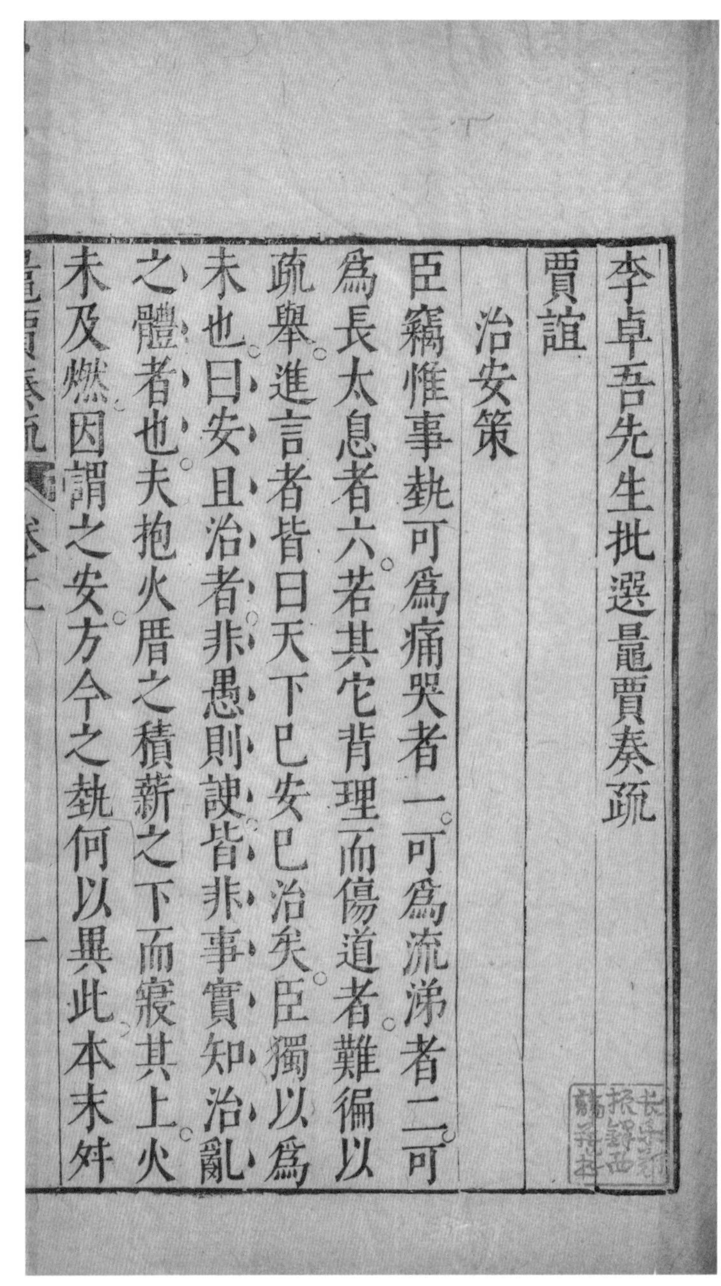

李卓吾先生批選鼂賈奏疏

賈誼

治安策

臣竊惟事埶可爲痛哭者一可爲流涕者二可爲長太息者六若其它背理而傷道者難徧以疏舉進言者皆曰天下已安已治矣臣獨以爲未也曰安且治者非愚則諛皆非事實知治亂之體者也夫抱火厝之積薪之下而寢其上火未及燃因謂之安方今之埶何以異此本末舛

鼂賈奏疏　卷上　一

李卓吾先生批選鼂賈奏疏二卷　〔漢〕賈誼、鼂錯撰　〔明〕李贄評

明刻本

一册

半葉九行十八字，白口，左右雙邊。版框 20.1×14.1 厘米

15629（8746）

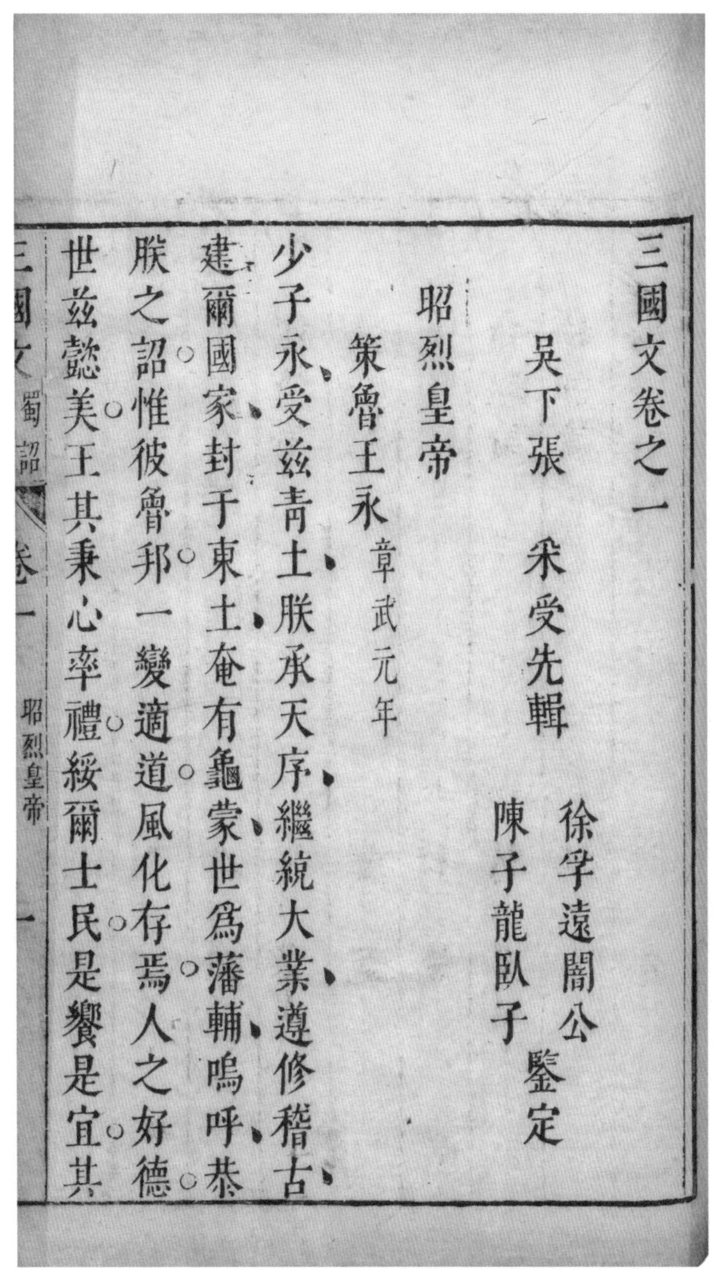

三國文卷之一

吳下張　采受先輯

徐孚遠闇公
陳子龍臥子　鑒定

昭烈皇帝

策魯王永　章武元年

少子永受兹青土朕承天序繼統大業遵修稽古建爾國家封于東土奄有龜蒙世爲藩輔嗚呼恭朕之詔惟彼魯邦一變適道風化存焉人之好德世兹懿美王其秉心率禮綏爾士民是饗是宜其

三國文　蜀詔　卷一　昭烈皇帝　一

三國文二十卷　〔明〕張采輯

明崇禎刻本

十册　存十六卷：一至十六

半葉九行十九字，白口，左右雙邊，無直格。版框 20.3×14.3 厘米

16809（14904）

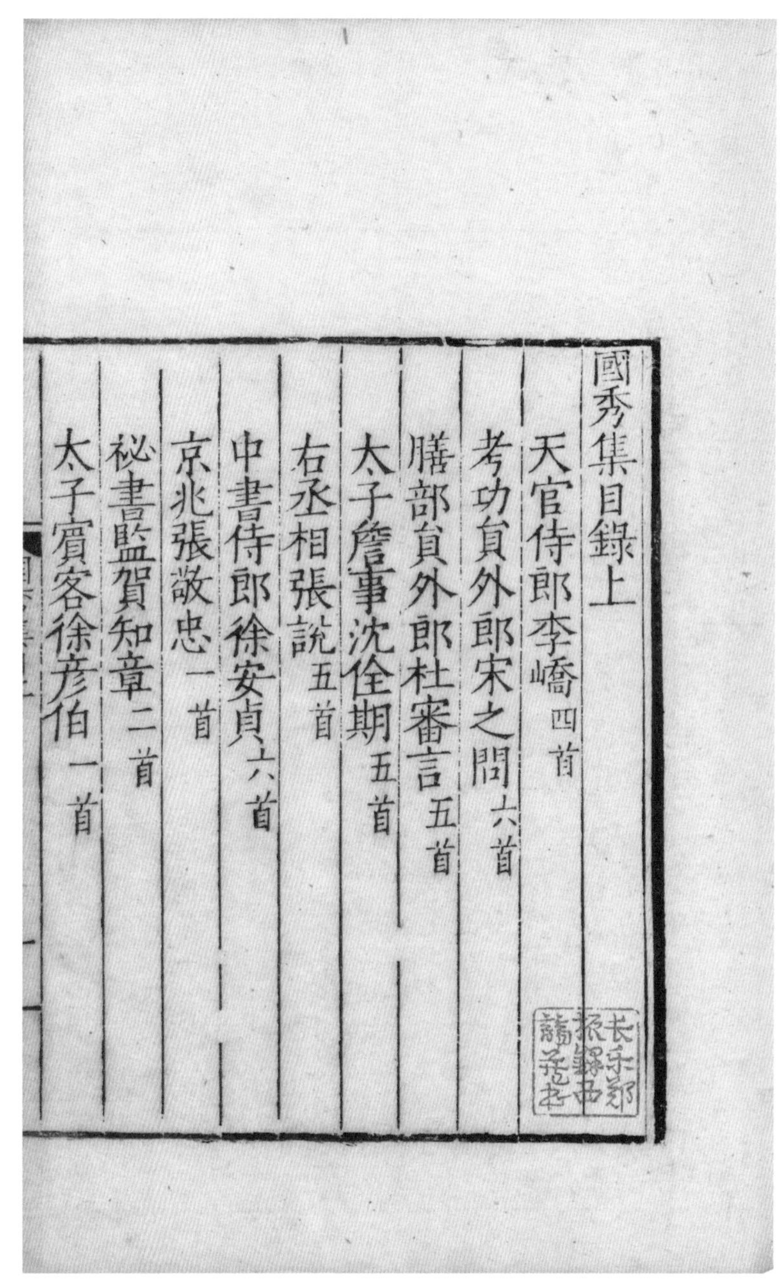

國秀集三卷　〔唐〕芮挺章輯

明刻本

三册

半葉十行十八字，白口，左右雙邊。版框 16.1×13.3 厘米

15788（9038）

仙州別駕王翰 二首
中書舍人董思恭 一首
新安丞杜儼 一首
殿中少監崔滌 一首
太子洗馬沈宇 一首
廣文進士劉希夷 三首
左丞相張九齡 三首
禮部尚書席豫 二首
靈昌太守李邕 一首
吏部員外郎盧僎 十三首

司勳員外張鼎 二首
刑部侍郎孫逖 六首
兵部員外趙良器 一首
金部員外郎黃麟 一首
太子尉郭向 一首
凡二十四人詩七十四首

侍宴甘泉殿　李嶠

月宇臨丹地雲窻網碧紗御筵陳桂醑天酒酌榴花水向浮橋直城連禁苑斜承恩恣歡賞歸路滿烟霞

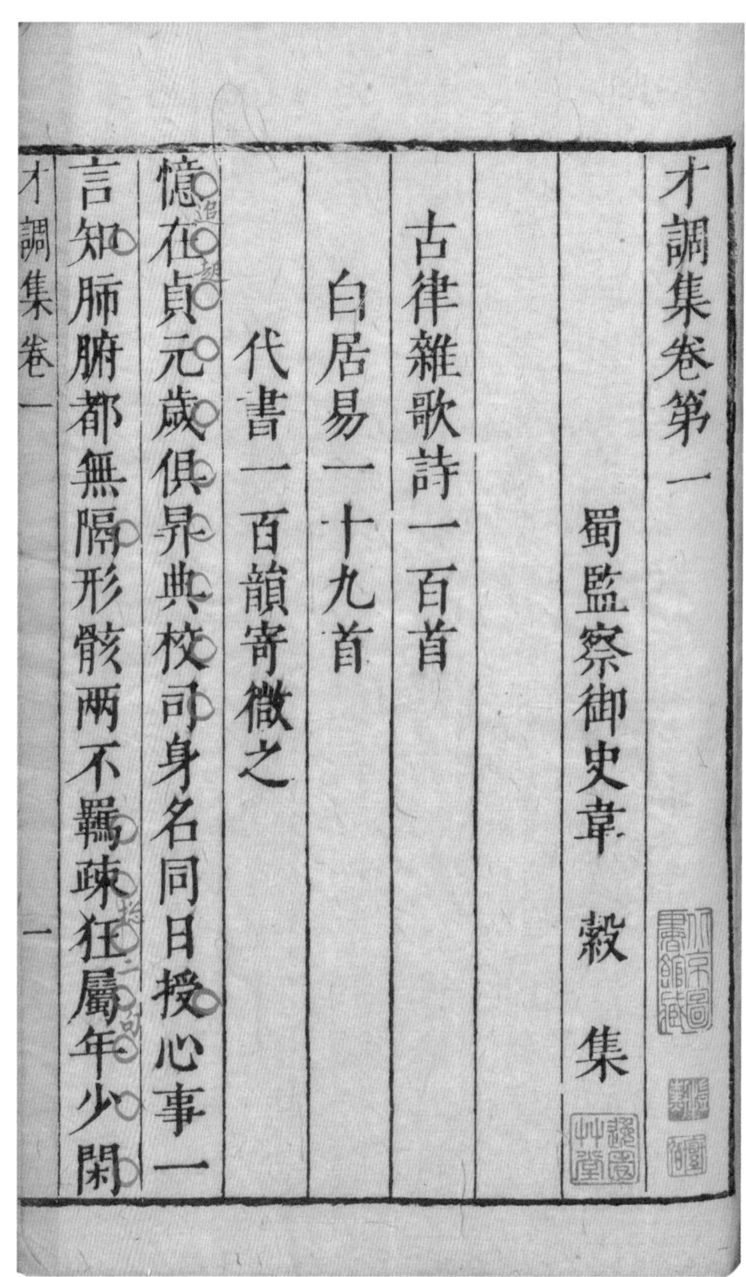

才調集十卷　〔五代〕韋縠輯

明天啓四年（1624）懷古堂刻本

二册

半葉八行十八字，白口，四周單邊。版框 19.6×13.8 厘米

T00492（11829）

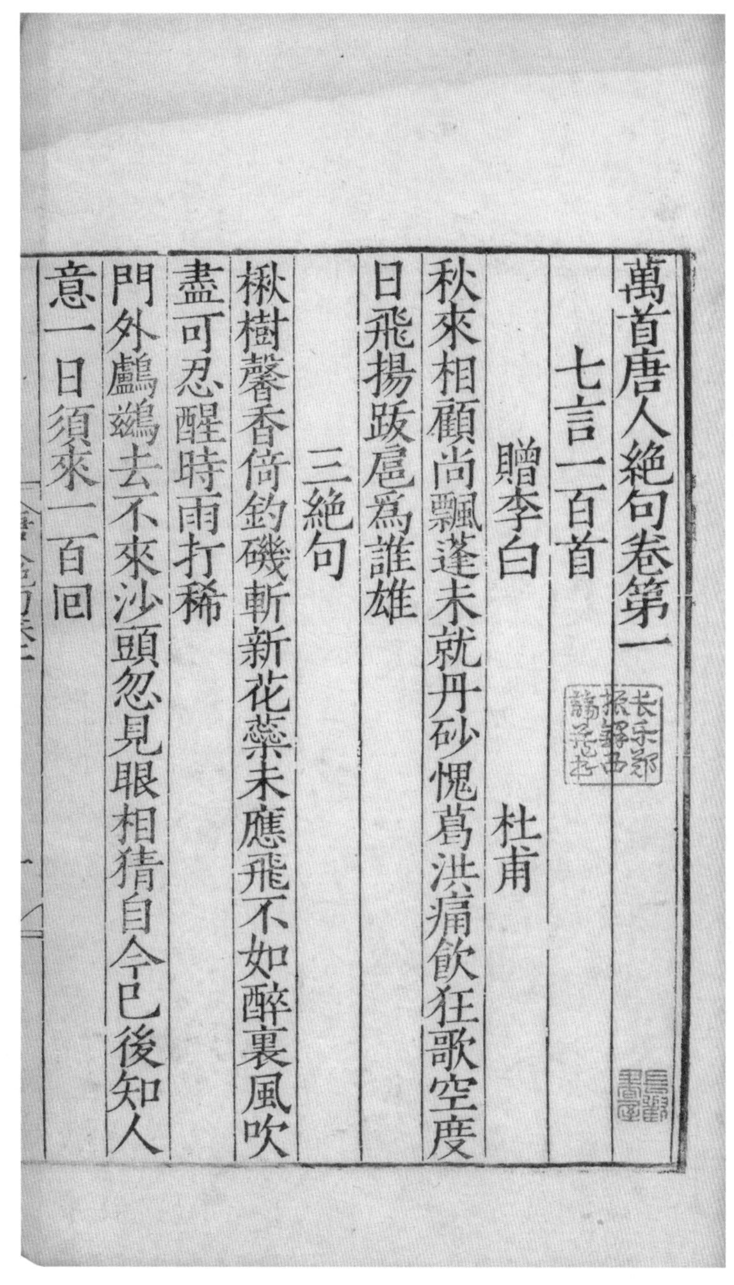

萬首唐人絶句一百一卷　〔宋〕洪邁輯

明嘉靖十九年（1540）陳敬學德星堂刻本　鄭振鐸跋

二十册

半葉十行二十字，白口，左右雙邊。版框 19.8×14.7 厘米

16529（9455）

唐人絶句　七言　一

九四五五

一九五七年六月二日是农曆端午節文淵阁萧君送万曆本萧興紀勝和嘯阁刊本唐诗滙韻来即購之時晨曦满院冷意犹在匆匆翻阅殊自怡悦十時許驱車到中国书店初欲取回李调元撰食譜以王志鵬外出未得是书乃見有嘉靖本唐人万言絶句大喜欲狂即以半月糧購　此书常見者爲万曆趙宧光刊本然多剜改易與原本面目全非此嘉靖本是从宋本翻雕最爲罕見近来影印本即借北京圖書馆所藏此本付照予方从事唐诗版刻考證乃不能不收入之同时尋天順本雅音会编一部虽残存僅半亦取之以其乃是用上平声十五韻下平声十五韻选輯唐诗正是唐诗韻滙之祖也同日得之甚巧合也　西諦

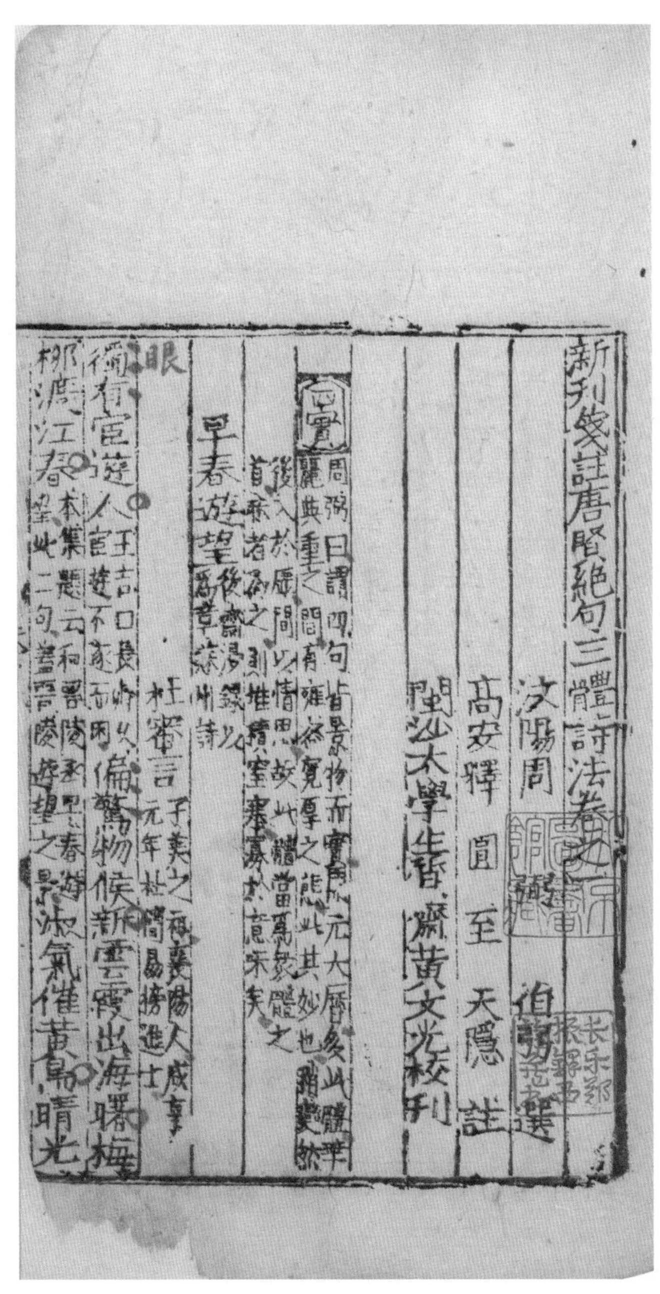

新刊箋註唐賢絶句三體詩法二十卷　〔宋〕周弼輯　〔元〕釋圓至註

明嘉靖黄文光刻本

一册　存二卷：一至二

半葉十一行二十二字，小字雙行同，白口，四周雙邊。版框 17.9×12.8 厘米

T03244（12561）

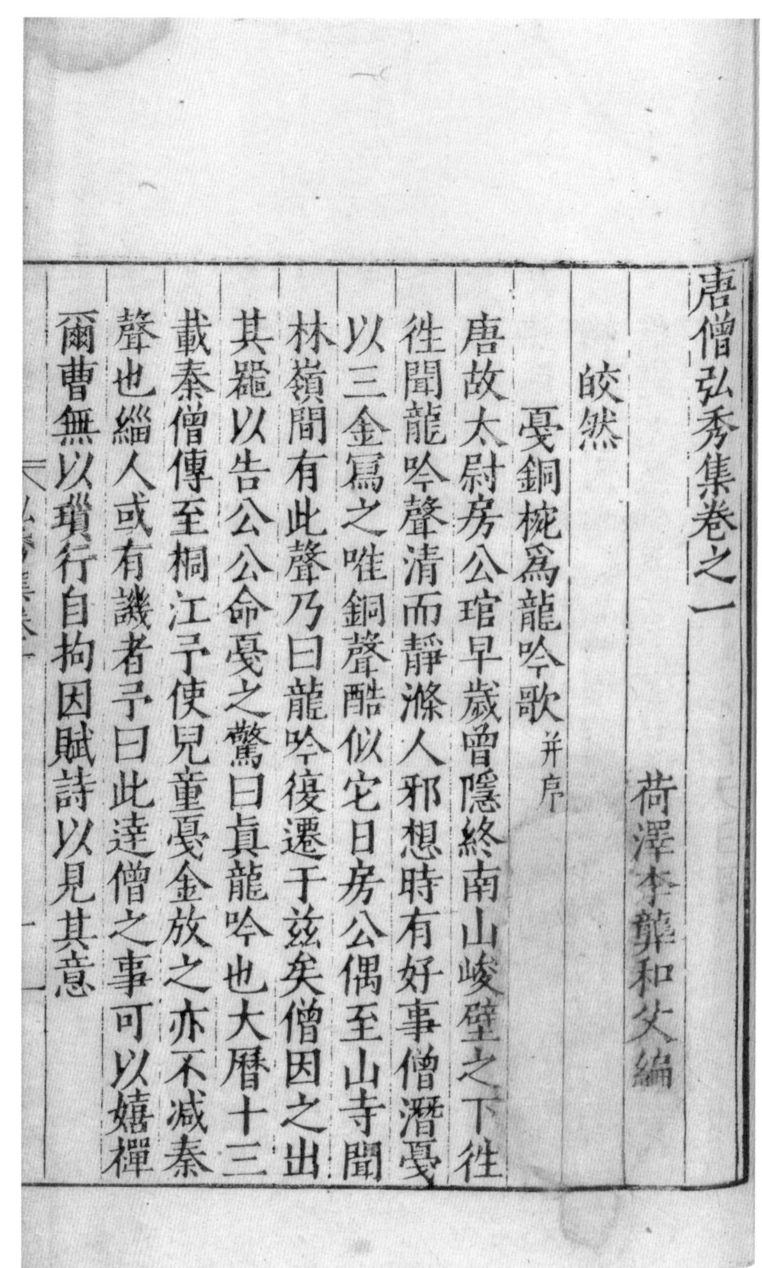
唐僧弘秀集卷之一

荷澤李龏和父編

皎然

戛銅椀爲龍吟歌并序

唐故太尉房公琯早歲曾隱終南山峻壁之下往往聞龍吟聲清而靜滌人邪想時有好事僧潛戛以三金寫之唯銅聲酷似它日房公偶至山寺聞林嶺間有此聲乃曰龍吟復遷于茲矣僧因之出其器以告公公命戛之驚曰真龍吟也大曆十三載秦僧傳至桐江予使兒童戛金放之亦不減秦聲也緇人或有譏者予曰此達僧之事可以嬉禪爾曹無以瑣行自拘因賦詩以見其意

唐僧弘秀集十卷　〔宋〕李龏輯

明黄魯曾刻本

二册

半葉十二行二十字，白口，左右雙邊。版框 19.6×15.8 厘米

15793（9060）

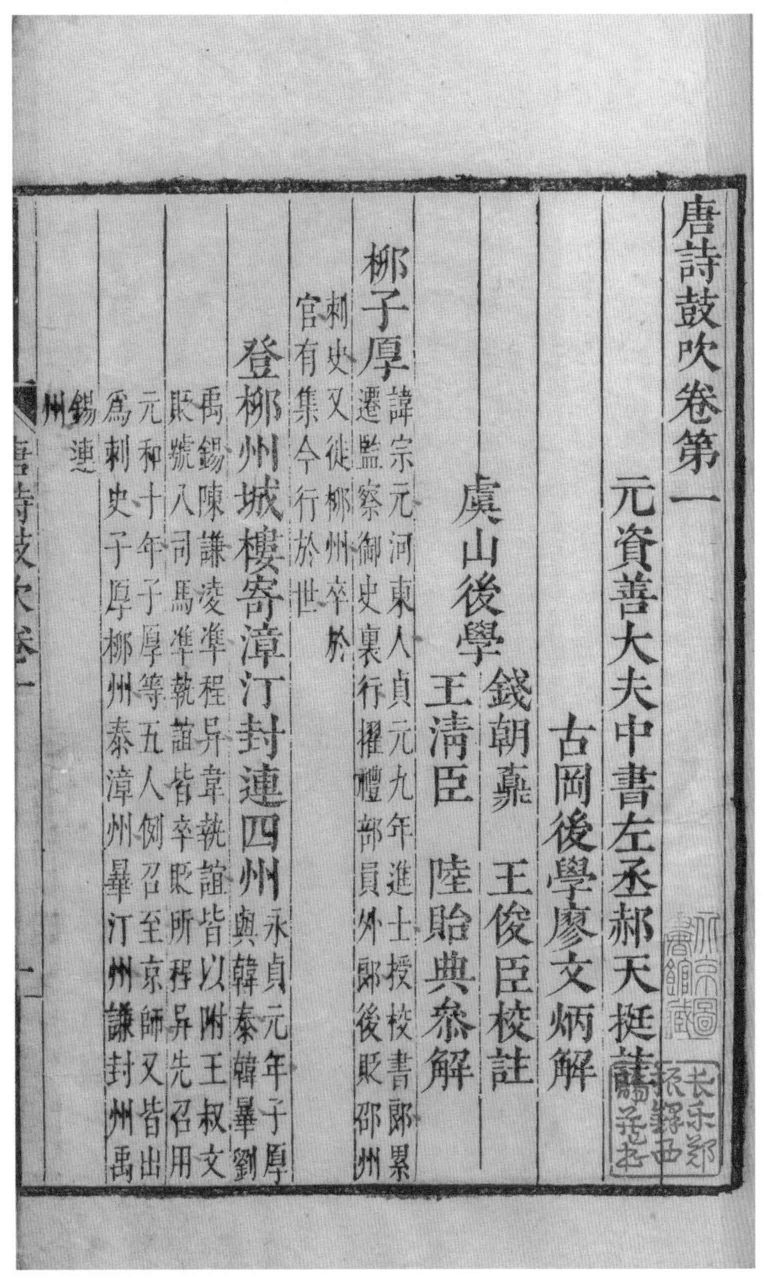
唐詩鼓吹卷第一
元資善大夫中書左丞郝天挺註
古岡後學廖文炳解
虞山後學錢朝鼒　王俊臣校註
王清臣　陸貽典叅解
柳子厚諱宗元河東人貞元九年進士授校書郎累遷監察御史裏行擢禮部員外郎後貶邵州刺史又徙柳州卒於官有集今行於世
登柳州城樓寄漳汀封連四州永貞元年子厚與韓泰韓曄劉禹錫陳諫凌準程异韋執誼皆以附王叔文貶號八司馬準執誼皆卒貶所程异先召用元和十年子厚等五人例召至京師又皆出為刺史子厚柳州泰漳州曄汀州諫封州禹錫連州
唐詩鼓吹卷一　一

唐詩鼓吹十卷　〔金〕元好問編　〔元〕郝天挺註　〔明〕廖文炳解

清順治十六年（1659）陸貽典、錢朝鼒等刻本

一册　存三卷：一至三

半葉十一行二十一字，小字雙行同，黑口，左右雙邊。版框 19.1×14.0 厘米

T00525（14428）

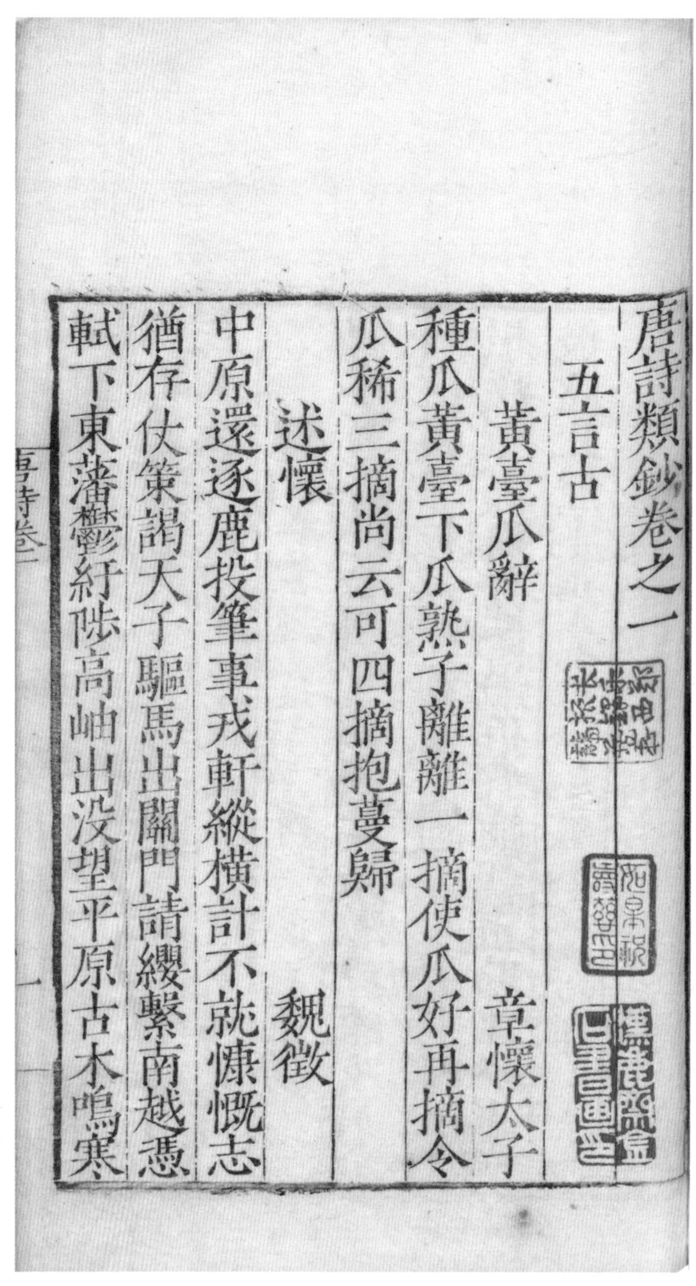

唐詩類鈔八卷　〔明〕顧應祥輯

明嘉靖三十一年（1552）顧應祥刻本

八册

半葉九行十八字，白口，四周單邊。版框 19.2×15.1 厘米

15437（1669）

唐詩類苑第一卷
仁和卓明卿澂父編輯
華亭張之象玄超
長洲毛文蔚豹孫同校
天部
日
董思恭咏日一首
滄海十枝暉玄圃重輪慶蕣華發晨檻菱彩翻朝鏡
忽遇驚風飄自有浮雲映更也人皆仰無待揮戈正
李嶠咏日一首

唐詩類苑一百卷　〔明〕卓明卿輯

明萬曆十四年（1586）崧齋活字印本

一册　存一卷：一

半葉十行二十字，白口，四周單邊。版框 19.1×14.5 厘米

T03249（14723）

唐詩類苑卷第一

明雲間張之象玄超甫纂輯
嶺南趙應元蓀初甫編次
海虞毛　晉子晉甫補訂
梁谿曹仁孫伯安甫校正

天部

日

詠日　董思恭

滄海十枝暉玄圃重輪慶蕣華發晨檻菱彩翻朝鏡
忽遇驚風飄自有浮雲映更也人皆仰無待揮戈正

唐詩類苑　卷之一　一

唐詩類苑二百卷　〔明〕張之象輯

明萬曆二十九年（1601）曹仁孫刻本

六十四册

半葉十行二十字，小字雙行同，白口，四周雙邊。版框 21.2×14.0 厘米

T03250（1832）

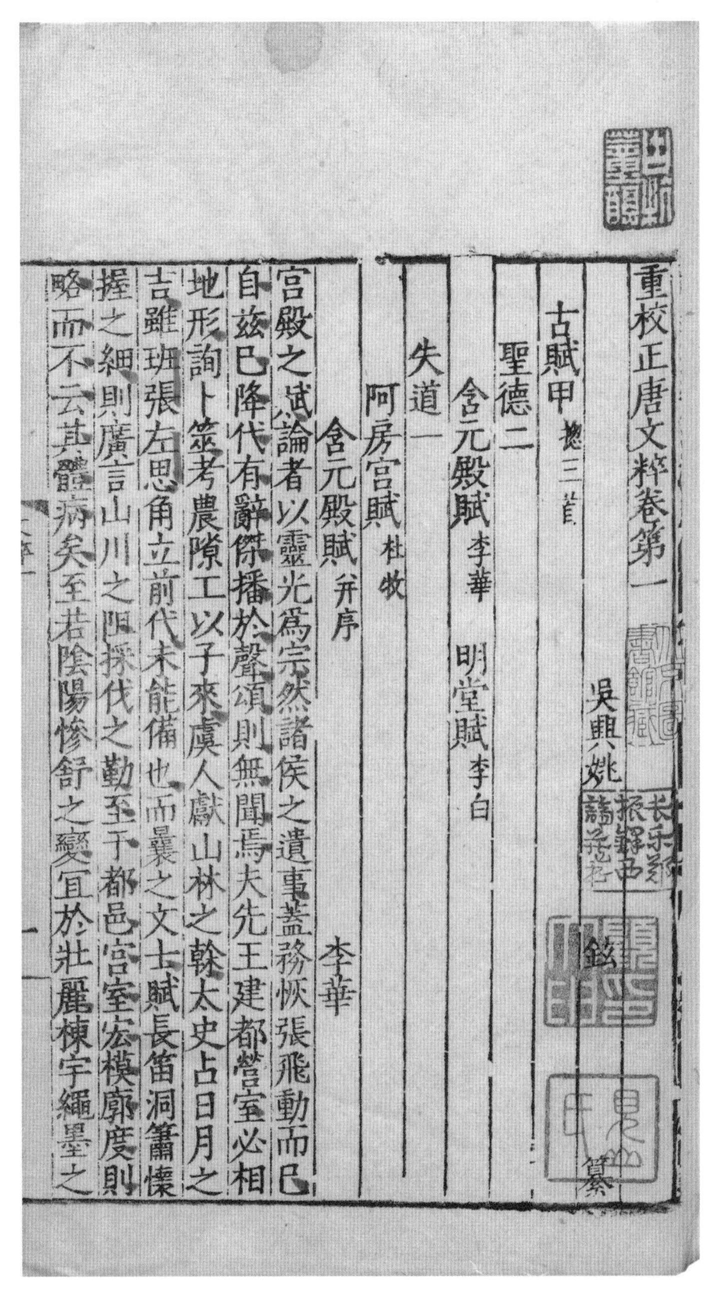

重校正唐文粹一百卷　〔宋〕姚鉉輯

明萬曆二十六年（1598）金應祥刻本

十六册

半葉十四行二十五字，白口，左右雙邊。版框 20.2×14.2 厘米

T03279（1657）

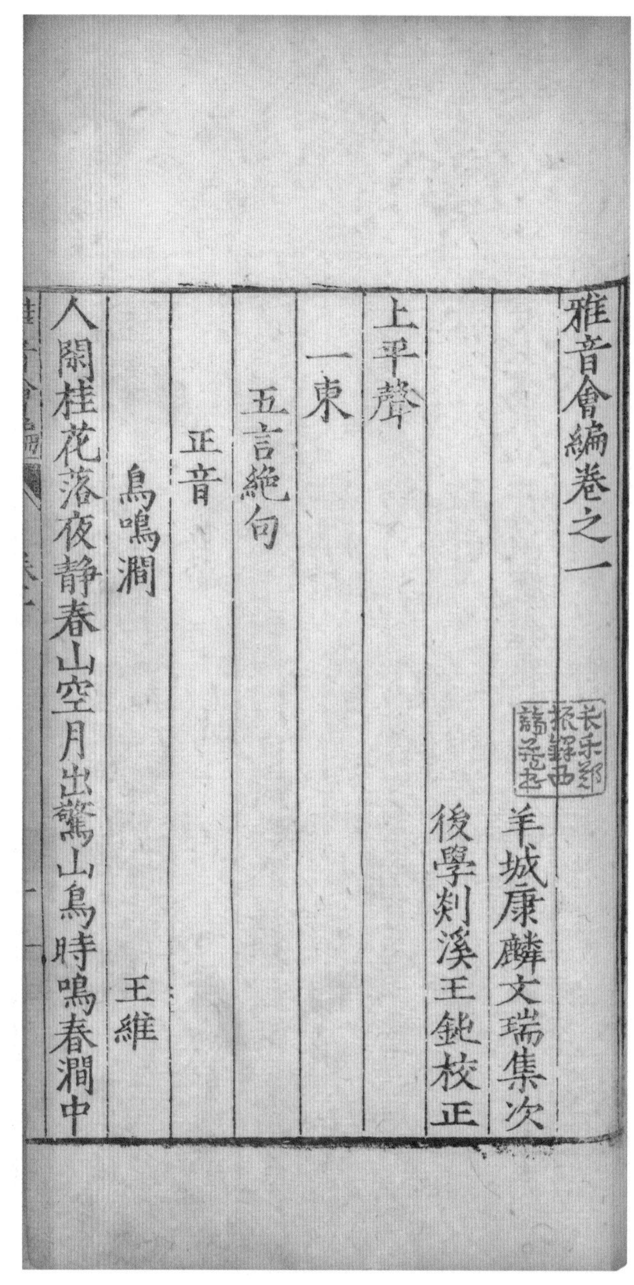

雅音會編十二卷　〔明〕康麟輯

明萬曆二十二年（1594）瀋藩刻本

十一册　存十一卷：一至四、六至十二

半葉九行二十字，白口，左右雙邊。版框 21.2×14.0 厘米

16778（14638）

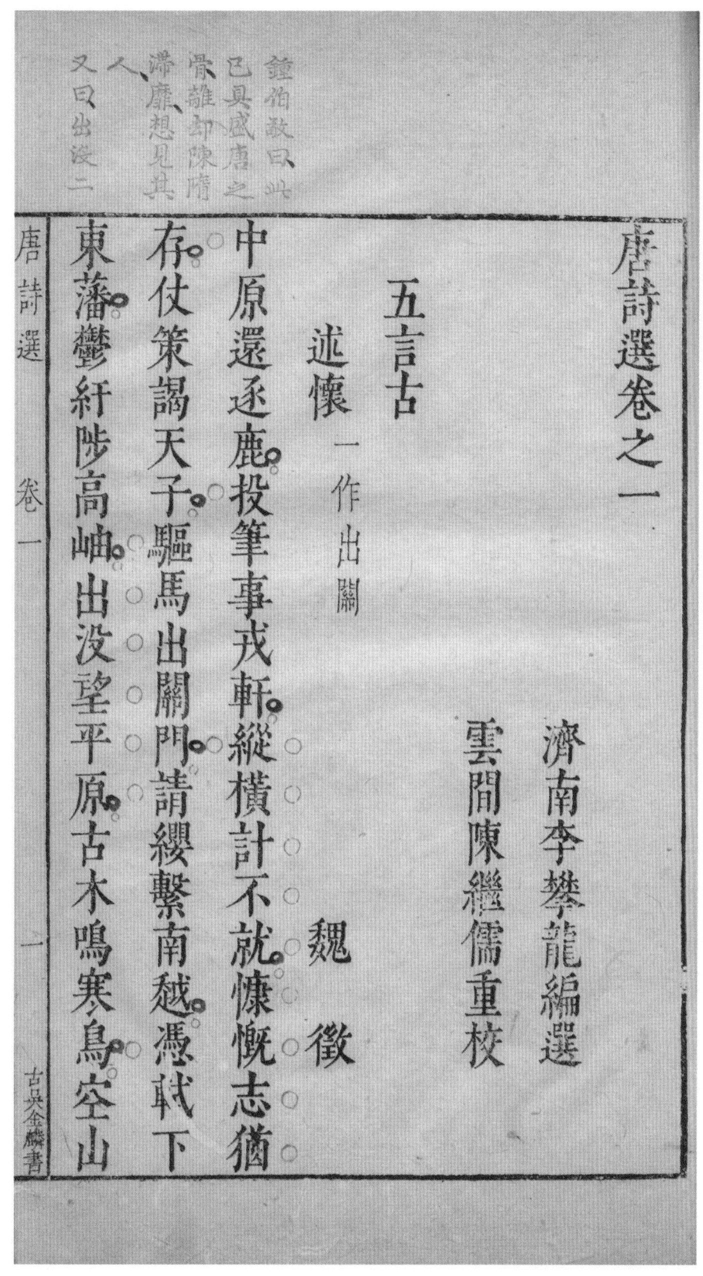

唐詩選七卷　〔明〕李攀龍輯　**彙釋七卷**　〔明〕蔣一葵撰　**附録一卷**

明刻朱墨套印本

六册

半葉八行十九字，小字雙行同，白口，四周單邊。版框 20.5×14.7 厘米

16660（補 221）

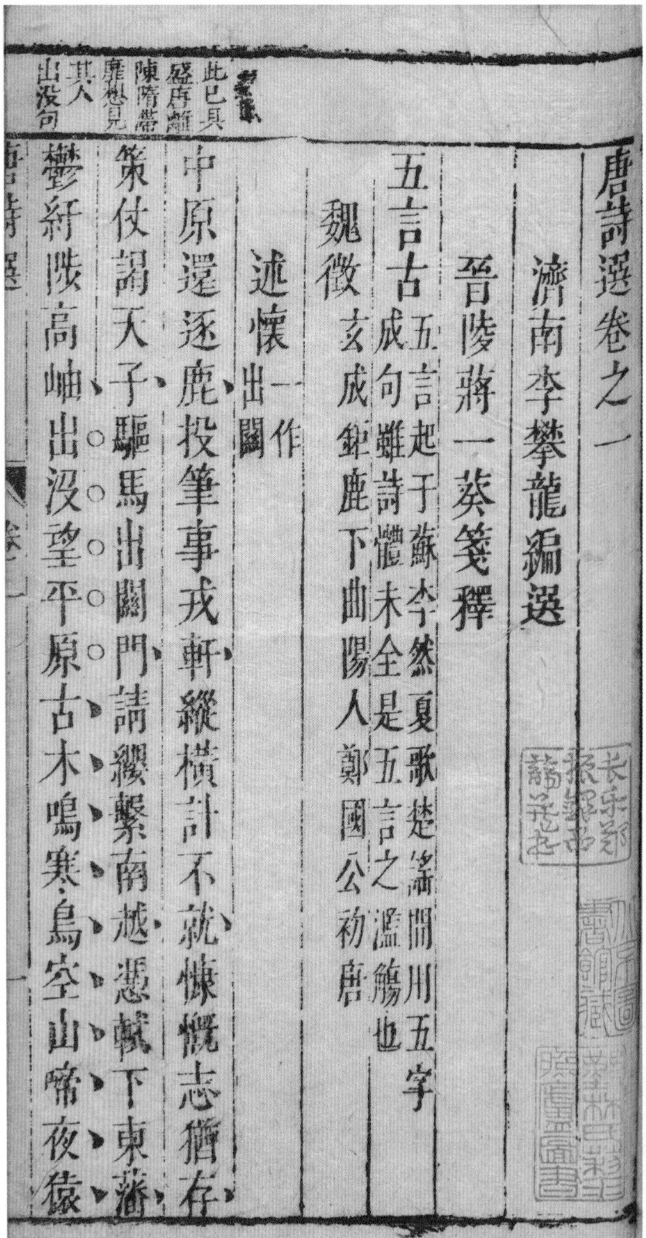
此已具
啓唐離
陳隋帶
靡想見
其人
出沒句
唐詩選卷之一
濟南李攀龍編選
晉陵蔣一葵箋釋
五言古五言起于蘇李然夏歌楚辭間有五字成句雖詩體未全是五言之濫觴也
魏徵玄成鉅鹿下曲陽人鄭國公初唐
述懷一作出關
中原還逐鹿，投筆事戎軒。縱横計不就，慷慨志猶存。
策仗謁天子，驅馬出關門。請纓繫南越，憑軾下東藩。
鬱紆陟高岫，出沒望平原。古木鳴寒鳥，空山啼夜猿。
唐詩選　卷一　一

唐詩選七卷　〔明〕李攀龍輯　〔明〕蔣一葵箋釋

明末陳長卿刻本

二册

半葉九行二十字，白口，四周單邊。眉欄鐫評。版框 21.7×12.2 厘米

T03246（9172）

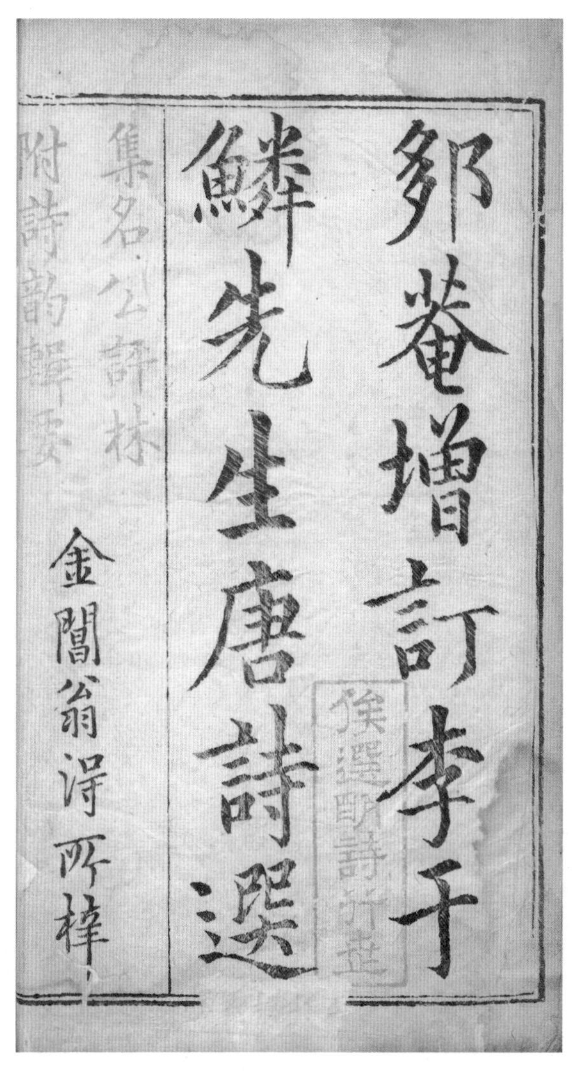

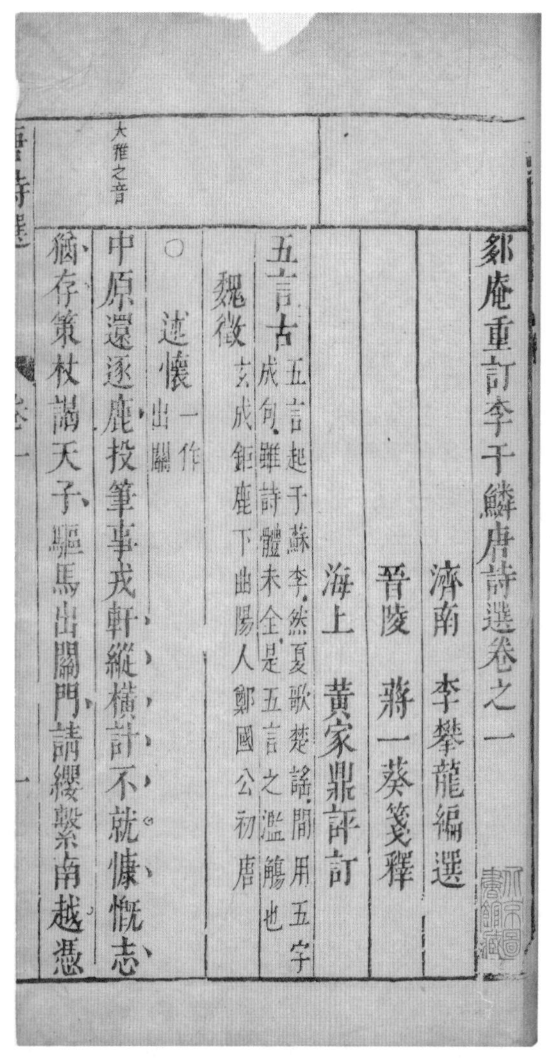

郊庵重訂李于鱗唐詩選七卷　〔明〕李攀龍輯　〔明〕蔣一葵箋釋　**郊庵訂正詩韻輯要五卷**　〔明〕李攀龍撰　**郊庵增訂唐詩評一卷**　〔明〕黄家鼎輯

明崇禎元年（1628）金閶翁得所刻本

四册

半葉九行十八字，小字雙行同，白口，四周單邊。眉欄鐫評。版框 22.3×13.7 厘米

T02702（14890）

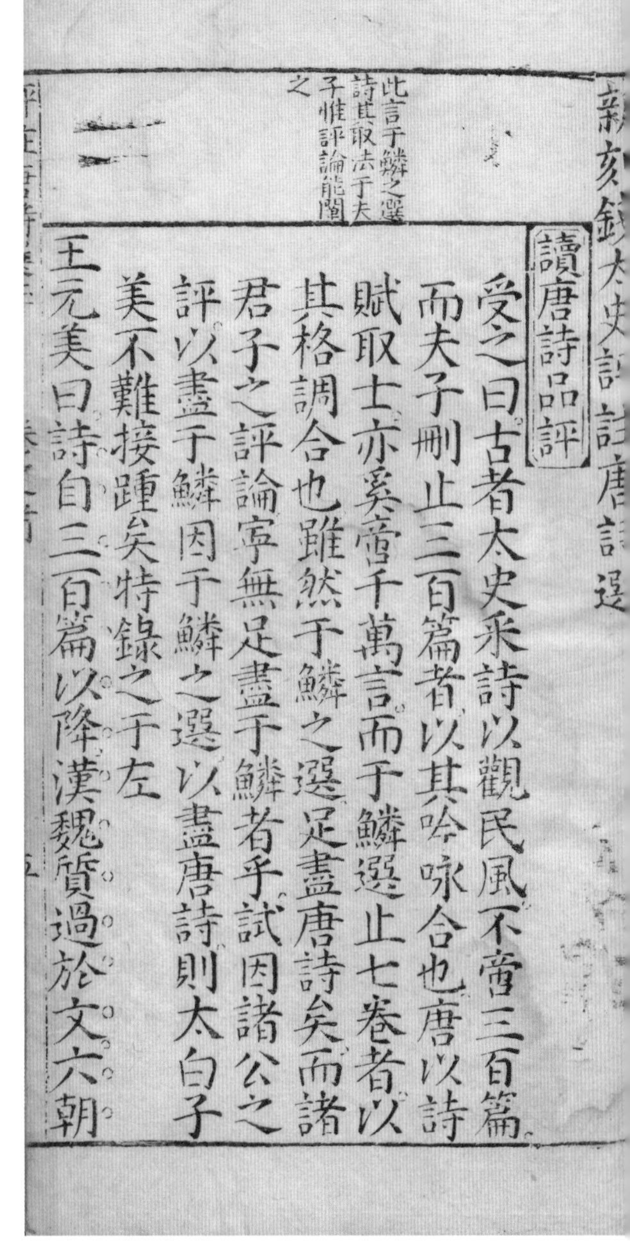
新刻錢太史評註唐詩選

此言于鱗之選詩其取法于夫子惟評論能闡之

讀唐詩品評

受之曰古者太史采詩以觀民風不啻三百篇而夫子刪止三百篇者以其吟咏合也唐以詩賦取士亦奚啻千萬言而于鱗選止七卷者以其格調合也雖然于鱗之選足盡唐詩矣而諸君子之評論寧無足盡于鱗者乎試因諸公之評以盡于鱗因于鱗之選以盡唐詩則太白子美不難接踵矣特錄之于左

王元美曰詩自三百篇以降漢魏質過於文六朝

新刻錢太史評註李于鱗唐詩選玉七卷首一卷　〔明〕李攀龍輯　〔清〕錢謙益評註

明萬曆三十八年（1610）書林劉龍田刻本

一册　存五卷：一至四、首一卷

半葉十行十九字，小字雙行同，白口，四周單邊，無直格。眉欄鐫評。版框 21.2×12.7 厘米

T03247（9083）

王元美曰自漢魏以来已有五言之興廢而晋梁陳汪洋混濁幾於不振唐太宗人文秀發延覽英賢一時虞世南魏徵等賡

新刻錢太史評註李于鱗唐詩選玉卷一

濟南李攀龍于鱗甫編選
常熟錢謙益受之甫評註

長樂鄭振鐸西諦藏書

五言古

五言起於蘇李然夏歌楚謡間用五字成句雖詩體未全亦五言之濫觴也

述懐　魏徵

中原還逐鹿（蒯通傳秦失其鹿天下共逐謂秦失國如虞人之失鹿也）投筆事戎軒。（班超投筆事）縱横計不就（戰國蘇秦說六國合從横秦張儀說五國連衡連秦）慷慨志猶存。策杖謁天子。驅馬出關門。請纓繫南越（漢遣終軍使南越軍請願受長纓必覊南粤王而致之闕下）憑軾下東藩。（漢初酈食其憑軾下齊七十餘城）鬱紆陟高岫。出沒望平原。古木

北京圖書館藏

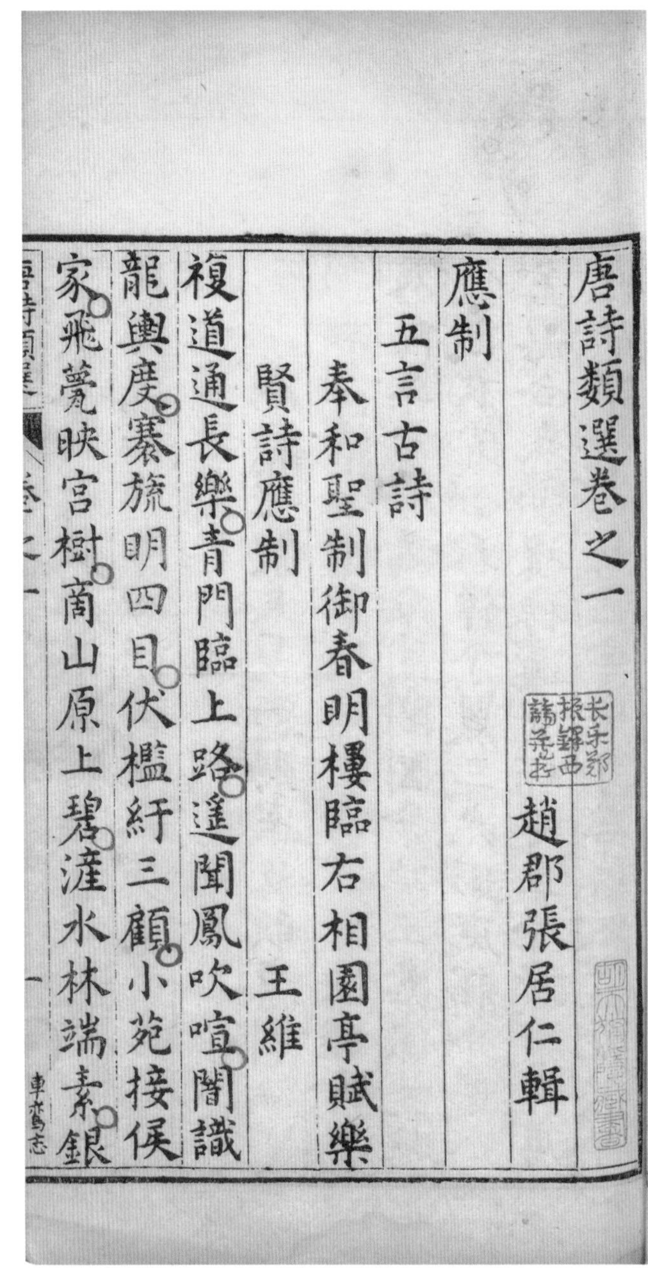

唐詩類選六卷　〔明〕張居仁輯

明萬曆二十四年（1596）張居仁刻本

六册

半葉九行十七字，白口，上下雙邊。版框 22.1×15.0 厘米

16388（11788）

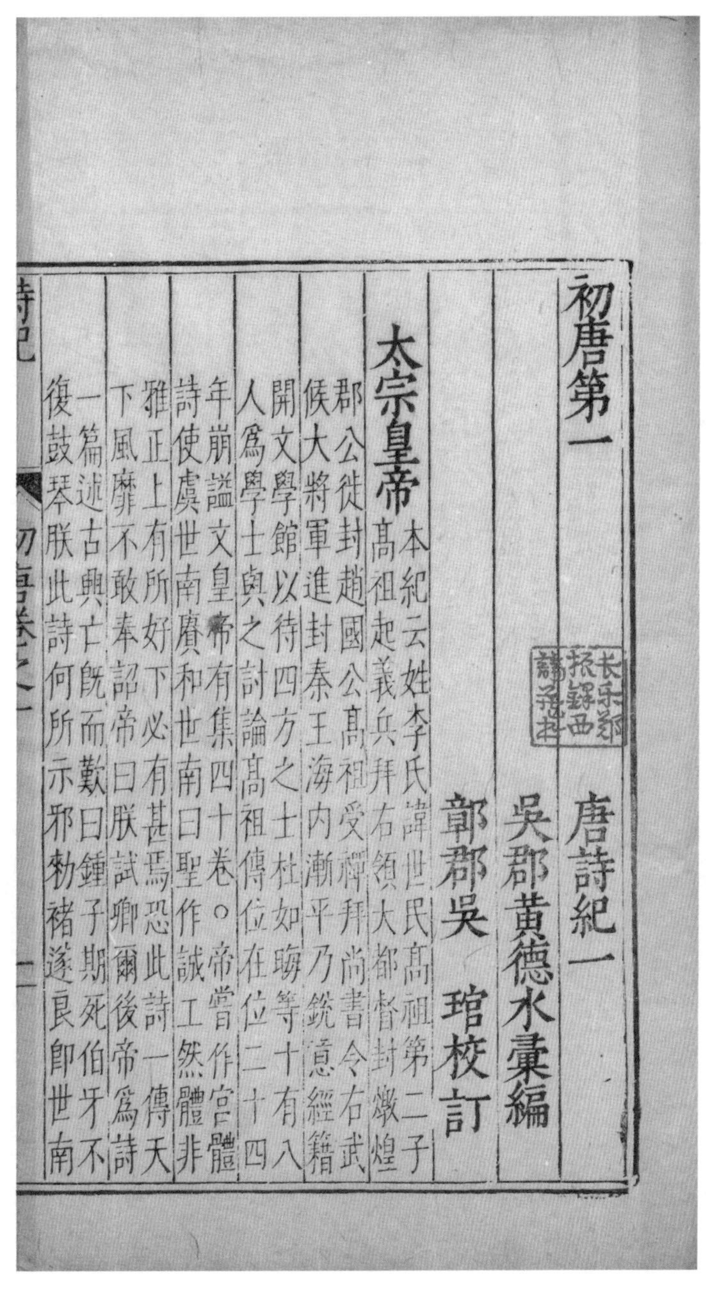

唐詩紀一百七十卷目録三十四卷　〔明〕黄德水、吴琯輯

明萬曆十三年（1585）吴琯刻本

三十册

半葉九行十九字，白口，四周雙邊。版框 20.2×13.8 厘米

15441（1681）

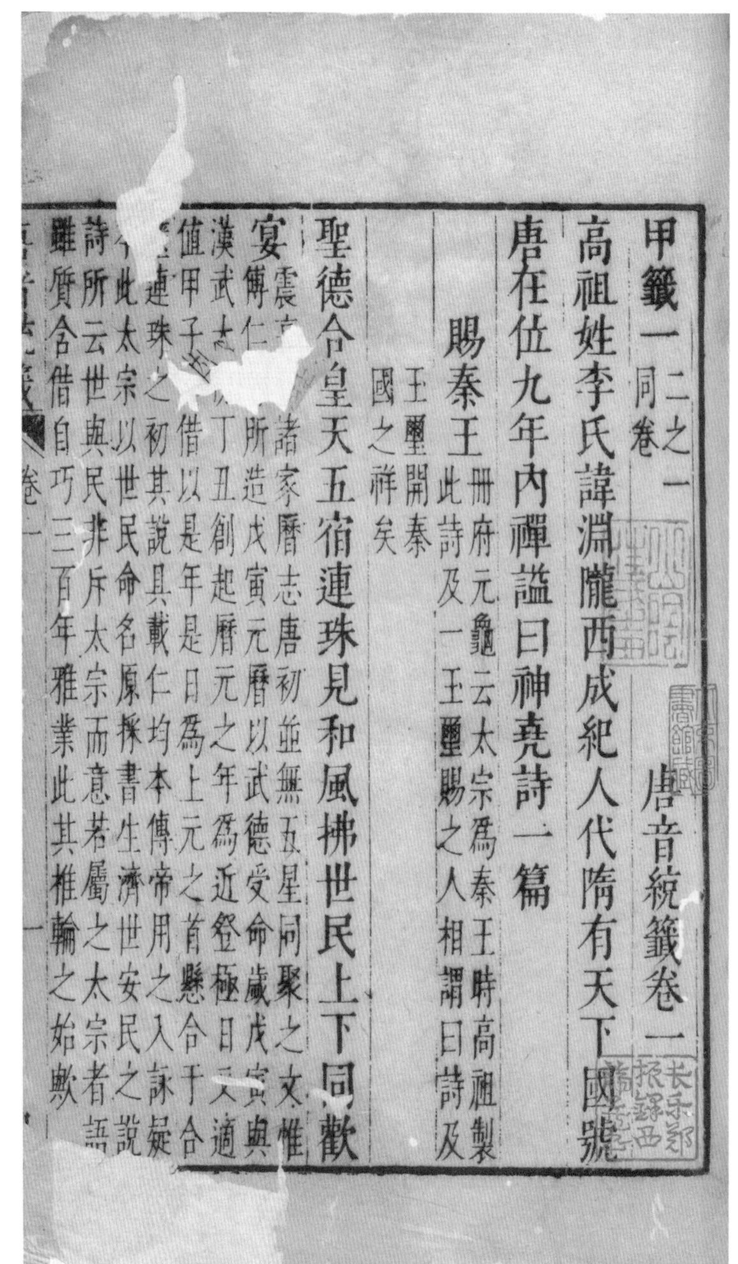

唐音統籤一千三十六卷　〔明〕胡震亨輯

清康熙刻本

二册　存二十卷：甲籤七卷、乙籤十三卷

半葉十行十九字，小字雙行同，白口，左右雙邊。版框 20.2×14.7 厘米

T00278（9108）

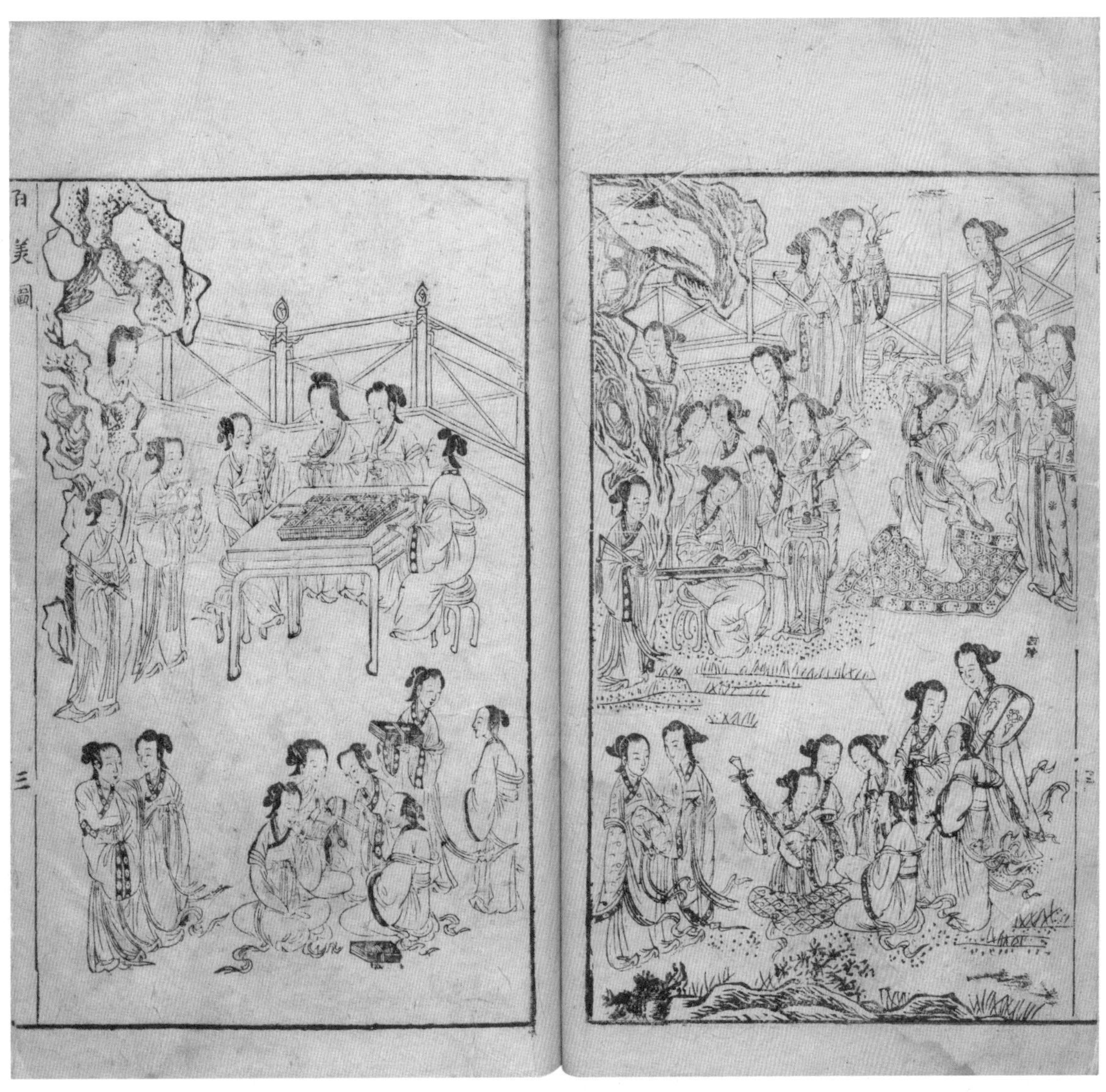

唐詩豔逸品四卷 〔明〕楊肇祉編

明刻本

二册

半葉八行十八字，白口，四周單邊。版框 21.4×13.1 厘米

16119（10208）

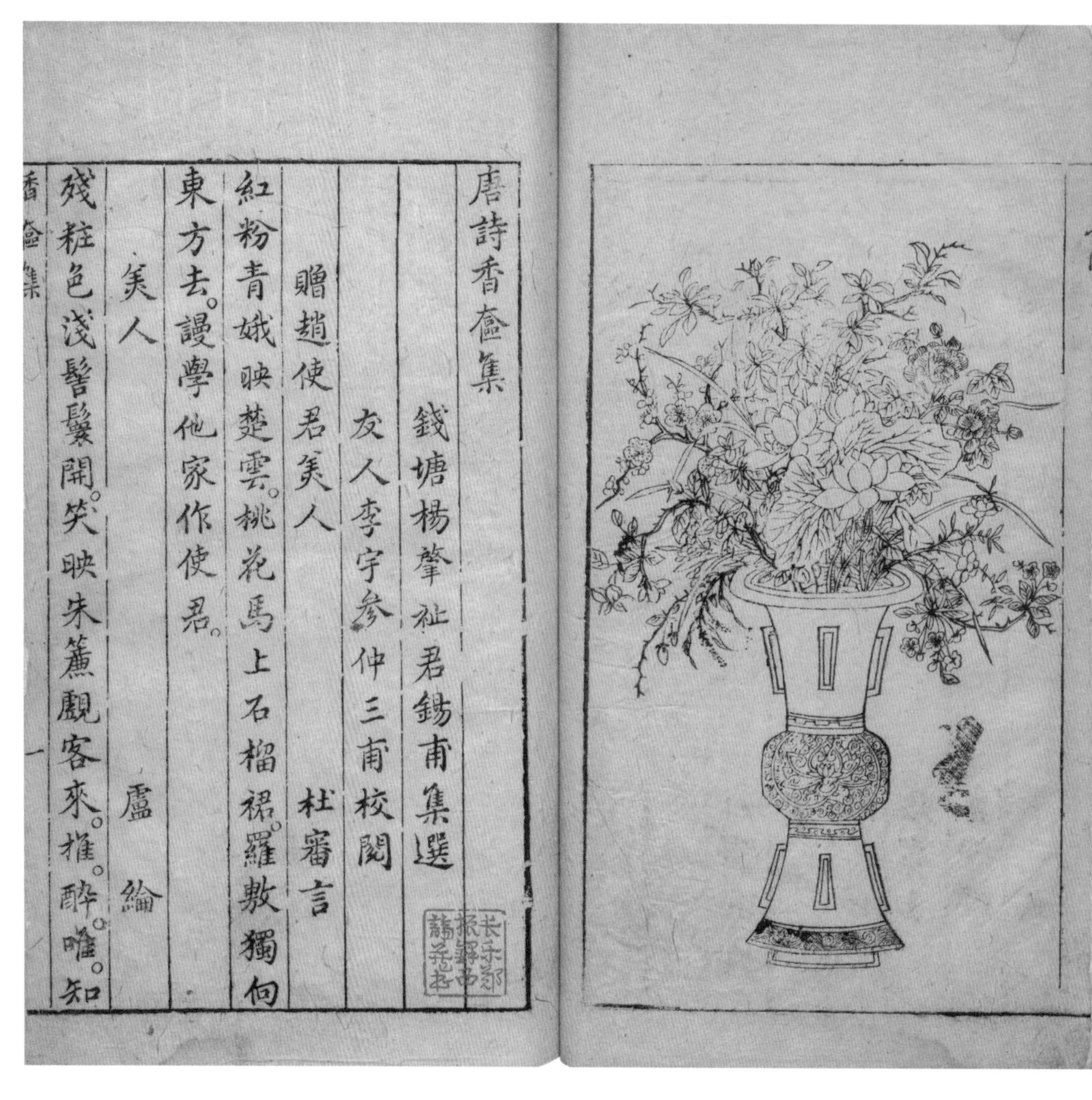

唐詩香奩集

錢塘楊肇祉君錫甫集選

友人李宇參仲三甫校閱

贈趙使君美人　杜審言

紅粉青娥映楚雲。桃花馬上石榴裙。羅敷獨向東方去。謾學他家作使君。

美人　盧綸

殘粧色淺髻鬟開。笑映朱簾覷客來。推。醉。嗔。知

香奩集　一

長樂鄭振鐸西諦藏書

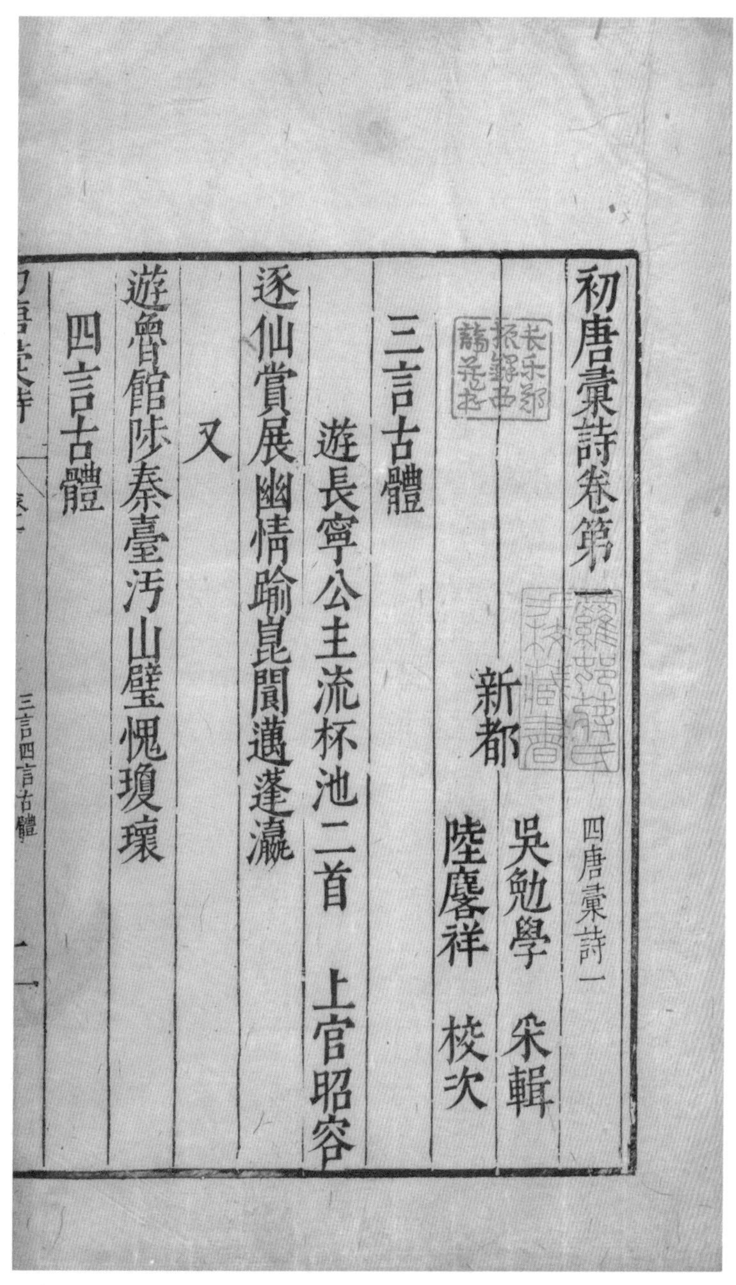

初唐彙詩七十卷詩人氏系履歷一卷目録十卷 〔明〕吴勉學輯

明萬曆三十年（1602）吴勉學刻四唐彙詩本

十二册

半葉九行十八字，白口，左右雙邊。版框 19.7×13.7 厘米

15813（9174）

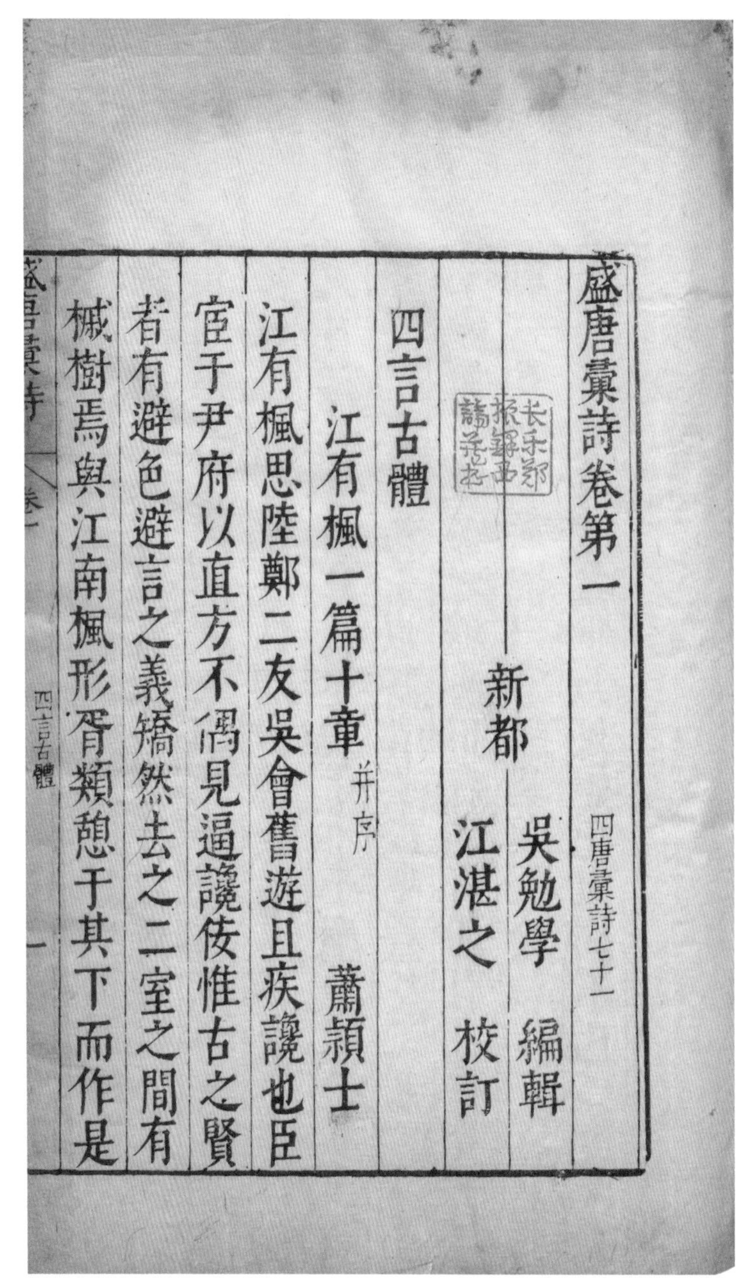

盛唐彙詩一百二十四卷詩人氏系履歷一卷目録二十二卷　〔明〕吴勉學輯

明萬曆三十年（1602）吴勉學刻四唐彙詩本

二十四册

半葉九行十八字，白口，左右雙邊。版框 19.8×13.7 厘米

15814（9174）

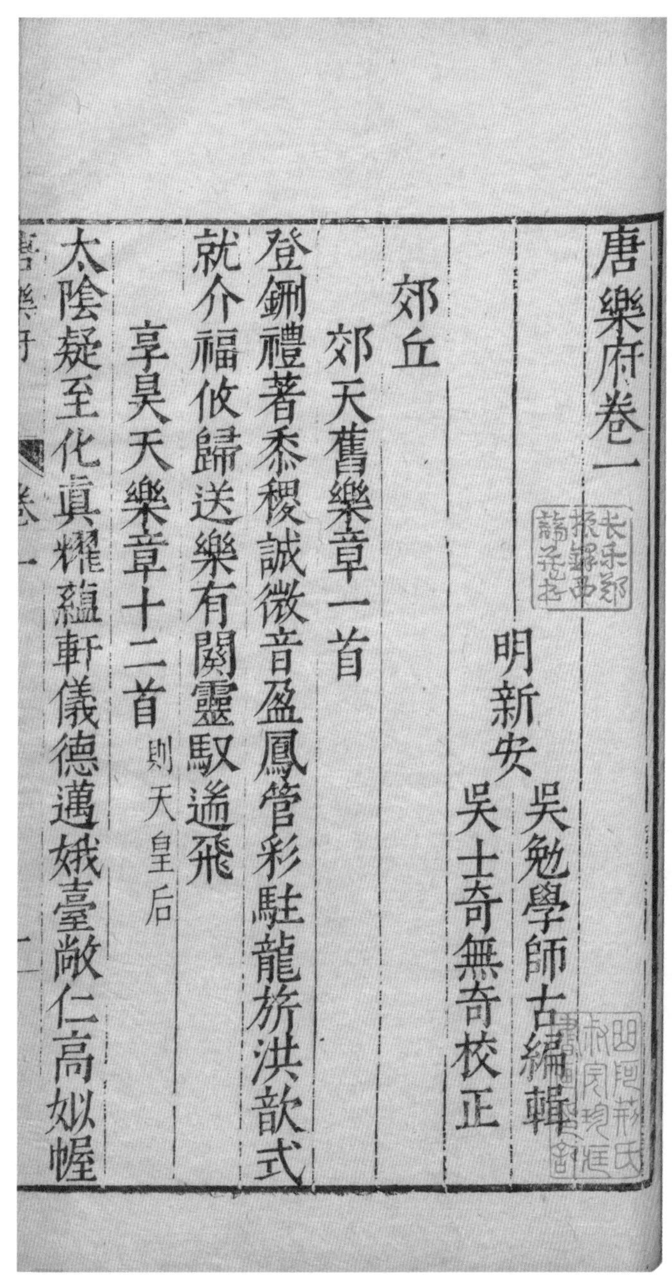
唐樂府卷一
明新安 吴勉學師古編輯
吴士奇無奇校正
郊丘
郊天舊樂章一首
登歌禮著黍稷誠微音盈鳳管彩駐龍旂洪歆式
就介福攸歸送樂有闋靈馭遥飛
享昊天樂章十二首 則天皇后
太陰凝至化貞耀藴軒儀德邁娥臺敞仁高姒幄

唐樂府十八卷 〔明〕吴勉學輯

明刻本

六册

半葉九行十九字，白口，四周雙邊。版框 20.1×13.7 厘米

15809（9091）

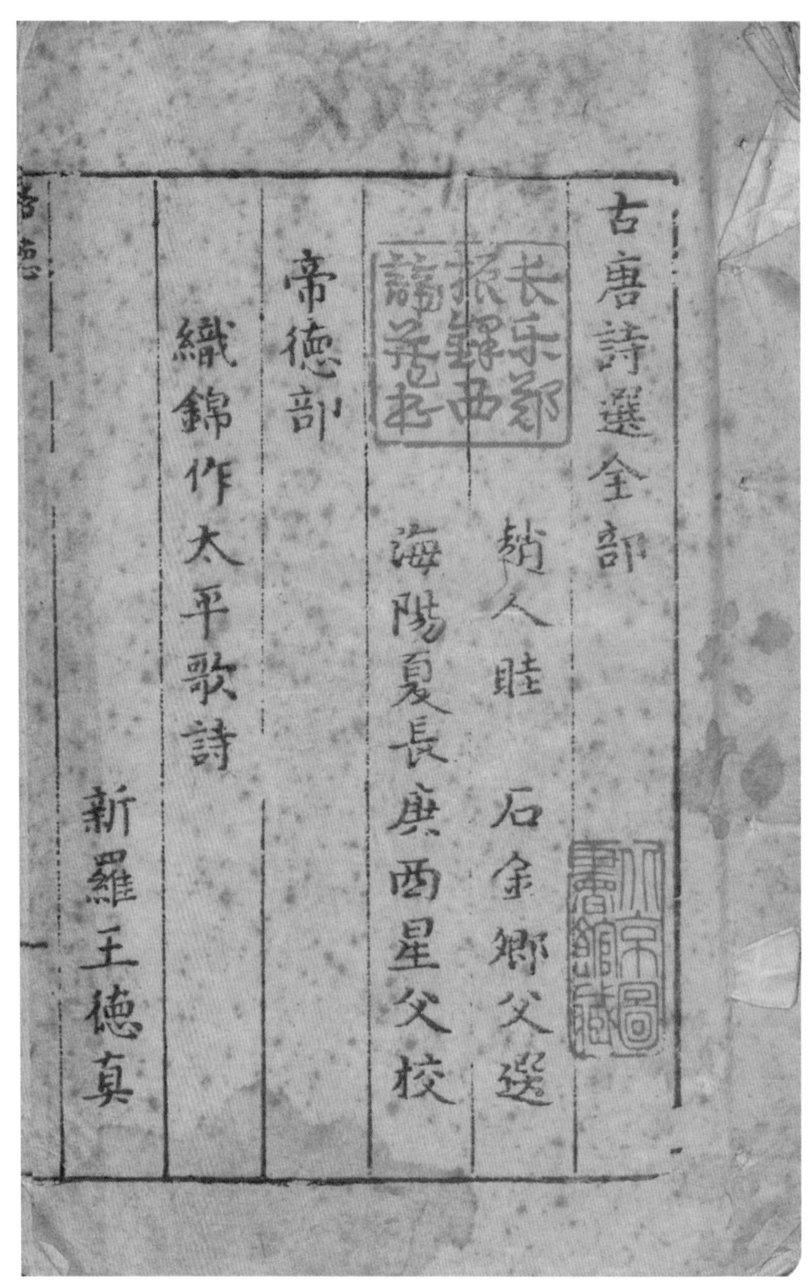
古唐詩選全部
[illegible]人睦石余鄉父選
海陽夏長庚西星父校
帝德部
織錦作太平歌詩
新羅王德真

古唐詩選全部四卷 〔明〕睦石輯

明刻本

二册 存二卷：帝德部、應制部

半葉六行十五字，白口，四周單邊。版框 10.7×7.2 厘米

T03313（10389）

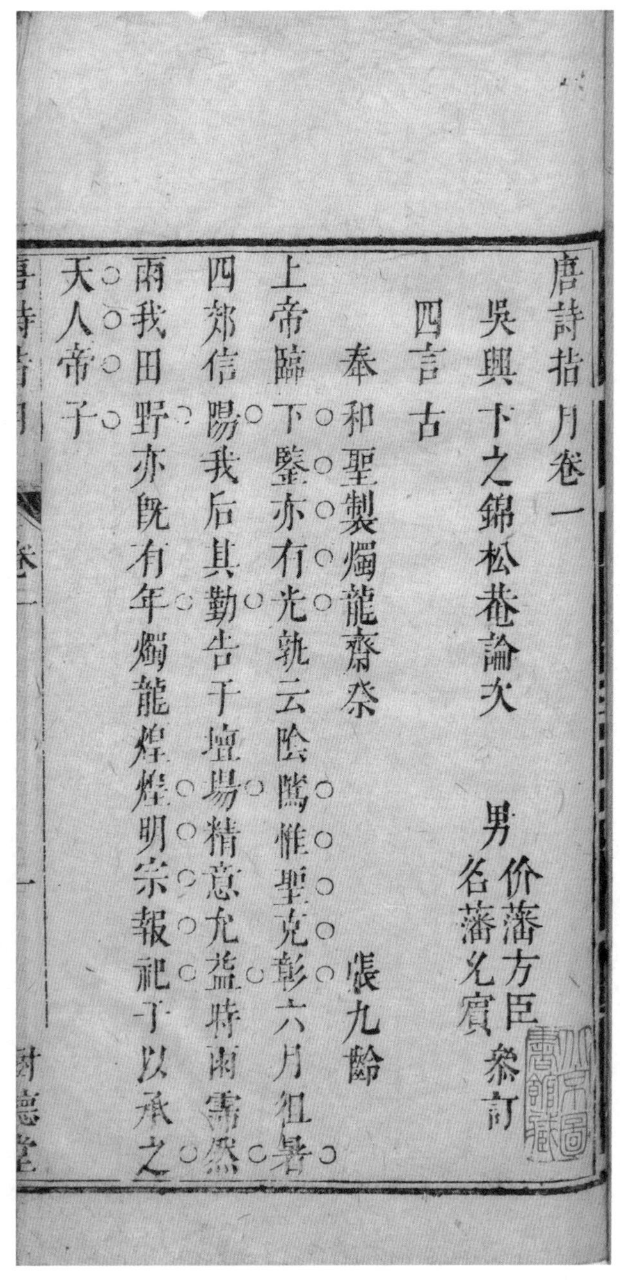

唐詩指月七卷首一卷 〔清〕卞之錦輯

清康熙五十四年（1715）刻本

二册

半葉八行二十字，白口，四周雙邊，無直格。版框 18.1×11.4 厘米

T03306（1955）

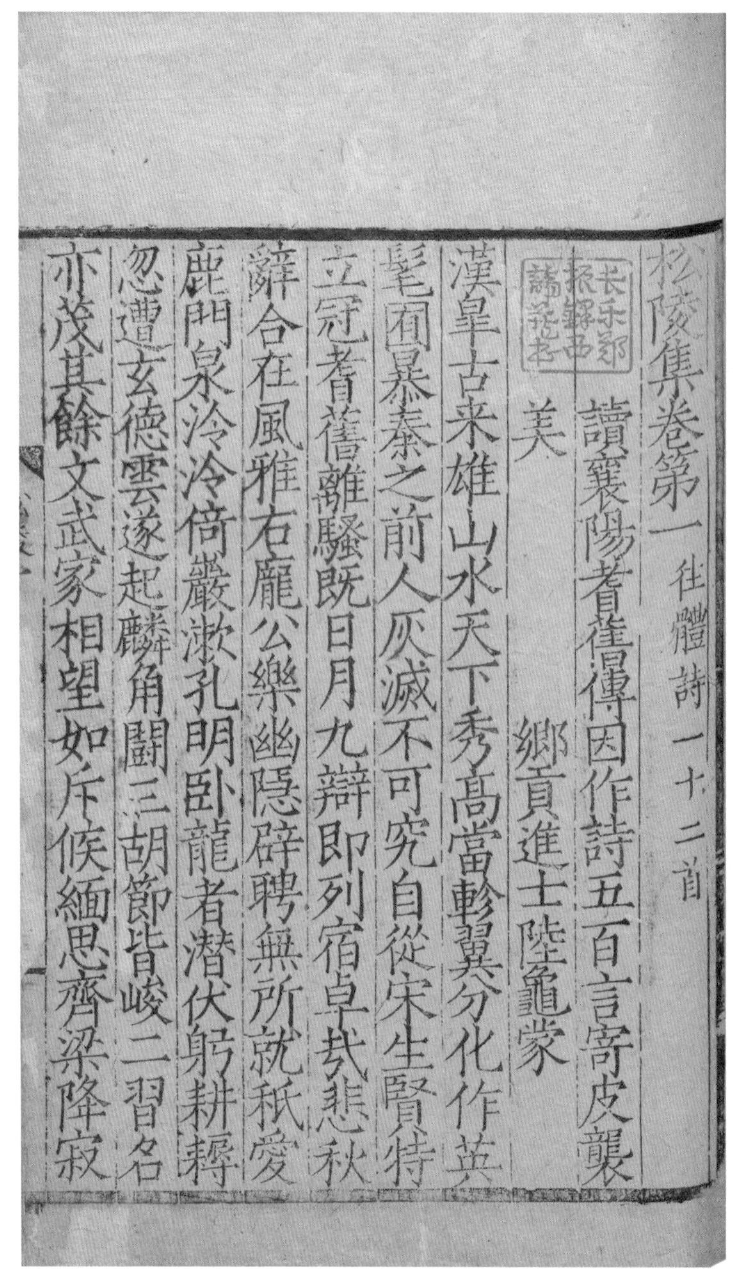

松陵集十卷　〔唐〕皮日休、陸龜蒙撰

明弘治十五年（1502）劉濟民刻本

二册

半葉十行十八字，細黑口，左右雙邊。版框 18.6×13.6 厘米

15805（9070）

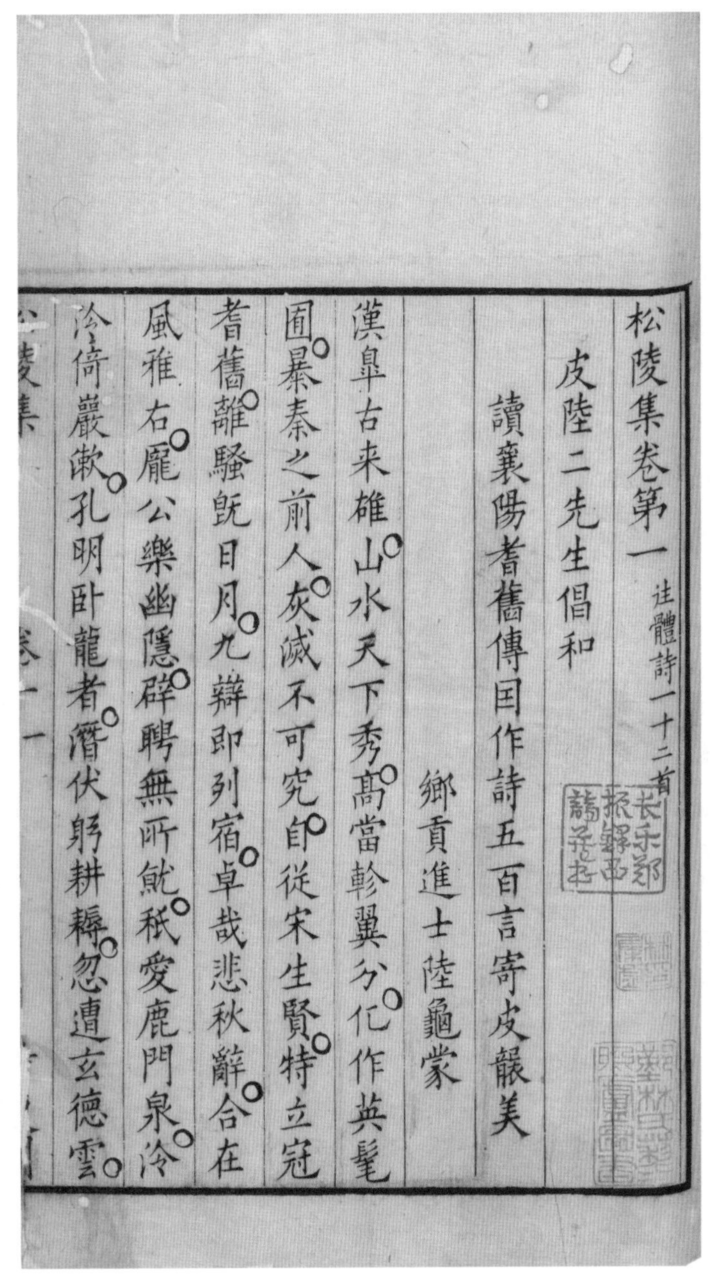

松陵集十卷 〔唐〕皮日休、陸龜蒙撰

明崇禎九年（1636）顧氏詩瘦閣刻本

四册

半葉九行十九字，白口，左右雙邊。版框 18.2×13.9 厘米

15799（9071）

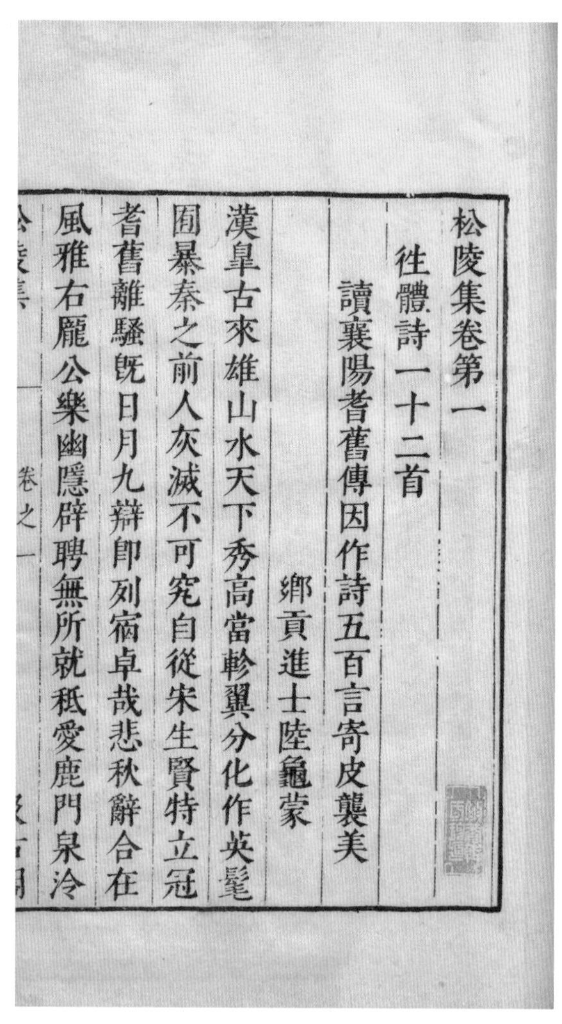

松陵集十卷　〔唐〕皮日休、陸龜蒙撰

明末毛氏汲古閣刻本　鄭振鐸跋

五册

半葉八行十九字，白口，左右雙邊。版框 19.2×13.6 厘米

16759（14654）

松陵集予有明弘治本李明顧凝遠詩瘦閣本今復得此汲古閣本則共有三本矣魯望襲美為唐末有特創風格的詩人此皮陸倡唱集不僅卷帙之富為古今冠即詩意亦妙極也一九五八年七月四日西諦記

一四六五四

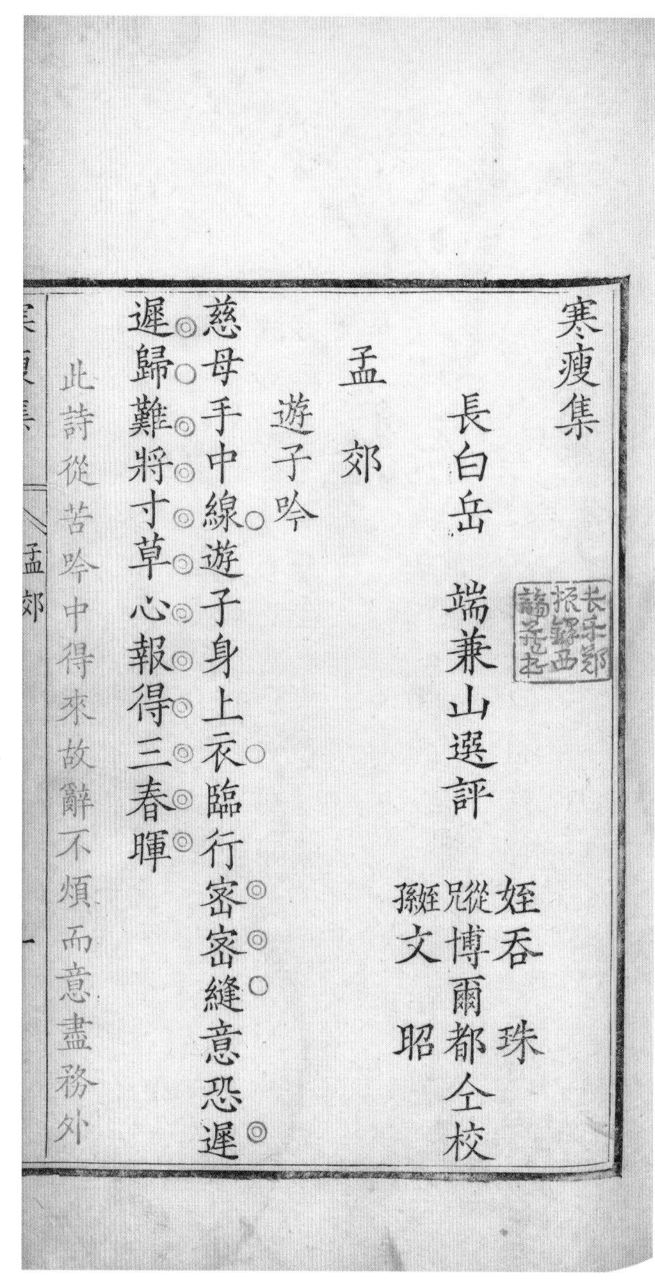

寒瘦集一卷　〔唐〕孟郊、賈島撰　〔清〕岳端輯評

清康熙三十八年（1699）紅蘭室刻朱墨套印本

一册

半葉八行十八字，白口，四周雙邊。版框 19.3×13.4 厘米

15791（9047）

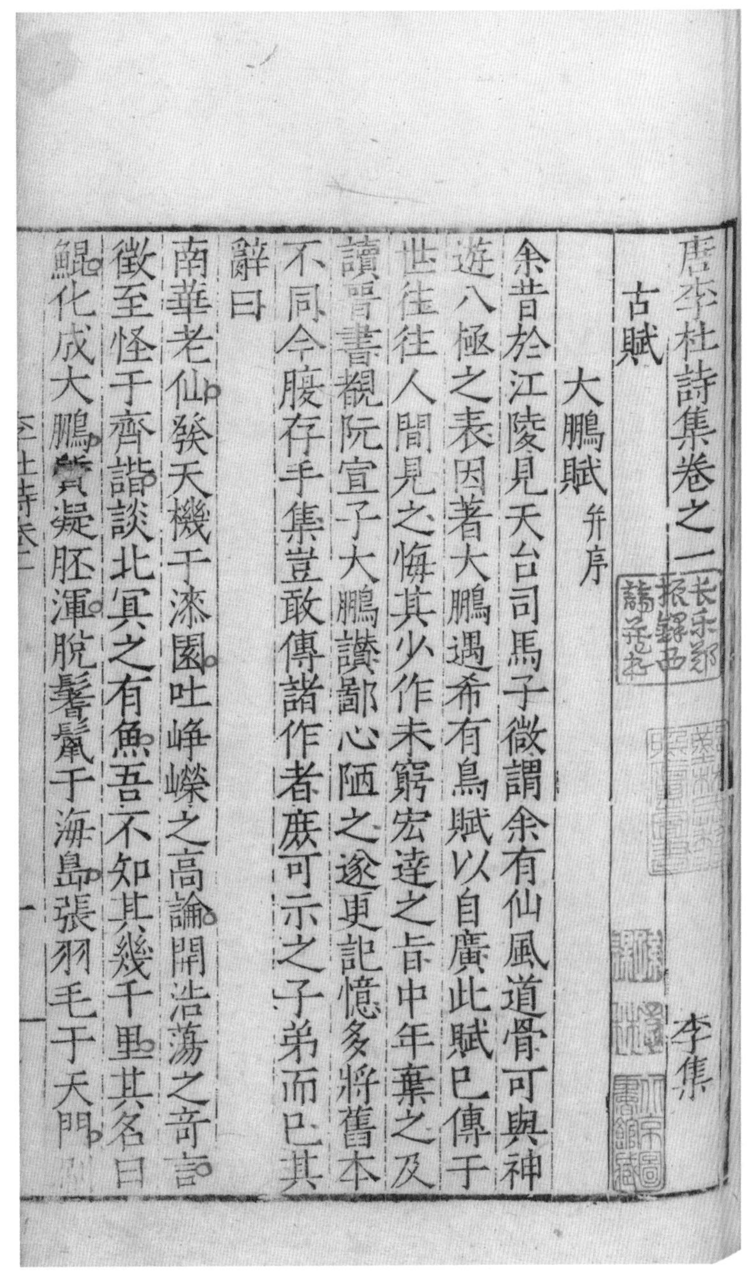
唐李杜詩集卷之一　　李集

古賦

大鵬賦并序

余昔於江陵見天台司馬子微謂余有仙風道骨可與神遊八極之表因著大鵬遇希有鳥賦以自廣此賦已傳于世往往人間見之悔其少作未窮宏達之旨中年棄之及讀晉書覩阮宣子大鵬讚鄙心陋之遂更記憶多將舊本不同今腹存手集豈敢傳諸作者庶可示之子弟而已其辭曰

南華老仙發天機于漆園吐崢嶸之高論開浩蕩之奇言徵至怪于齊諧談北冥之有魚吾不知其幾千里其名曰鯤化成大鵬質凝胚渾脫鬐鬣于海島張羽毛于天門

唐李杜詩集十六卷　〔明〕萬虞愷、邵勳輯

明嘉靖二十一年（1542）萬虞愷刻本

五册　存十四卷：一至十四

半葉十二行二十二字，白口，左右雙邊。版框 19.1×14.4 厘米

T03355（無西諦書號）

增註唐賢絶句三體詩法卷之一
汶陽周弼伯弜選
高安釋圓至天隱註
東嘉裴庾季昌增註
實接伯弜曰絶句之法大抵以第三句爲主首尾率直而無婉曲者此異時所以不及唐也其法非惟久失其傳人亦鮮能知之以實事寓意而接則轉换有力若斷而續外振起而內不失於平易前後相應雖上四句而涵蓄不盡之意焉此其畧亦詳而求之玩味之久自當有所得
華清宫驪山温泉宫太宗所建玄宗天宝六載改名華清宫又於其間起老君殿左朝元閣右長生殿也【增註】華清宫在唐關内道京兆府昭應縣驪山下古驪戎國居於此故名○地理志太宗貞觀十八年營建御湯名湯泉宫高宗咸亨二年名温泉宫明皇天宝六年改

增註唐賢絶句三體詩法三卷　〔宋〕周弼輯　〔元〕釋圓至、裴庾增註

日本刻本

三册

半葉十行二十二字，小字雙行同，黑口，左右雙邊。版框 20.9×15.1 厘米

16482（12562）

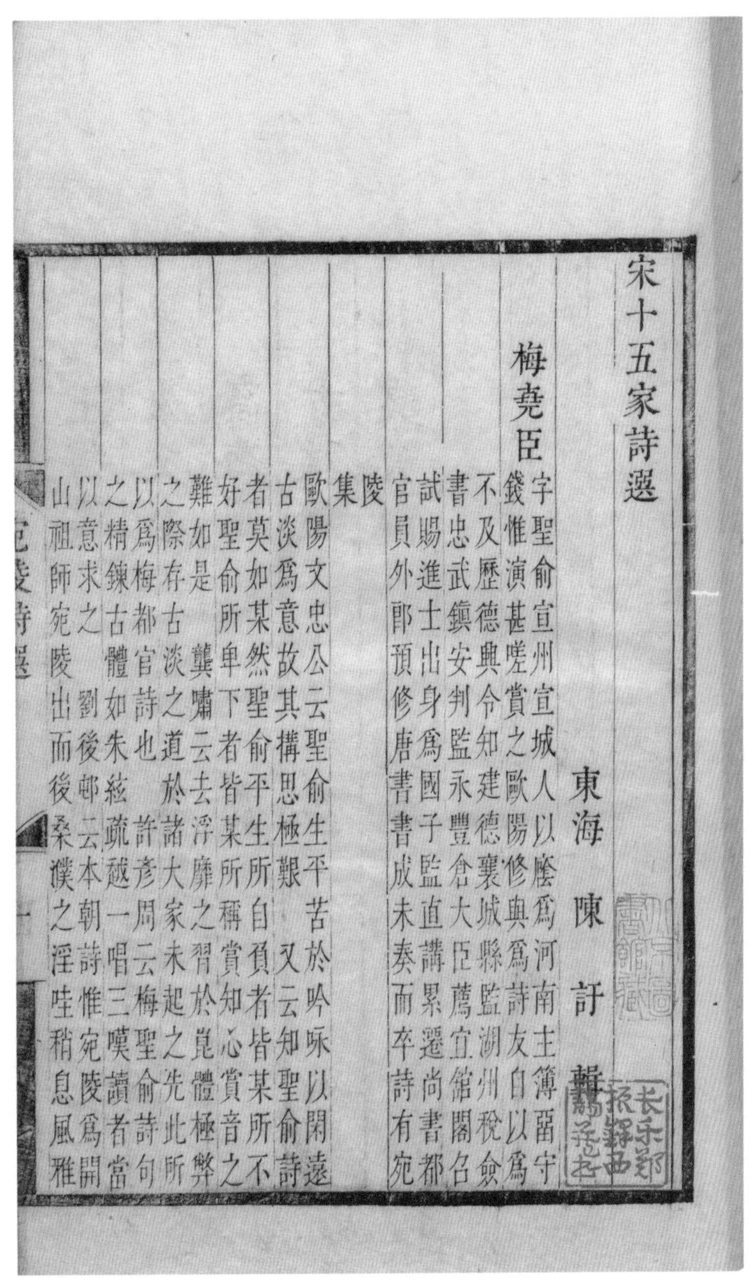

宋十五家詩選十六卷　〔清〕陳訏編

清康熙三十二年（1693）刻本

七册

半葉十一行二十二字，黑口，左右雙邊。版框 19.6×14.1 厘米

T03292（1894）

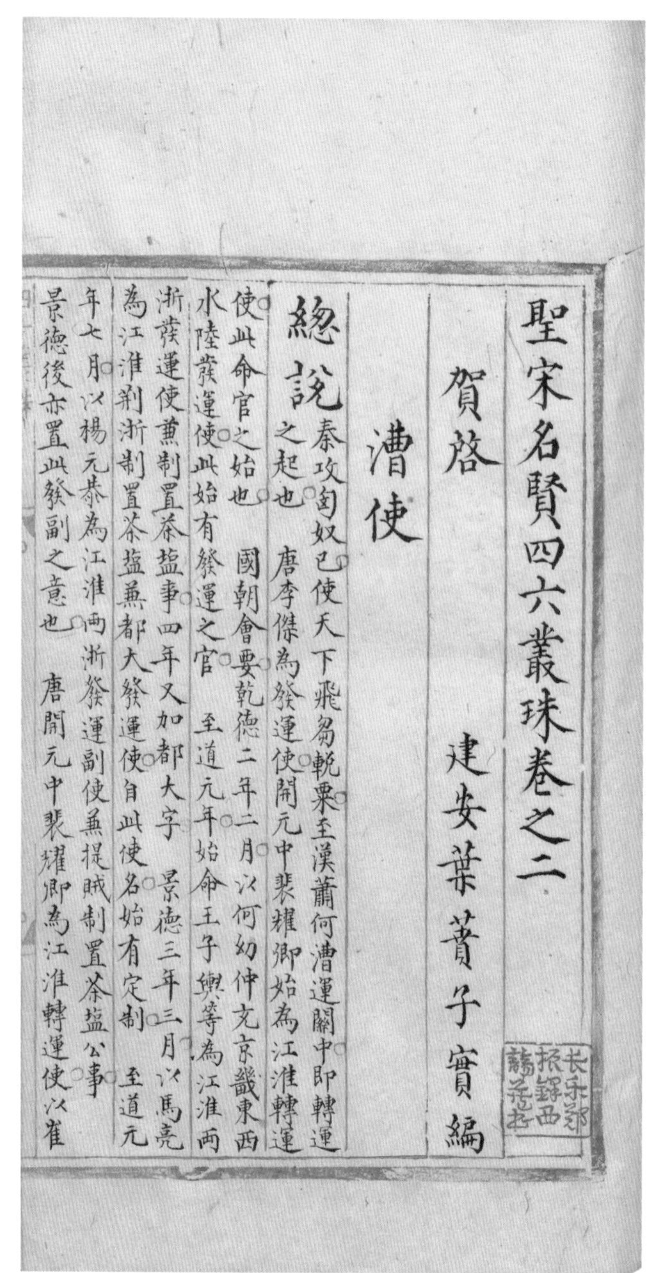
聖宋名賢四六叢珠卷之二

賀啓　建安葉蕡子實編

漕使

總説　秦攻匈奴已使天下飛芻輓粟至漢蕭何漕運關中即轉運之起也　唐李傑為發運使開元中裴耀卿始為江淮轉運使此命官之始也　國朝會要乾德二年二月以何幼仲充京畿東西水陸發運使此始有發運之官　至道元年始命王子輿等為江淮兩浙發運使兼制置茶塩事四年又加都大字　景德三年三月以馬亮為江淮荆浙制置茶塩兼都大發運使自此使名始有定制　至道元年七月以楊允恭為江淮兩浙發運副使兼提賊制置茶塩公事景德後亦置此發副之意也　唐開元中裴耀卿為江淮轉運使以崔

聖宋名賢四六叢珠一百卷　〔宋〕葉蕡輯

明抄本

十册　存六十七卷：二至六十八

半葉七行字不等，小字雙行，藍格，白口，四周雙邊。版框 21.3×13.8 厘米

16176（10369）

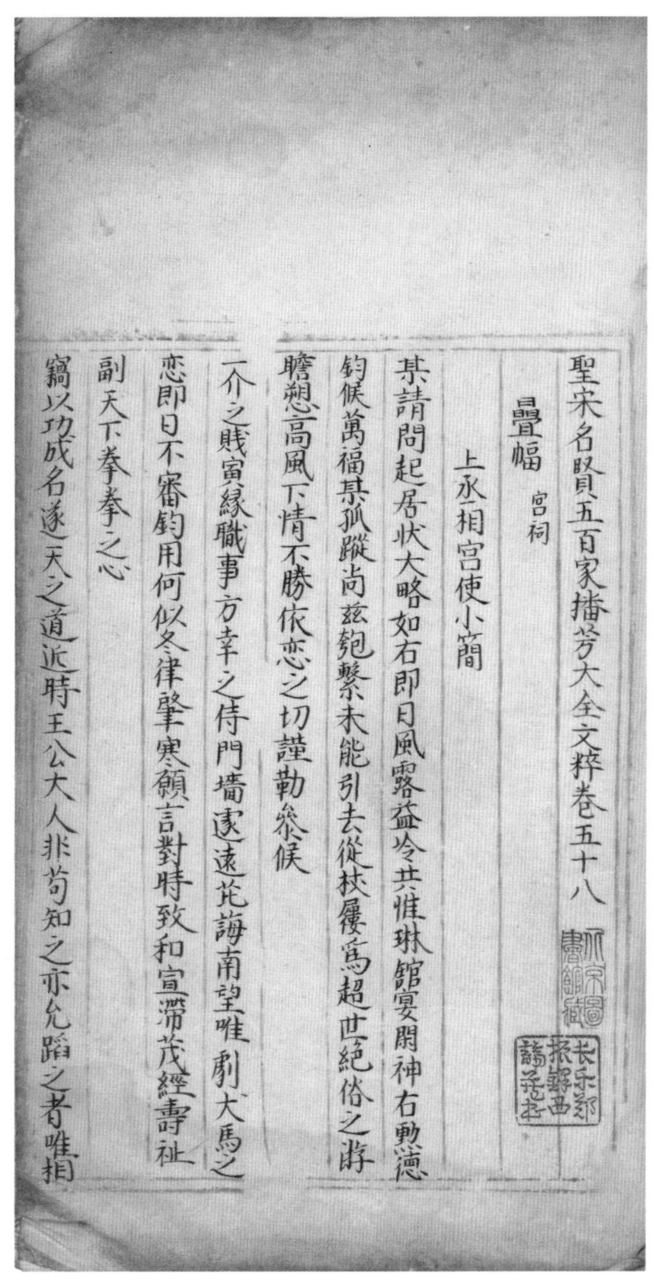

聖宋名賢五百家播芳大全文粹一百五卷　〔宋〕魏齊賢、葉棻輯

明抄本

一册　存五卷：五十八至六十二

半葉十行二十五至二十六字，藍口，四周雙邊。版框 20.7×15.3 厘米

T03359（14255）

柴氏四隱集

宋國史秋堂柴　望著

十一世孫復貞編次

五言律詩

吴樵溪山居

老子無家計蕭然屋數間頭邊惟白髮眼底是青山

暮急鳥聲散琴低鶴睡閑片雲長似伴朝去暮飛還

金臺泊舟

欲謀歸去計歸去更匆匆王化何時北江流日夜東

片帆山共水竟夕雨和風時事只如此相催成老翁

詩　一

柴氏四隱集六卷目録二卷　〔宋〕柴望撰

清抄本

一册

半葉十行二十字，無欄格

16881（11817）

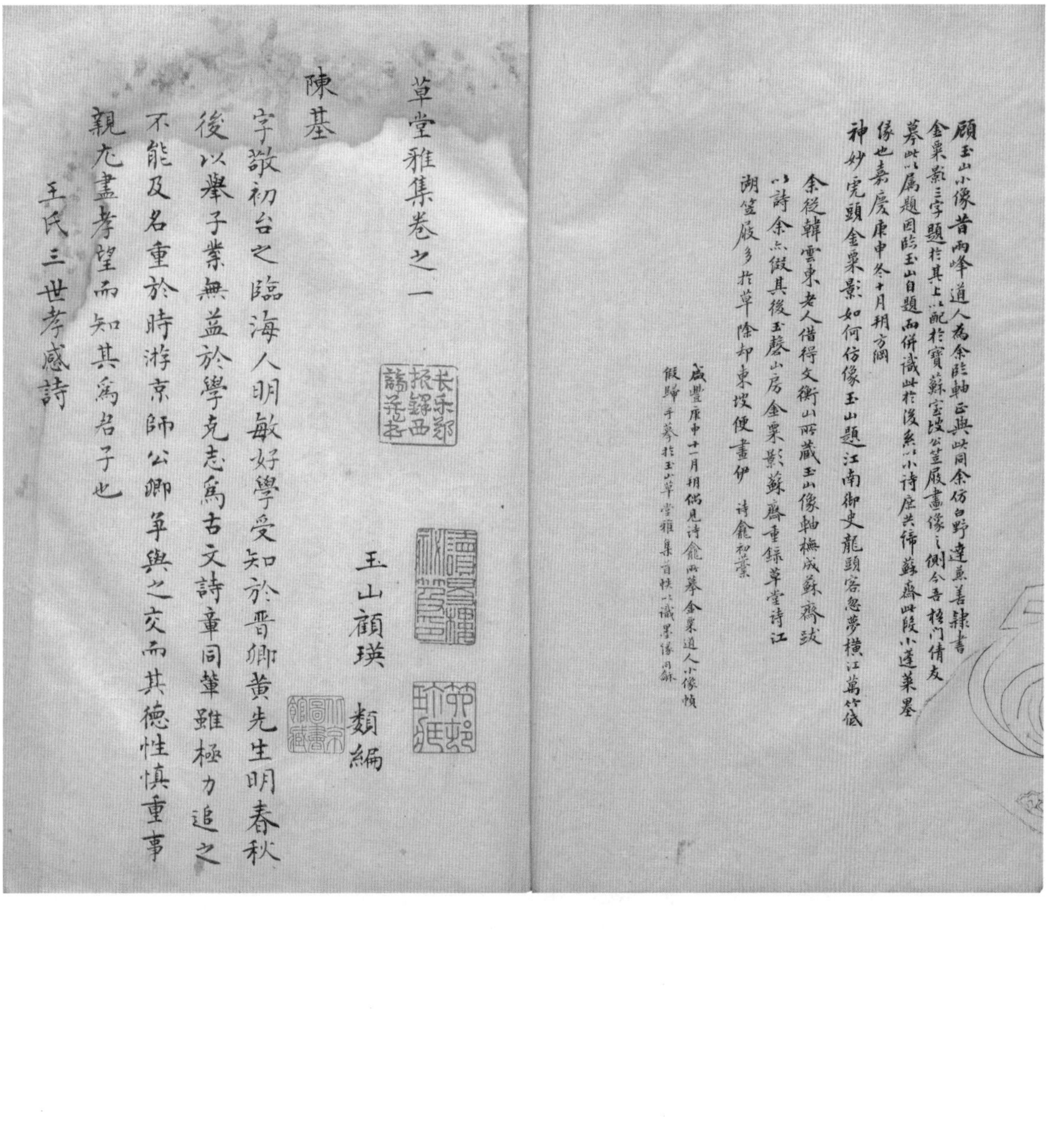

草堂雅集十三卷　〔元〕顧瑛輯

清抄本　清翁同龢摹金粟道人小像並跋，孫衣言跋

八册

半葉八行二十四字，無欄格

16573（9607）

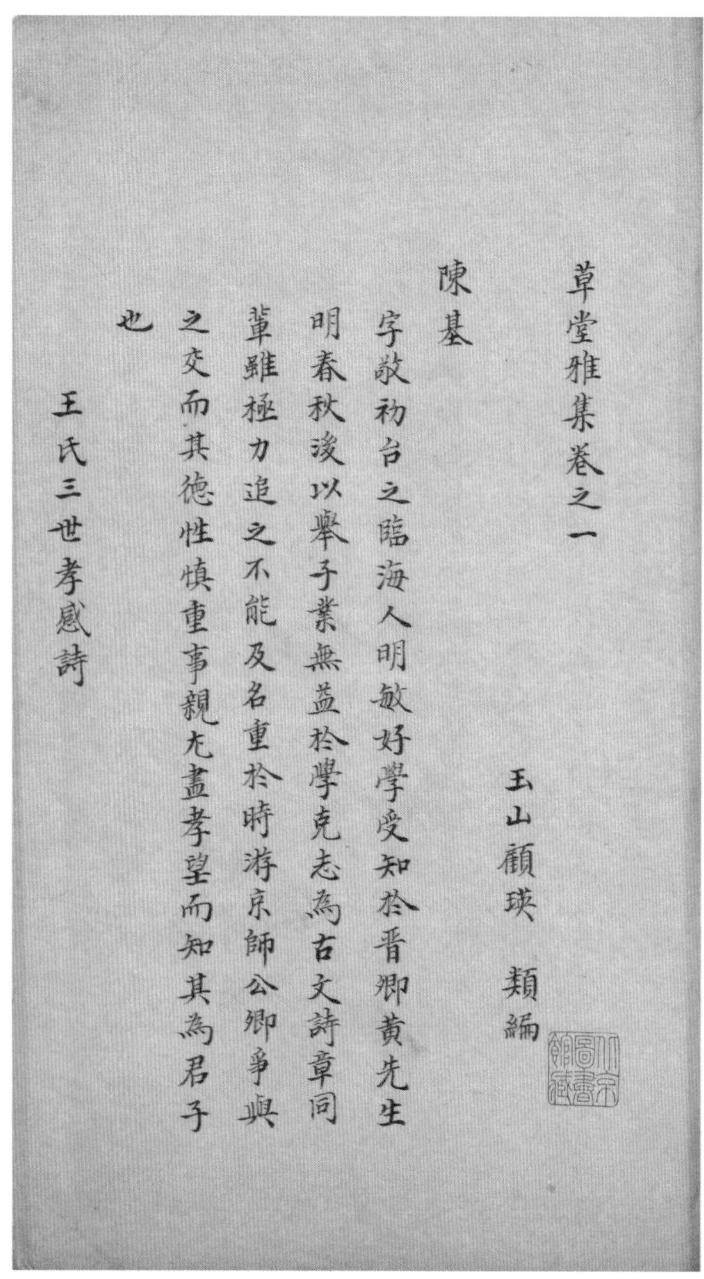

草堂雅集卷之一

玉山顧瑛　類編

陳基

字敬初台之臨海人明敏好學受知於晉卿黄先生明春秋後以舉子業無益於學克志為古文詩章同輩雖極力追之不能及名重於時游京師公卿爭與之交而其德性慎重事親尤盡孝望而知其為君子也

王氏三世孝感詩

草堂雅集十三卷後四卷　〔元〕顧瑛輯

清抄本

三册　存九卷：一至七、後一至二

半葉九行二十一字，無欄格

16689（補 454）

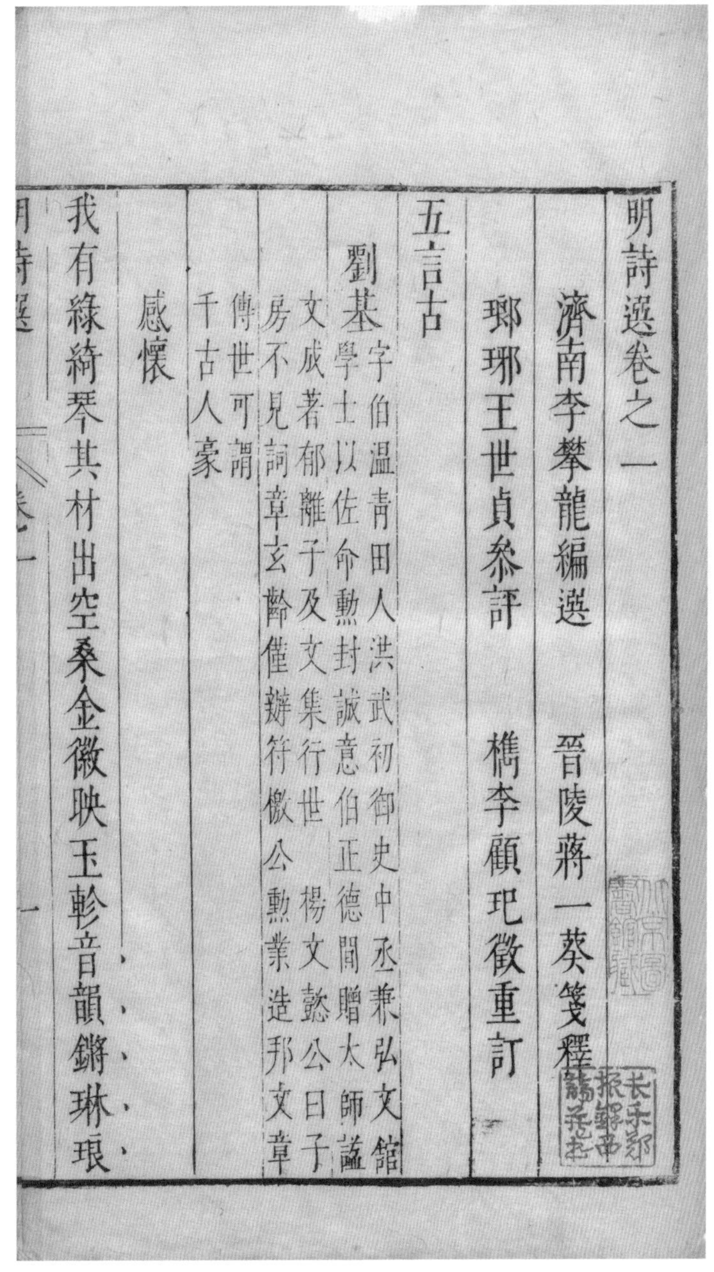

明詩選十二卷　〔明〕李攀龍輯　〔明〕蔣一葵箋釋　〔明〕王世貞評

明崇禎刻本

四册

半葉九行二十字，小字雙行同，白口，四周單邊。版框 21.5×14.6 厘米

T03268（1726）

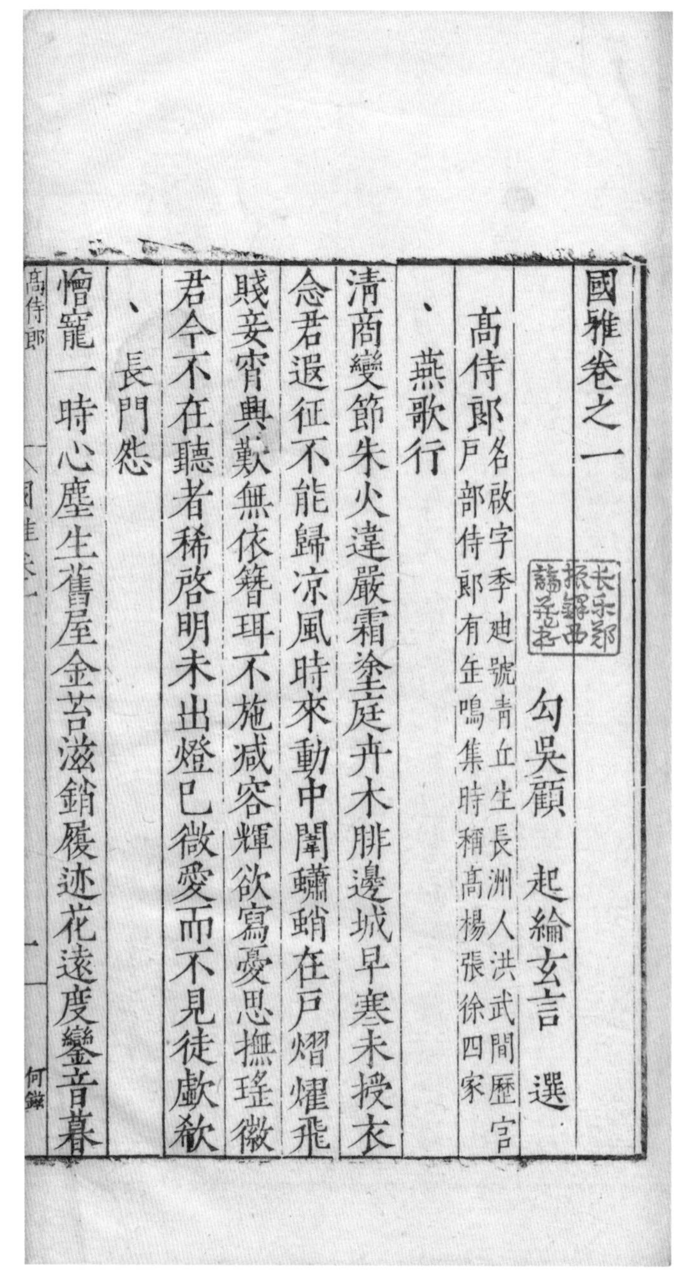

國雅二十卷續四卷　〔明〕顧起綸輯　**國雅品一卷**　〔明〕顧起綸撰

明萬曆元年（1573）顧氏奇字齋刻本

十二册

半葉十行二十一字，細黑口，左右雙邊。版框 20.4×16.4 厘米

16566（9591）

寒山蔓艸卷一

翰雲室人趙宧光凡夫氏輯録

四言

寒山誦

地不宅親徒善耳親不善宅徒子耳是以人託山而久山昮人而著物以人重自古云然若夫潔三牲脩五鼎我則未能述鴻業誦清芬惡乎退讓爰述昮姓祖先因識艱危葉萬云耳

於烏同○歎媄詞哉始有也又通聲嚳也丌基同初也命金䣶城同○得姓始祖述

寒山蔓艸　卷一　二

寒山蔓草十卷　〔明〕趙宧光輯

明刻本

一册　存四卷：一至四

半葉十行二十字，白口，左右雙邊。版框 21.3×14.7 厘米

16155（10059）

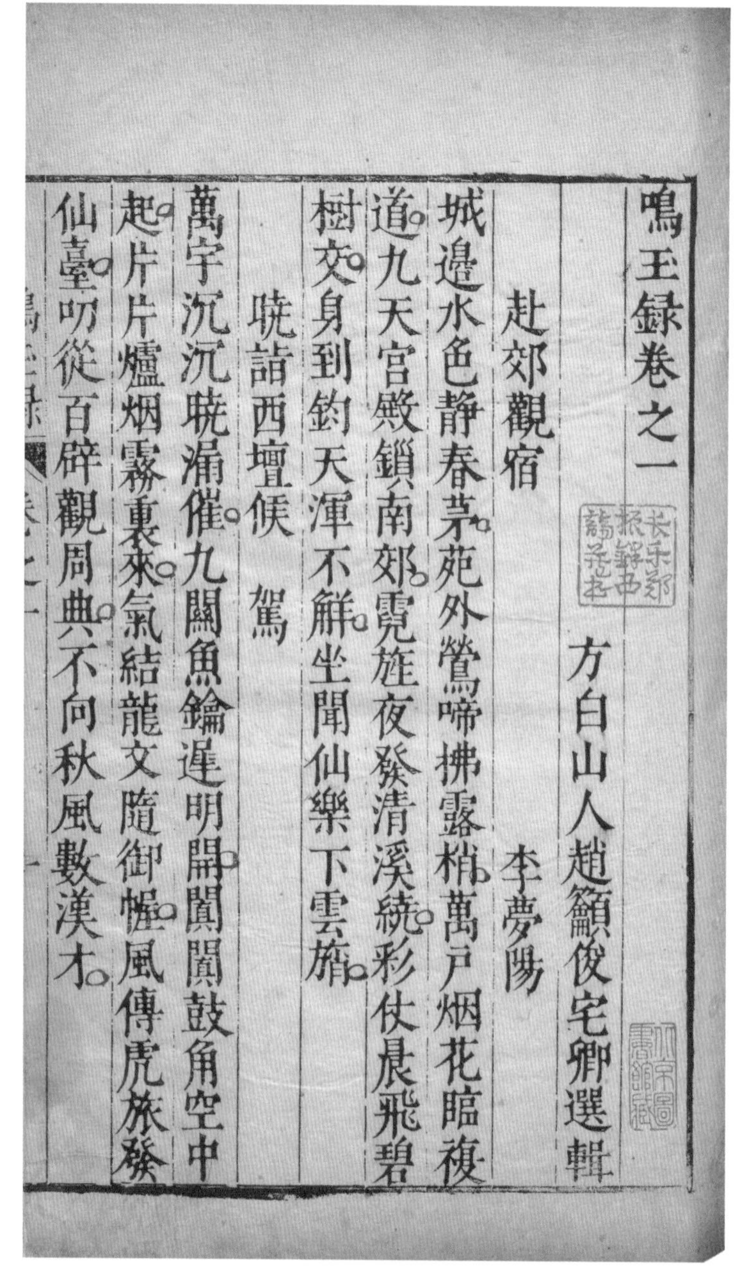

鳴玉録□卷　〔明〕趙籲俊輯

明刻本

一册　存一卷：一

半葉十行二十字，白口，四周單邊。版框 21.8×14.9 厘米

T03340（9547）

奕園雜詠有引

奕園詩為余友孫照隣作也照隣為園市上潭〻都雅余每一過之輒低回不忍去宇内名流勝士無論至與未至其所咏幾與東壁争光況余日狎輞川才非裴迪耳因輙為二十二詠以當神遊

西堂

朝弄西山雲暮聽西山雨老樹作龍唫似

奕園雜詠一卷奕園史一卷　〔明〕孫光宗輯

明萬曆刻本

二册

半葉八行十六字，白口，四周單邊。版框 20.0×13.6 厘米

15520（2664）

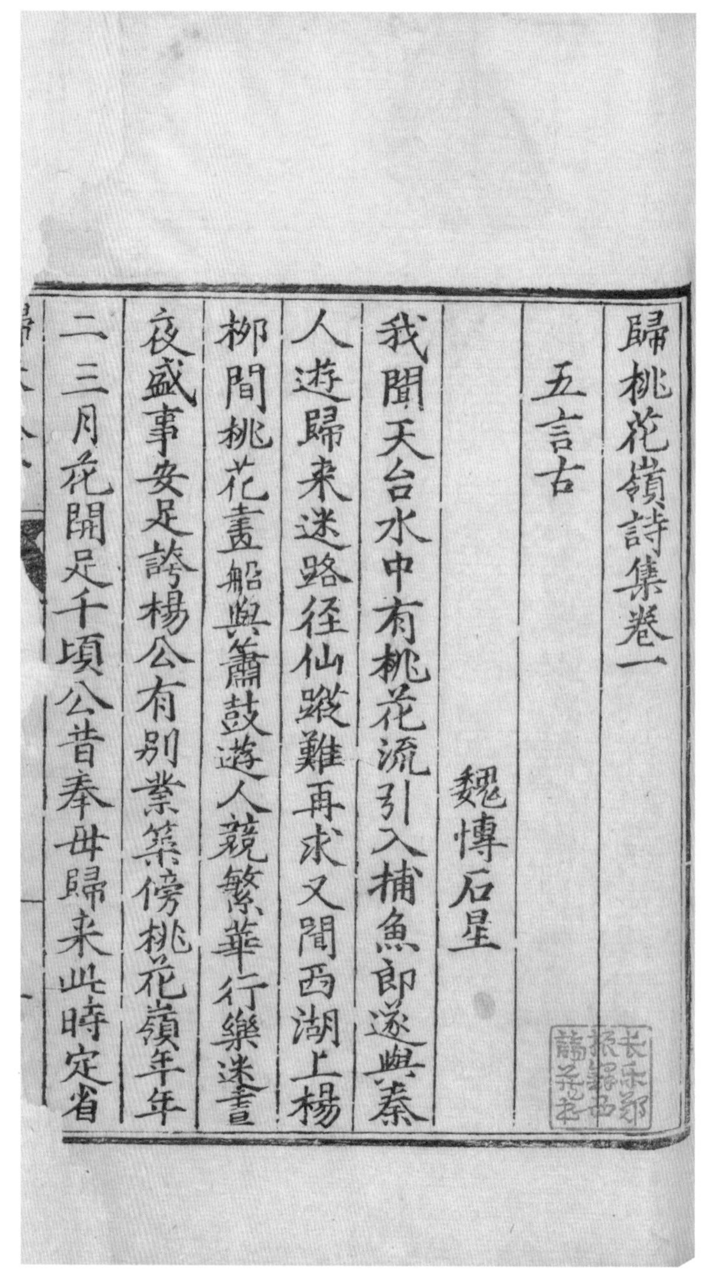
歸桃花嶺詩集卷一

五言古

魏博石星

我聞天台水中有桃花流引入捕魚郎遂與秦人遊歸來迷路徑仙蹤難再求又聞西湖上楊柳間桃花畫船與簫鼓遊人競繁華行樂迷晝夜盛事安足誇楊公有别業築傍桃花嶺年年二三月花開足千頃公昔奉母歸來此時定省

歸桃花嶺詩集六卷　〔明〕楊巍輯

明萬曆二十二年（1594）楊氏家塾刻本

一册　存五卷：一至五

半葉八行十八字，白口，四周雙邊。版框 17.7×14.5 厘米

15720（8866）

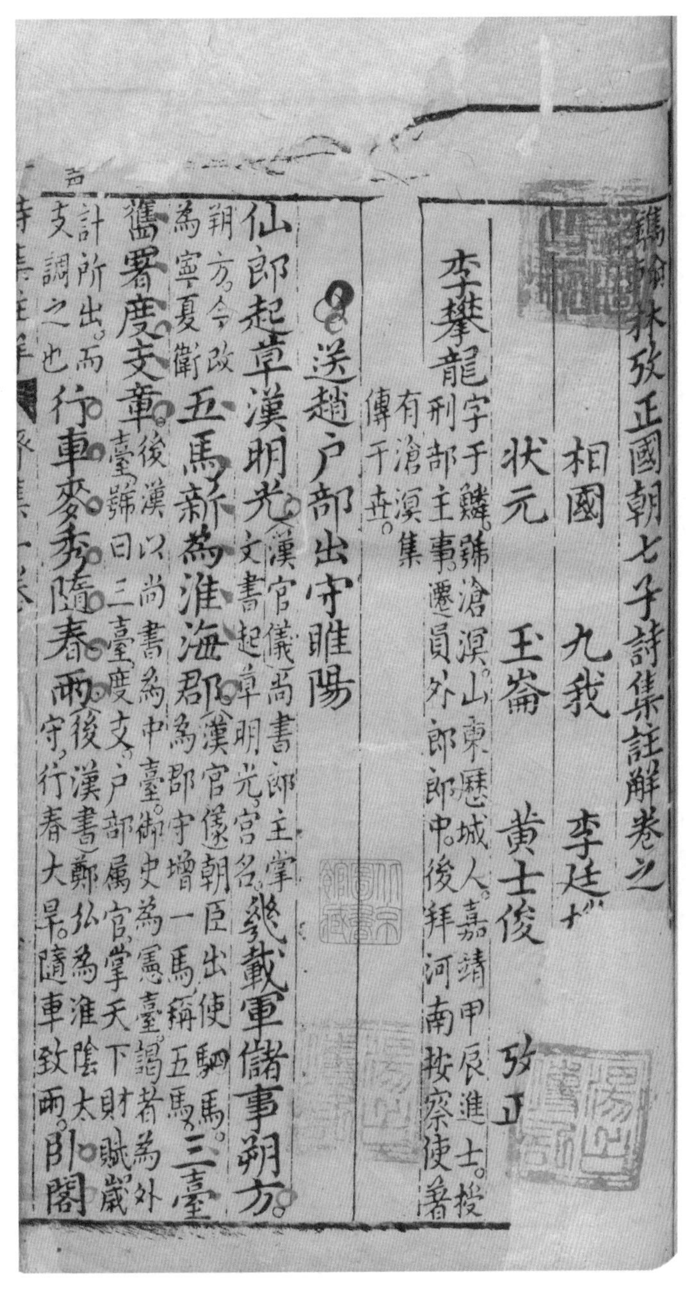

鐫翰林考正國朝七子詩集註解七卷　〔明〕李攀龍、王世貞等撰　〔明〕李廷機考正

明萬曆二十二年（1594）鄭雲竹宗文書舍刻本

三册

半葉十行二十二字，小字雙行同，白口，四周單邊。眉欄鐫評。版框 20.6×12.5 厘米

16928（1803）

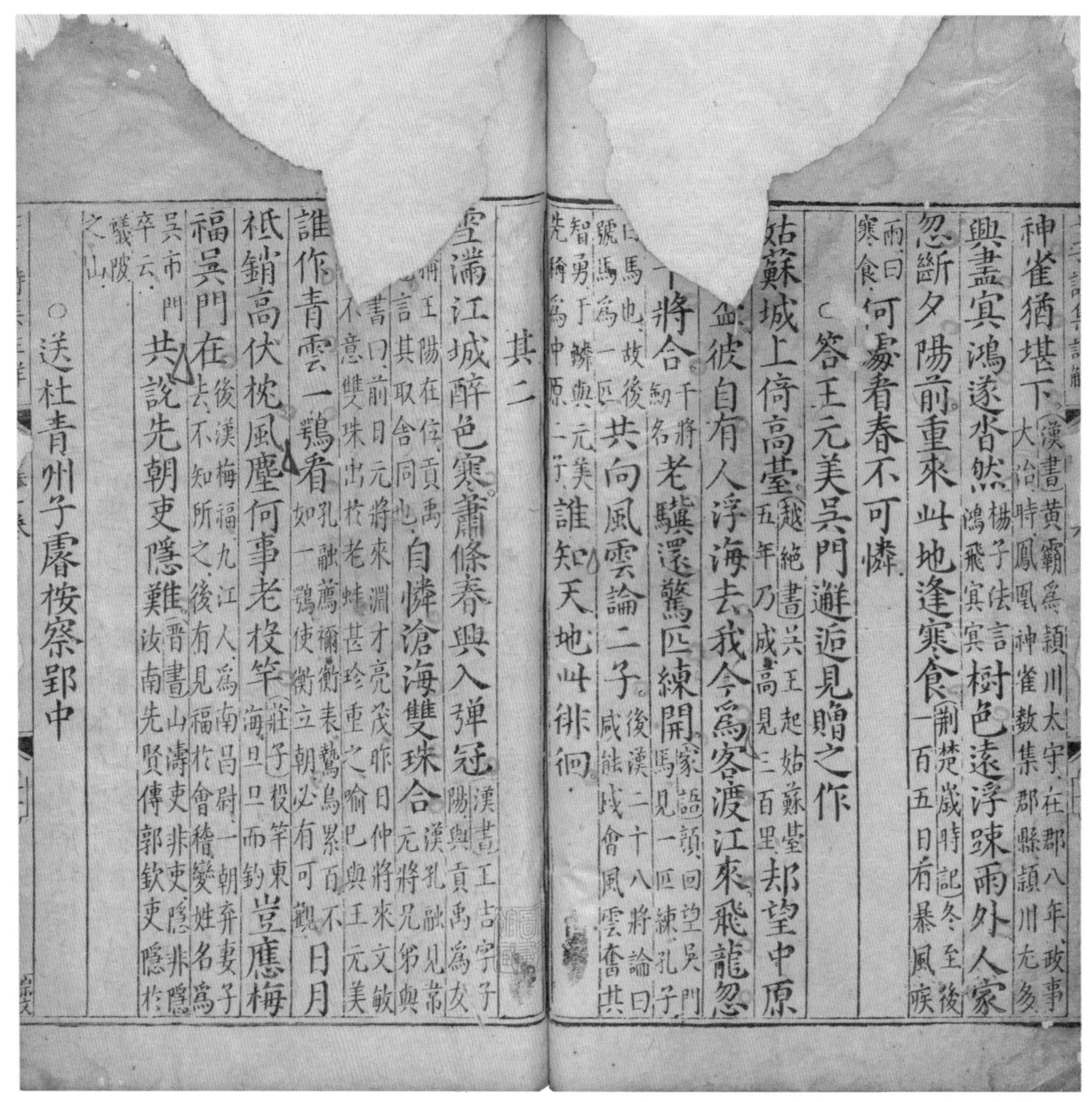

鐫翰林考正國朝七子詩集註解七卷　〔明〕李攀龍、王世貞等撰　〔明〕李廷機考正

明萬曆二十二年（1594）鄭雲竹宗文書舍刻本

一册

半葉十行二十字，白口，四周雙邊。版框 19.6×12.6 厘米

16732（補 518）

後江山斷白雲莫羨幔亭霞石曉福建武夷山有幔亭峯在大王峯下秦始皇時武夷建幔亭宴曾孫于此恐應先駐伏波軍馬援為伏波將軍征交趾

○送李太史還朝此首誤錄在此

北去樓船向紫垣紫垣紫微垣也紫微帝星外有紫氣環繞如垣故云長途芳草日開樽漢庭秋問仙人掌漢武帝製仙人掌以承露方朔才高金馬門漢書東方朔字曼倩漢武時初上書上令待詔於金馬門羣盜兵戈無上策蒼生顒領滿中原安危將相須公等漢書陸賈謂陳平曰天下安注意相天下危注意將將相和調則士豫附霄旰于今獨至尊唐太宗曰朕不敢荒息宵衣旰食荀子正論曰天子者勢位至尊無敵于天下

七子詩集註解七卷終

萬曆甲午歲吉
旦鄭雲竹繡梓

〇王素娥山陰人號蘖齋吏人胡節之妻夫亾守節
年四十一卒
〇王孺人成都人狀元楊升菴元配善詩
〇馬孺人金陵人翰林陳石亭繼配著有芷居集
〇孫母楊夫人仁和人裕州守應龢女孫文恪公陞
之繼配婦道母儀克端内範舉四子皆至鉅卿
〇李英字少芝南海人訓導歐崙山大任之青衣也
能宗其主人爲詩歌有可觀者

盛明百家詩選卷之一
金陵蘭嵎生朱之蕃選授門人周時泰校梓
賦三十首
伐寄生賦并序　劉基
余山居樹羣木嘉果騈植人車錯迕斤斧不
修野鳥棲息糞其上上茁異類日夕滋長舊
本就瘁余覩而悲之乃募趫捷腰斧鑿升其
巔剜條剔根聚其遺而燔之於是老榦挺立
新荑濯如若瘡瘍脱身大疢去國斧鉞之時

盛明百家詩選三十四卷首一卷　〔明〕朱之蕃輯

明萬曆周時泰刻本

十六册

半葉九行二十字，白口，四周單邊。版框 22.7×14.7 厘米

15451（1851）

五月五日同社中諸子泛舟

方大潵字于魯

長樂鄭振鐸西諦藏書

袀筵逢夏五舊俗歲時同醲酒消長日浮舟引便風江流含積氣雲靄薄遙空興在滄洲上翩翩一棹東

晴嵐變長薄宿雨激狂瀾水寫三千尺灘連五百盤青天垂島嶼白日亂江湍不用煩輕箑纖絺也自單

宇宙流光景山林積晦明人追洛水戲舟似漢

泛舟詩一卷　〔明〕汪道會輯

明萬曆八年（1580）汪道會刻本

一册

半葉九行十八字，白口，左右雙邊。版框 19.6×13.8 厘米

15708（8848）

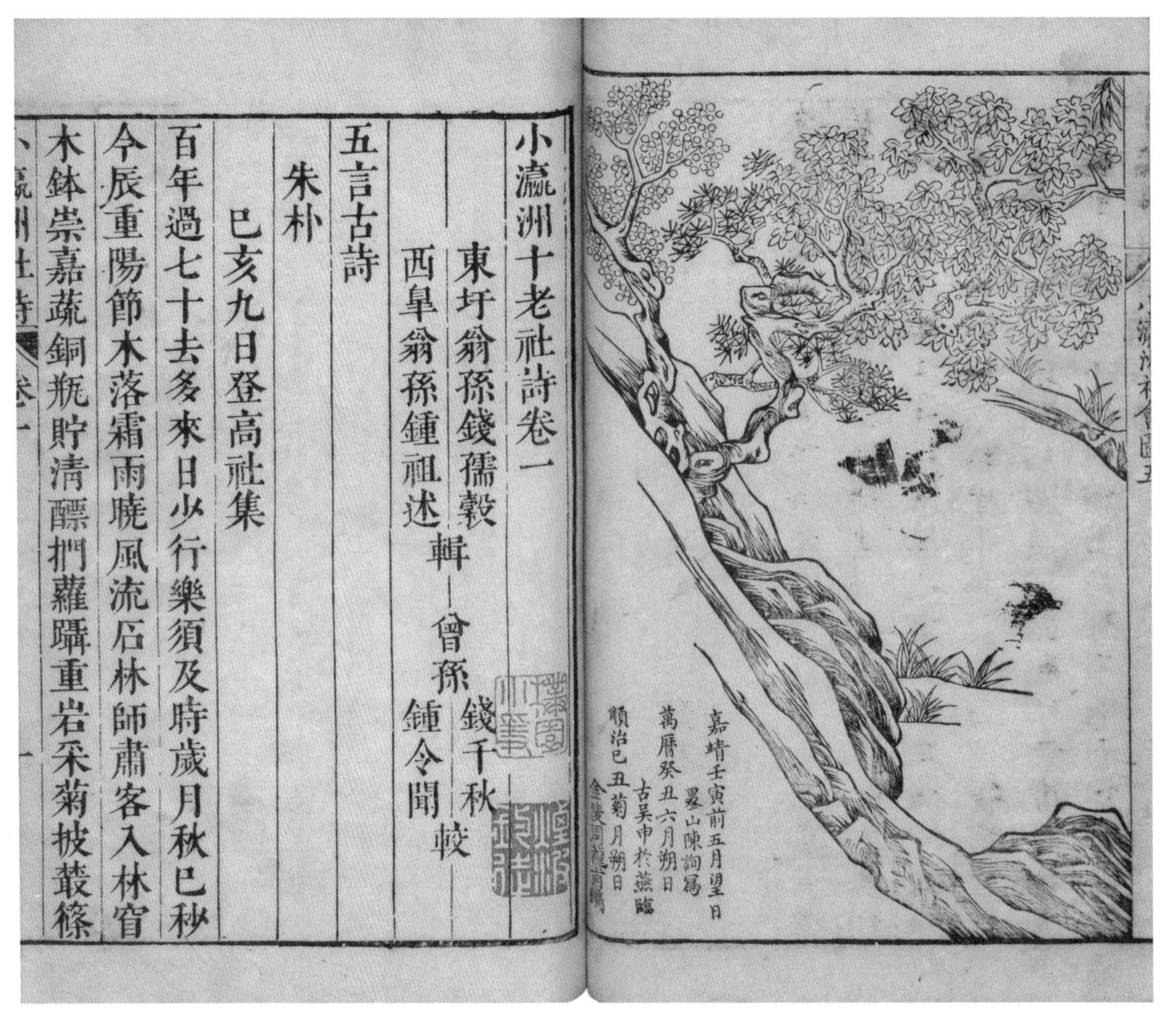

小瀛洲十老社詩六卷　〔明〕錢孺穀、鍾祖述輯　**瀛洲社十老小傳一卷**　〔明〕錢孫穀撰

清順治刻本

二册

半葉九行二十字，白口，左右雙邊。版框 20.1×14.4 厘米

15714（8864）

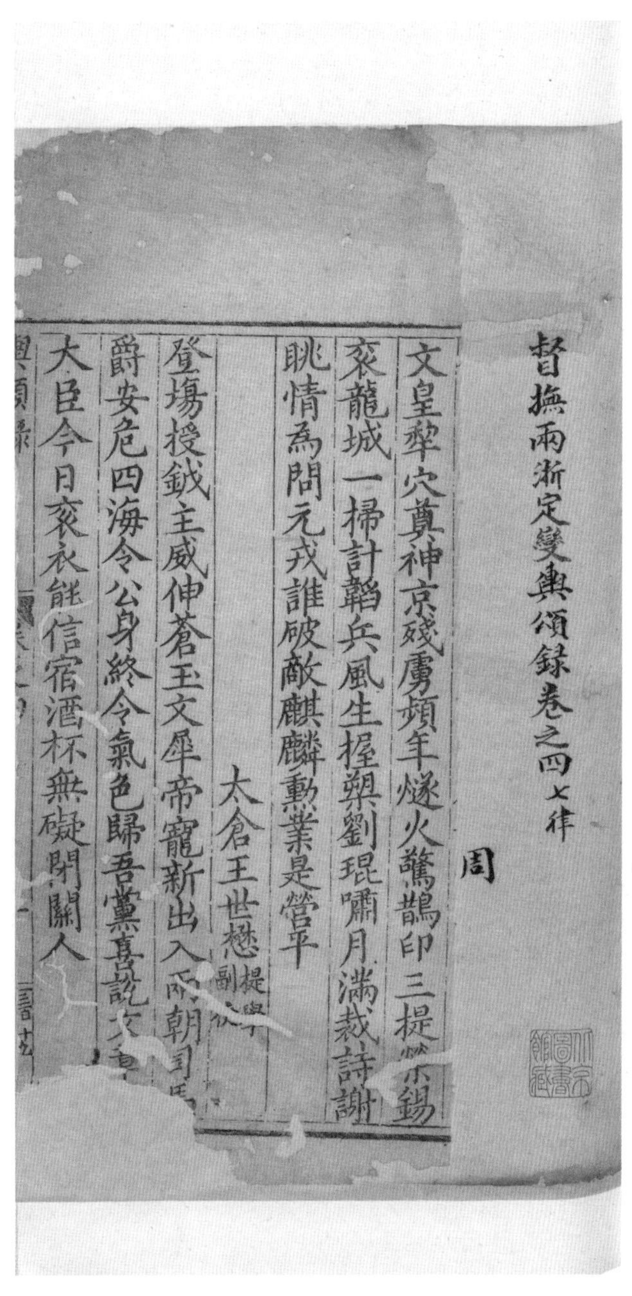

督撫兩浙定變輿頌録□卷

明萬曆刻本

四册　存二卷：四至五

半葉九行二十字，白口，四周雙邊。版框 19.0×13.7 厘米

15868（9847）

知倉卒措顧而千月注望一麾造次傳宣而千
凝聽一語鉦鳴而喘息不聞鼓動而精神皆
壯一馬當先而衆馬爭先一軍奮勇而衆軍爭
勇饑勞不出怨言患難蓋有懼色箇箇武藝熟
閑人人戰陣通曉如此斯可謂把總矣有此十
把總得一智勇兼仁之將官統之有不戰勝攻
取者乎而今有此把總否
一選將與選軍不同選軍則以馬上步下箭火砲
快鎗劔法棍勢舉石躍馬而已選將未必不
此而不止此也全要束伍命衆列營對敵設伏
用間解圍攻堅今以選軍之法選將謬甚矣選
武與選文不同選文則以辭藻英華篇章富麗
極知其爲無用之物然文人猶無死生成敗安
危之寄選武未必不以文而所重不在文也博
古通時精識練技雄圖壯志况勇先機操縱恩
威低昂彼我今以選文之法選武謬又甚矣噫
彼馬步箭論策豈足以盡將耶疣瘤已極牢不
可破歟枚得人之效誠難

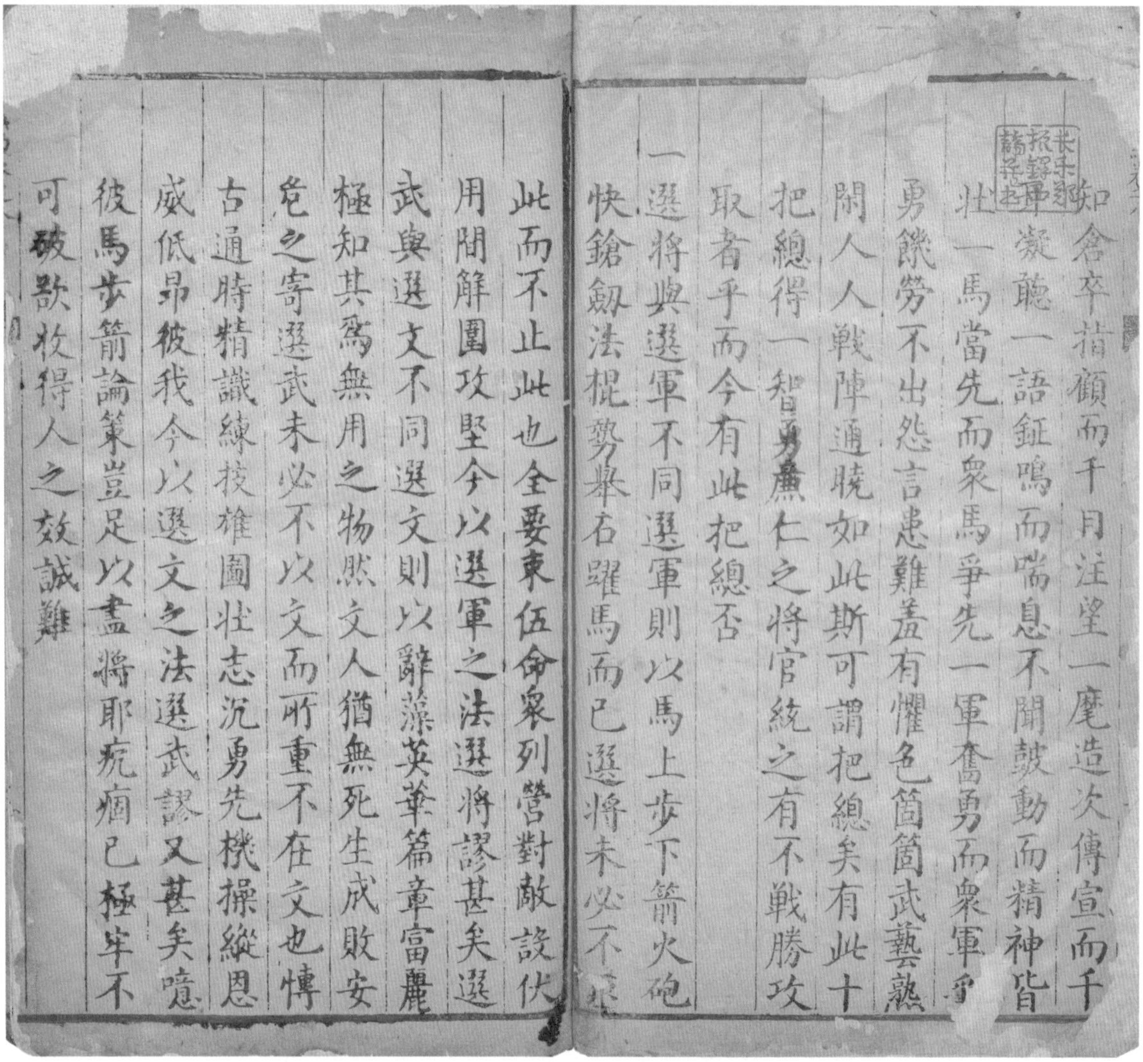

督撫約□卷

明刻本

一册　存一卷：八

半葉八行二十字，白口，四周單邊。版框 24.0×14.7 厘米

T04082（9873）

四友圖詩

河北王永光

東都盛事傳九叟文采風流足不朽試把今人比
古人三公差似余何有落落穆穆稱素交當年同
籍復同曹烏府公庭人吏散柳塘花塢馬聲驕雨
雲分飛四十年骯髒誰肯受人憐中興
聖主搜巖谷從教白髮縮朝簪白髮朝簪尋常事國
有六卿居其四平臺相看轉相親拚將頂踵酬國
士軍興十載苦三空臨軒數問大司農闢中飛輓

四友詩贊　六

壬辰四友二老詩贊不分卷　〔明〕畢自嚴輯

明崇禎五年（1632）畢自嚴刻本

一册

半葉九行十九字，白口，四周單邊。版框 21.7×14.5 厘米

15990（10109）

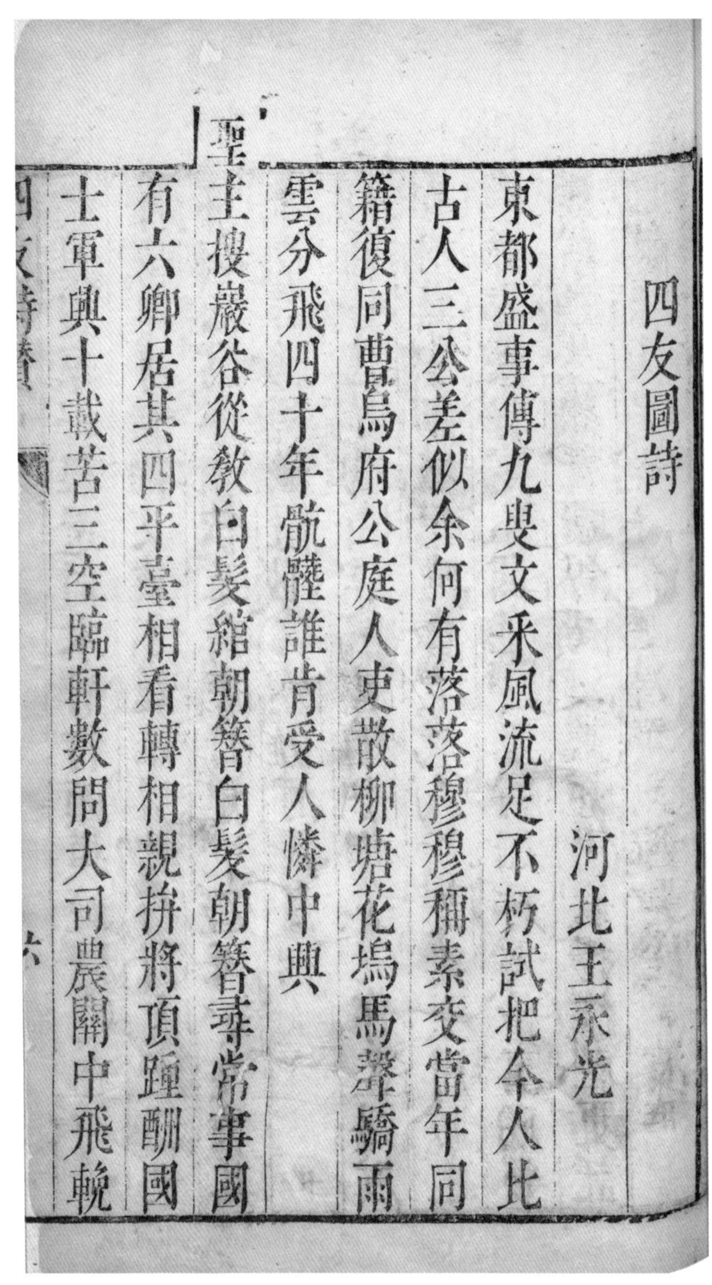
四友圖詩

河北王永光

東都盛事傳九叟文采風流足不朽試把今人比
古人三公差似余何有落落穆穆稱素交當年同
籍復同曹烏府公庭人吏散柳塘花塢馬聲驕雨
雲分飛四十年骯髒誰肯受人憐中興
聖主搜巖谷從教白髮綰朝簪白髮朝簪尋常事國
有六卿居其四平臺相看轉相親拚將頂踵酬國
士軍興十載苦三空歸軒數問大司農關中飛輓

四友詩贊　六

壬辰四友二老詩贊不分卷　〔明〕畢自嚴輯

明崇禎五年（1632）畢自嚴刻本

一册

半葉九行十九字，白口，四周單邊。版框 21.7×14.5 厘米

16846（14926）

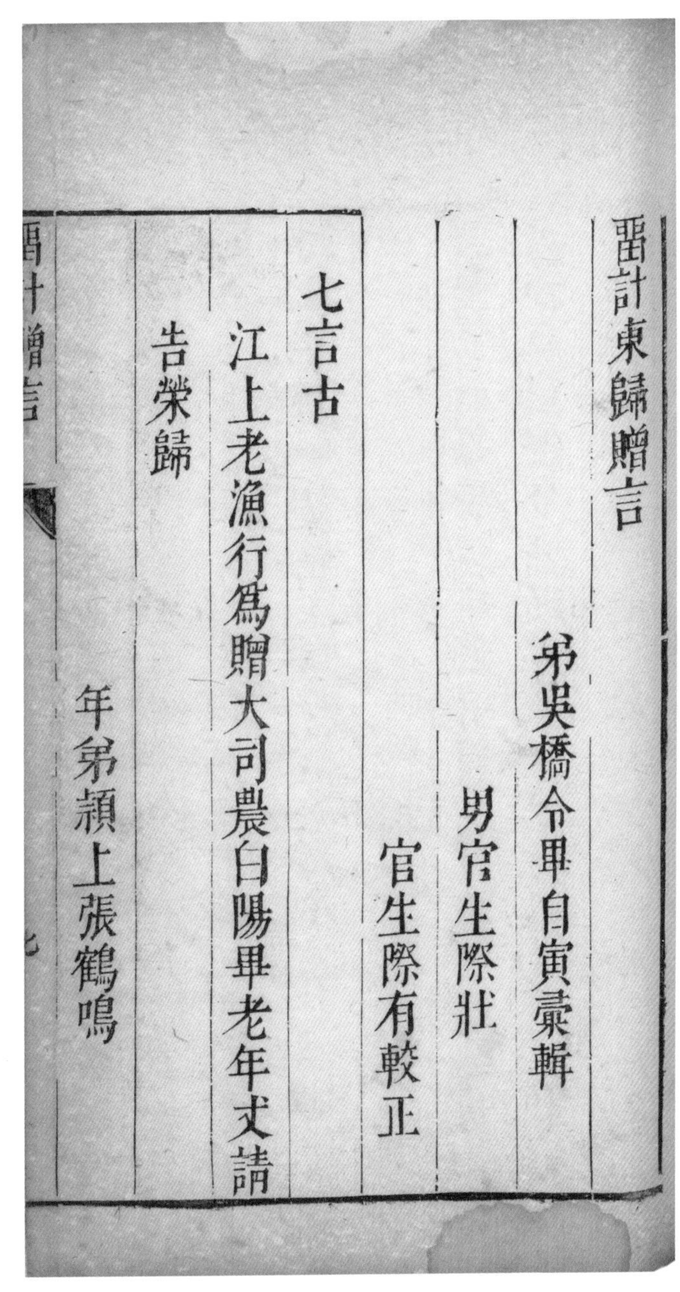

留計東歸贈言八卷　〔明〕畢自寅輯

明崇禎刻本

一册

半葉八行十九字，白口，四周單邊。版框 21.7×14.5 厘米

15989（10108）

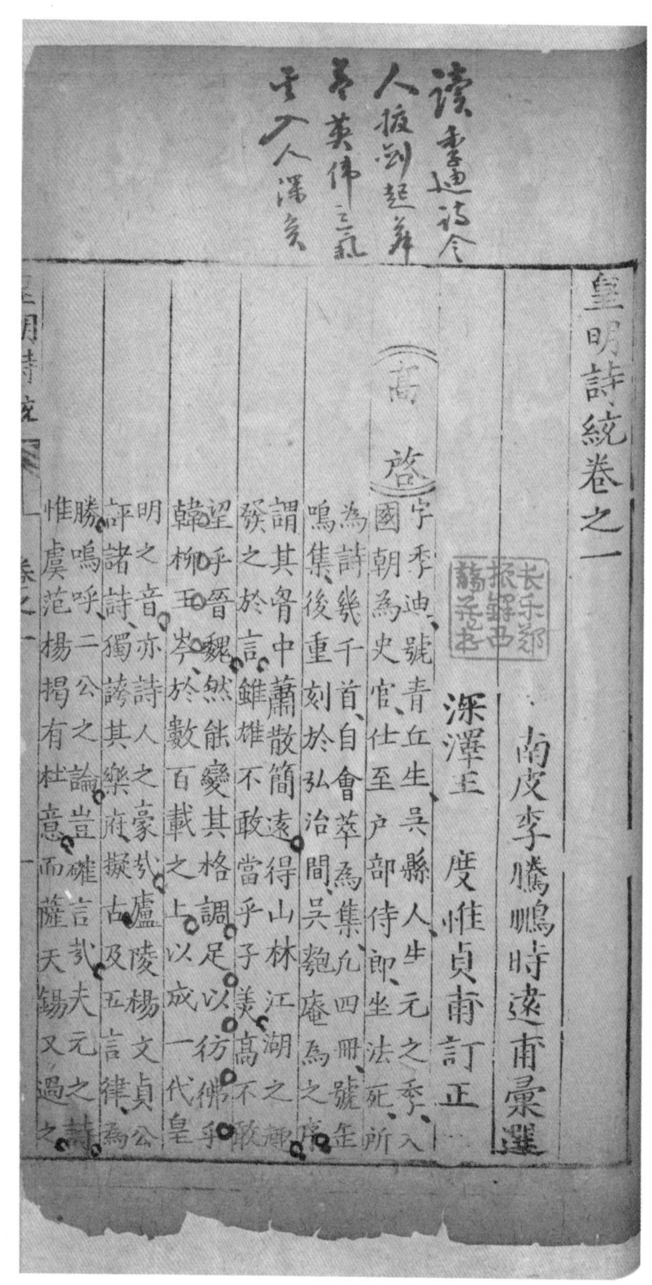

皇明詩統四十二卷　〔明〕李騰鵬輯

明萬曆刻崇禎八年（1635）孟兆祥重修本

四十四册　存四十一卷：一至二、四至四十二

半葉九行二十字，白口，四周單邊。版框 19.0×13.4 厘米

16436（11842）

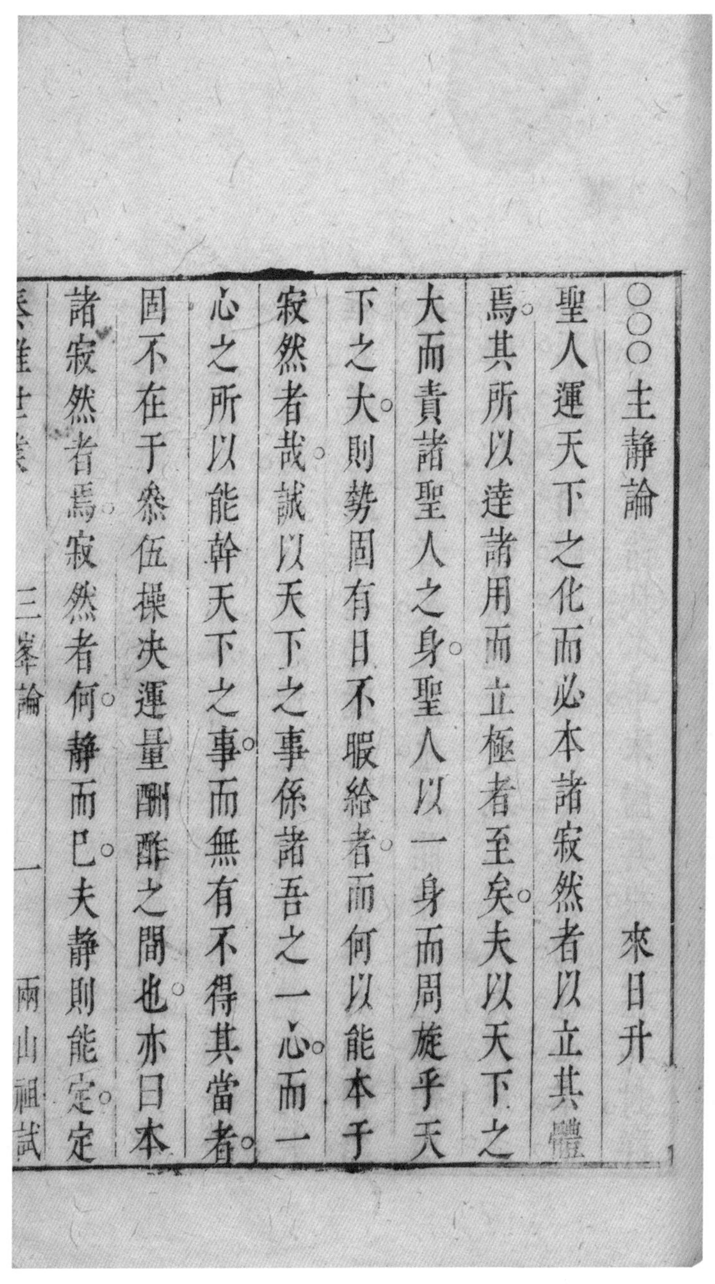

奏雅世業十一卷　〔明〕來日升、來集之、來燕雯撰

清初來氏倘湖小築刻本

一册　存二卷：三峰、元成

半葉九行十八字，白口，四周單邊。版框 18.3×14.2 厘米

15353（272）

隱湖倡和詩卷上

蔚村陳瑚確庵選　汲古後人毛褒華伯訂

題汲古閣有序　吳偉業

丁亥季秋因訪楓林扁舟過子晉齋頭留宿汲古閣牙籤萬軸較勘精良又多趙宋舊本使人讀之如桃源衣冠非復今製顧麟士同在坐相與歎息以爲子晉嗜古篤學結習編纂雖歐公之於金石刻王舜卿之於書畫不是過也時刻佛藏將竟全史已及新唐書矣詫爲盛事作歌貽之

隱湖倡和卷上

隱湖倡和詩三卷　〔明〕陳瑚輯

清初毛氏汲古閣刻本

三册

半葉十行十九字，黑口，左右雙邊。版框 16.1×13.6 厘米

16731（補 592）

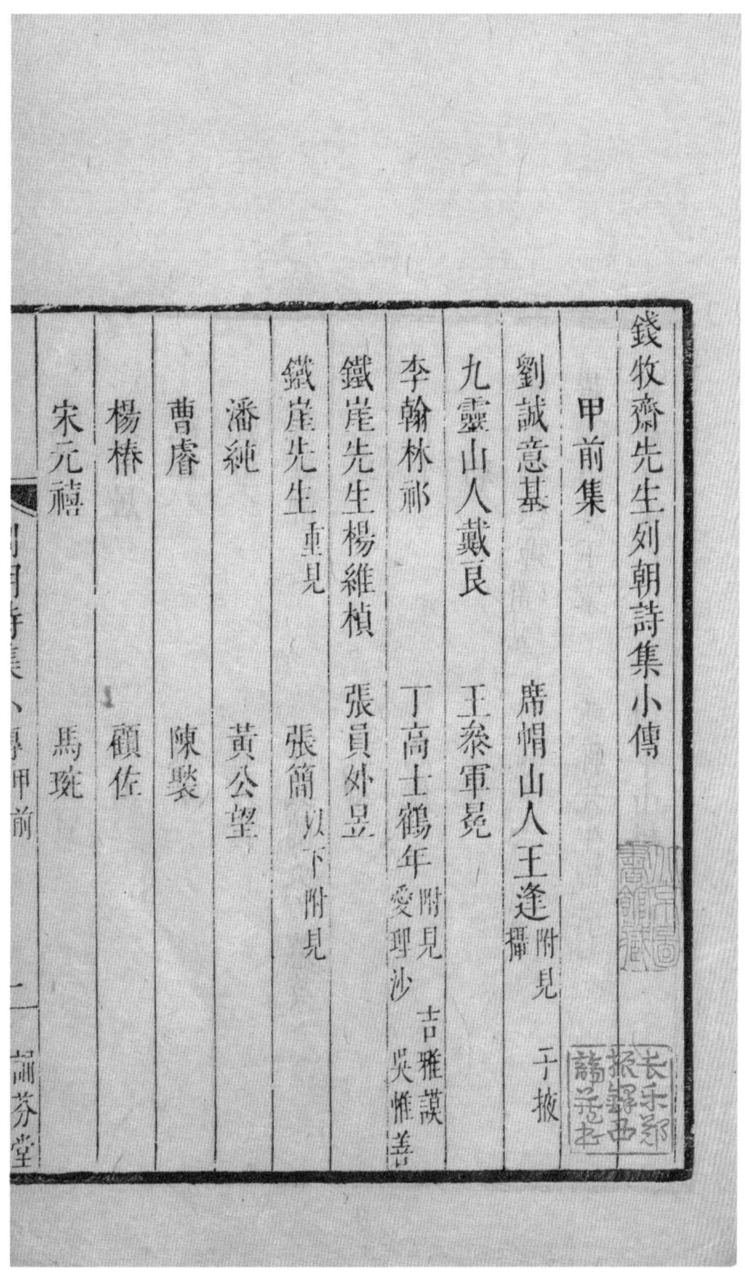

錢牧齋先生列朝詩集小傳十卷　〔清〕錢謙益撰　〔清〕錢陸燦輯

清康熙三十七年（1698）誦芬堂刻本

十册

半葉十一行二十一字，小字雙行，白口，左右雙邊。版框 17.3×14.0 厘米

T00103（1653）

扶輪集十四卷　〔清〕黄傳祖輯

明崇禎十五年（1642）金閶葉敬池刻本

四册

半葉九行十九字，白口，四周單邊，無直格。版框 19.7×14.0 厘米

15438（1697）

扶輪集第一卷

長樂鄭振鐸西諦藏書

錫山黄傳祖心甫選定

四古一

范文光仲闇内江人

○中州髻

村妝不學首戴一角

風謡玅於質而不俚然似俚而實古更玅

與質而不俚有辨

○續續歌

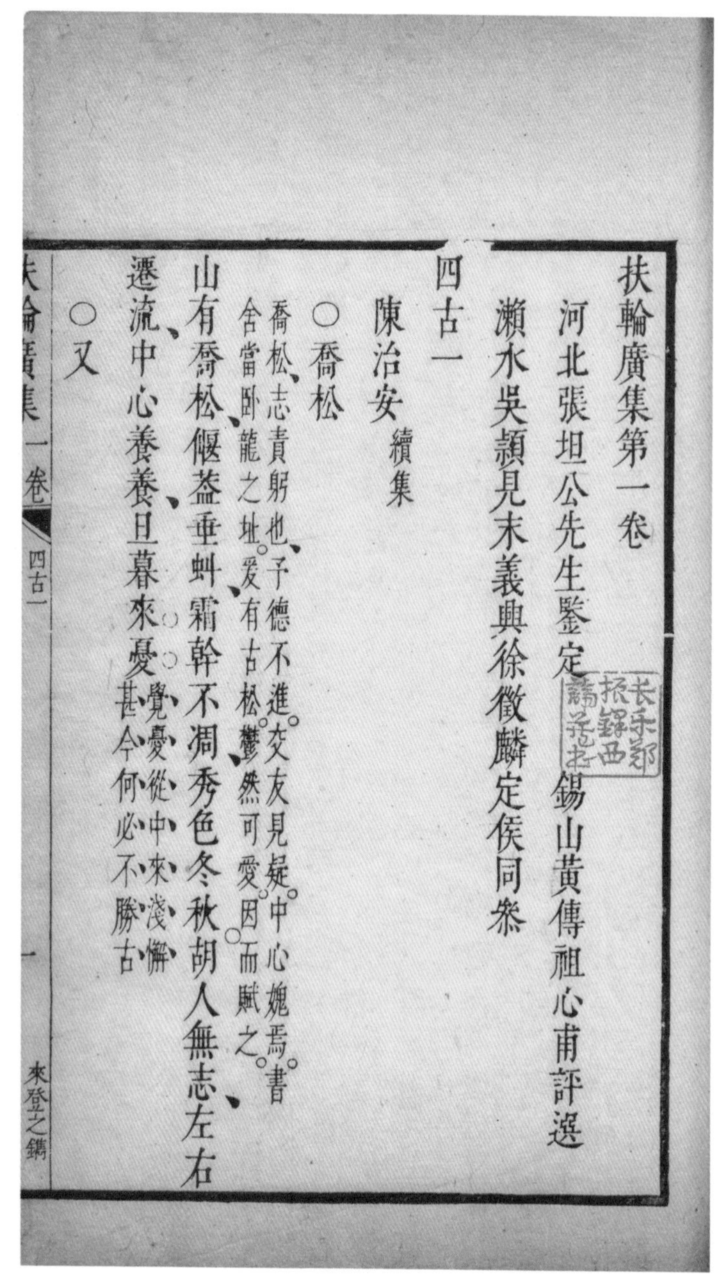

扶輪廣集十四卷　〔清〕黄傳祖輯

清順治十二年（1655）黄氏儂麟草堂刻本

六册

半葉十行二十二字，小字雙行同，白口，四周單邊，無直格。版框 19.9×14.0 厘米

15439（1697）

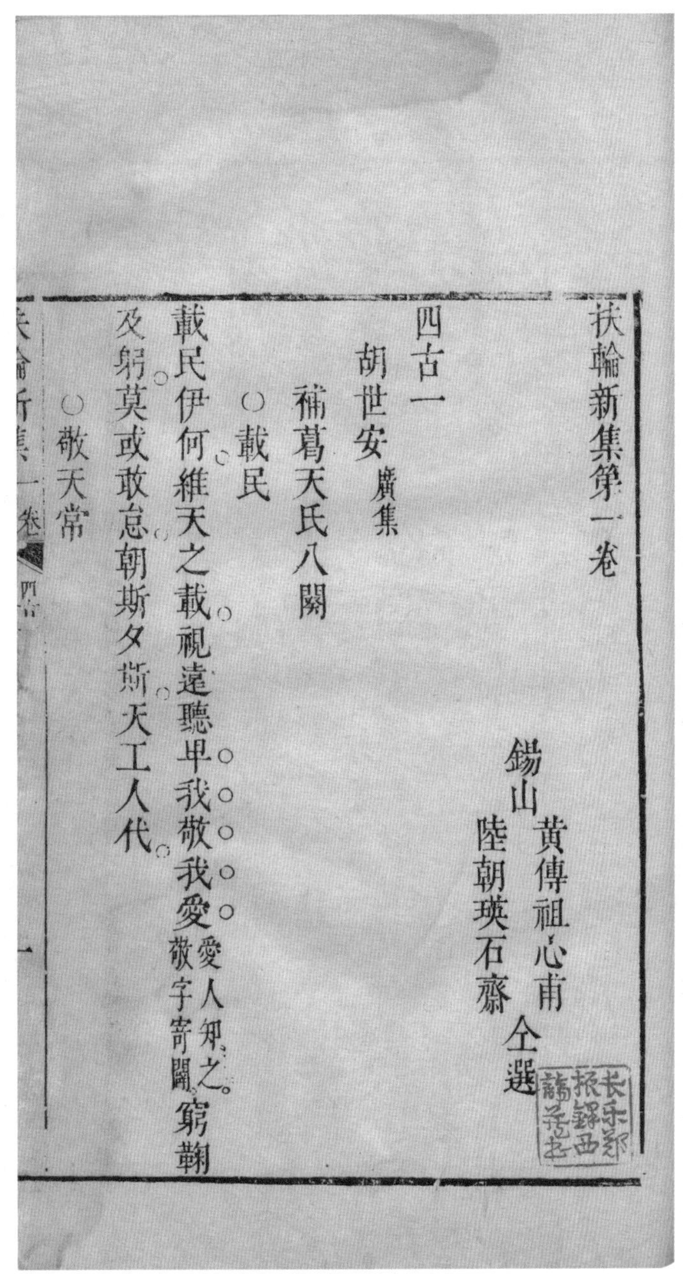
扶輪新集第一卷
錫山黄傳祖心甫
陸朝瑛石齋　仝選
四古一
胡世安　廣集
禘葛天氏八闋
○載民
載民伊何維天之載視遠聽卑我敬我愛愛人知之敬字寄闔窮鞠及躬莫或敢怠朝斯夕斯天工人代
○敬天常

扶輪新集十四卷　〔清〕黄傳祖、陸朝瑛輯

清順治十六年（1659）刻本

十册　存十卷：一至十

半葉十行二十二字，白口，四周單邊，無直格。版框 19.4×14.0 厘米

16944（1797）

明詩綜一百卷　〔清〕朱彝尊輯

清康熙刻雍正六峰閣印本

二十六册

半葉十一行二十一字，小字雙行三十一字，白口，左右雙邊。版框 19.0×14.5 厘米

T00093（補 649）

明詩綜卷一上

小長蘆　朱彝尊　錄

休陽　汪　森　緝評

北京圖書館藏

太祖高皇帝 三首

帝諱元璋姓朱氏字國瑞濠之鍾離東鄉人元至正十一年辛卯起兵丁未稱吳元年戊申建元洪武在位三十一年崩葬孝陵在應天府治東北鍾山之陽永樂元年上尊謚曰聖神文武欽明啓運俊德成功統天大孝高皇帝廟號太祖嘉靖十七年攺上尊謚曰開天行道肇紀立極大聖至神仁文義武俊德成功高皇帝有御製詩集五卷

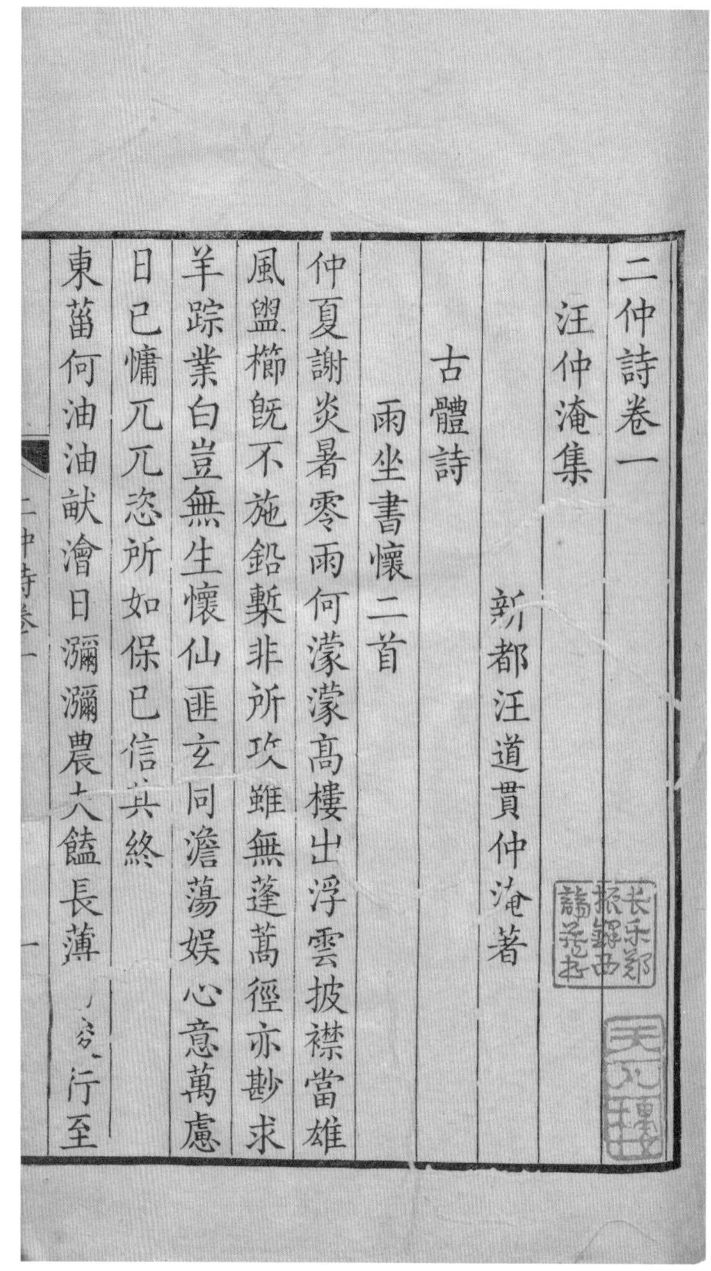

二仲詩二卷　〔明〕汪道貫、汪道會撰

清康熙五十二年（1713）汪氏五世讀書園刻本

二册

半葉十行十九字，白口，左右雙邊。版框 19.1×14.0 厘米

16758（補 646）

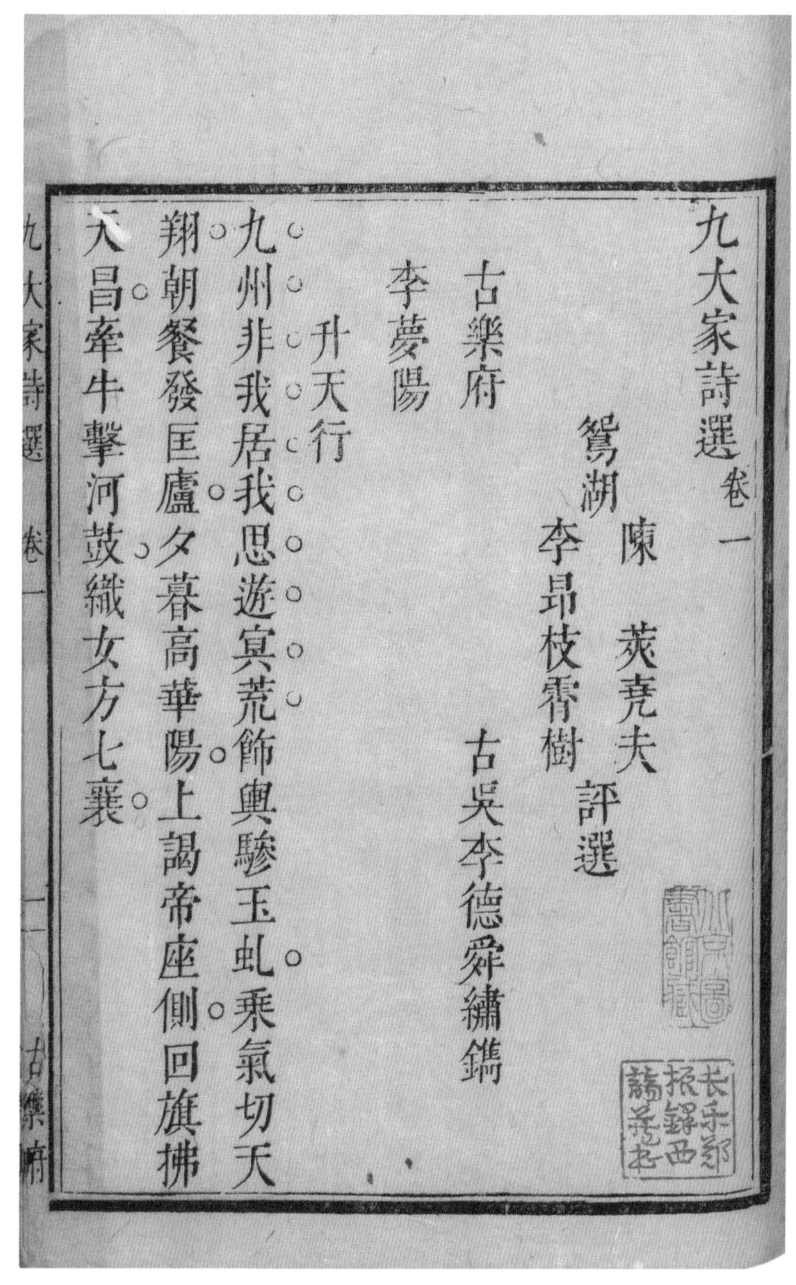

九大家詩選十二卷　〔清〕陳英、李昂枝輯並評

清順治十七年（1660）李德舜刻本

三册

半葉九行十九字，小字雙行同，白口，四周雙邊，無直格。版框 18.7×14.3 厘米

T03286（1596）

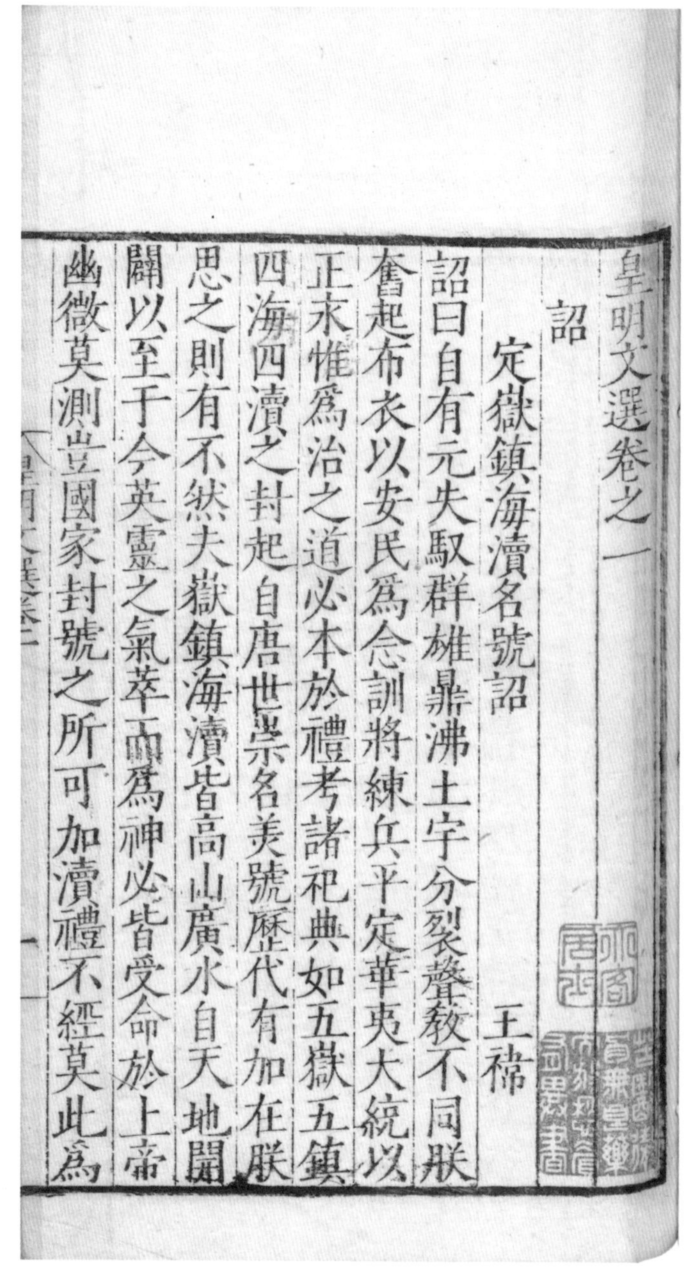

皇明文選二十卷　〔明〕汪宗元輯

明嘉靖三十三年（1554）汪宗元刻本

十册

半葉十行二十字，白口，左右雙邊。版框 20.5×14.5 厘米

16469（12523）

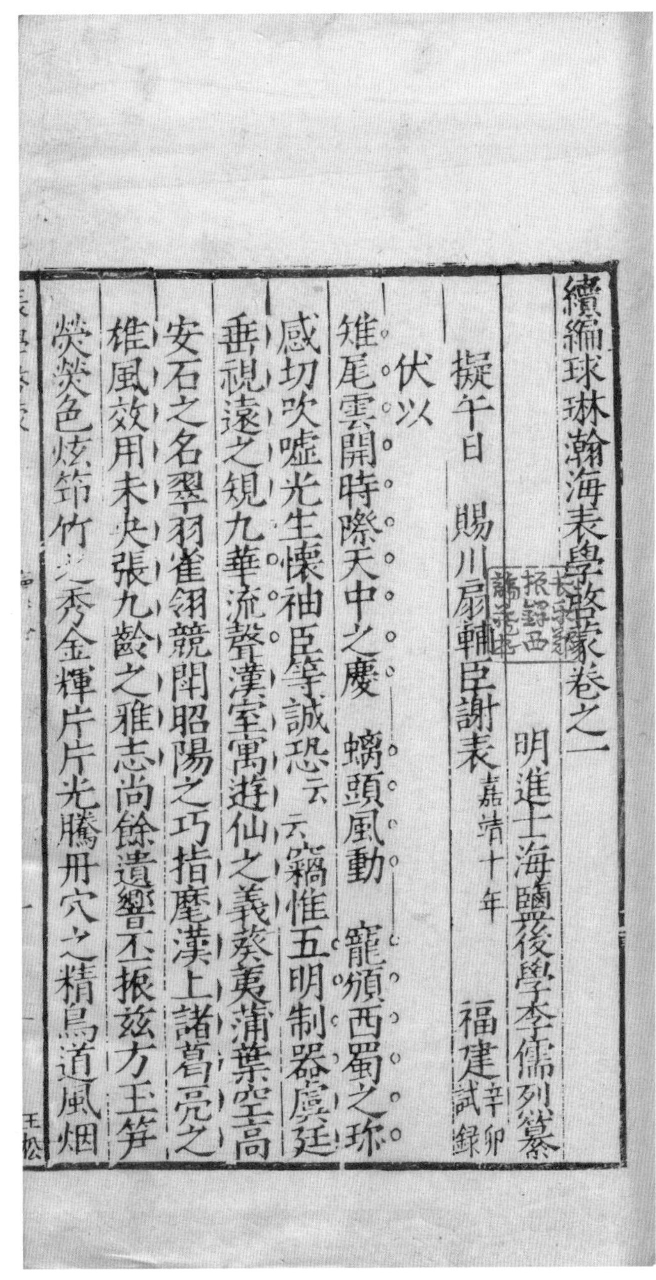

續編球琳瀚海表學啓蒙三卷　〔明〕李儒烈輯

明刻本

二册

半葉十行二十三字，白口，四周單邊。版框 20.2×14.0 厘米

15965（10068）

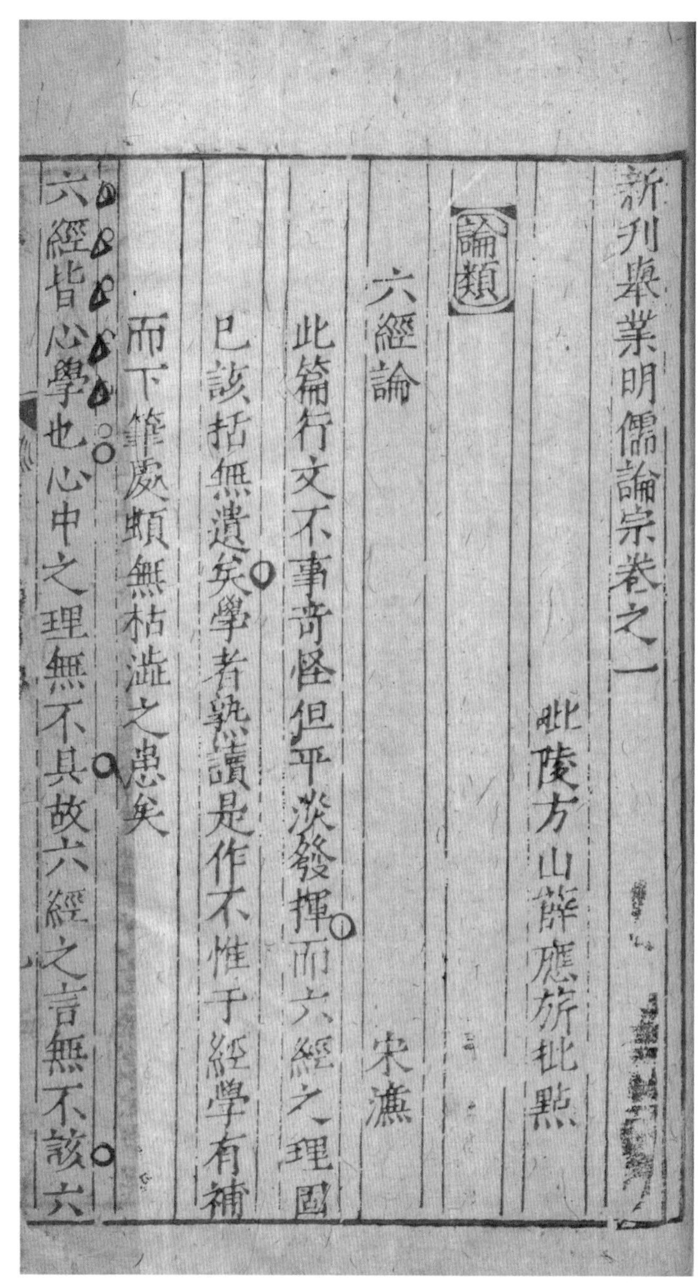
新刊舉業明儒論宗卷之一
毗陵方山薛應旂批點
論類
六經論　宋濂
此篇行文不事奇怪但平淡發揮而六經之理固
已該括無遺矣學者熟讀是作不惟于經學有補
而下筆處頗無枯澁之患矣
六經皆心學也心中之理無不具故六經之言無不該六

新刊舉業明儒論宗八卷　〔明〕薛應旂輯並批點

明隆慶元年（1567）三山書坊刻本

八册

半葉八行二十二字，白口，四周雙邊或四周單邊。版框 19.2×12.5 厘米

16967（3689）

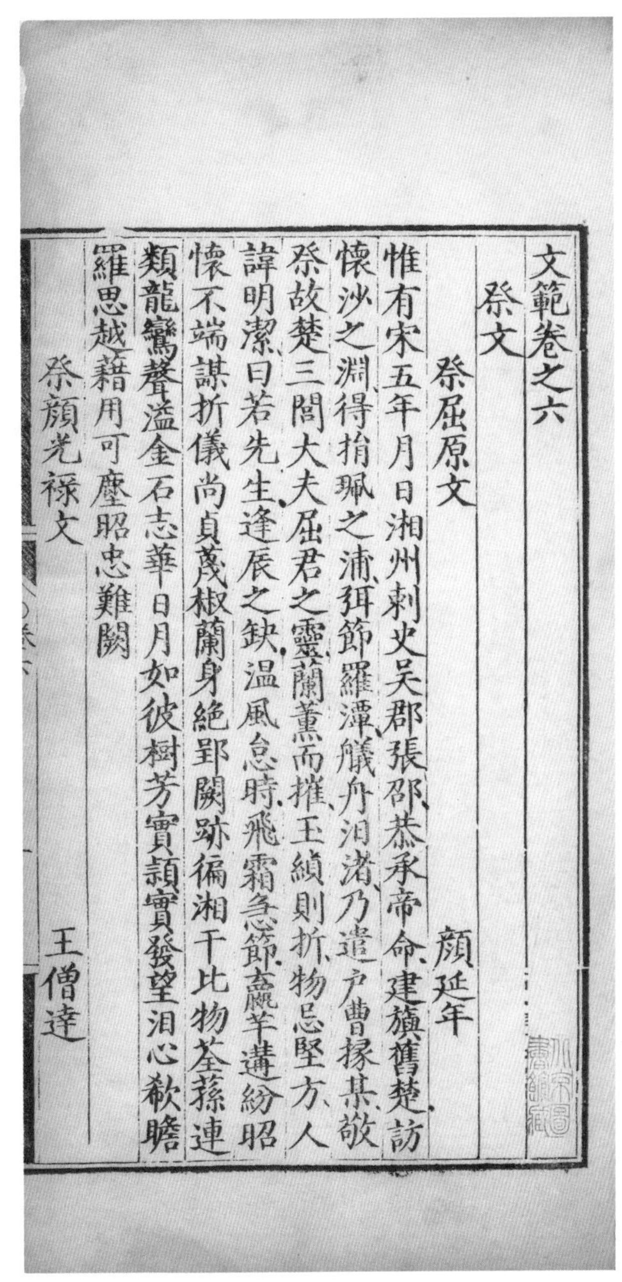

文範□□卷

明刻本

一册　存一卷：六

半葉十一行二十四字，黑口，四周雙邊。版框 22.2×13.8 厘米

T03243（補 242）

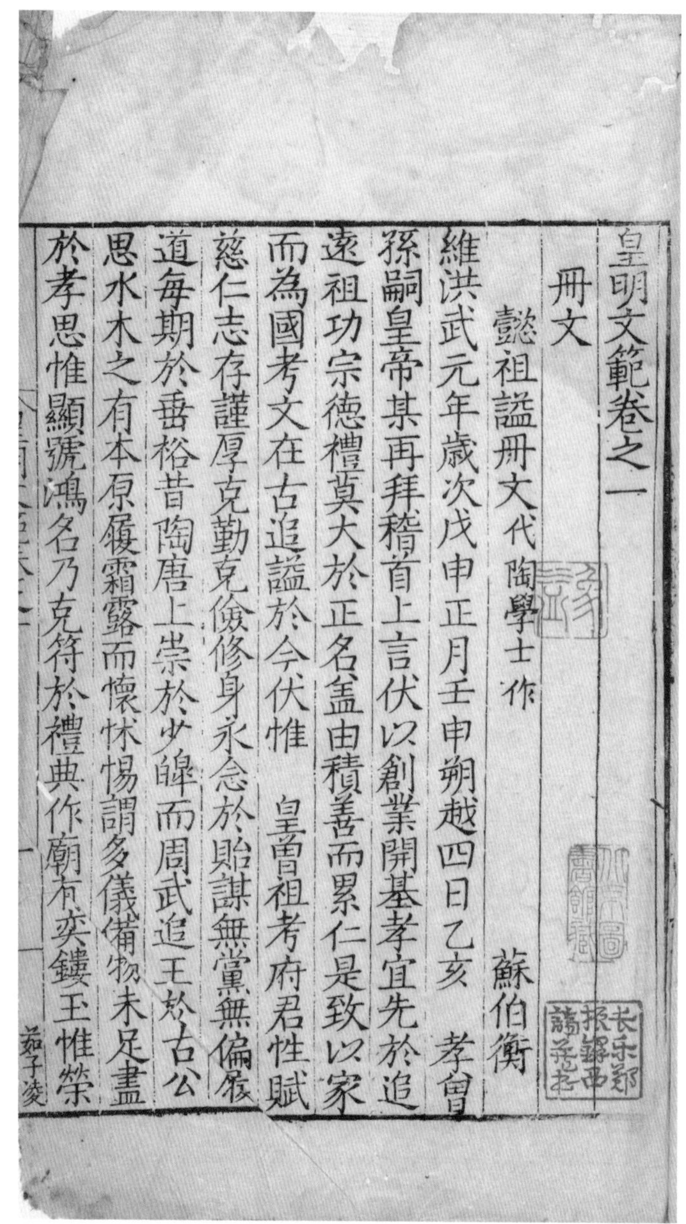

皇明文範六十八卷目録二卷　〔明〕張時徹輯

明隆慶刻本

二十九册　存五十一卷：一至六、九至十一、十四至三十八、四十一至五十四、五十七至五十八，目録下

半葉十一行二十二字，白口，左右雙邊。版框 19.6×14.6 厘米

T02077（1891）

龍集丙午仲月維夏祝融當衡蓐收伏駕悵炎氣之與晝
欣湛露之流夜於是蓮塘涵清梧館閟靜纖絺方御輕箑
未屛息號蟬之繁喧罷棲鵲之啼響何陰蛩之忽鳴寤余
寐而獨省稍入戶而侵幃繞緣增而傍井若暑徂而律變
覽色凄兮欲冷迅飈發兮騷騷斜漢廻兮耿耿方其或咽
如啼或激如嘯嚶嚶孤吟嘖嘖相弔蔭淺莎之蒙籠翳深
叢之窈窕已厭聞而愈逼乍欲尋而莫照含清商之至音
非假器而為妙促素機之情工亂朱瑟之哀調未連響於
絡緯聲依明於熠燿若迺靜院閑宮荒園廢驛草長幽扉
苔滋壞壁候月光而未旦聽雨聲而乍夕久棄長髮之婦
遠寓窮居之客莫不對境興愁攬衣動戚謬感年之將逝
誤驚寒之已積影就燭而誰依泪橫襟而自滴不待風凋
漢苑之柳霜隕湘皐之蘭苟斯聲之接耳即掩抑而摧殘
余何為而亦起答悲韻而長嘆聞七月而在野實詩人之
所志今胡早而不然豈天時之或異秉火令之中衰應金
氣而先至推象類而占之若有兆夫人事然物生兮何常
庸詎測夫玄意抱微憂而何言乃拂枕而復聽

閔志賦　黃淮

閔吾生之多故兮羌不知其所從肆遐搜而隱索兮究微
末之始終繄髫年之向茂兮即有志於聞道呻佔畢而事
鉛槧兮夫既從吾之所好奮俟頖而躋辟雍兮謂青雲平
步而可登採蟾窟以擢桂兮翼黃鵠而驂鵾鵬振璚裾于

皇明文範六十八卷目録二卷　〔明〕張時徹輯

明隆慶刻本

二册　存三卷：三、四，目録下

半葉十一行二十二字，白口，左右雙邊。版框 20.0×14.8 厘米

T02078（1892）

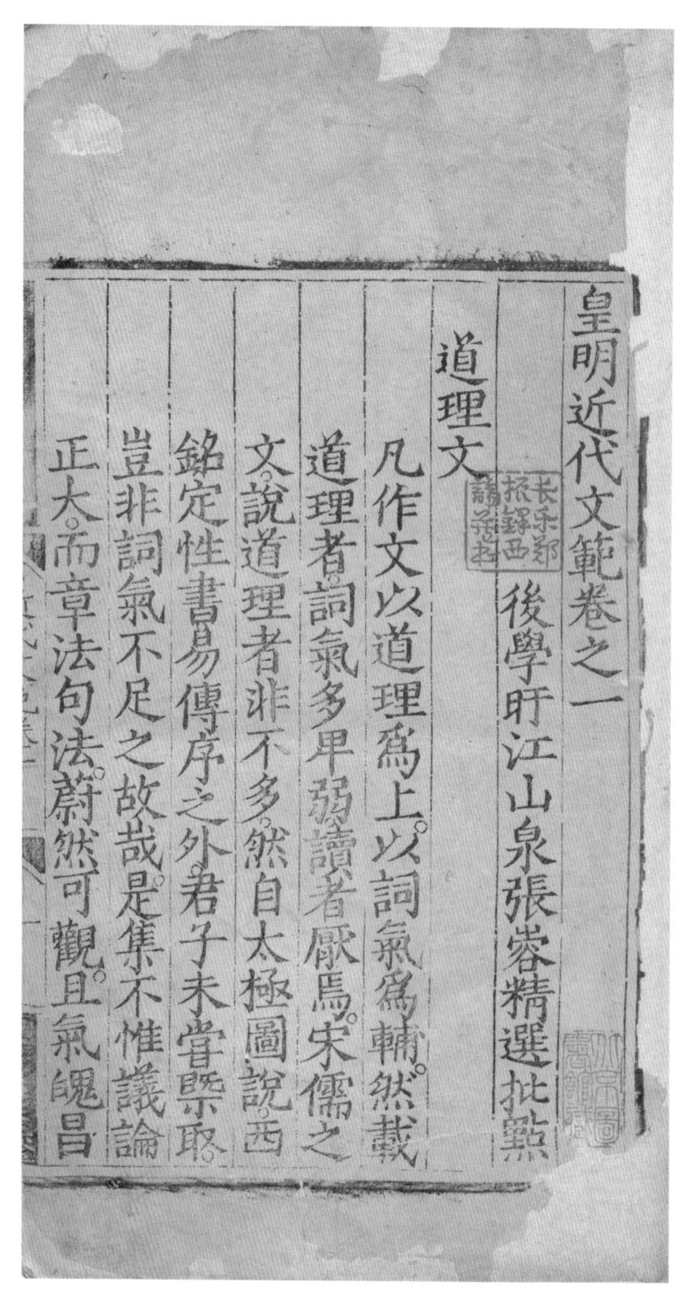

皇明近代文範卷之一
後學盱江山泉張峪精選批點
道理文
凡作文以道理爲上以詞氣爲輔然載道理者詞氣多卑弱讀者厭焉宋儒之文說道理者非不多然自太極圖說西銘定性書易傳序之外君子未甞槩取豈非詞氣不足之故哉是集不惟議論正大而章法句法蔚然可觀且氣魄昌

皇明近代文範六卷　〔明〕張峪輯

明萬曆刻本（目録配抄本）

十二册

半葉九行十八字，小字單雙行同，黑口，四周雙邊。版框 20.2×14.0 厘米

T03693（1801）

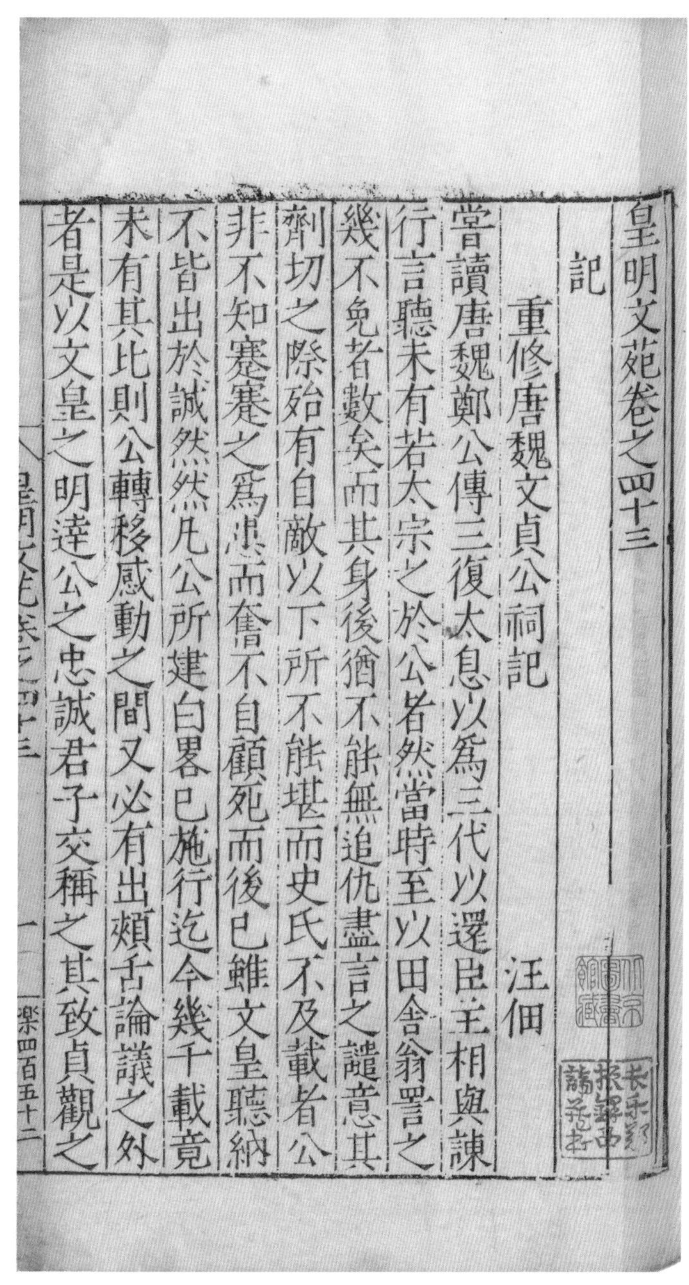
皇明文苑卷之四十三

記

重修唐魏文貞公祠記　汪佃

嘗讀唐魏鄭公傳三復太息以爲三代以還臣主相與諫行言聽未有若太宗之於公者然當時至以田舍翁詈之幾不免者數矣而其身後猶不能無追仇盡言之讒意其剴切之際殆有自敵以下所不能堪而史氏不及載者公非不知蹇蹇之爲患而奮不自顧死而後已雖文皇聽納不皆出於誠然然凡公所建白畧已施行迄今幾千載竟未有其比則公轉移感動之間又必有出頰舌論議之外者是以文皇之明達公之忠誠君子交稱之其致貞觀之

皇明文苑卷之四十三　一

皇明文苑九十六卷　〔明〕張時徹輯

明刻本

二十九册　存五十四卷：四十三至九十六

半葉十一行二十二字，白口，左右雙邊。版框 21.3×14.7 厘米

15454（1866）

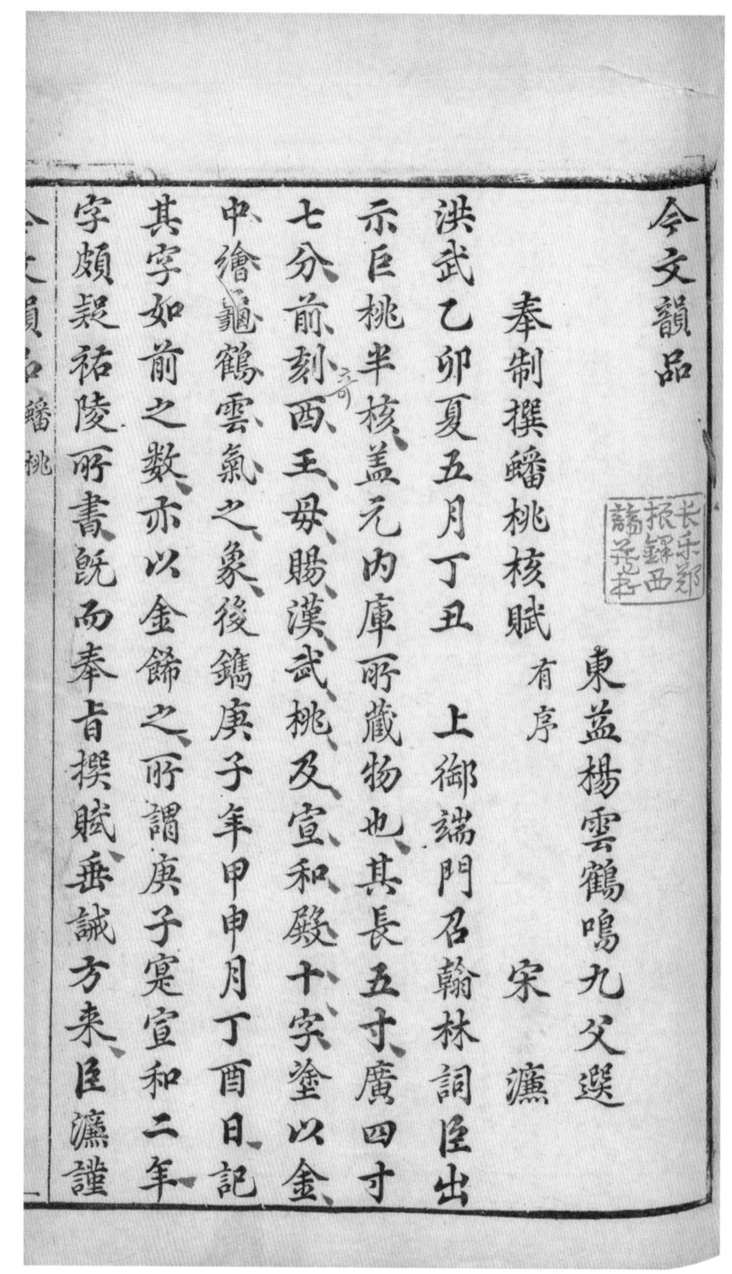
今文韻品
東莞楊雲鶴鳴九父選
奉制撰蟠桃核賦 有序　宋濂
洪武乙卯夏五月丁丑　上御端門召翰林詞臣出
示臣桃半核蓋元內庫所藏物也其長五寸廣四寸
七分前刻西王母賜漢武桃及宣和殿十字塗以金
中繪龜鶴雲氣之象後鐫庚子年甲申月丁酉日記
其字如前之數亦以金飾之所謂庚子寔宣和二年
字頗疑祐陵所書既而奉旨撰賦垂誡方來臣濂謹
今文韻品　蟠桃
長樂鄭振鐸西諦藏書

今文韻品二卷　〔明〕楊雲鶴輯

明崇禎六年（1633）楊雲鶴刻本

六册

半葉九行二十字，白口，四周單邊，無直格。版框 20.8×14.3 厘米

15427（1572）

王守溪曰按通篇大旨只在六經所以筆吾心之理一句自首至尾不過闡明此意且文辭邃雅古質允足爲叛經離道者法程

新鐫國朝名儒文選百家評林卷之一

四明　太史　沈一貫　選輯
姑孰　野史　徐宗夔　參閱
繡谷　後學　唐廷仁　校梓

論

六經　宋濂

六經皆心學也心中之理無不具故六經之言無不該六經所以筆吾心之理也是故說天莫辨乎易由吾心卽太極也說事莫辨乎書由吾心政之府也說志莫辨乎詩由吾心統性情也說理莫辨乎春秋由吾心分善惡也說體莫辨乎禮由吾心有天叙也導民莫過乎樂

新鐫國朝名儒文選百家評林十二卷　〔明〕沈一貫輯

明唐廷仁刻本

六册

半葉十一行二十一字，白口，四周雙邊。眉欄鐫評。版框 22.9×14.4 厘米

16650（補 164）

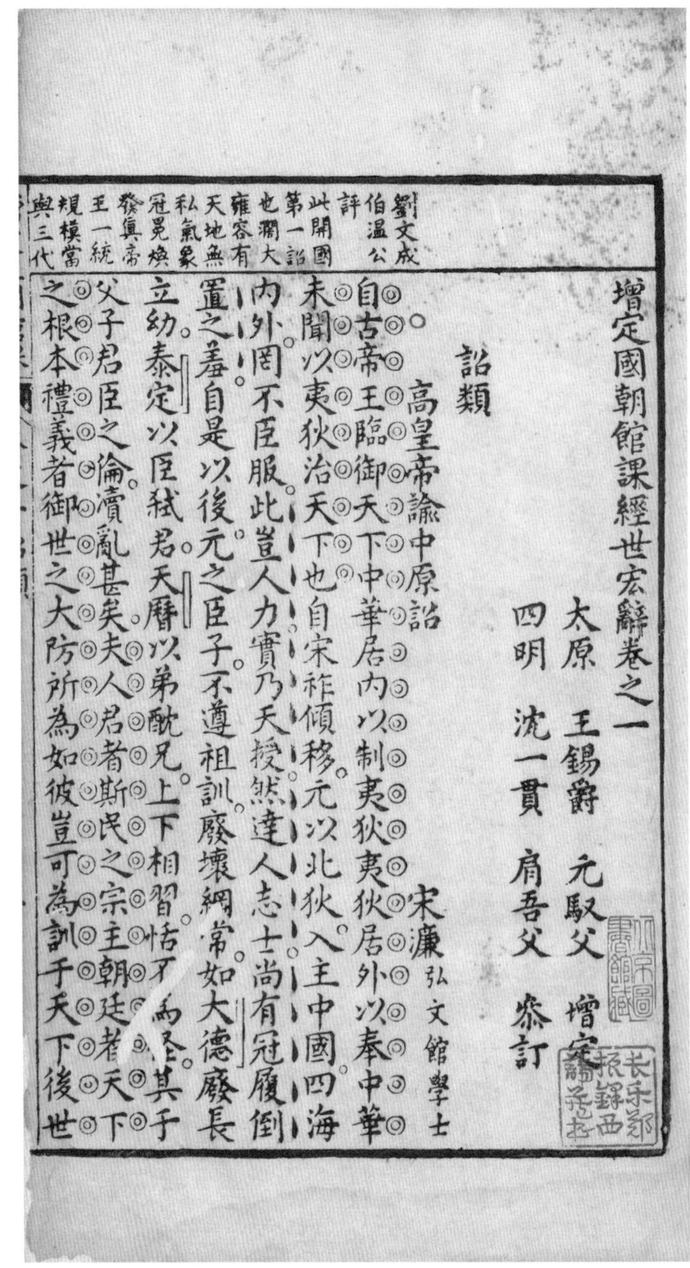

增定國朝館課經世宏辭十五卷　〔明〕王錫爵、沈一貫輯

明萬曆十八年（1590）周曰校萬卷樓刻本

六册　存五卷：一至二、四至五、八

半葉十二行二十四字，白口，四周單邊，無直格。眉欄鐫評。版框 21.1×14.2 厘米

T03697（9974）

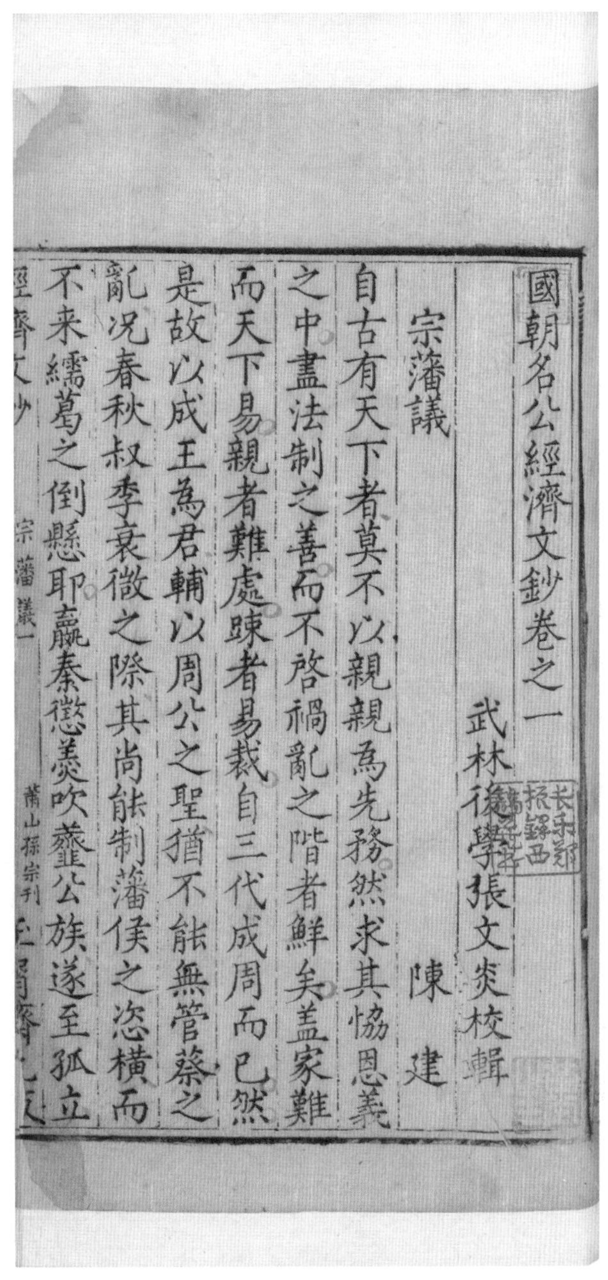

國朝名公經濟文鈔十卷第一續不分卷 〔明〕張文炎輯

明萬曆十五年（1587）玉屑齋刻本

十六册

半葉九行二十字，白口，四周雙邊。版框 20.6×13.5 厘米

15530（2883）

鼎鐫諸方家彙編皇明名公文雋文卷一

石公袁宏道精選　侗初張鼐校閲

毛伯丘兆麟參補　寧埜吳從先解釋

眉公陳繼儒標指　居一陳萬言彙評

王守溪巢父許由高士論

堯欲讓天下於許由許由以爲汚聞洗其耳於潁水之濱巢父又恐汚其牛口此稱巢許爲高士

潁陽東溪相傳巢父洗耳處而箕山之上蓋有許由塚㠖於有其人矣彼其惡於以天下累已而逃堯之

首段先叙其惡以天下累已而

皇明文雋　卷一　乙

鼎鐫諸方家彙編皇明名公文雋八卷　〔明〕袁宏道輯　〔明〕丘兆麟補

明金陵奎璧堂鄭思鳴刻本

一册　存一卷：一

半葉九行二十字，白口，四周單邊。眉欄鐫評。版框 21.5×12.7 厘米

T02320（9961）

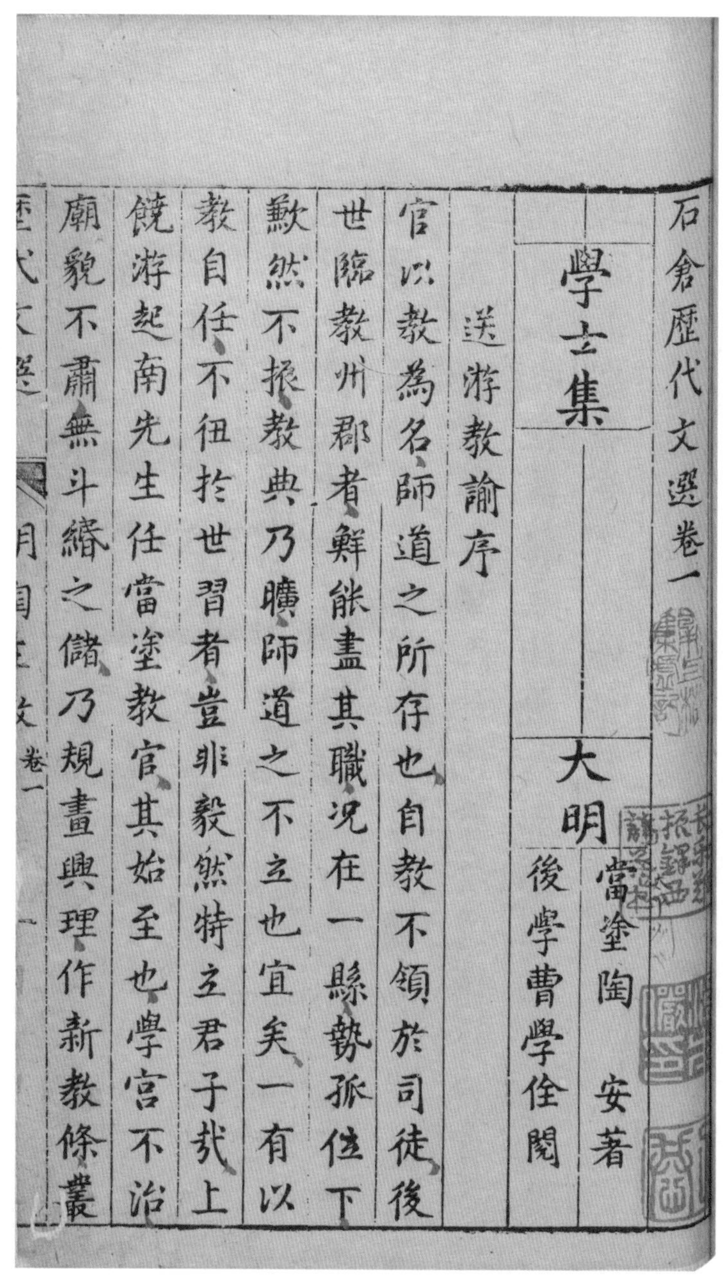
石倉歷代文選卷一
學士集
大明　當塗陶　安著
後學曹學佺閱
送游教諭序
官以教為名師道之所存也自教不領於司徒後世臨教州郡者鮮能盡其職況在一縣勢孤位下歟然不振教典乃曠師道之不立也宜矣一有以教自任不伍於世習者豈非毅然特立君子哉上饒游起南先生任當塗教官其始至也學宮不治廟貌不肅無斗篠之儲乃規畫興理作新教條叢
歷代文選　明自註文　卷一

石倉歷代文選二十卷　〔明〕曹學佺輯

明崇禎刻本　鄭振鐸跋

二十册

半葉十行十九字，白口，左右雙邊。版框 19.9×14.0 厘米

16556（9508）

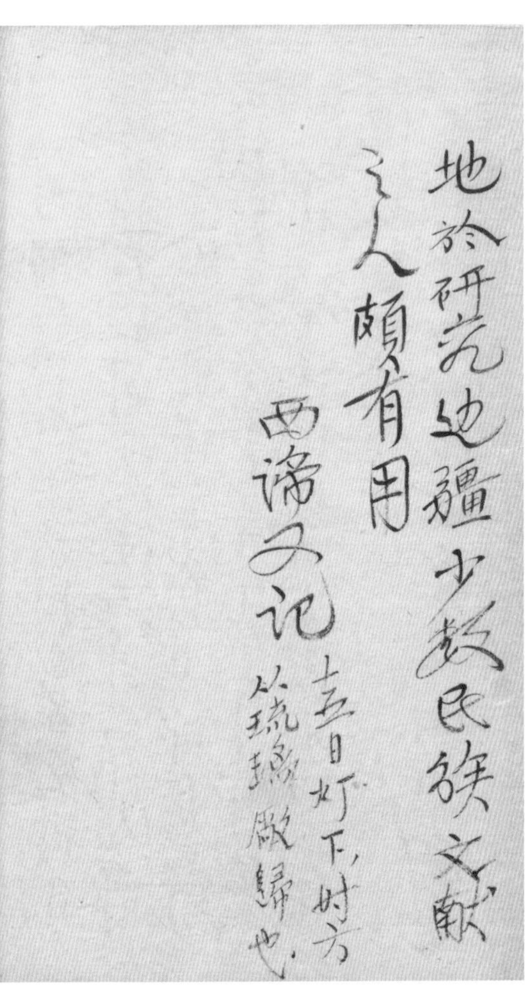
地於研究边疆少數民族文獻之人頗有用
西諦文记
十五日灯下，时方从琉璃厰歸也

此石倉國朝文選二十卷，未見諸家藏目著錄。來薰閣主人陳濟川从鄞大酉山房收集處得之，我一見即驚為秘笈，挾之而歸，價百金，殊昂，然不遑計及之矣。玄覽堂所聚總集中，此是白眉。程本立文（卷九）多有关滇南史石倉詩選，余求之二十餘年，尚未得其全。礼卿藏本已東去，是終天之憾。此石倉文選尤為罕見，雖價昂，却不能不收。書出寧波范，是天一閣物。

一九五六年九月十五日西諦記。時雨聲淅瀝，秋懷正悶，悵悵無已。

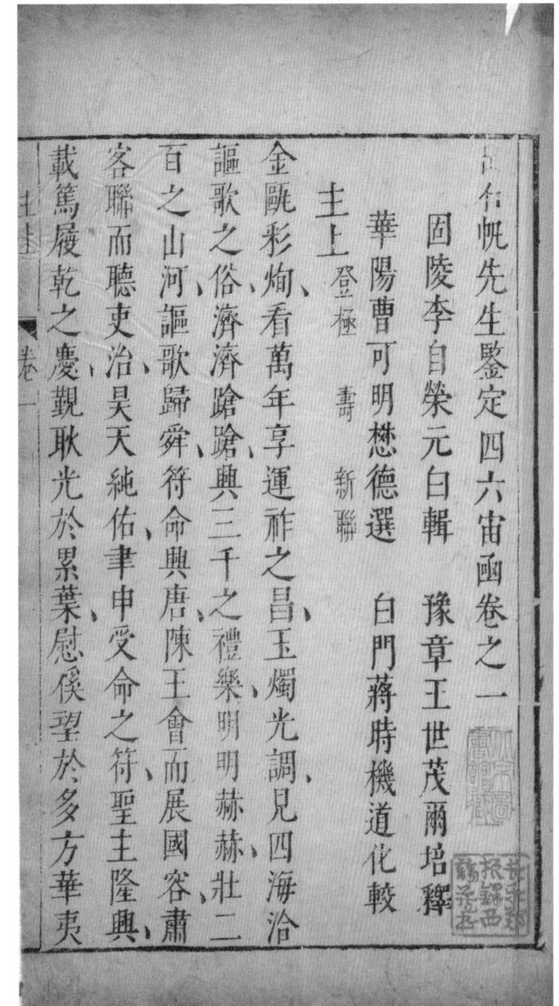

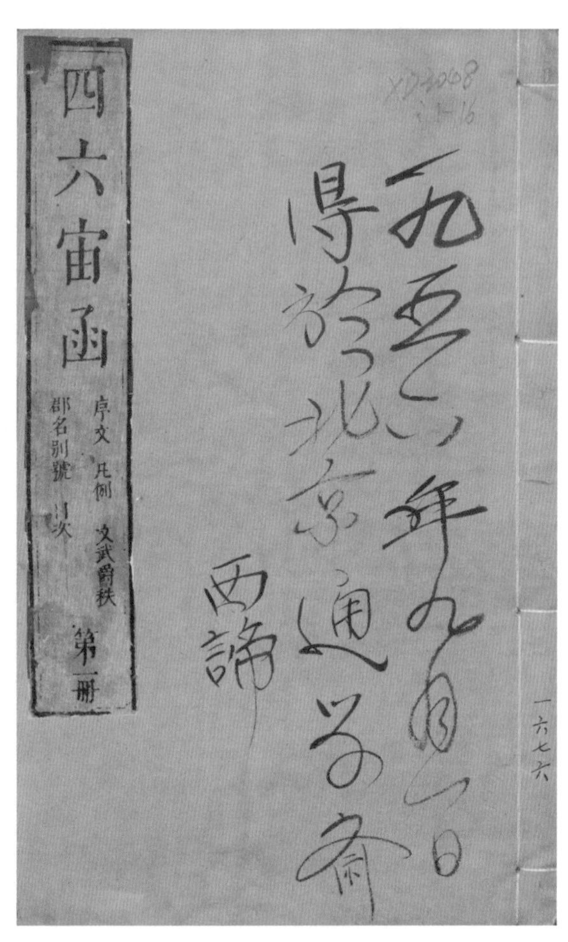

岳石帆先生鑒定四六宙函三十卷附文武爵秩一卷　〔明〕李自榮輯

明天啓六年（1626）蔣道化刻本　鄭振鐸跋

十六册

半葉九行二十字，白口，四周單邊，無直格。版框 21.4×14.2 厘米

T03277（1676）

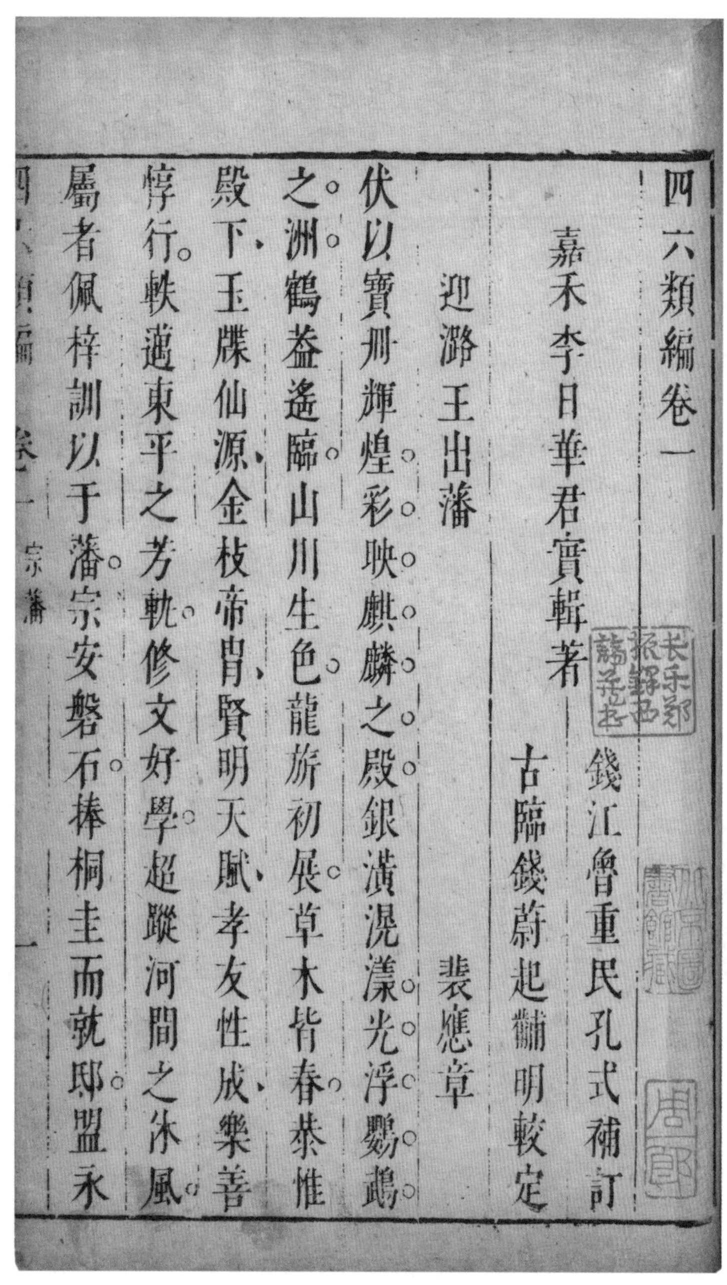

四六類編十六卷　〔明〕李日華撰

明崇禎魯重民刻四六全書本

七册

半葉九行二十字，小字雙行同，白口，四周單邊。版框 21.2×14.4 厘米

T03238（1748）

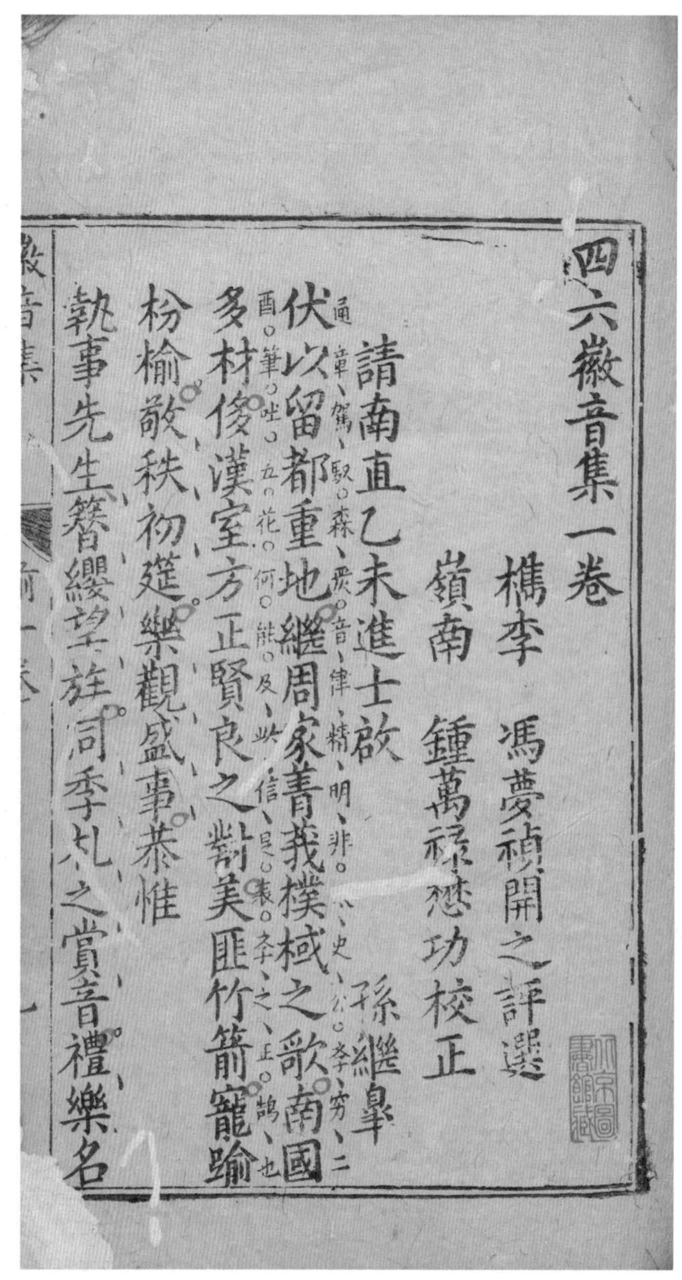

四六徽音集四卷　〔明〕馮夢禎輯並評

明徐思山、余南崖刻本

四册

半葉八行十八字，行間小字不等，白口，四周雙邊，無直格。版框 20.9×13.9 厘米

T03341（9531）

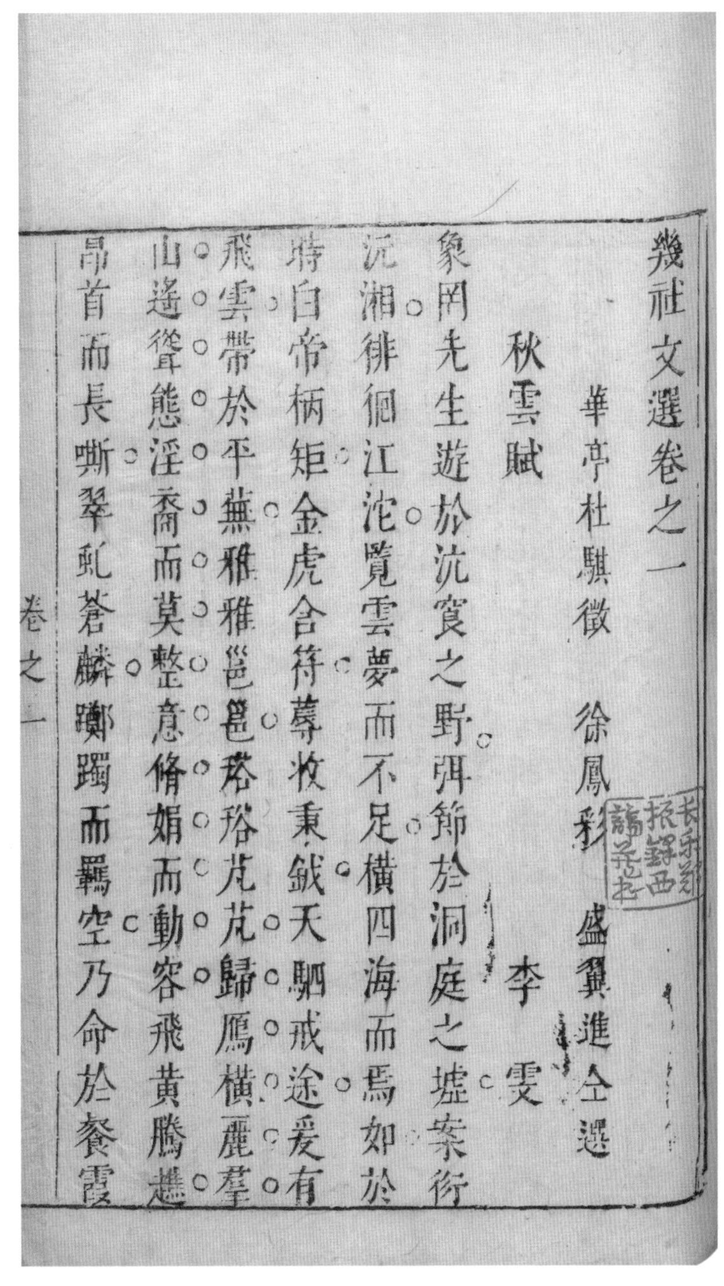

幾社文選二十卷　〔明〕杜騏徵、徐鳳彩、盛翼進輯

明末刻本

六册

半葉九行十九字，白口，左右雙邊，無直格。版框 19.0×13.8 厘米

15969（10066）

新刊家塾四書會編論語卷之三　新安婺邑監生畏菴潘洵校梓
[illegible]在觀其志父没觀其行三年無改於父之道可謂孝矣萬士和
隨時而觀人者猶必自其重者而徵之焉夫善惡見乎志行而孝道
則其重者也所爲雖善忘親則不孝矣夫子之意若謂天下有不容
直遂之事則志行不可以並觀夫人有不能盡一之情則父子有時
而相反觀人者固不可病其無爲而棄之亦不可喜其有爲而取之
也何則人一也存之於心謂之志見諸行事謂之行當父之在也事
統於尊子固不得以專爲而人各有志則父不得以奪諸其子者也
是故即其念慮之所存考其心術之邪正雖無實行可觀而趨向之
不同者從可知矣及夫父之没也事屬於巳其勢得以自專而情發
乎行其蘊可悉得而見也是故即其躬行之間究其是非之實不但
志行之可觀而施爲之頻異者從可知矣夫事既出於自任則情易至

學而篇

新刊家塾四書會編□卷　〔明〕潘洵校

明新安潘氏刻本

二册　存四卷：三至六

半葉十二行二十六字，白口，四周單邊。版框 18.8×12.4 厘米

T01644（10064）

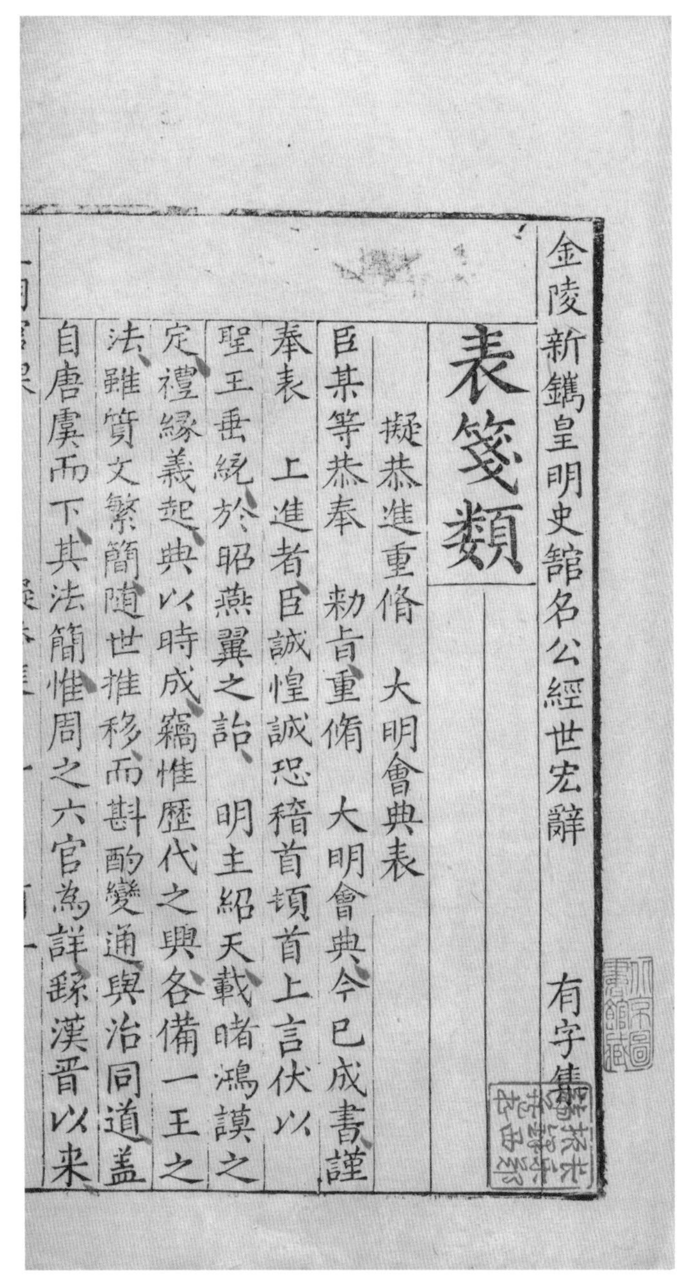

金陵新鐫皇明史舘名公經世宏辭　有字集

表箋類

擬恭進重脩　大明會典表

臣某等恭奉　勑旨重脩　大明會典今已成書謹

奉表　上進者臣誠惶誠恐稽首頓首上言伏以

聖王垂統於昭燕翼之詒　明主紹天載睹鴻謨之

定禮緣義起典以時成竊惟歷代之典各備一王之

法雖質文繁簡隨世推移而斟酌變通與治同道蓋

自唐虞而下其法簡惟周之六官為詳繇漢晋以来

金陵新鐫皇明史館名公經世宏辭十四卷　〔明〕施潔、凌稚隆輯

明刻本

一册　存一卷：有字集一卷

半葉十行二十字，白口，四周單邊。眉欄鐫評。版框 20.0×12.1 厘米

T01406（9973）

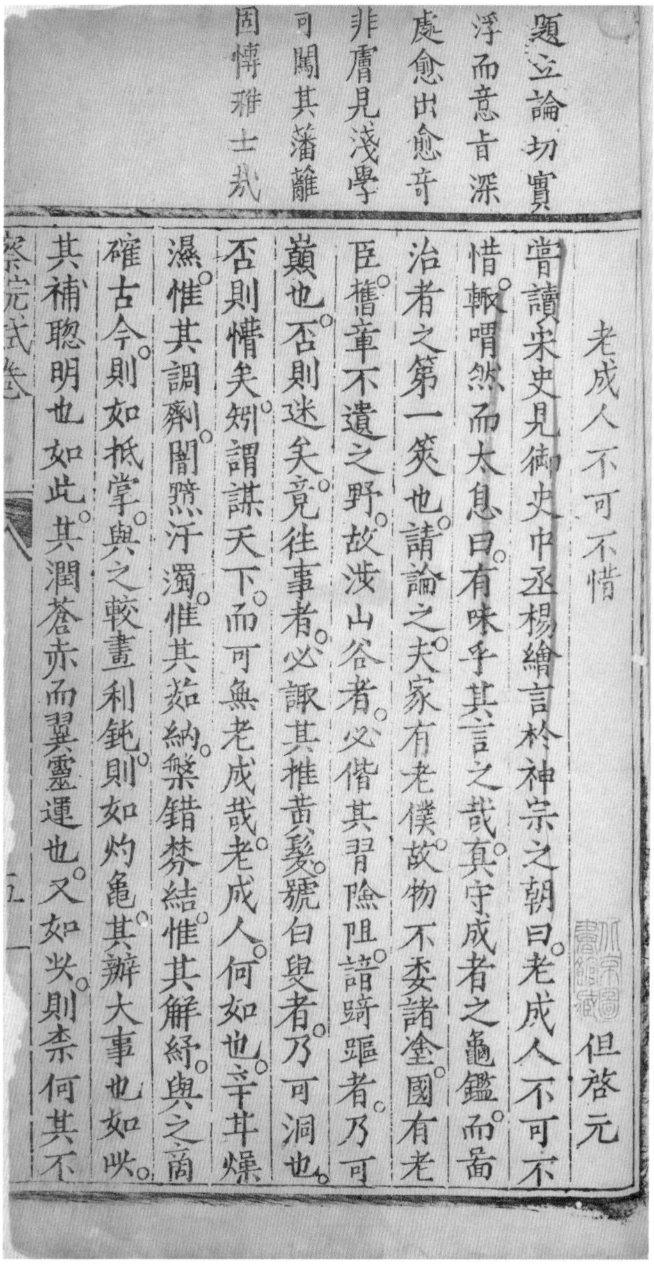
題立論切實
浮而意旨深
處愈出愈奇
非膚見淺學
可闖其藩籬
固博雅士哉

老成人不可不惜

但啓元

嘗讀宋史見御史中丞楊繪言於神宗之朝曰老成人不可不惜輙喟然而太息曰有味乎其言之哉真守成者之龜鑑而畜治者之第一筴也請論之夫家有老僕故物不委諸塗國有老臣舊章不遺之野故涉山谷者必偕其習險阻諳踦踬者乃可巔也否則迷矣覓往事者必諏其稚黄髮鯢白叟者乃可洞也否則憒矣矧謂謀天下而可無老成哉老成人何如也辛甘燥濕惟其調劑闇黷汙濁惟其茹納棼錯棼結惟其解紓與之商確古今則如抵掌與之較畫利鈍則如灼龜其辨大事也如此其補聰明也如此其潤蒼赤而翼靈運也又如此則柰何其不

察院試卷　五

察院試録不分卷

明刻本

二册

半葉十行二十四字，白口，四周雙邊。版框 22.7×15.3 厘米

T03968（補 186）

賀封尚寶卿巽洲沈年伯壽序　朱太僕

客問朱生曰太廟之縣千歲崇乎蝕而鍾完何也曰刻者壽也河渓之楊駐剌其中松榦亭亭老如龍何也曰貞者壽也上林之儲材液攡數丈東閼曰運不敝何也曰勞者壽也然則廣成之窅窅諄耶彼何甚乎搖精而勞形曰然伯陽曰綿綿若存用之不勤無搖無勞曷用哉東閼之運以人引之動休之止曰馳百舍而關不得所其所勞者非勞之者也故不救夅爻揩揩趍而爭曰乃什耳客曰嘻子知養生乎家大

明文鈔不分卷詩鈔不分卷

明抄本

八册

半葉九行十九或二十字，藍格，白口，四周雙邊。版框22.4×15.8厘米

16487（12534）

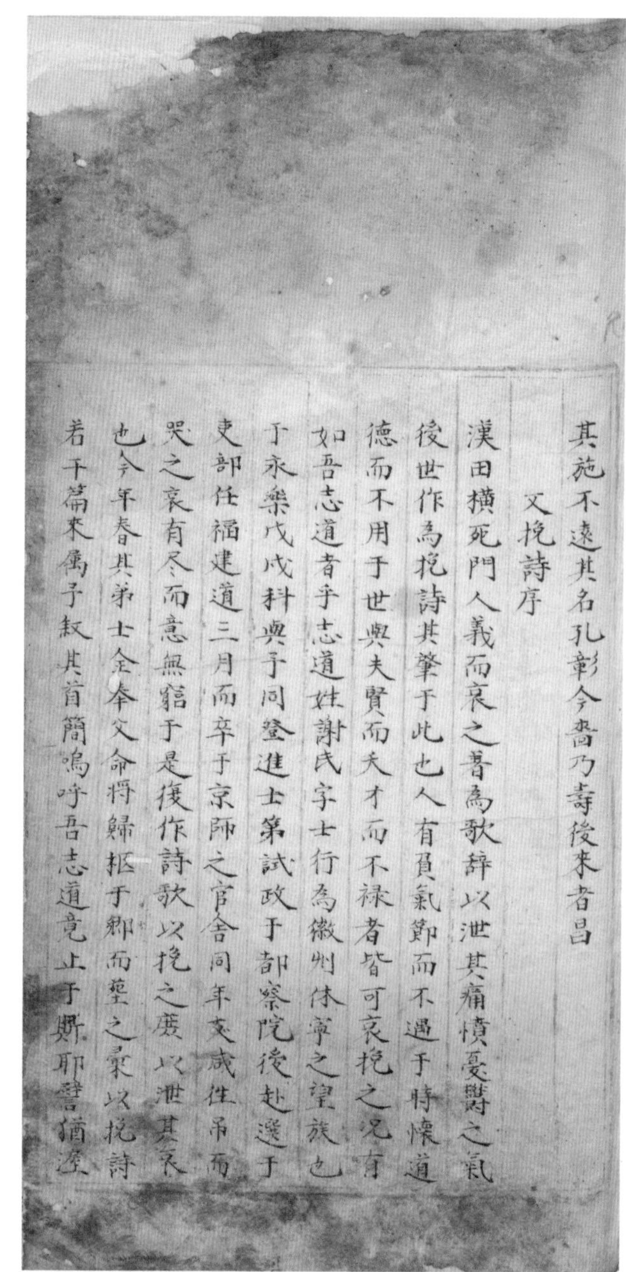

其施不遠其名孔彰今啚乃壽後來者昌

文挽詩序

漢田横死門人義而哀之著爲歌辞以泄其痛憤憂欝之氣後世作爲挽詩其肇于此也人有負氣節而不遇于時懐道德而不用于世與夫賢而夭才而不禄者皆可哀挽之况有如吾志道者乎志道姓謝氏字士行爲徽州休寧之望族也丁永樂戊戌科與予同登進士第試政于都察院後赴選于吏部任福建道三月而卒于京師之官舍同年交感往吊而哭之哀有盡而意無窮于是復作詩歌以挽之庶以泄其哀也今年春其弟士金奉文命將歸柩于鄉而塟之衆以挽詩若干篇來屬予叙其首簡嗚呼吾志道竟止于斯耶譬猶涇

祁門金吾謝氏仲宗文集一卷詩集一卷

明抄本

一册

半葉十一行二十四字（詩集十一行二十一字），藍格，藍口，四周雙邊。版框 20.7×15.2 厘米

16715（補 266）

匪庵四書明文選十卷補格一卷　〔清〕錢孫保輯

清順治刻本

六册

半葉十行二十七字，白口，四周單邊，無直格。版框 20.5×12.2 厘米

16496（12654）

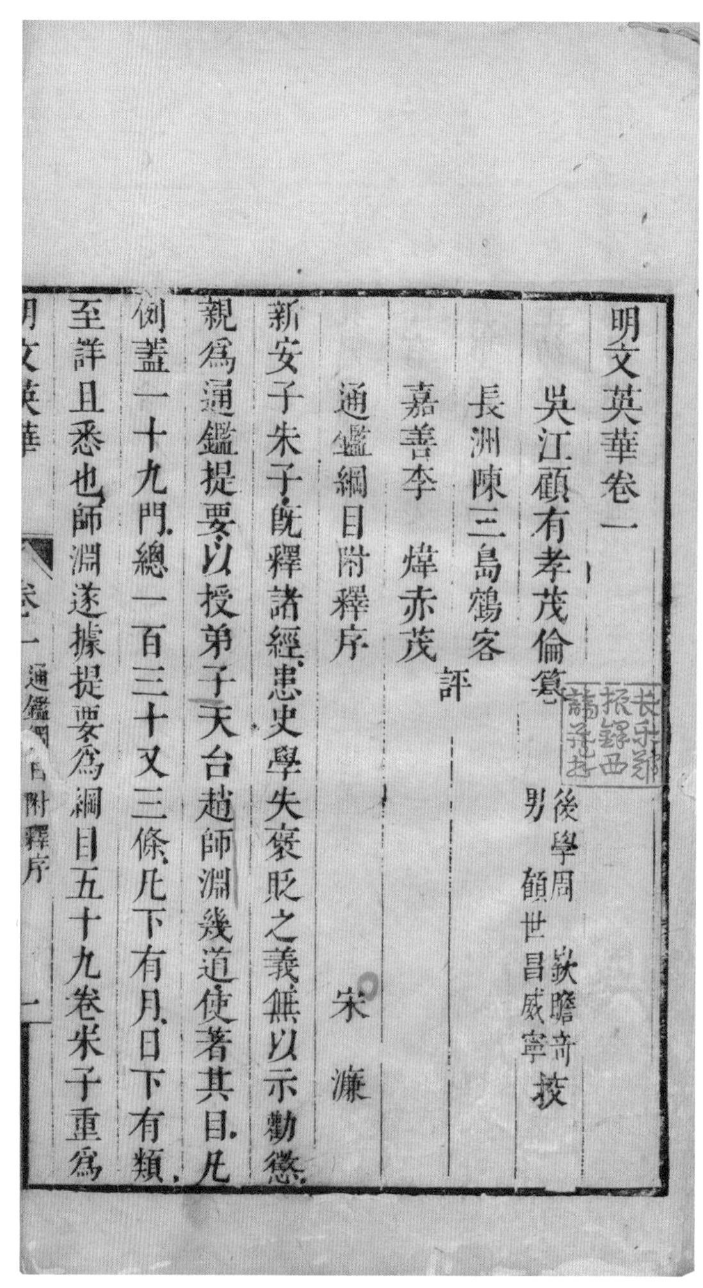

明文英華卷一
吳江顧有孝茂倫箋　後學周欽瞻奇
長洲陳三島鶴客　男顧世昌威寧　校
嘉善李煒赤茂　評
通鑑綱目附釋序　宋濂
新安子朱子既釋諸經，患史學失褒貶之義，無以示勸懲，
親爲通鑑提要以授弟子天台趙師淵幾道，使著其目。凡
例蓋一十九門，總一百三十又三條，凡下有月，日下有類，
至詳且悉也。師淵遂據提要爲綱目五十九卷，朱子重爲

明文英華　卷一　通鑑綱目附釋序　一

明文英華十卷　〔清〕顧有孝輯

清康熙二十六年（1687）刻吴郡寶翰樓印本

十册

半葉九行二十二字，黑口，左右雙邊。版框 18.7×13.6 厘米

T03509（10347）

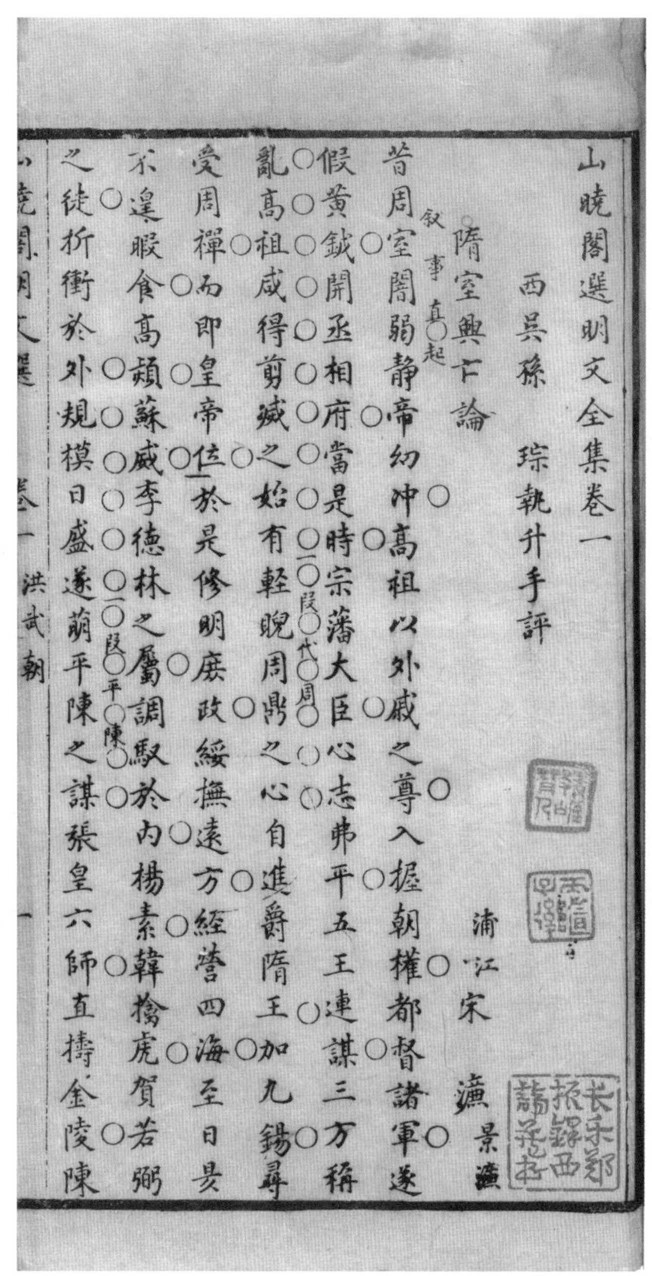
山曉閣選明文全集卷一

西吳孫琮執升手評　淸江宋瀟景瀟

隋室興亡論

昔周室闇弱靜帝幼沖高祖以外戚之尊入握朝權都督諸軍遂假黃鉞開丞相府當是時宗藩大臣心志弗平五王連謀三方稱亂高祖咸得剪滅之始有輕覦周鼎之心自進爵隋王加九錫尋受周禪而即皇帝位於是修明庶政綏撫遠方經營四海至日旲不遑暇食高熲蘇威李德林之屬調馭於內楊素韓擒虎賀若弼之徒折衝於外規模日盛遂萌平陳之謀張皇六師直擣金陵陳

山曉閣選明文選　卷一　洪武朝　一

山曉閣選明文全集二十四卷續集八卷 〔清〕孫琮輯

清康熙十六年（1677）、二十一年（1682）文雅堂刻本　鄭振鐸跋

十册　存八卷：全集一至八

半葉九行二十五字，白口，左右雙邊，無直格。版框 20.3×12.0 厘米

16948（1854）

山曉閣明文選八卷續集八卷 清初孫琮評選
琮以古文正宗的眼光來選明文尤推重錢謙益
歸有光二家與諸明人之選經濟文或小品文者
大殊其旨趣故入選之文亦多與它集不同清乾
隆時禁書目錄曾將此書續集列入全燬蓋以
其選牧齋文過多也 一九五七年一月二十八日大
雪方霽驅車至廠肆在來薰閣見此書
因收得之同時並獲此本草稾箋內諦

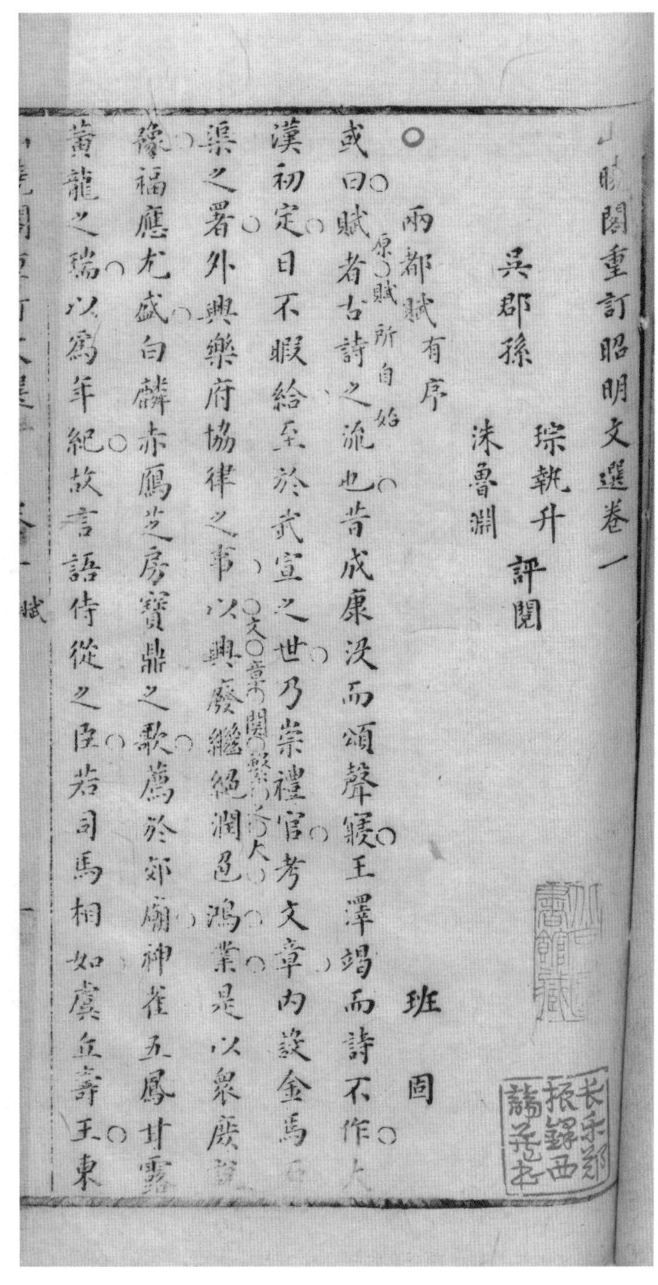

山曉閣重訂昭明文選十二卷　〔南朝梁〕蕭統輯　〔清〕孫琮、孫洙評

清康熙二十五年（1686）刻本

八册

半葉九行二十五字，白口，四周單邊，無直格。版框 20.3×12.0 厘米

T00428（1582）

成弘正嘉啓禎大小題文讀本　〔清〕汪份輯

清康熙刻本

十八册

半葉九行二十六字，小字單行同，白口，左右雙邊，無直格。版框 20.4×11.8 厘米

T03872（13918）

崇禎大小題文讀本

長洲後學汪份武曹編

○○○學而時習　一節　陳際泰

聖人以學之味示人而要之時習焉夫說人之所冀也而習人之所厭也然學者知所冀之出于所厭否乎夫子意謂夫人之力於學者（直說題說起不）非徒於其名而為之將以求乎心之說也夫人之冀乎心之說也亦（更牢籠一章故無套話）（擒說字逆遞出時習）既趨乎世之所為致說者矣然說之事既取諸外而說之實未獲其真吾有以易之使以內易外而以真易假其旨固存乎學也然求諸

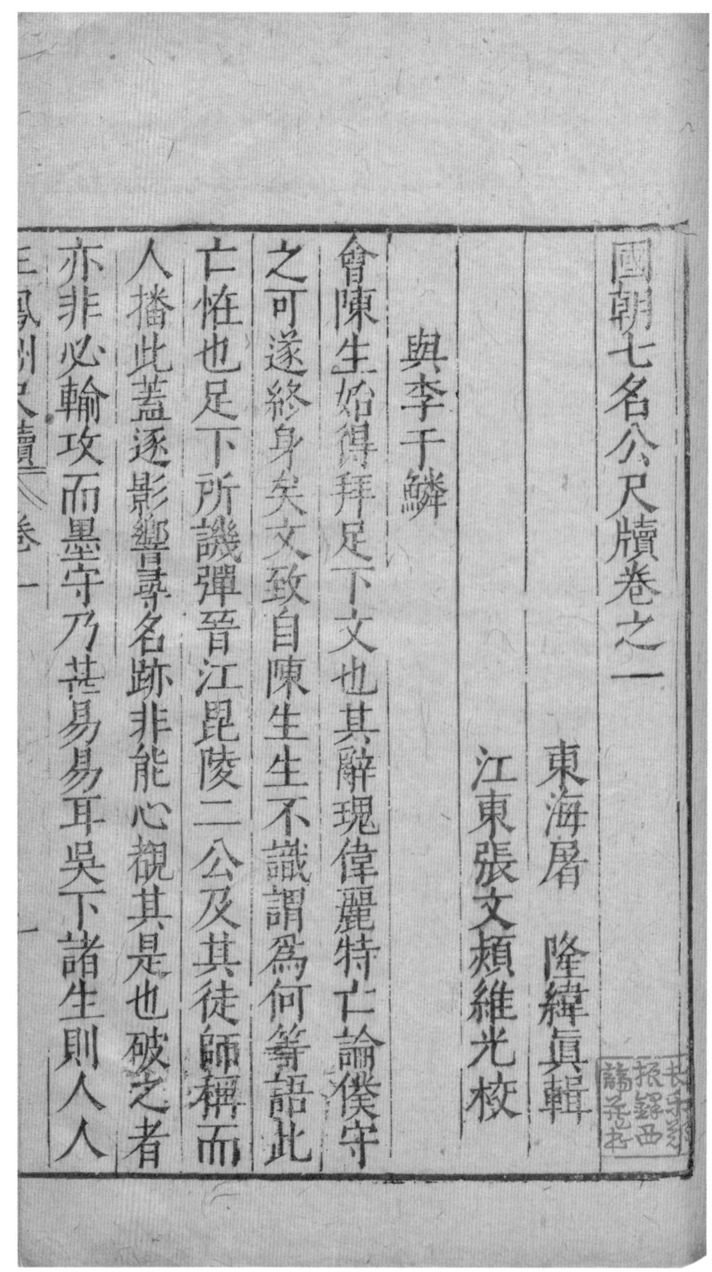
國朝七名公尺牘卷之一
東海屠　隆緯眞輯
江東張文頫維光校
與李于鱗
會陳生始得拜足下文也其辭瑰偉麗特亡論僕守之可遂終身矣文致自陳生生不識謂爲何等語此亡恠也足下所識彈簮江昆陵二公及其徒師稱而人播此蓋逐影響尋名跡非能心覩其是也破之者亦非必輸攻而墨守乃甚易易耳吳下諸生則人人

國朝七名公尺牘八卷　〔明〕屠隆輯

明萬曆文斐堂刻本

十六册

半葉九行二十字，白口，左右雙邊。版框 20.8×15.1 厘米

16934（1579）

國朝七名公尺牘卷之一

東海屠　隆緯眞輯

江東張文頹維光校

與李于鱗

會陳生始得拜足下文也其辭瑰偉麗特亡論僕守之可遂終身矣文致自陳生生不識謂爲何等語此亡恠也足下所識彈晉江毘陵二公及其徒師稱而人播此蓋逐影響尋名跡非能心覩其是也破之者亦非必輸攻而墨守乃甚易易耳吳下諸生則人人

王鳳洲尺牘　卷一　一

國朝七名公尺牘八卷　〔明〕屠隆輯

明萬曆文斐堂刻本

八册

半葉九行二十字，白口，左右雙邊。版框 21.1×15.1 厘米

T02236（1896）

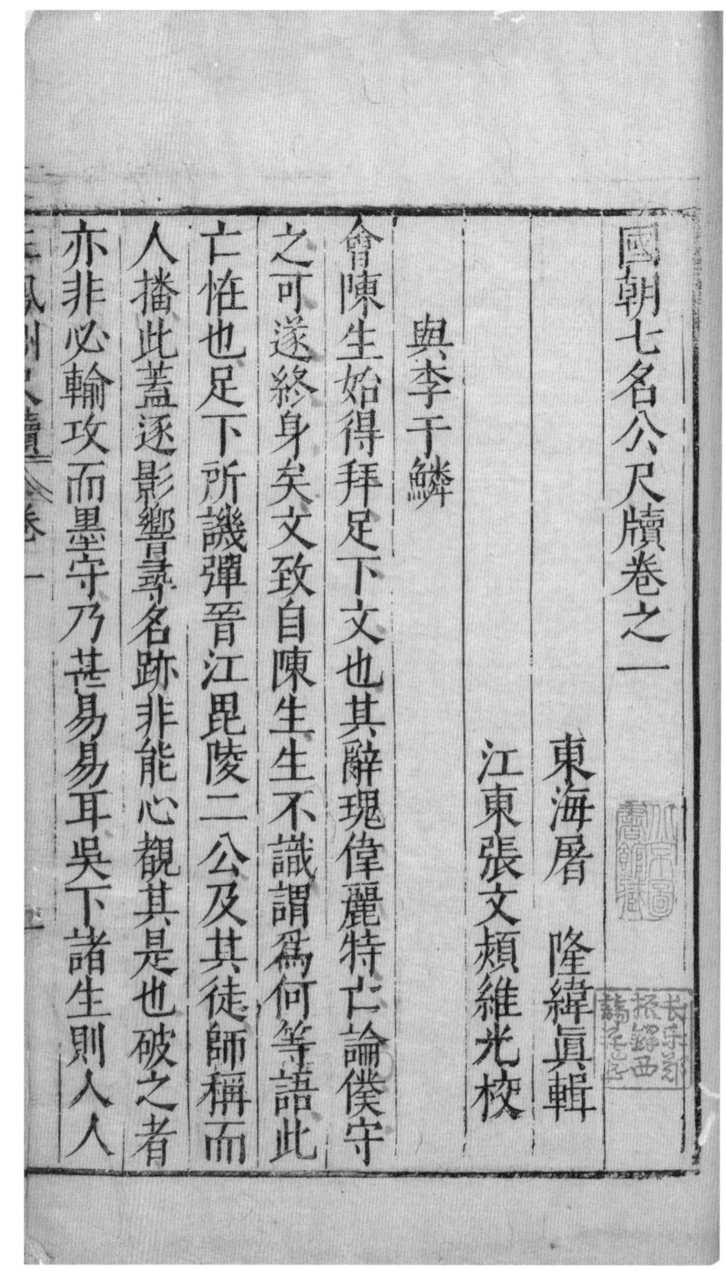

國朝七名公尺牘卷之一

東海屠　隆緯眞輯

江東張文頫維光校

與李于鱗

曾陳生始得拜足下文也其辭瑰偉麗特亡論僕守之可遂終身矣文致自陳生生不識謂爲何等語此亡恠也足下所譏彈晉江毘陵二公及其徒師稱而人播此蓋逐影響尋名跡非能心覩其是也破之者亦非必輸攻而墨守乃甚易易耳吳下諸生則人人

國朝七名公尺牘八卷　〔明〕屠隆輯

明萬曆文斐堂刻本

七册

半葉九行二十字，白口，左右雙邊。版框 21.0×15.1 厘米

T03884（1750）

繡梓尺牘雙魚卷之一

雲間陳繼儒眉公箋釋

長樂鄭振鐸西諦藏書

北京圖書館藏

送某夫人書　小青

闌頭祖帳迴隔人天官舍良辰當非寂度馳情感往瞻睇慈雲分燠噓寒如依膝下糜身百體未足云酬姊姊姨姨無恙猶憶南樓元夜看燈諧謔姨指畫屏中一憑欄女曰是妖嬈兒倚風獨耶恍惚有思當是阿青妾亦笑指一姬曰此執拂狡鬟偷近郎側將無似姨於時角絲尋歡纏綿徹曙寧復知風流雲散遂有今日乎往者仙槎北渡斷梗

尺牘雙魚　卷一

繡梓尺牘雙魚十一卷又四卷補選捷用尺牘雙魚四卷　〔明〕陳繼儒輯

明金閶書林葉啓元刻本

五册　存四卷：又四卷

半葉九行二十二字，白口，四周單邊。版框 20.8×13.0 厘米

T03908（1855）

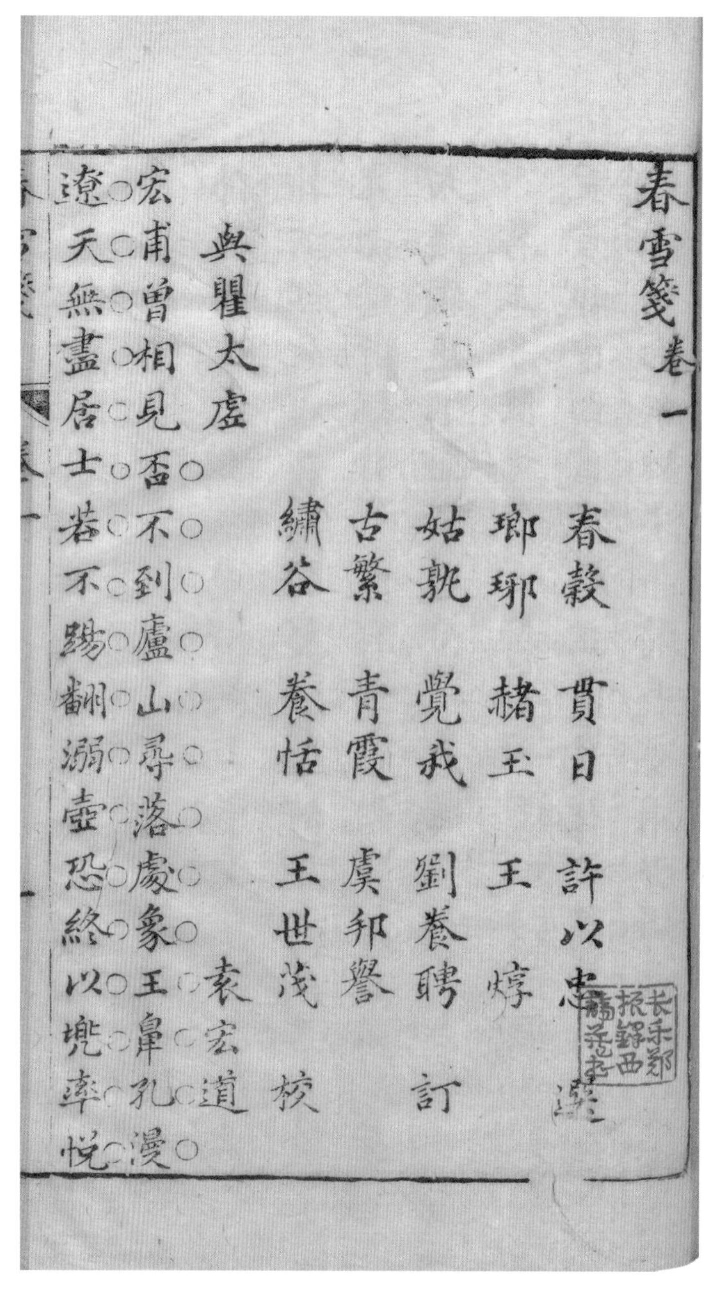

春雪箋八卷　〔明〕許以忠、王焞輯

明王世烘刻本

二册

半葉九行十八字，白口，四周單邊，無直格。版框 22.4×14.9 厘米

16327（10827）

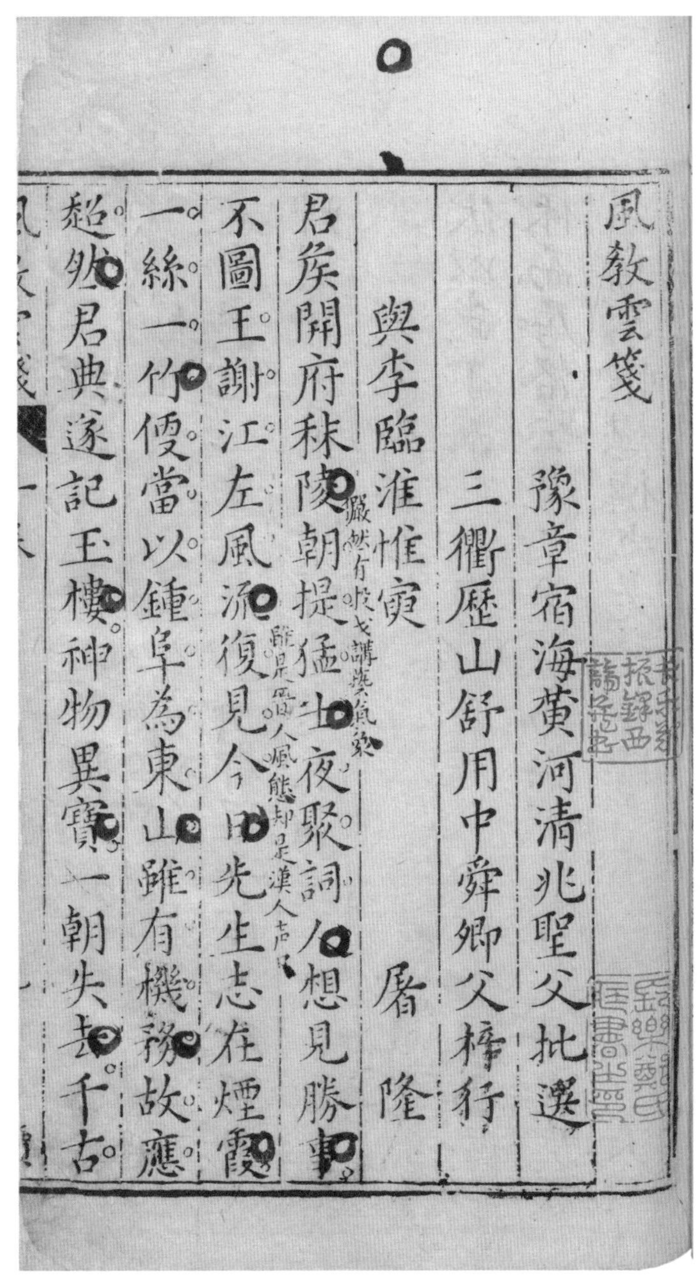

風教雲箋續集四卷 〔明〕黄河清輯

明萬曆舒用中天香書屋刻本

一册

半葉八行十八字，白口，四周雙邊。版框 20.0×13.3 厘米

16151（10349）

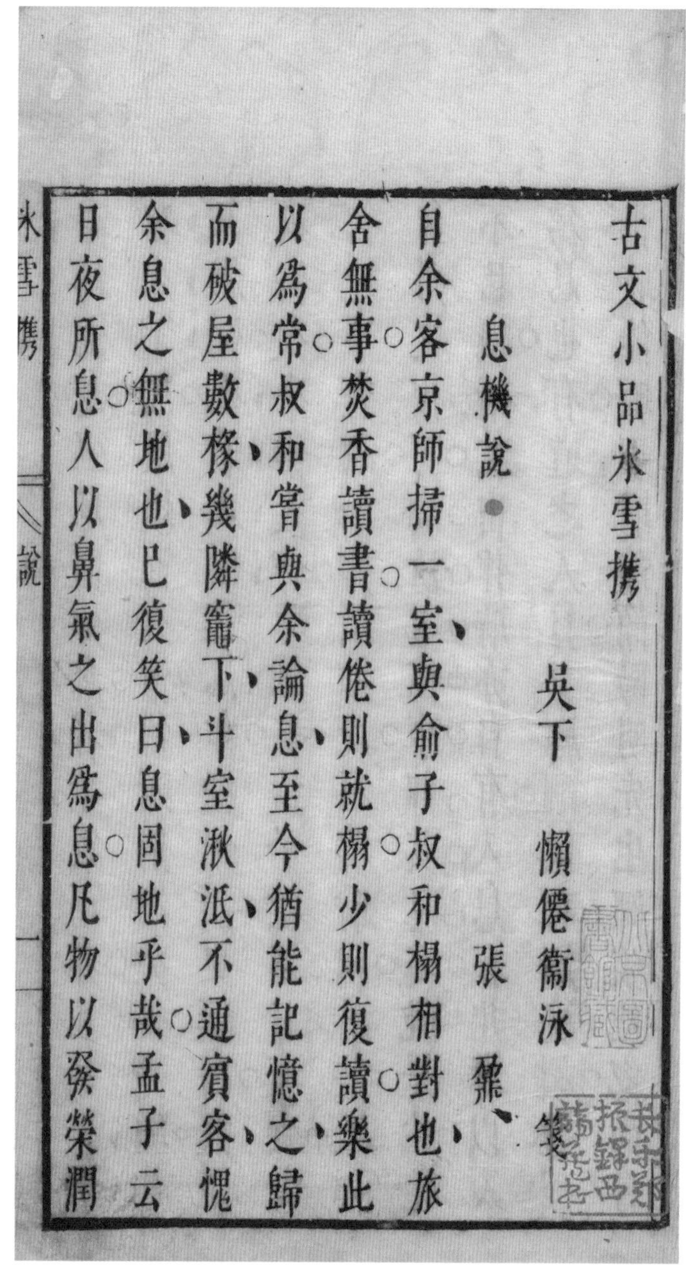

古文小品冰雪攜六卷　〔清〕衛泳輯

清順治十一年（1654）刻本

四册

半葉九行十八字，小字單行同，白口，左右雙邊，無直格。版框 18.9×12.2 厘米

T03747（1860）

奉違顏采幾更歲華慕誼傷離惟有耿耿適辱芳翰乃知
駕臨敝境而温奬過除非所敢任又承念及豚兒尤徵世
誼之愛矣感謝何如頃曾薄具專人奉迓前旋不知達記
室否復辱來諭謹遣小承齎不腆及憲牌一紙為長途之
需秪為禁例所拘無能為敬幸惟炤亮

項任寰吏部

先子得附尊公老年伯驥尾世講之雅榮施至今蓋三十
年所矣乃門下決起雲漢光紹箕裘裨不佞弘公𠑽偶在
班行共聽臚唱兩家縫掖疊沐恩波豈尋常事理也哉比
試政天曹容邇丰韻崑山片玉桂林一枝褎然于大夫之
望執鞭鄉慕所其心焉似來暫辭捧日戲綵傍雲生平美
事都兼人間至樂不數轉眼風光又載更寒燠矣竊計拜

明人尺牘不分卷

明抄本

二册

半葉十二行二十一字，藍格，白口，四周雙邊。版框 22.3×16.5 厘米

15459（1952）

滕王閣全集十三卷徵彙詩文不分卷　〔清〕蔡士英輯

清順治十四年（1657）刻本

十册　存十一卷：全集一至九、十一，徵彙詩文不分卷

半葉九行二十字，白口，四周單邊。版框 20.0×13.3 厘米

16935（827）

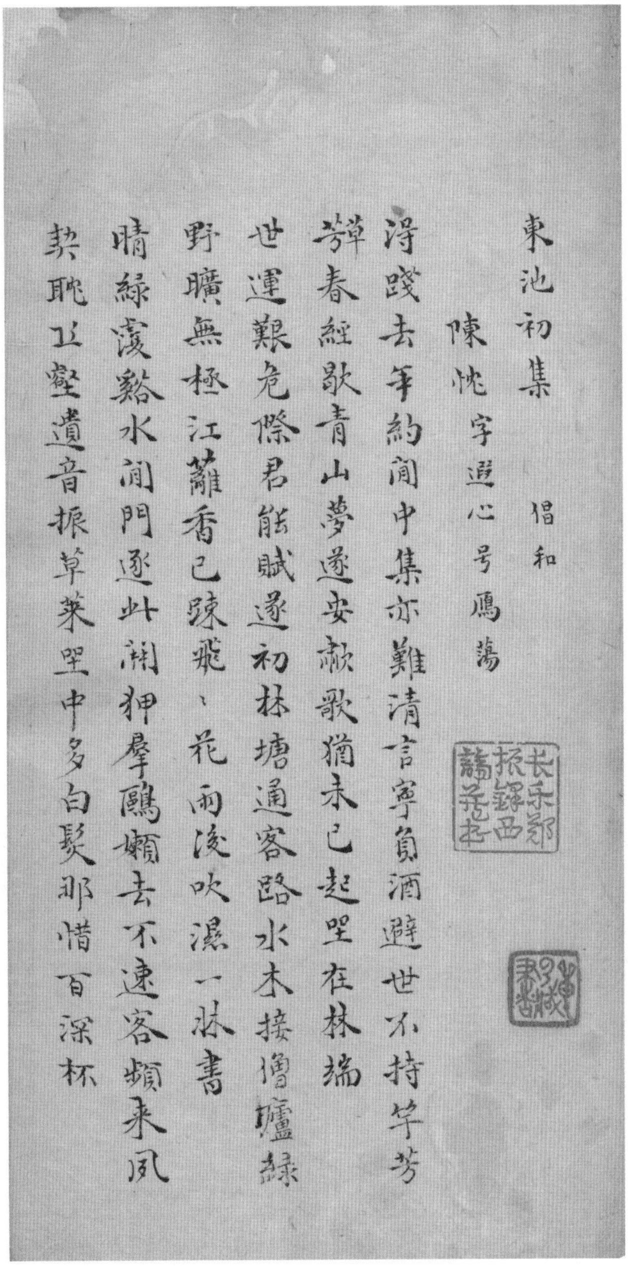
東池初集　倡和
陳忱　字遐心　号鴈蕩
浮踐去年約閒中集亦難清言寧負酒避世不持竿芳
草春經歇青山夢遂安歗歌猶未已起坐在林端
世運艱危際君能賦遂初林塘通客路水木接僧廬綠
野曠無極江蘺香已踈飛々花雨後吹濕一牀書
晴綠濅谿水閒門遂此開狎羣鷗懶去不速客頻來風
契耽丘壑遺音振草萊坐中多白髮那惜百深杯

東池詩集五卷　〔明〕陳忱、張雋等撰

清初抄本

一册

半葉八行二十一字，無欄格

16167（10352）

蘭言集二十四卷　〔清〕王晫輯

清康熙霞舉堂王晫刻本

四册

半葉十行二十字，白口，四周雙邊。版框 18.9×13.2 厘米

15456（1933）

蘭言集卷一　五言古詩

武林王晫丹麓輯　男　言愼旃校

長樂鄭振鐸西諦藏書

嵇宗孟淑子 山陽 丙子 郡守

讀峽流詞題贈

鸞性薄霄漢肅羽北山曲相於梧竹清神釆挺群玉
憑軒發長嘯庭戶紛金粟嗟哉累百鳥學語花間俗
乃知夔曠音眞契在幽獨春風盪遥波此心湖水綠

施閏章愚山 宣城 己丑 侍讀

重過霞舉堂感舊

秋雲陰北墅時菊淒以繁別顔展良覿契濶思永言

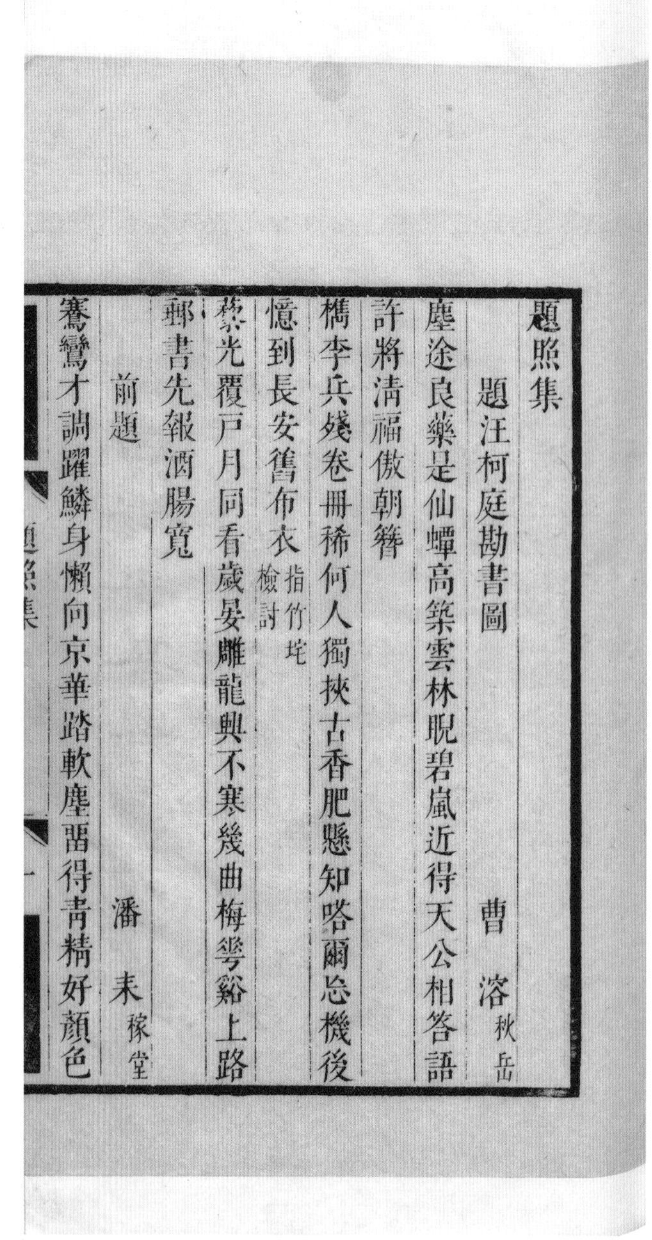

汪柯庭彙刻賓朋詩十一卷　〔清〕汪文柏輯

清康熙三十一年（1692）汪文柏刻本　许承尧跋

六册

半葉十行二十一字，黑口，四周單邊。版框 18.8×13.5 厘米

15460（1956）

柯庭碧巢皆吾鄉大收藏家雅好文藝柯庭交潘次耕碧巢交朱竹垞一時文采不減祁門馬氏岑山程氏也書淂碧巢藏書有手校字此書西河慰悼詩卷中書多二字當即柯庭手筆

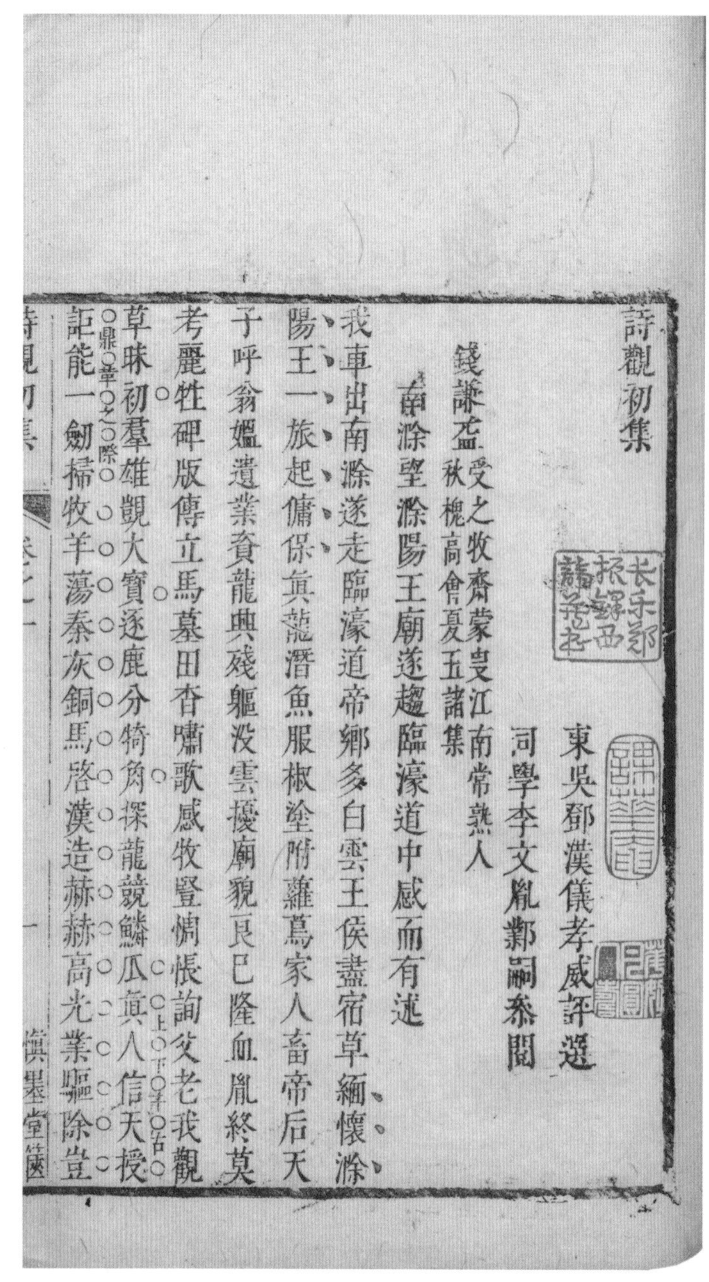

詩觀初集十二卷二集十四卷閨秀別卷一卷三集十三卷閨秀別卷一卷　〔清〕鄧漢儀輯

清康熙慎墨堂刻乾隆十五至十七年（1750－1752）仲之琮深柳讀書堂重修本

四十册

半葉十一行二十三字，白口，四周單邊，無直格。版框 17.7×13.2 厘米

15447（1741）

懷嵩堂贈言四卷 〔清〕耿介輯

清康熙二十四年（1685）懷嵩堂刻本

四册

半葉九行十九字，白口，四周單邊。版框 18.3×13.1 厘米

16194（10477）

嵩山名勝甲天下明南濠都公穆遊嵩記
云恨無驚人之筆如范寬輩者一為寫照
然非身履其地莫由識此山真面目也辛
酉夏余訪張明府於登封得探二室之奇
時往來窰寨間今耿太史逸庵先生命余
繪圖以荅明府懷嵩之意率爾寫就恐遜
美於華原多矣昔
康熙乙丑中秋吳門汪琎汝陽畫并題

懷嵩堂贈言卷之一

嵩陽耿　介逸庵閱定

宋爾公
門人胡肇虞同校
景日昣

長樂鄭西諦藏書

詩

陳晉明康侯錢塘人

己未仲春送張牖如之任登封

平生五嶽遊足跡略已徧東岱飽經過西華舉眼

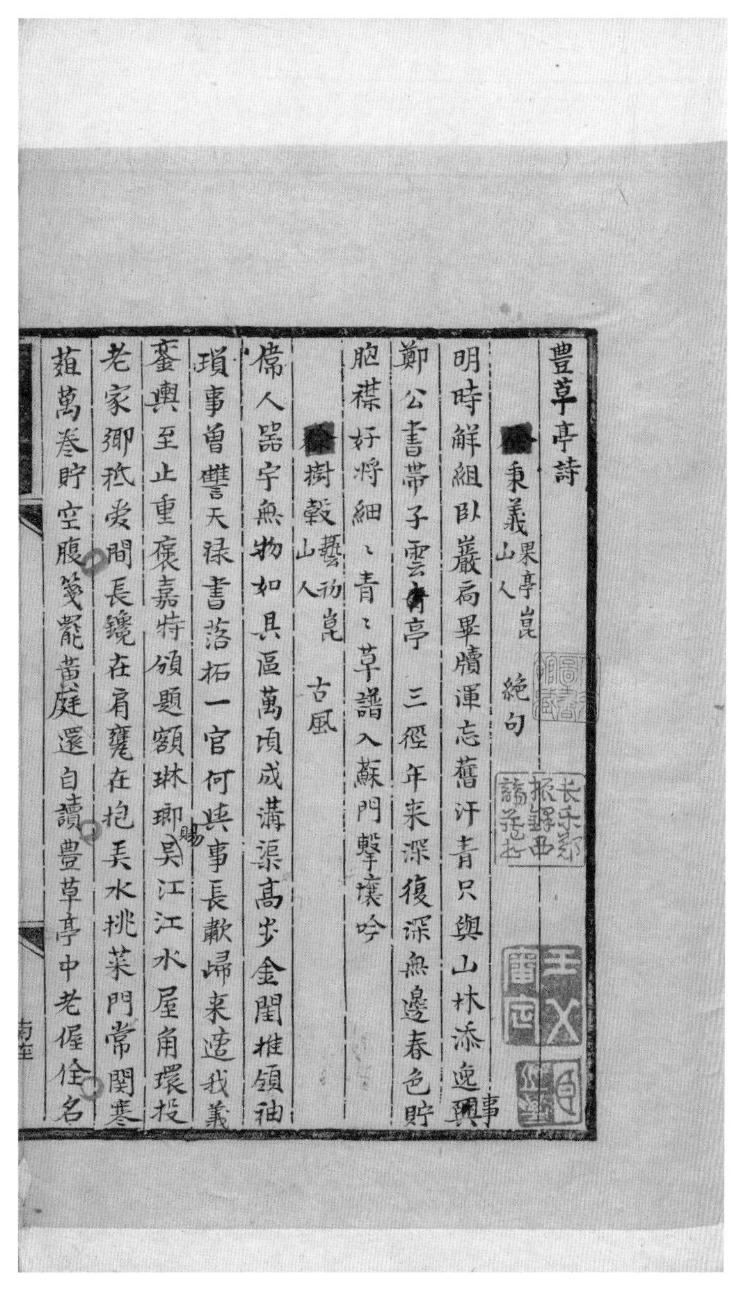

豐草亭詩一卷 〔清〕徐釚輯

清徐氏菊莊抄本

一册

半葉十行二十一字，上黑口，四周單邊。版框 18.7×13.6 厘米

16280（10697）

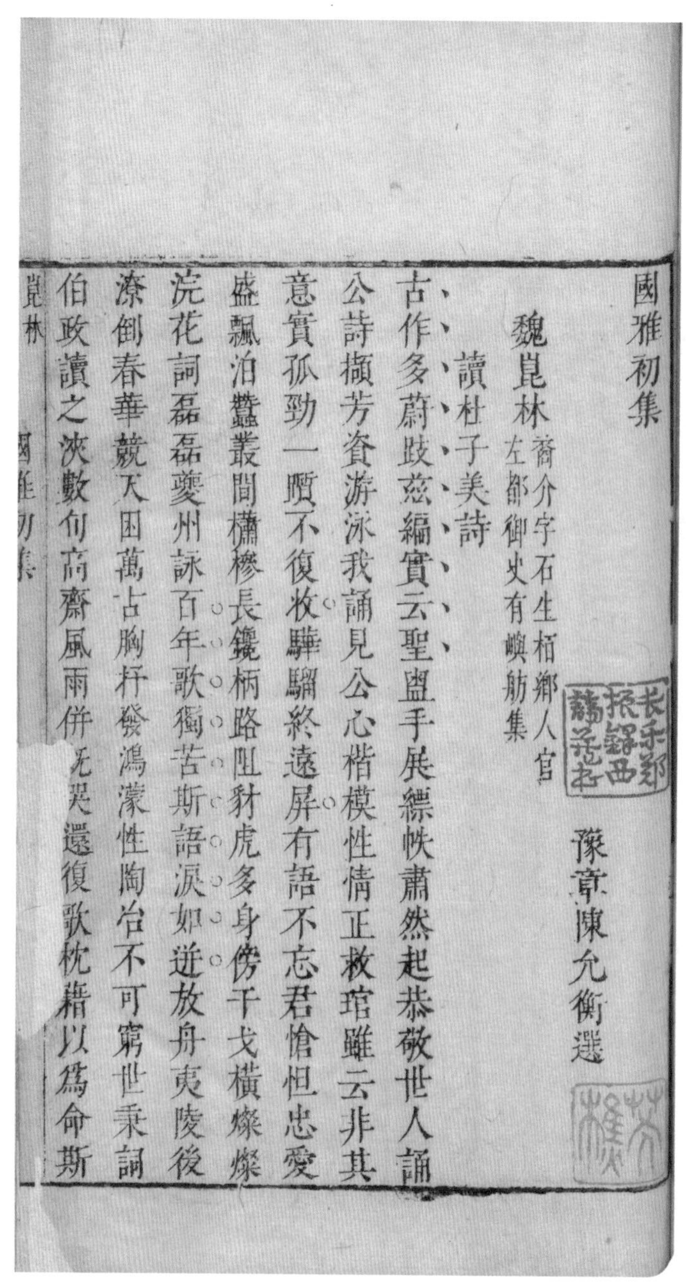

國雅初集不分卷　〔清〕陳允衡輯

清康熙刻本

四册

半葉十一行二十三字，白口，四周單邊，無直格。版框 17.8×13.2 厘米

15435（1661）

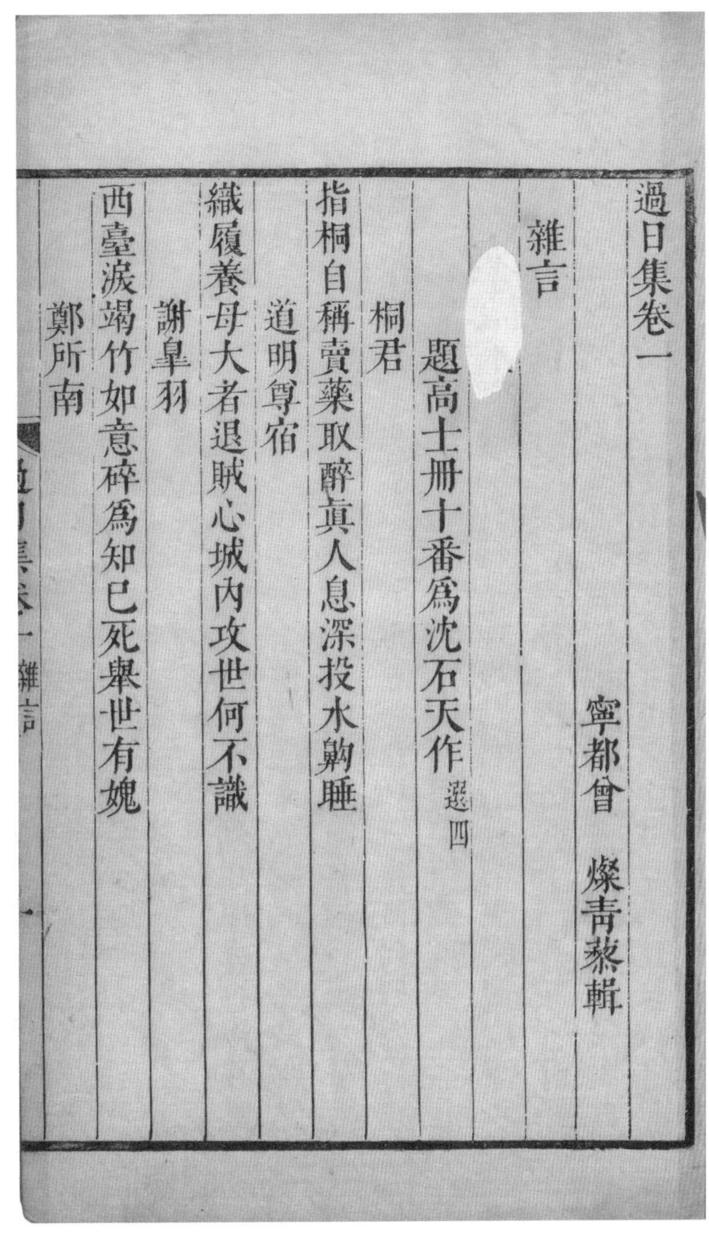

過日集卷一
寧都曾　燦青藜輯
雜言
題高士冊十番爲沈石天作 選四
桐君
指桐自稱賣藥取醉眞人息深投水齁睡
道明尊宿
織屨養母大者退賊心城內攻世何不識
謝皐羽
西臺淚竭竹如意碎爲知己死舉世有媿
鄭所南

過日集二十卷名媛詩一卷 〔清〕曾燦輯　**諸體評論一卷曾青藜詩八卷** 〔清〕曾燦撰　**曾丽天詩一卷** 〔清〕曾炤撰

清康熙曾氏六松草堂刻本　鄭振鐸跋

三十二册

半葉十二行二十四字，白口，四周單邊。版框 21.9×15.5 厘米

15436（1625）

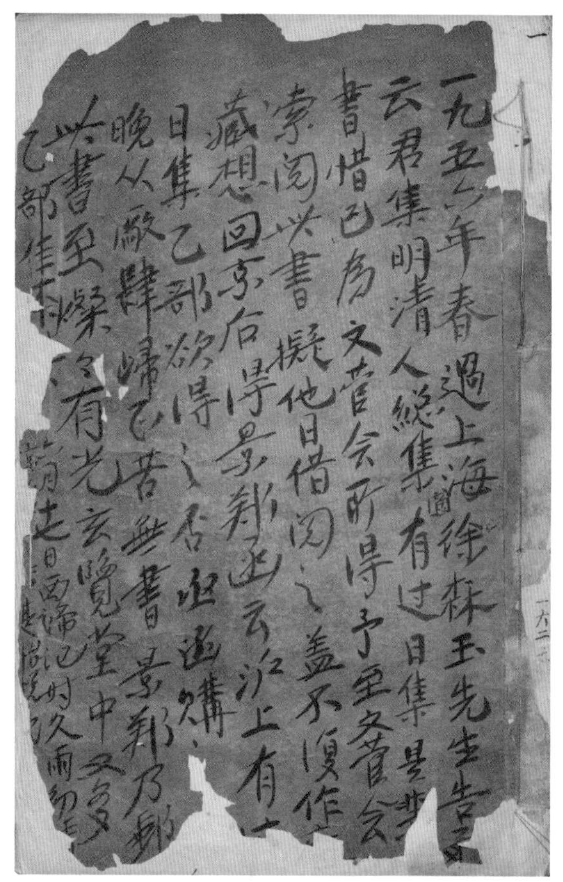

一九五六年春過上海徐森玉先生告予云君集明清人總集有過日集是書借已為文管会所得予至文管会索閱此書擬他日借閱之蓋不復作藏想回京后得景鄭函云江上有一日集乙部欲得之否如函購之晚从敝肆帰乙告無書景鄭乃郵此書至燦然有光玄覽堂中又多乙部佳本矣 荀走日西諦記時久雨初[illegible]

此本魚蠹收斋序然可補鈔無傷也文管会从修文堂得此書價百金景鄭為予从吳眉孫許得此本價僅三十六金甚感其作合之功

西諦

一九五六、六、廿六

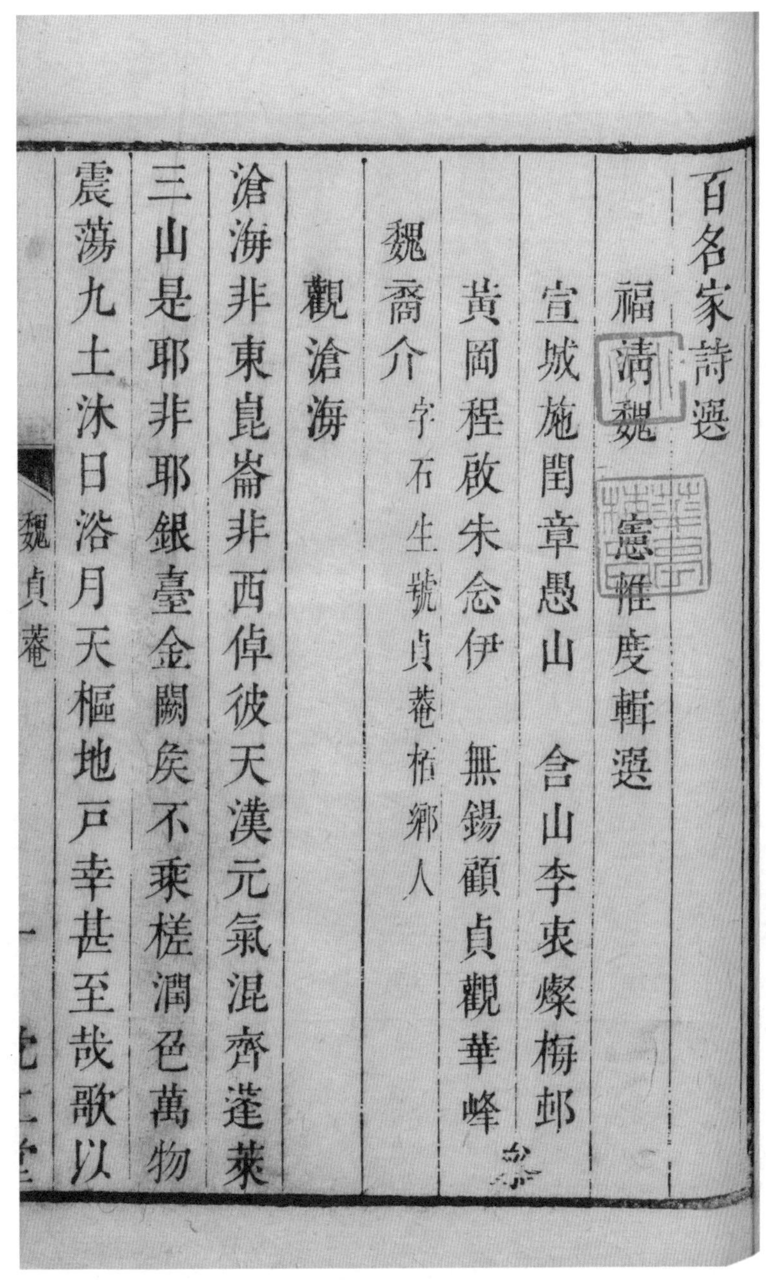
百名家詩選
福清魏憲惟度輯選
宣城施閏章愚山　含山李㚟燦梅邨
黃岡程啟朱念伊　無錫顧貞觀華峰　參
魏裔介字石生號貞菴柏鄉人
觀滄海
滄海非東崑崙非西倬彼天漢元氣混齊蓬萊三山是耶非耶銀臺金闕矦不乘槎潤色萬物震蕩九土沐日浴月天樞地戶幸甚至哉歌以
魏貞菴　一　枕江堂

百名家詩選八十九卷 〔清〕魏憲輯

清康熙十年（1671）魏氏枕江堂刻二十四年（1685）聖益齋印本　鄭振鐸跋

三十册

半葉九行十八字，白口，左右雙邊。版框 19.0×13.8 厘米

15445（1715）

詩持一集四卷二集十卷三集十卷　〔清〕魏憲輯

清康熙十年（1671）魏氏枕江堂刻本

十二册

半葉九行十八字，白口，四周單邊。版框 17.4×13.7 厘米

15440（1722）

詩持一集卷之一

閩中魏　憲惟度選

梁谿顧　宸修遠參閱

王思任季重　山陰人所著有爾爾集遊園擬存集

謝鶴

見賜揚州鶴何人不羡清一江寒影到午夜感思驚暫撳琴相待終要松與盟緱山乘此會爲報只吹笙

撳琴要松清思妙想

漂母祠

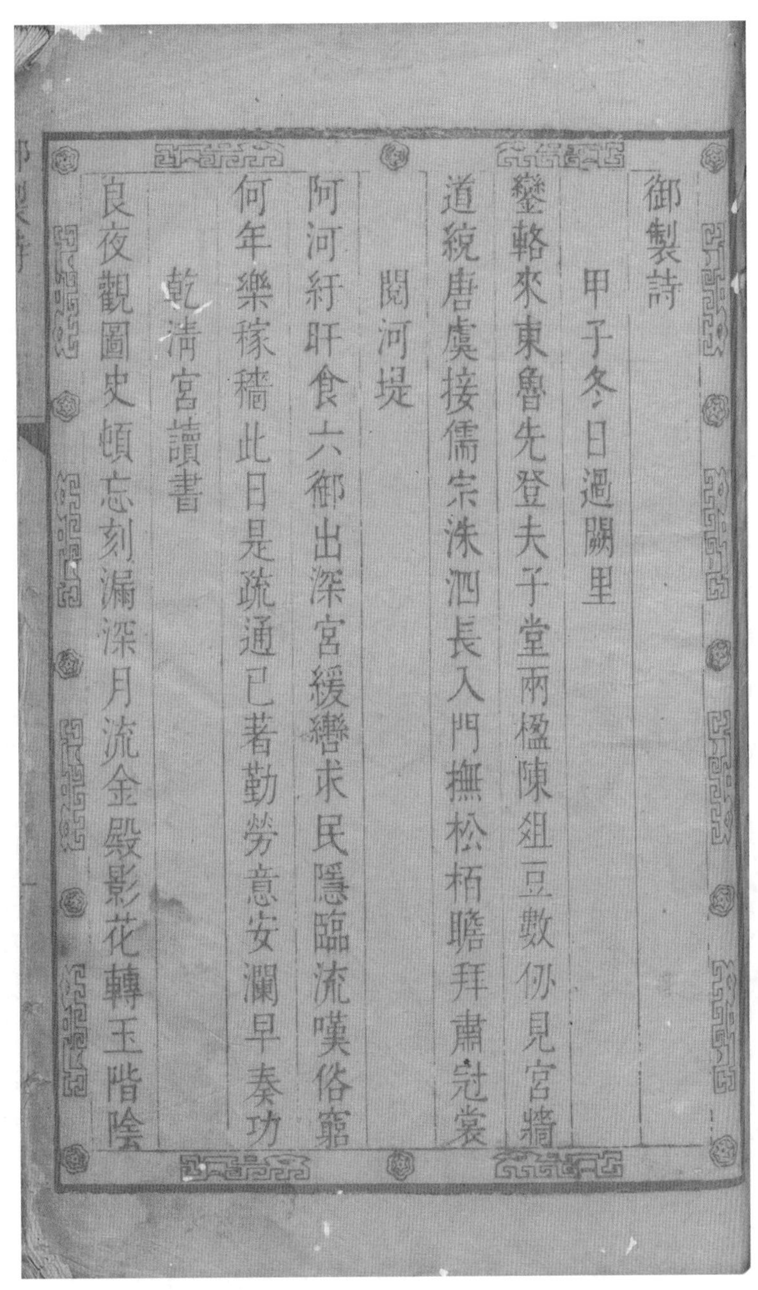

皇清詩選三十卷首一卷　〔清〕孫鋐輯

清康熙二十七年（1688）鳳嘯軒刻本

十册　存二十四卷：一至十一、十四至二十二、二十八至三十，首一卷

半葉九行十九字，小字雙行同，白口，四周雙邊。版框 18.6×13.9 厘米

T03291（1588）

皇淸詩選四言古樂府卷之一

長樂鄭振鐸西諦藏書

雲間　孫　鋐思九輯評
　　　黃朱芾奕藻編校

四言古詩

王　晫丹麓浙江仁和人

河之渚　河之渚思卜居也

河之渚。梅以爲春。我廬于斯。我室于斯。乘舟而綸。游泳無時。

河之渚。葭以爲秋。我竹既蓺。我魚既餧。卒歲優游。

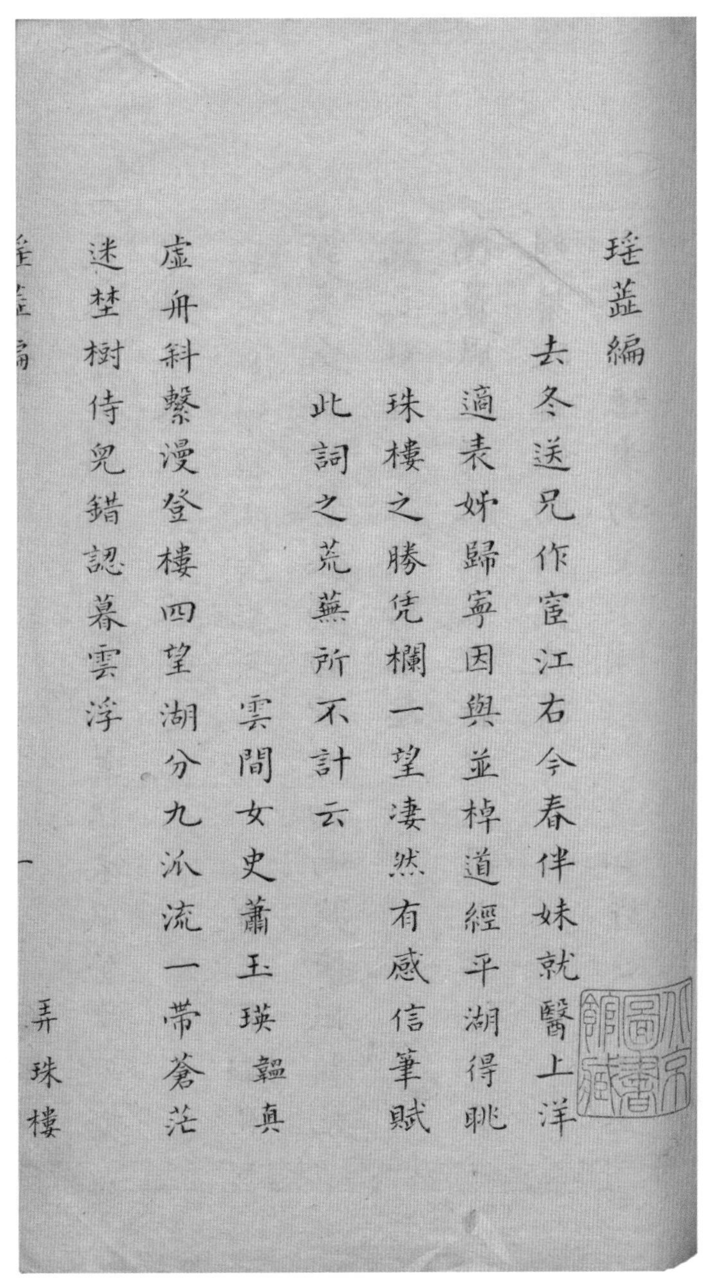
瑤蕋編
去冬送兄作宦江右今春伴妹就醫上洋
適表姊歸寧因與並棹道經平湖得眺
珠樓之勝凭欄一望凄然有感信筆賦
此詞之荒蕪所不計云
雲間女史蕭玉瑛韞真
虛舟斜繫漫登樓四望湖分九派流一帶蒼茫
迷埜樹侍兒錯認暮雲浮
瑤蕋編　一　弄珠樓

瑤蕊編一卷　〔清〕鄂顧姒輯並撰　**針餘小草一卷**　〔清〕張奉墀撰

清康熙刻本

一册

半葉八行十八字，無欄格

T03257（3053）

溯洄集十卷詩論一卷詩話一卷　〔清〕魏裔介輯

清康熙刻本

四册

半葉九行十九字，白口，左右雙邊，無直格。版框 19.0×13.6 厘米

16651（補 115）

湖洄集卷一五言古上

栢鄉魏裔介石生選評　禹航嚴曾榘方貽　錢唐顧之瑜不瑕　校訂

五言古

梁清標

閒意

矯矯雲中鶴○泛泛沙邊鷗○翱翔在閒曠○於世將安求○嗟彼九秋鷹○豢馴絲臂鞲○四顧事搏擊○所性良不侔○東華十丈塵○衮衮多貴游○人情善陰陽○倏忽

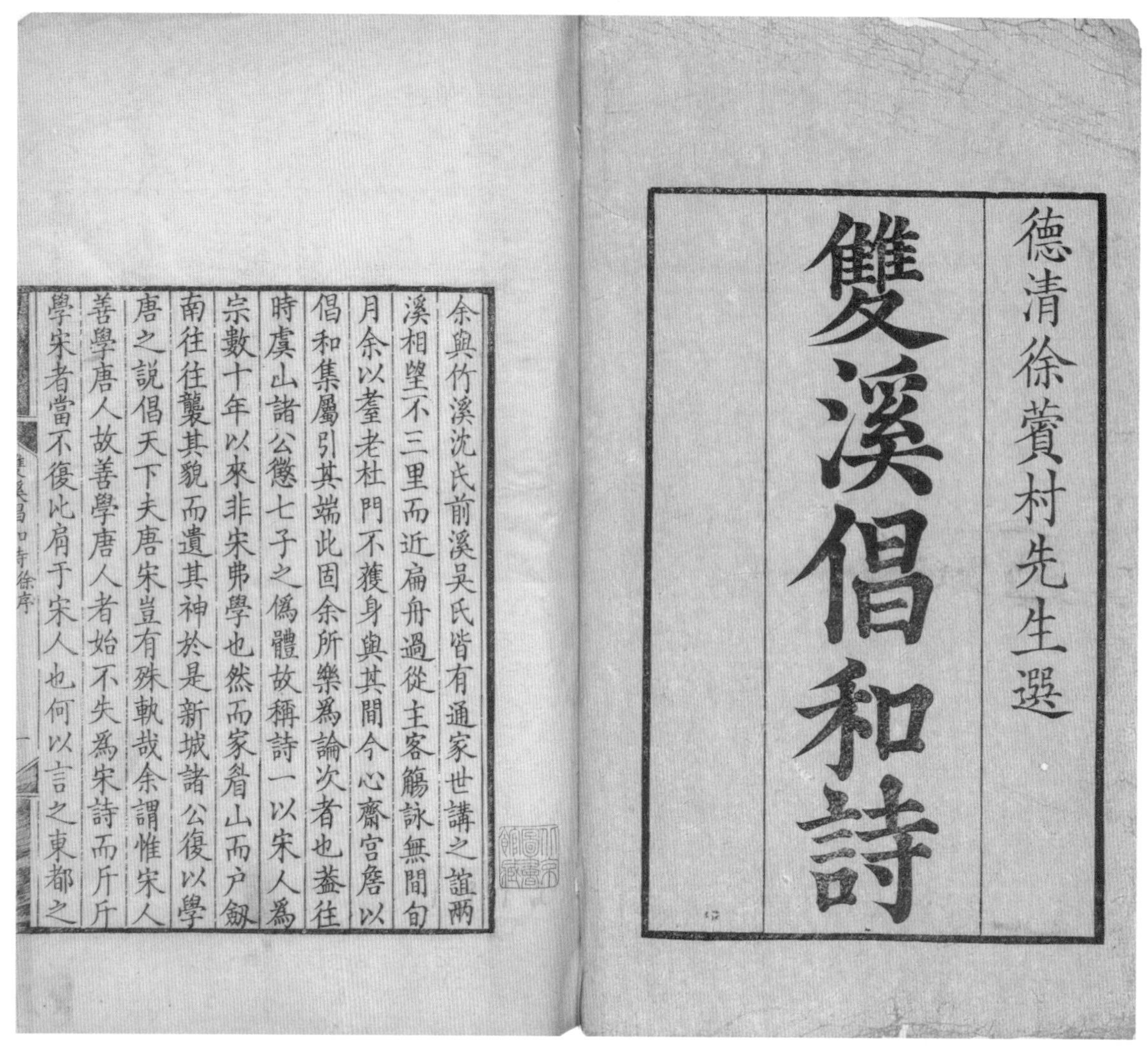

德清徐賁村先生選

雙溪倡和詩

余與竹溪沈氏前溪吳氏皆有通家世講之誼兩溪相望不三里而近扁舟過從主客觴詠無間旬月余以耄老杜門不獲身與其間今心齋宮詹以倡和集屬引其端此固余所樂爲論次者也蓋往時虞山諸公懲七子之僞體故稱詩一以宋人爲宗數十年以來非宋弗學也然而家肴山而户劍南往往襲其貌而遺其神於是新城諸公復以學唐之説倡天下夫唐宋豈有殊軌哉余謂惟宋人善學唐人故善學唐人者始不失爲宋詩而斤斤學宋者當不復比肩于宋人也何以言之東都之

雙溪倡和詩　徐序

雙溪倡和詩六卷　〔清〕徐倬輯

清康熙刻本

一册

半葉十行十九字，黑口，左右雙邊。版框 16.3×12.6 厘米

15474（1992）

雙溪倡和詩卷第一

德清　徐倬　蘋村選

碧浪湖讌集

沈　涵心齋

嘉辰展良遊兹川信可賞風微明似鏡沙淨平如掌列岫寫青葱高城映滉瀁忘機馴鷗鳧遂性茂菰蔣濯纓契素懷持觴寄遐想餘暉戀孤塔暝色聚歸鳥榜興逸慮自清境澹心彌廣忘歸任夷猶永願謝塵坱

吴　曙芸齋

長樂鄭振鐸西諦藏書

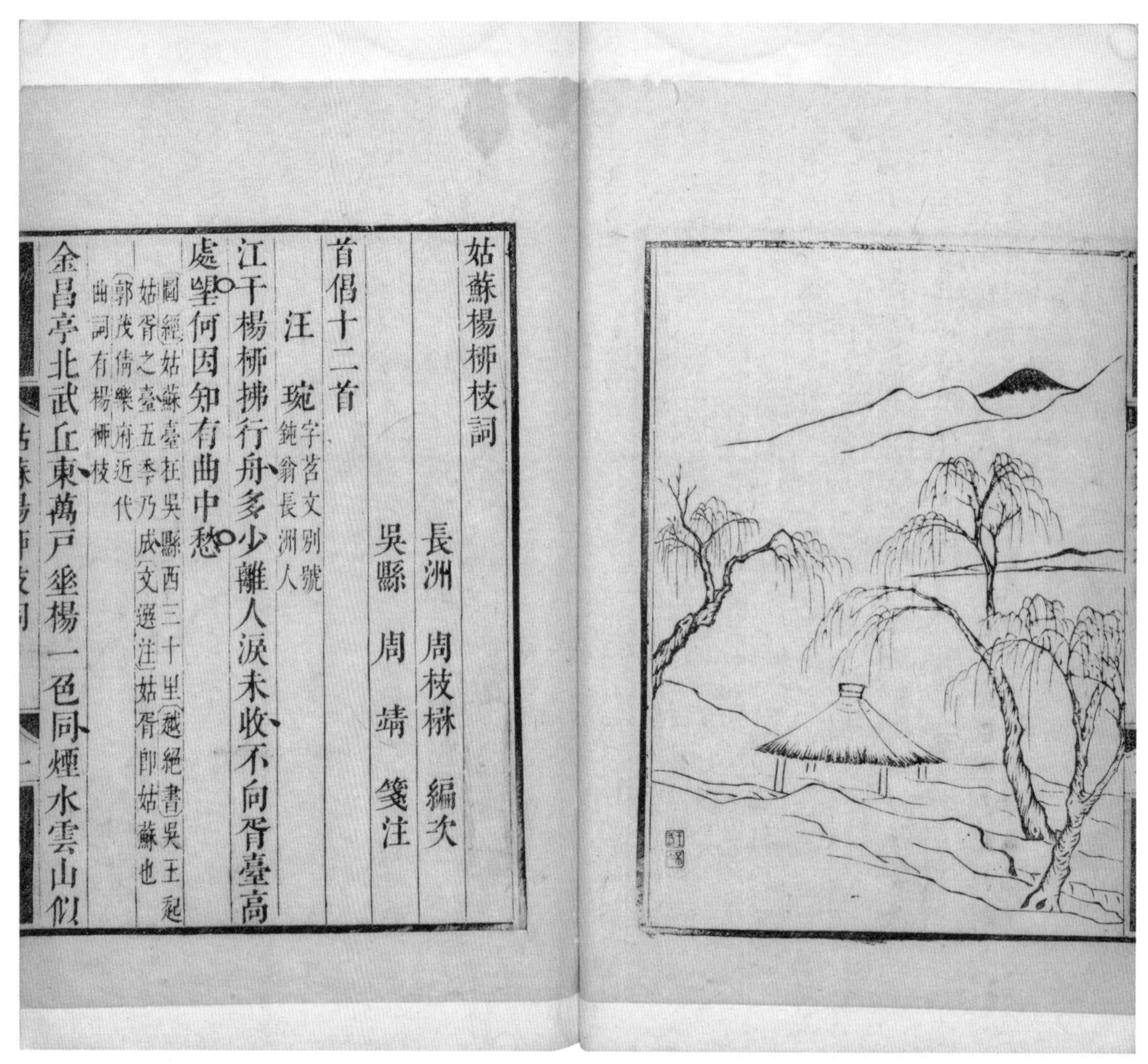

姑蘇楊柳枝詞

長洲　周枝楙　編次

吳縣　周靖　箋注

首倡十二首

汪琬　字苕文别號鈍翁長洲人

江干楊柳拂行舟、多少離人淚未收、不向胥臺高處望、何因知有曲中愁、

圖經姑蘇臺在吳縣西三十里越絶書吳王起姑胥之臺五秊乃成文選注姑胥即姑蘇也

郭茂倩樂府近代曲詞有楊柳枝

金昌亭北武丘東、萬戶垂楊一色同、煙水雲山似

姑蘇楊柳枝詞一卷　〔清〕周枝楙輯　〔清〕周靖箋註

清初刻本

一册

半葉十行十九字，小字雙行同，黑口，左右雙邊。版框 18.7×13.6 厘米

16958（4148）

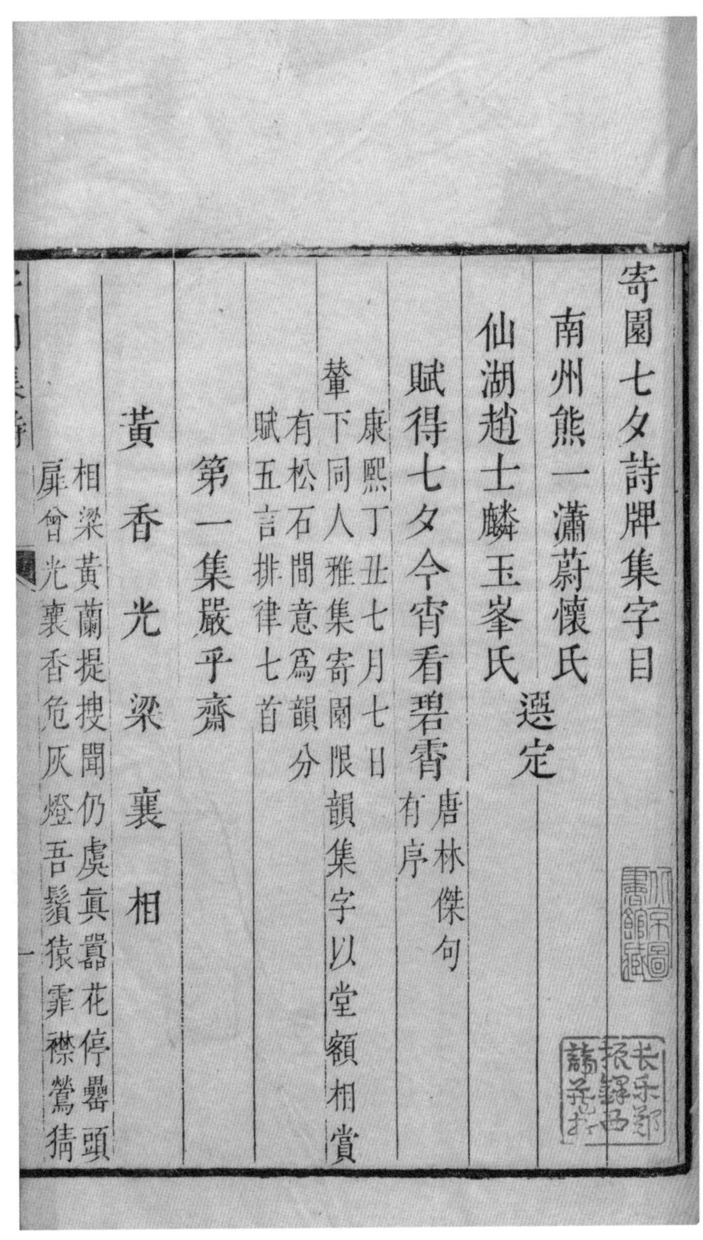
寄園七夕詩牌集字目
南州熊一瀟蔚懷氏
仙湖趙士麟玉峯氏　選定
賦得七夕今宵看碧霄唐林傑句有序
康熙丁丑七月七日輦下同人雅集寄園限韻集字以堂額相賞有松石間意爲韻分賦五言排律七首
第一集嚴乎齋
黃香光梁襄相
相梁黃蘭提摟聞仍虞眞囂花停罍頭扉曾光裹香危灰燈吾鬚猿霏襟鶯猜

寄園七夕集字詩一卷補遺一卷附七夕別韵倡和一卷四景絶句一卷寄園詩一卷

〔清〕趙吉士輯

清康熙刻本

二册

半葉九行十九字，白口，左右雙邊。版框 18.5×13.8 厘米

T02617（10156）

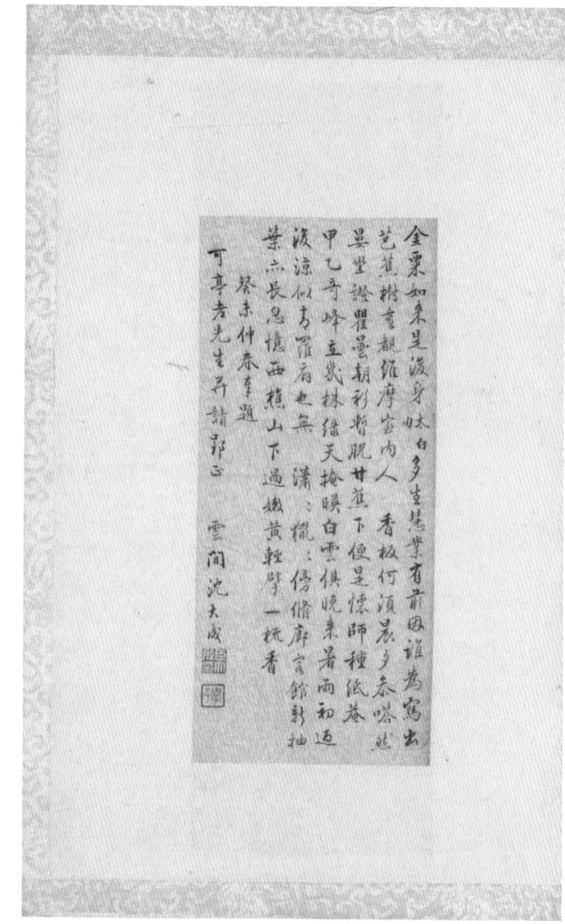

蕉林揮麈圖題詠一卷　〔清〕畢沅、王鳴盛等撰

稿本

一册

17023（12381）

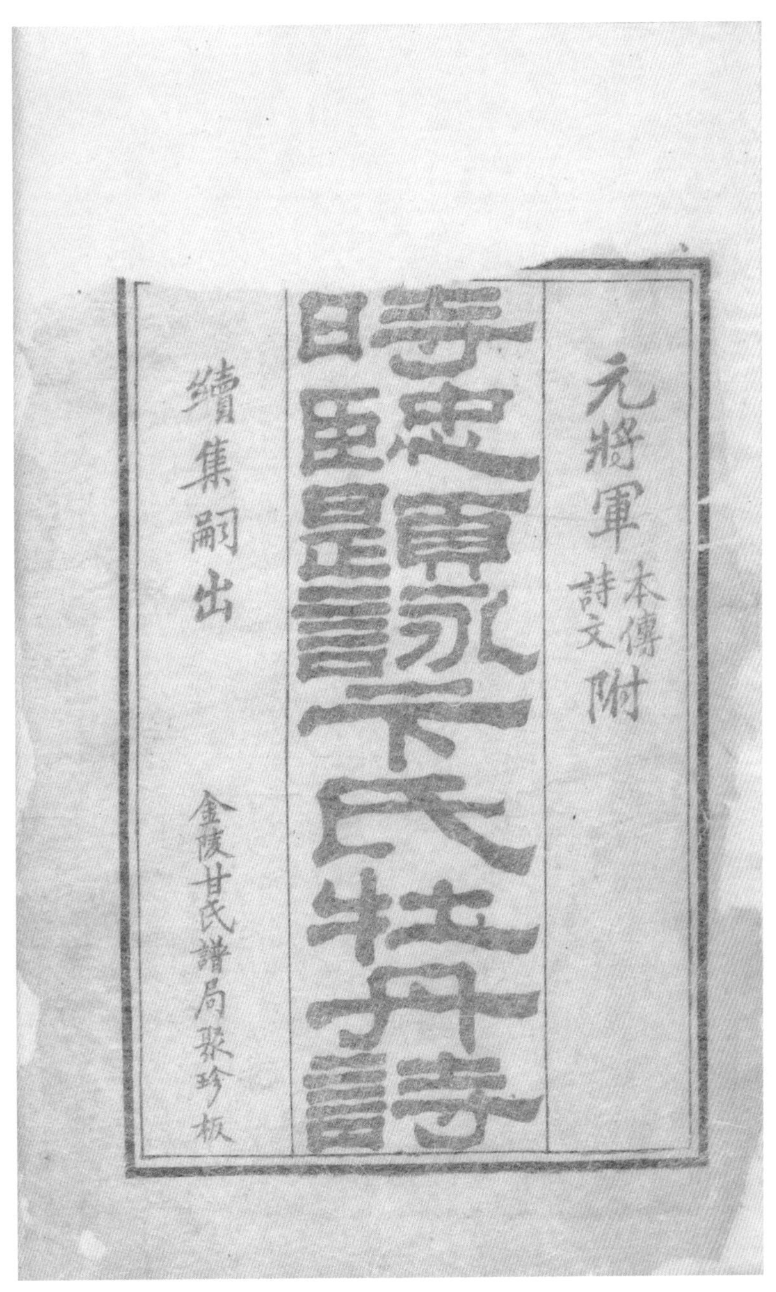

時賢題詠卞氏牡丹詩一卷首一卷

清金陵甘氏譜局活字印本

二册

半葉十行二十一字，白口，四周雙邊。版框 23.6×17.3 厘米

16601（9647）

卞氏牡丹花詩

十七世　龍珠少濱氏校字

五言古

丙子解元　鹽城知縣　周錫儔

海濱木芍藥根生五百年不隨凡卉朽不逐衆葩妍貞常今古道安得氣機先主人偶一別十載不開顏待得主人來開呈歡喜筵世變本不變時遷質不遷休咎相徵應居恒守舊緣平平不立異寄驚海上仙遠方來物色性命格狐禪我爲思造化無知入聖賢山東孔陵檜默默古今全不花亦不葉亘古立中天道脈有盛衰一氣自相宣豈今便倉花遠得檜根傳不作玉樓春不避歲寒權持盈不溢志得魚不忘筌借此一抔土常存萬

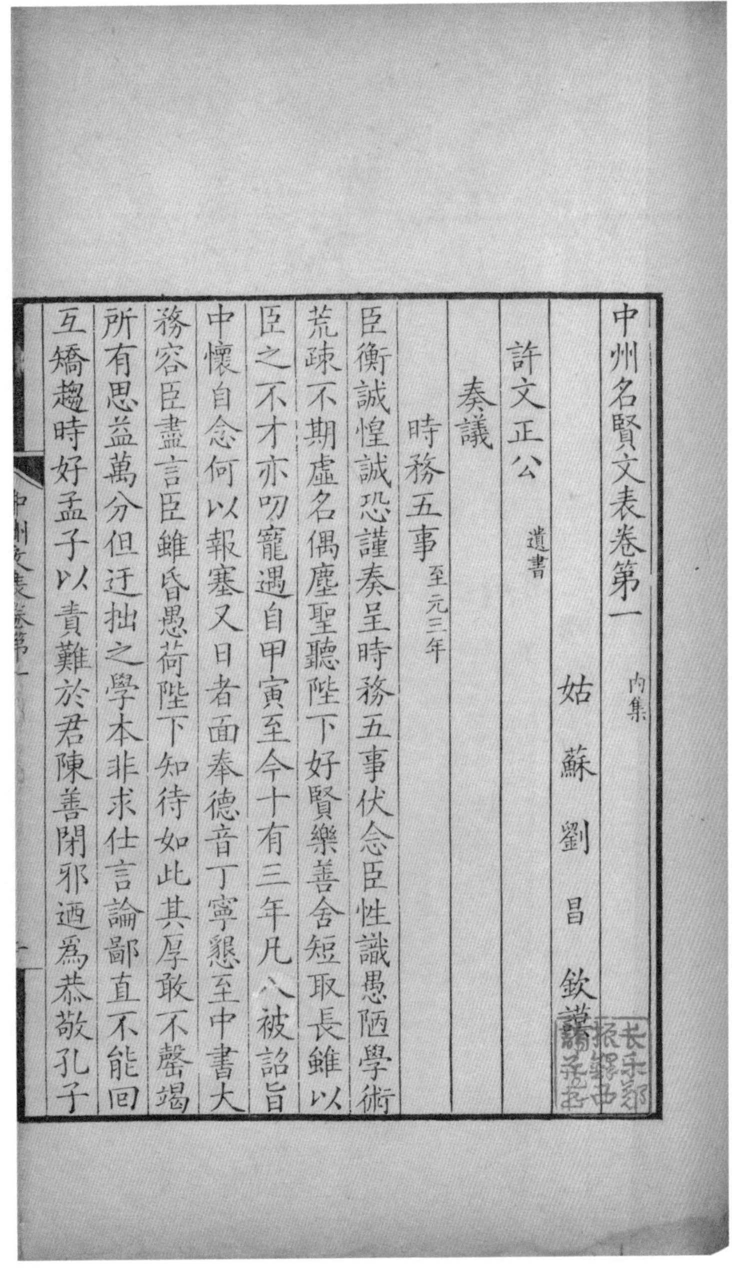

中州名賢文表卷第一　內集
姑蘇劉昌欽謹
許文正公　遺書
奏議
時務五事　至元三年
臣衡誠惶誠恐謹奏呈時務五事伏念臣性識愚陋學術荒踈不期虛名偶塵聖聽陛下好賢樂善舍短取長雖以臣之不才亦叨寵遇自甲寅至今十有三年凡八被詔旨中懷自念何以報塞又日者面奉德音丁寧懇至中書大務容臣盡言臣雖昏愚荷陛下知待如此其厚敢不罄竭所有思益萬分但迂拙之學本非求仕言論鄙直不能回互矯趨時好孟子以責難於君陳善閉邪迺爲恭敬孔子

中州名賢文表三十卷　〔明〕劉昌輯

清康熙四十五年（1706）汪立名刻本

八册

半葉十二行二十二字，黑口，左右雙邊。版框 18.1×14.2 厘米

15446（1735）

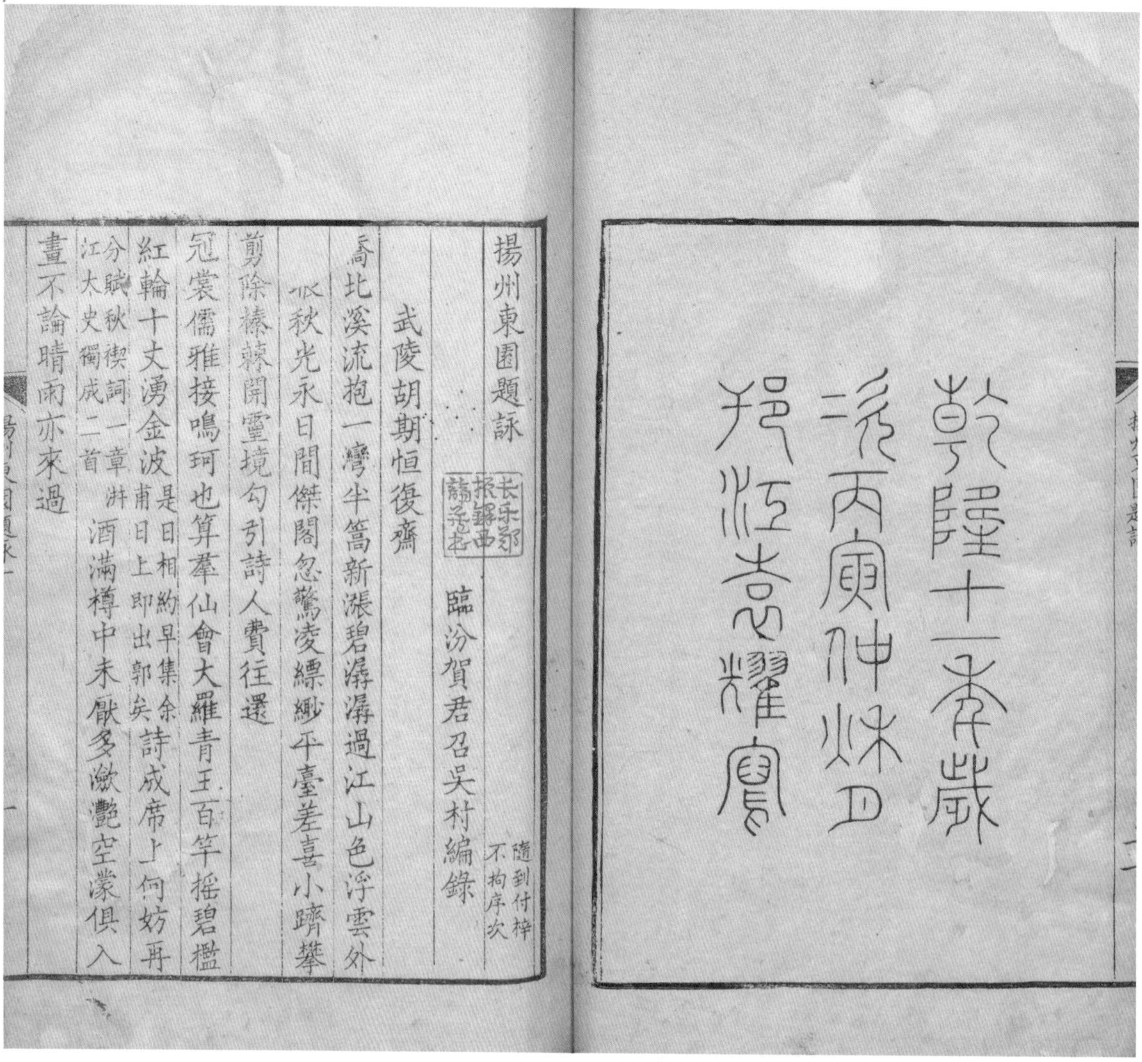
揚州東園題詠
長樂鄭振鐸西諦藏書
臨汾賀君召吳村編錄　隨到付梓不拘序次
武陵胡期恒復齋
喬比溪流抱一灣半篙新漲碧潺潺過江山色浮雲外
似秋光永日閒傑閣忽驚凌縹緲平臺差喜小躋攀
翦除榛棘開靈境勾引詩人費往還
冠裳儒雅接鳴珂也算羣仙會大羅青王百竿搖碧檻
紅輪十丈湧金波是日相約早集余甫日上即出郭矣詩成席上何妨再
分賦秋禊詞一章江太史獨成二首　洲酒滿樽中未厭多瀲灔空濛俱入
畫不論晴雨亦來過
揚州東園題詠一
乾隆十一季歲
次丙寅仲秋月

揚州東園題詠四卷　〔清〕賀君召輯

清乾隆十一年（1746）刻本　鄭振鐸跋

一册

半葉十行二十一字，白口，左右雙邊。版框 19.4×14.5 厘米

16205（10509）

劫中以百金得此書於上海來青閣余幼客揚州二載嘗遊法海寺此賀氏東園則久已蕩為荒烟茂艸無可蹤跡矣滄海桑田何獨一東園為然哉可嘆也已

紉秋

乙酉仲夏書時距得書已將三載矣

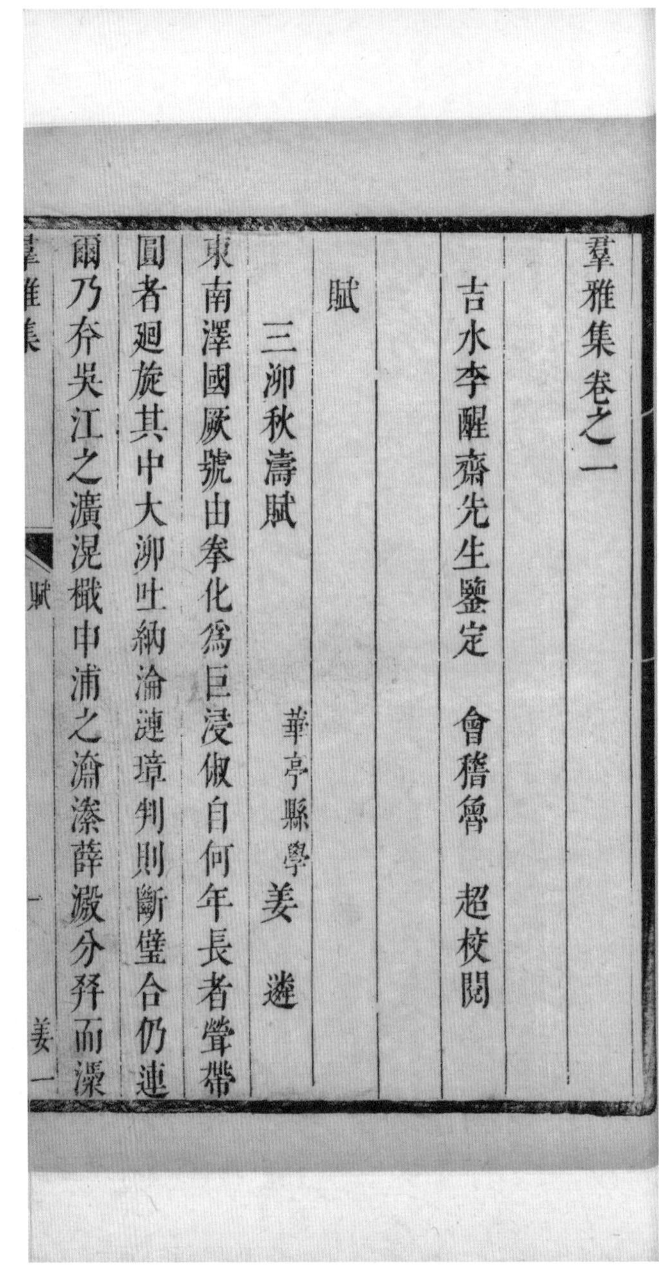

群雅集四卷　〔清〕李振裕輯

清康熙二十四年（1685）李振裕刻本　鄭振鐸跋

十二册

半葉九行二十字，白口，左右雙邊。版框 19.6×14.1 厘米

15434（1633）

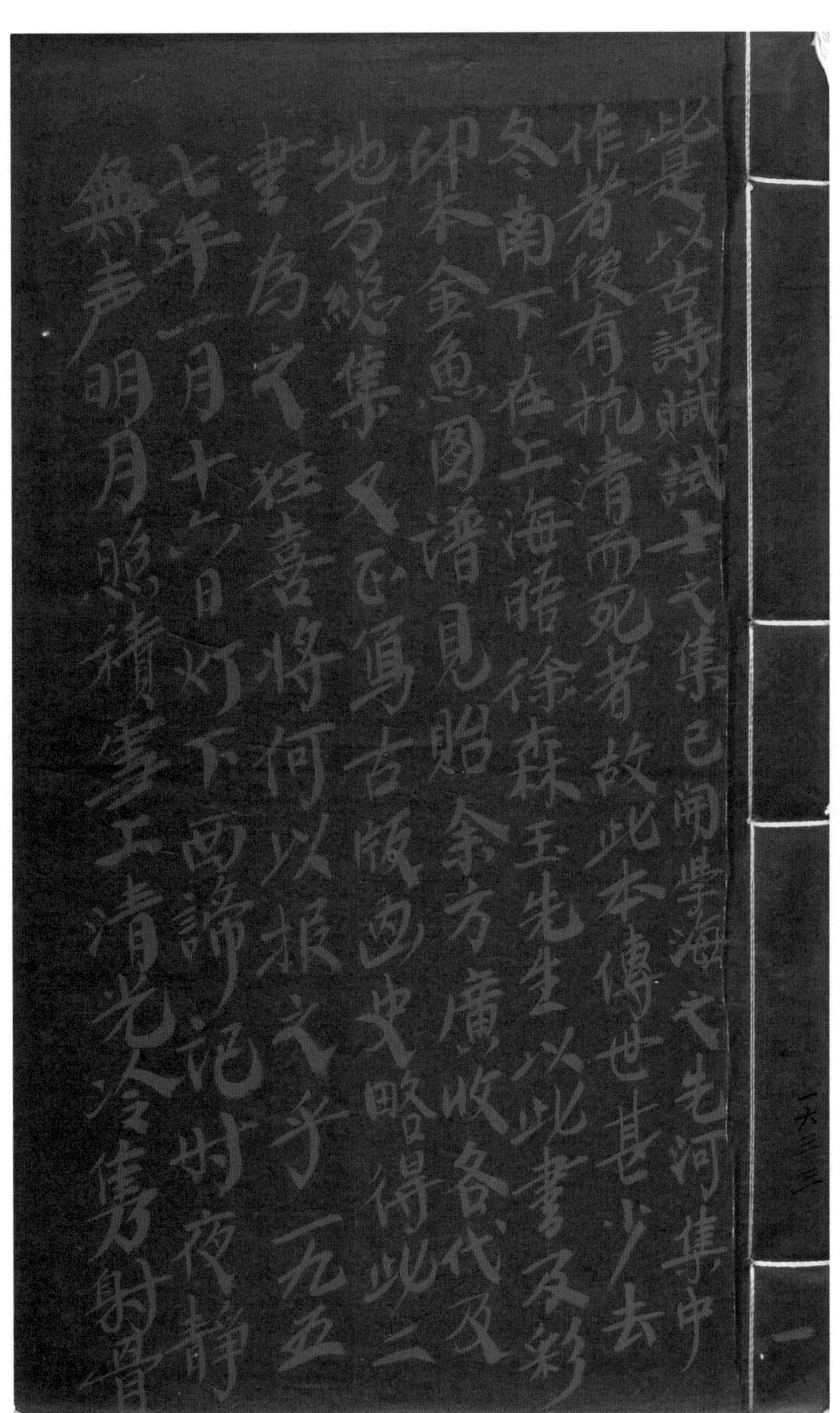
此是以古詩賦試士之集，已開學海之先河，集中
作者後有抗清而死者，故此本傳世甚少。去
冬南下，在上海晤徐森玉先生，以此書及彩
印本金魚圖譜見貽。余方廣收各代及
地方總集，又正須古版畫史略，得此二
書為之狂喜，將何以報之乎。一九五
七年一月十六日燈下西諦記，時夜靜
無聲，明月照積雪上，清光冷雋射骨

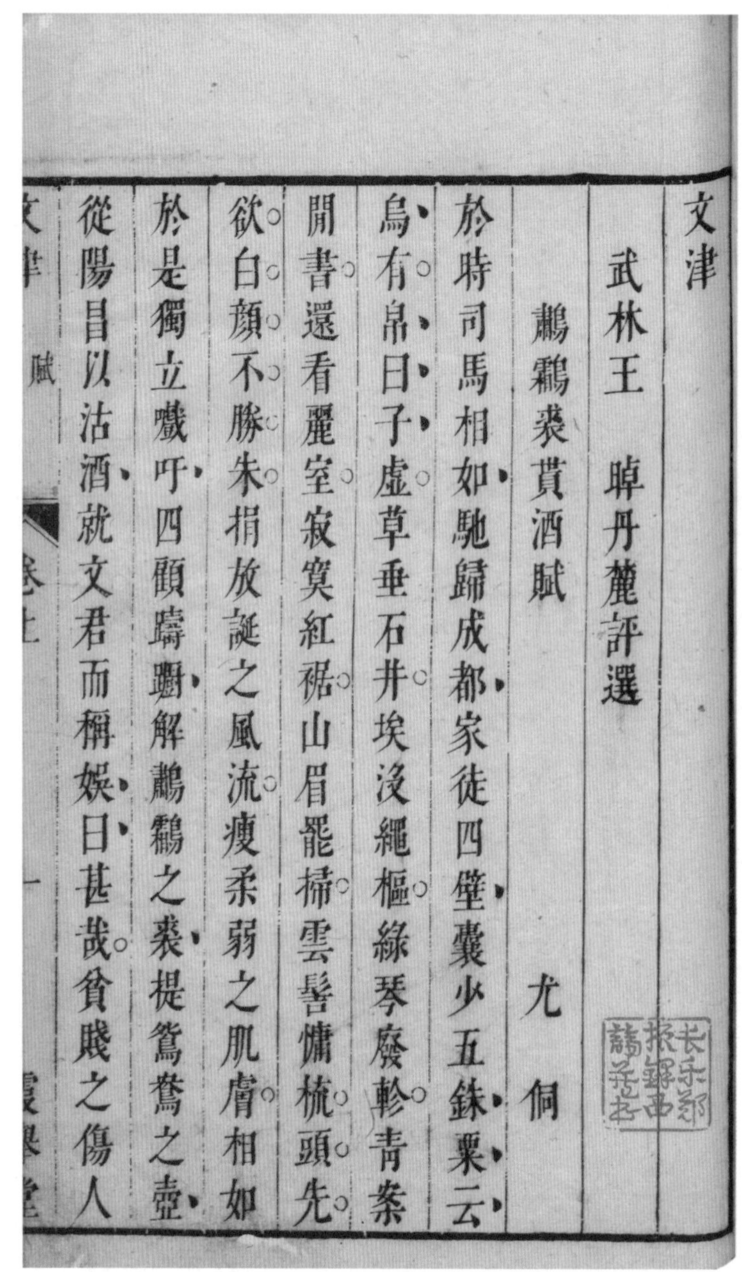

文津二卷　〔清〕王晫輯

清康熙三年（1664）王氏霞舉堂刻本

四册

半葉九行二十字，白口，四周單邊。版框 20.5×14.4 厘米

16490（13716）

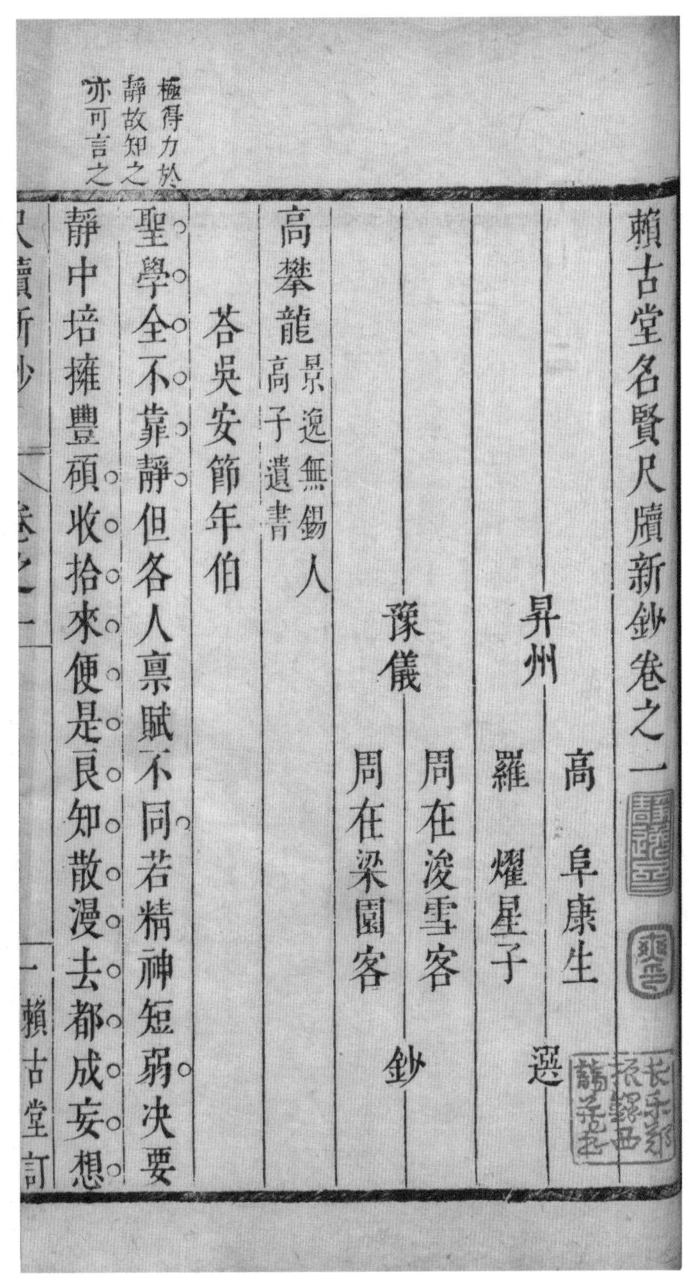

賴古堂名賢尺牘新鈔十二卷　〔清〕周在浚、周在梁輯

清康熙周氏賴古堂刻本

六册

半葉九行二十字，白口，四周單邊。版框 19.8×13.6 厘米

15444（1736）

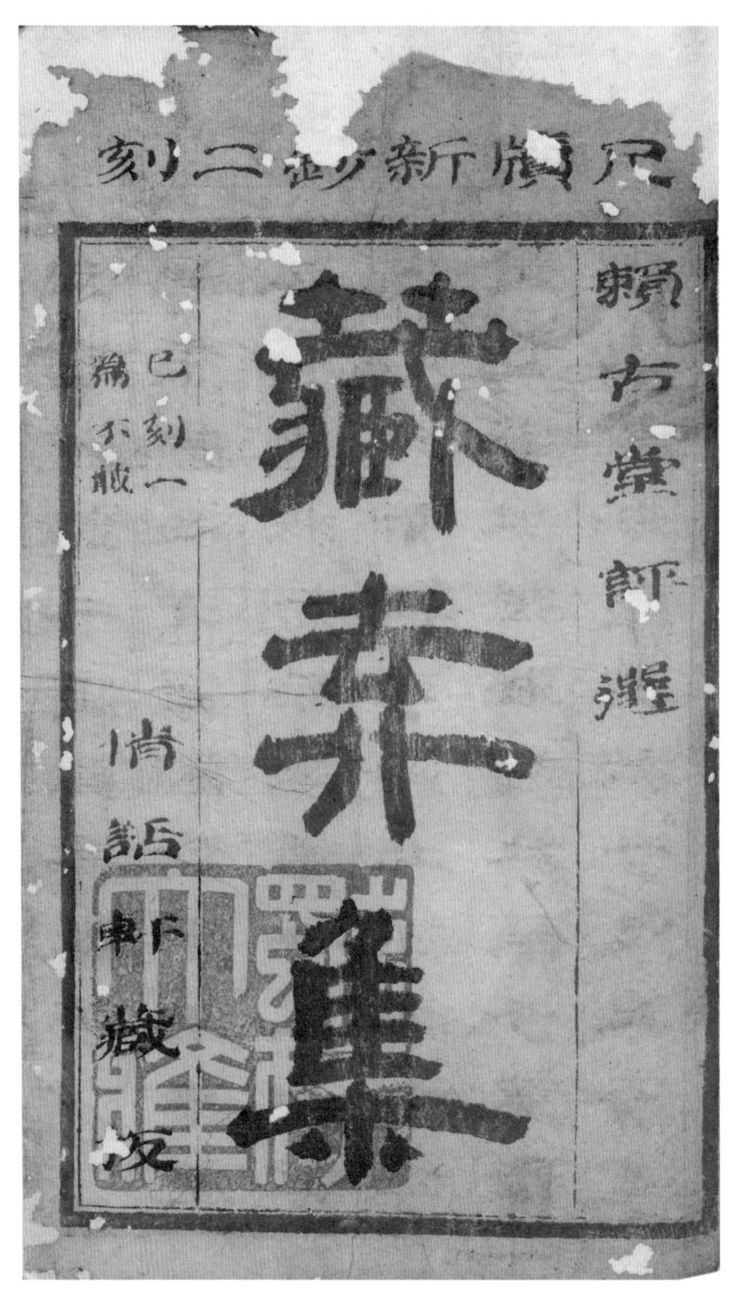

賴古堂尺牘新鈔二選藏弆集十六卷　〔清〕周在梁、周在浚、周在延輯

清康熙周氏賴古堂刻本

十二册

半葉九行二十字，小字雙行同，白口，四周單邊。版框 19.7×13.5 厘米

T03891（1853）

賴古堂尺牘新鈔二選藏弆集卷之一

周在梁園客

豫儀　周在浚雪客　鈔

周在延津客

趙南星夢白儕鶴北直高邑人
忠毅公文集

與吳復菴

星趙鄙之野人也。而我公國家之寶臣也。星相去泰華部婁不識也。而公乃過聽不以星爲陋假途海上。先三日而惠之以數尺之書。若曰、某取之友籍久矣。

長樂鄭振鐸西諦藏書

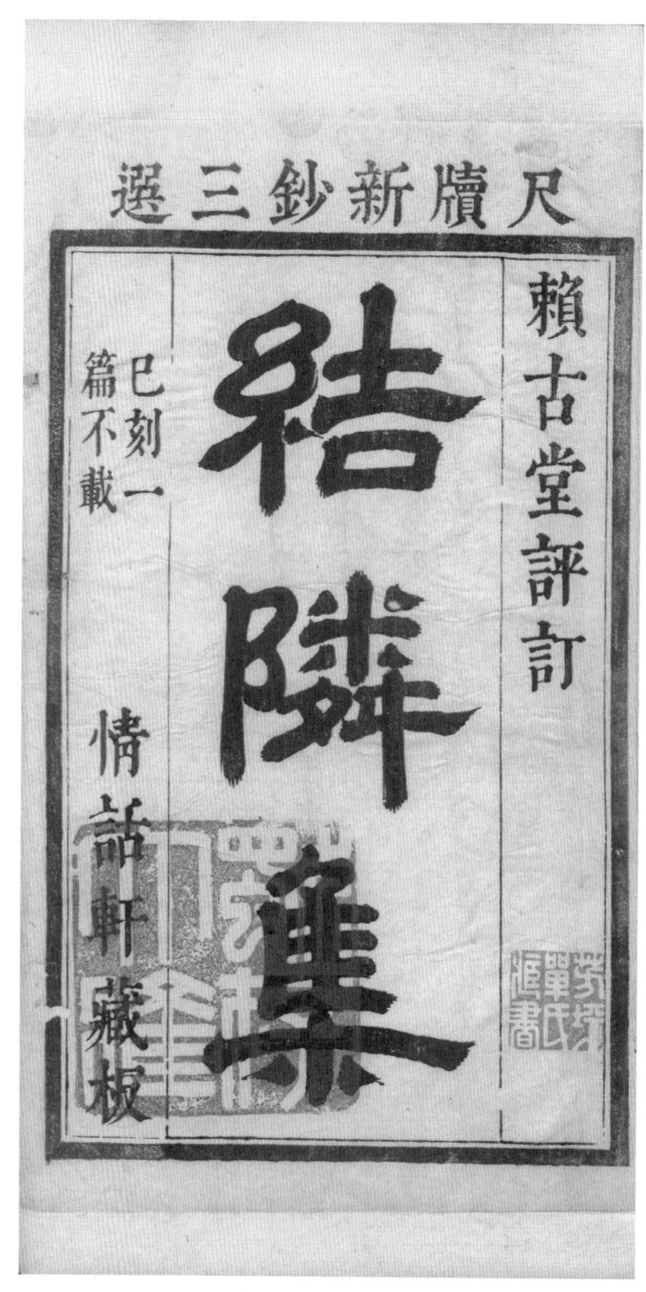

賴古堂尺牘新鈔三選結鄰集十六卷　〔清〕周在浚、周在梁、周在延輯

清康熙九年（1670）周氏賴古堂刻本

十六册

半葉九行二十字，白口，四周單邊。版框 19.6×13.6 厘米

15516（2687）

此教人慎言也此選遂邇先生言去此種種之筆

賴古堂尺牘新鈔三選結隣集卷之一

周　　亮工櫟園　　　　選

豫儀　周在浚雪客　鈔

周在延龍客

長樂鄭振鐸西諦藏書

劉宗周　起東念臺浙江會稽人

與人

去此矜巳之言與短人之言戔戔之陳言悠悠之漫言誑言綺言流言終日無可啓口者此即不睹不聞入路處也

憑山閣新輯尺牘寫心集卷之一

西湖陳　枚簡侯氏選　　同學　張國泰履安　參訂

馬　銓遵素

慶慰類

與范潞公吏部　　王　晫丹麓

山公重望幸相逢蕭寺之中承藉玄提極蒙紺目昨不覺潦倒於兵厨至今飽德不啻側聞先生充閭之慶遂欲偕同人致書稱賀但恐錯寫弄麞貽譏千古因依董子虎占韵效顰引意奚措大賠人只此長物真足令先生掀髯一笑也　儒生本色寫來自韵

寫心集　卷之一　慶慰　一

憑山閣新輯尺牘寫心集四卷　〔清〕陳枚輯

清康熙刻本

四册

半葉九行二十四字，白口，四周單邊。版框 18.8×12.7 厘米

T01158（12336）

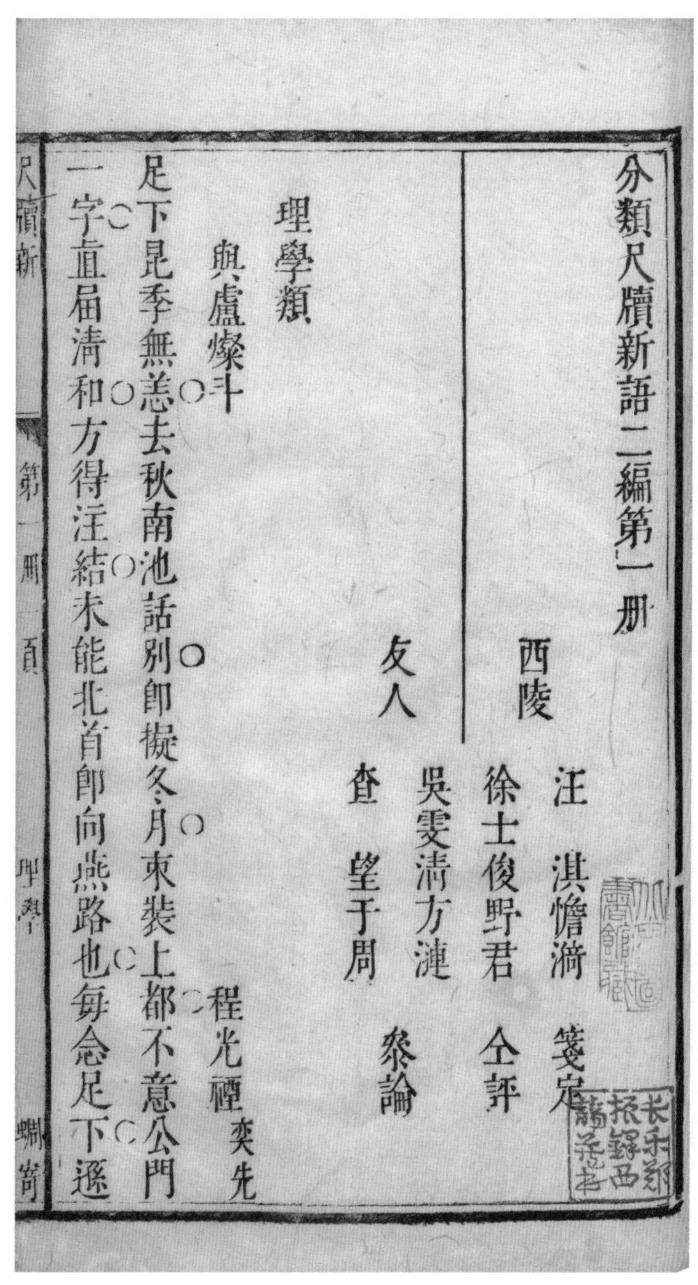

分類尺牘新語二編二十四卷　〔清〕徐士俊、汪淇輯並評

清康熙六年（1667）刻本

八册

半葉九行二十四字，小字雙行同，白口，四周雙邊，無直格。版框 21.2×13.4 厘米

T03894（1913）

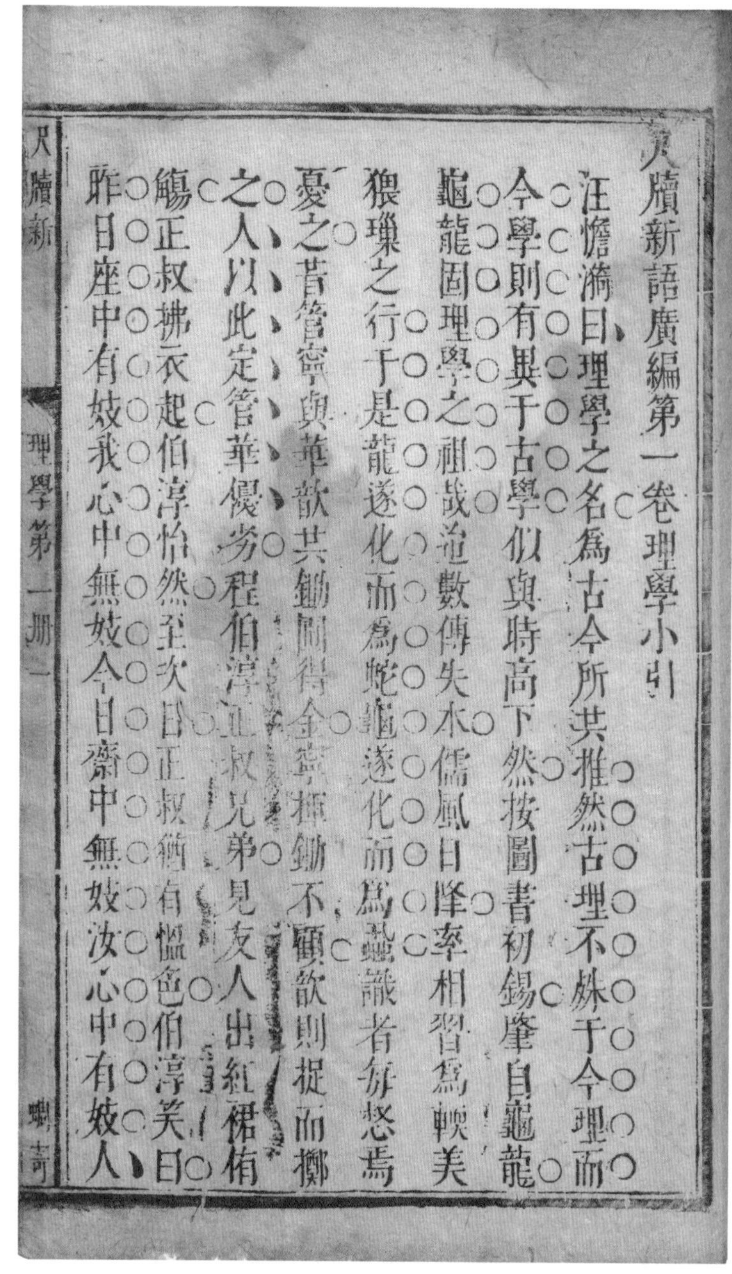

尺牘新語廣編第一卷理學小引

汪憺漪曰理學之名爲古今所共推然古理不殊于今理而今學則有異于古學似與時高下然按圖書初錫肇自龜龍龜龍固理學之祖哉迨數傳失本儒風日降率相習爲輭美猥瑣之行于是龍遂化而爲蛇龜遂化而爲蟲識者每慭焉憂之昔管寧與華歆共鋤圃得金寧揮鋤不顧歆則提而擲之人以此定管華優劣程伯淳正叔兄弟見友人出紅裙侑觴正叔拂衣起伯淳怡然至次日正叔猶有慍色伯淳笑曰昨日座中有妓我心中無妓今日齋中無妓汝心中有妓人

尺牘新　理學第一　册一

分類尺牘新語廣編二十四卷補編一卷　〔清〕汪淇、吴雯清輯並評

清康熙七年（1668）刻本

六册

半葉九行二十四字，小字雙行同，白口，四周雙邊，無直格。版框 21.0×13.5 厘米

T03895（1760）

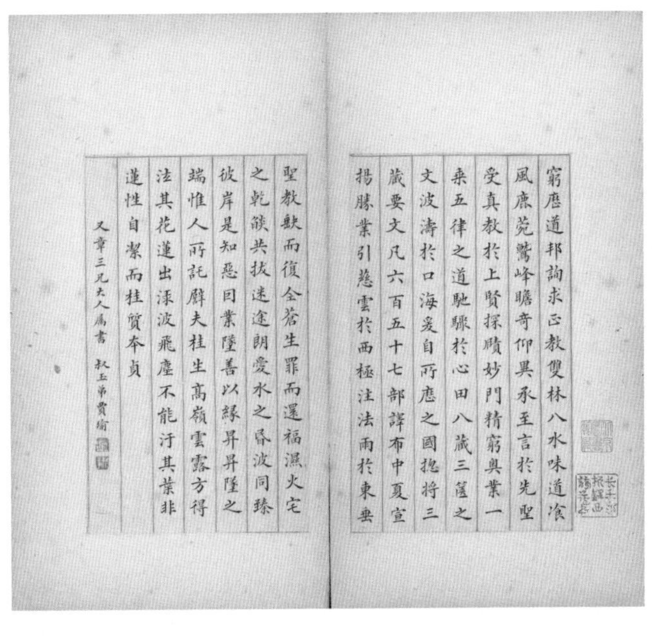

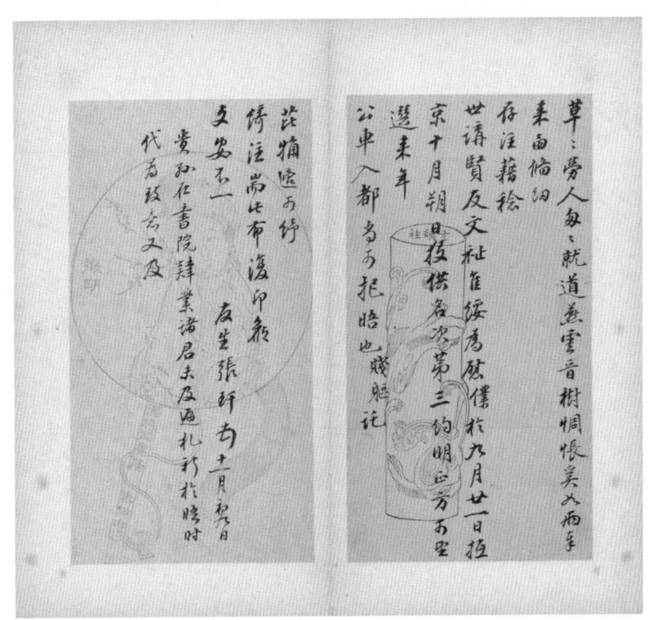

張穆祁嶲藻等書劄不分卷　〔清〕張穆、祁嶲藻等撰

稿本

一冊

16443（12089）

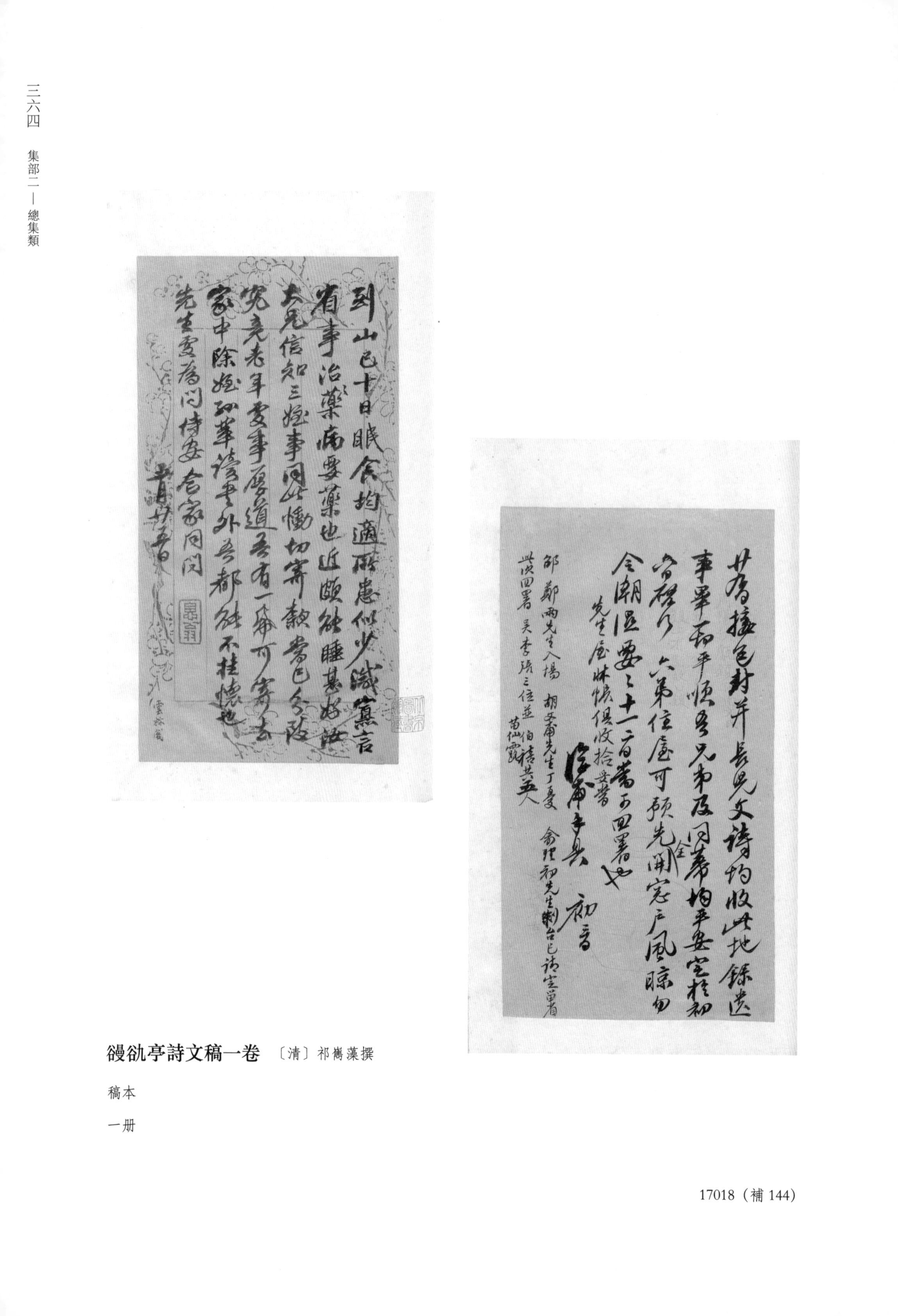

鍡欿亭詩文稿一卷　〔清〕祁嶲藻撰

稿本

一冊

17018（補 144）

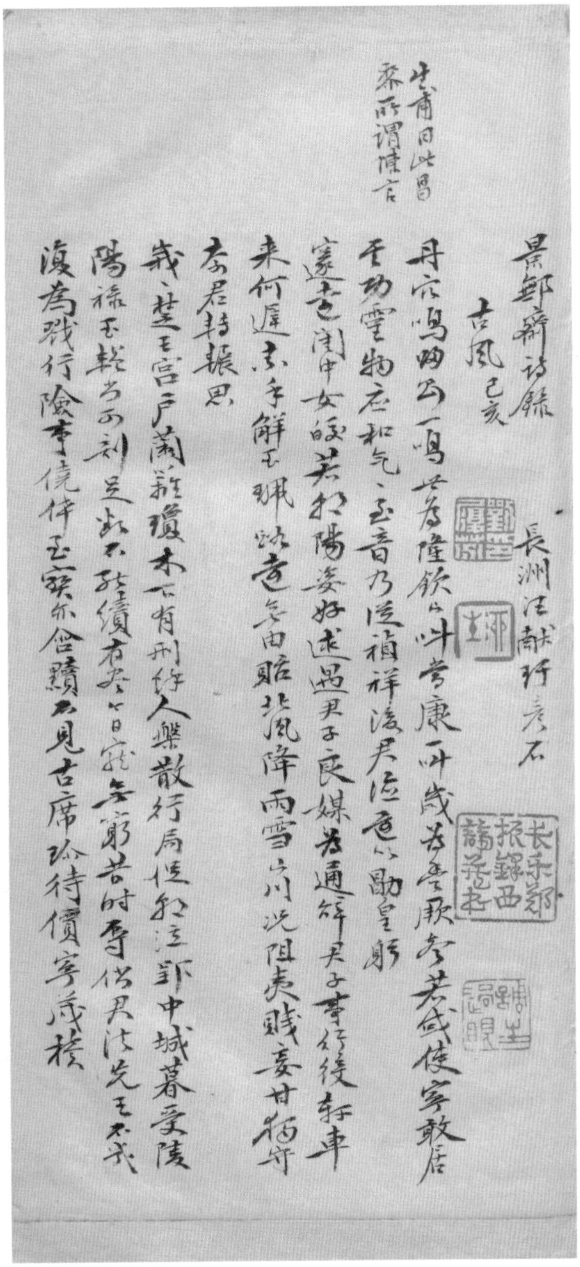

名家詩詞叢抄二十八卷

清抄本

十册

半葉十行二十餘字，無欄格

16584（9633）

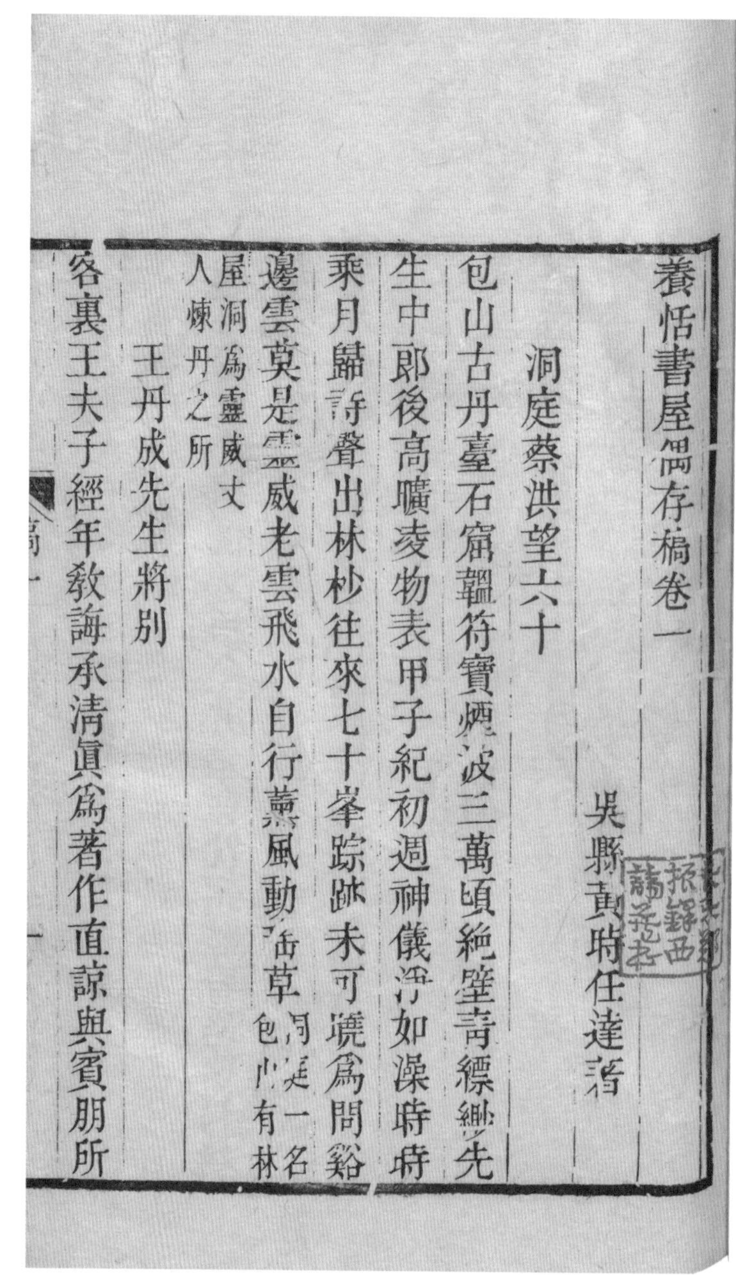
養恬書屋偶存稿卷一
吳縣黃時任達著
洞庭蔡洪望六十
包山古丹臺石窟韞符寶煙波三萬頃絶壁青縹緲先
生中郎後高曠夌物表甲子紀初週神儀淨如瀑時時
乘月歸詩聲出林杪往來七十峯蹤跡未可曉爲問谿
邊雲莫是靈威老雲飛水自行薰風動活草洞庭一名包山有林
屋洞爲靈威丈人煉丹之所
王丹成先生將別
咨裏王夫子經年敎誨承清眞爲著作直諒與賓朋所

宗風師法真傳五卷

清道光三年（1823）黄氏士禮居刻本

二册

半葉十行二十一字，白口，左右雙邊。版框 17.4×13.0 厘米

16955（2777）

海内名家
雲間田歸淵評選
燕臺文選
喬文衣
周子俶同訂
松筠山房

燕臺文選初集八卷 〔清〕田茂遇輯

清順治十三年（1656）松筠山房刻本

八册

半葉九行十八字，白口，四周單邊。版框 18.9×13.8 厘米

15390（695）

燕臺文選初集

長樂鄭振鐸西諦藏書

雲間田茂遇髴淵父選定
西京韓詩聖秋父參評

賦

擬山園賦　王鐸覺之

嘗慮屬𢹂多腐文章不凋箕論千龜代不數人踕迺戞戞矣故凬𧼯譱矩辭剪驕稗各則區圖啁鑾昌昪宋玉相如儇駕風煌之路張衡班固帝式柿軨之宮魏龍陋矣何晏景福

評訂或多溢數十首少亦不遺一二章有因人
存其詩有因詩存其人者集中所列諸體悉具
並載朝代出處彙緝若干卷誠盛事也至若律
諸周雅聲謝楚音譬則秘寶之陳東序夜光之
積玄圃流風高韻所存於畿輔者不深有賴於
斯編也歟因付梓人以廣流傳為卿得以附名
不朽云
順治歲在庚子穀雨日燕山徐為卿謹跋

凡例
燕詩不列三百篇而易水一歌為七言歌行之祖
其亦楚聲離騷之變歟古語云燕趙多慷慨悲歌
斯輯葢以存燕趙遺風云爾
西崖詩開明詩之先然實始于京師後作者間出
世但知有次楩而巳至如王公嘉謨五言古之奇
秀遊山水諸詩自為高創之言彷彿二謝王公好
問之閒淡得陶韋遺意趙公南星之峭古李公三

畿輔明詩十二卷 〔清〕王崇簡輯

清順治十七年（1660）刻本

六册

半葉八行十九字，白口，四周單邊。版框 20.0×13.4 厘米

T03304（862）

畿輔明詩卷之二

宛平王崇簡輯

四言

岳正

天眷美營建也修焉創焉民弗知也

天眷□□誕命高祖俯監萬方定都江滸如龍斯蟠如虎斯踞以朝以會以享以祀逖矣厥謨欽于世世　天眷□□亦啓文祖爲厥孫謀聿乂胥宇

凡例
是集表太湖之風也太湖詩文有選肇自前明吴
隱君思政之洞庭清氣集嗣之者為孔叅軍道行
之續清氣集皆始於宋南渡迄明之中葉入集不
過三十餘人人不過數首未嘗有漢唐以上作也
其後予從祖不官暨秦存古兩先生選兩山風雅
而傳人寖廣然亦未及馬蹟長沙横瀆諸山也自
是聞風興起者愼在兹有太湖詩選陸仲飛有洞
庭明詩選葉石君有東山詩紀凌聖功有金庭合

凡例　一

七十二峰足徵集八十八卷文集十六卷　〔清〕吴定璋輯

清乾隆十年（1745）吴氏依緑園刻本

二十六册

半葉九行十九字，白口，左右雙邊。版框 17.6×13.0 厘米

15398（822）

七十二峰足徵集卷一

武峰吳定璋友篁蒐錄

虞山陳祖范見復編訂

长乐郑振铎西諦藏书

濮㛮

公吳延陵季子之孫也當越入吳之際遯迹五湖變姓名爲濮㛮居東洞庭之虎山有土阜負石而出相傳爲濮公墩云按延陵祖德錄有高山詩三章採之以爲太湖文獻之首也

高山三章

徐子正〻德六年進士

顧令君政績卷 前有墨龍一幅左方殘缺審其筆法疑是朱處士西邨所作也燕昌識

東濵 白文

我聞有元時賢令顧公泳来自古汴州在任多仁政
吾邑昔海濤築塘保民命丕哉捍患功昭昭郡之乘
吾民罹旱災憂心恒怲怲祈禱竭精誠神龍顯靈應
埋玉胥溪畔墓道擴形勝雲仍七葉来畊鑿藉餘慶
朱邑骨塟桐子產愛遺鄭善政與流風公也寔堪並
公澤百世存食報禮斯稱云何名宦祠烝嘗缺修敬
披卷閱遺文仰慕心徒競作詩闡幽芳舉墜在今令

東濵埽叟徐咸

徐氏 白文　襄陽 朱文

子正　郡守

書畫題跋五種五卷　〔清〕吴騫編

清抄本　清吴騫跋

五册

半葉行字不等，無欄格

14178（12485）

甫里逸詩　　里人同集

馬起城字謙宇號貳師明季人天啓時從桂王
封得宜陽簿年七十八致仕有長鳴草一卷藏
馬澄川家

贈别薛浩生

衰年易爲淚况值生别離别離非異鄉亦胡足深
悲所别非知己涕泗亦何爲浩生薛季子少小同
襟期睽違將十載無時不懷思懷思無由見瞥然
遇京師談心驚且愴對面信還疑風塵共奔走總
爲名利馳機緣偶相值兩人稍舒眉君能附驥尾

甫里逸詩二卷　〔清〕周秉鑒輯

清乾隆五十八年（1793）易安書屋活字印本

四册

半葉十行十九字，白口，四周單邊。版框 19.1×13.6 厘米

15392（796）

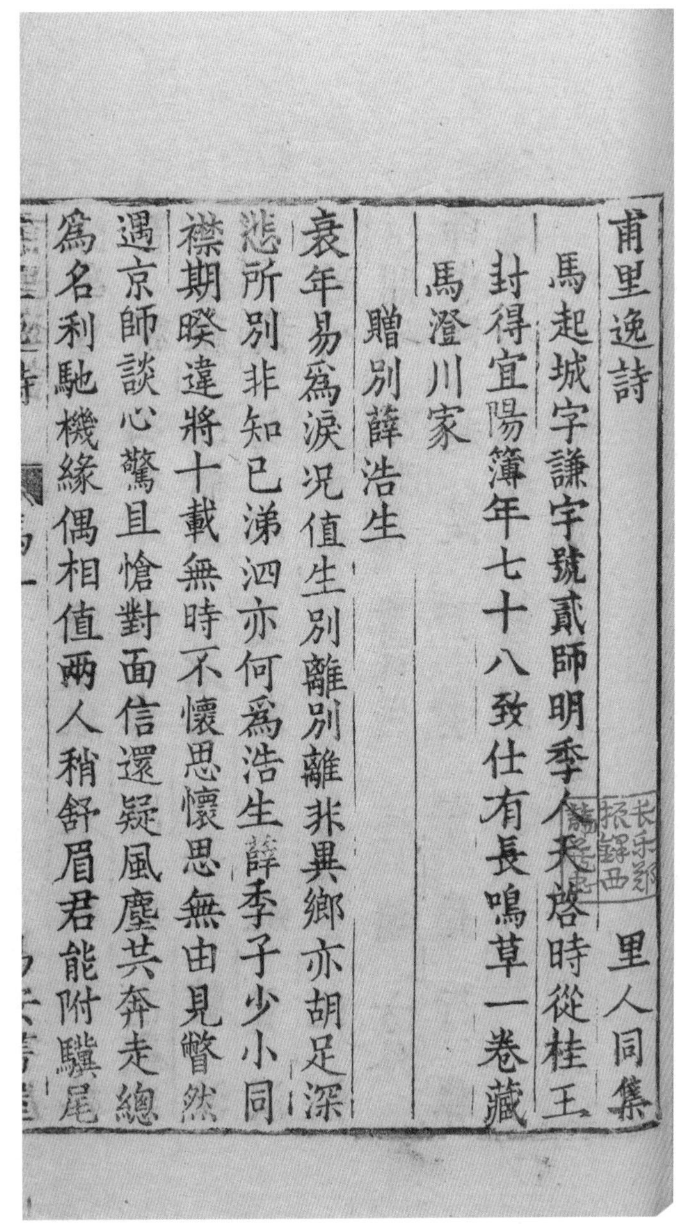
甫里逸詩
里人同集
馬起城字謙宇號貳師明季人天啓時從桂王
封得宜陽簿年七十八致仕有長鳴草一卷藏
馬澄川家
贈別薛浩生
衰年易爲淚況值生別離別離非異鄉亦胡足深
悲所別非知己涕泗亦何爲浩生薛季子少小同
襟期暌違將十載無時不懷思懷思無由見瞥然
遇京師談心驚且愴對面信還疑風塵共奔走總
爲名利馳機緣偶相值兩人稍舒眉君能附驥尾

甫里逸詩二卷逸文一卷聞見集一卷詩文選一卷　〔清〕周秉鑒輯　**竹素園詩選二卷**　〔清〕許廷鑅撰　**易安詩稿一卷**　〔清〕周秉鑒撰

清乾隆嘉慶間周氏易安書屋活字印本

七册

半葉十行十九字，白口，四周單邊。版框 19.1×13.5 厘米

16216（10570）

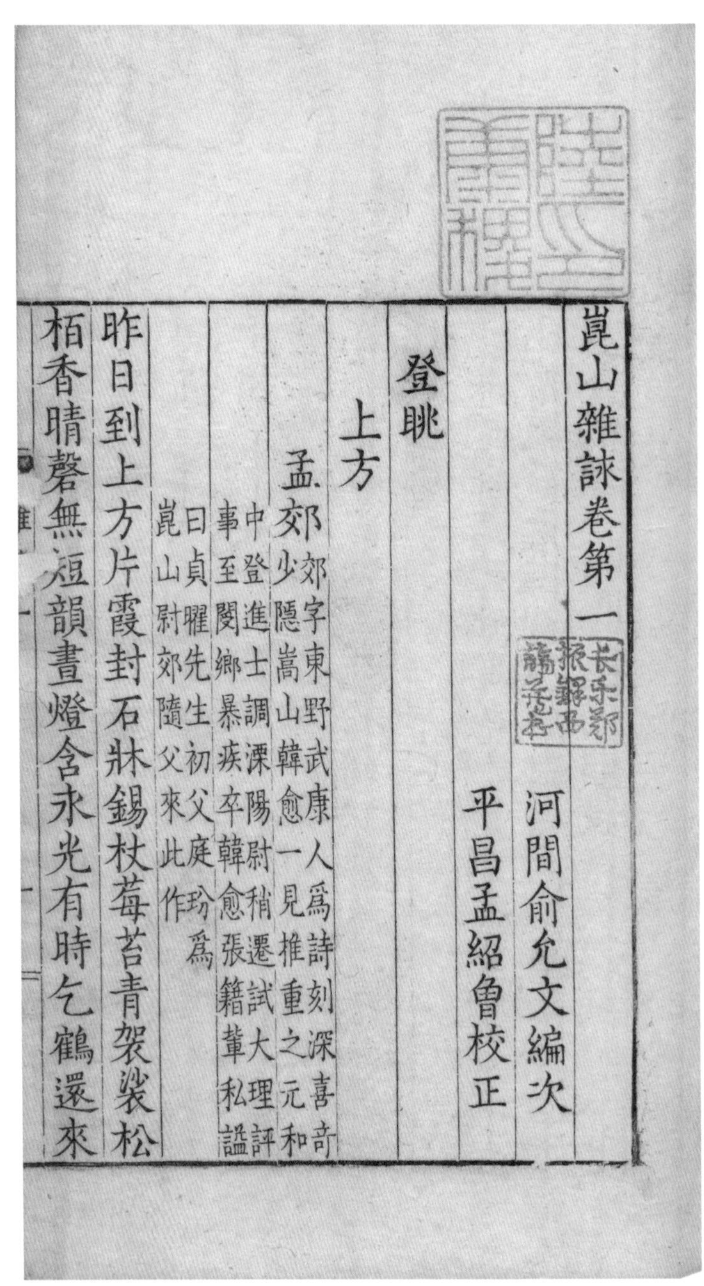

崑山雜詠二十八卷　〔明〕俞允文輯

明隆慶四年（1570）孟紹曾刻本　鄭振鐸跋

四册

半葉十行十八字，白口，四周單邊。版框 17.2×12.6 厘米

15624（8729）

予數年來收得地方詩文總集三百餘種以通行本為多，明鎸者寥寥可屈指數。但此崑山雜詠之本為明隆慶庚午（一五七〇）刊本，一九五六年十月十五日得於北京來薰閣，可稱為其中白眉矣。天陰欲雨，曉霧尤濃，展閱此書，頓覺陽光上眉梢矣。　西諦

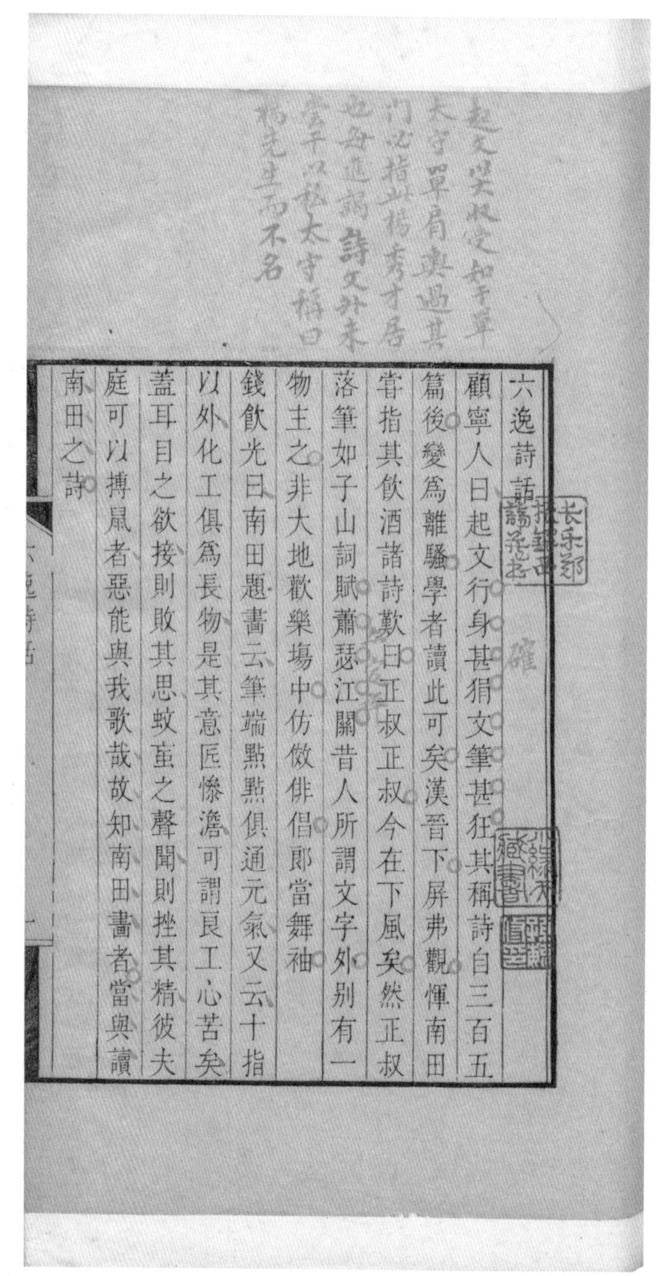

毗陵六逸詩鈔二十四卷　〔清〕孫讜編

清康熙五十六年（1717）敬義堂刻本

八册

半葉十一行二十一字，黑口，左右雙邊。版框 17.9×13.5 厘米

15384（736）

南田詩鈔卷一

武進 惲格 壽平

芷園先生王嗣衍閱定 山陰孫讜椒圃氏選

古意

江城騁登望滄洲浮雲起青楓間紅桕翕艷若夭李勁風蕩千林落葉蔽江水金虎改迅商坐見玄陰徙急景感歲闌零雨遲東執手把芙蓉花將以貽彼美精誠無由達悢悢不能已四愁徒煩紆同舟虛繡被屠狗在夷門沉吟念公子貢禹不彈冠千載無知己惜哉延陵劍三嘆勞心理

大匠不運斤梗楠同薪樗王良不在御神驥賤爲駑和

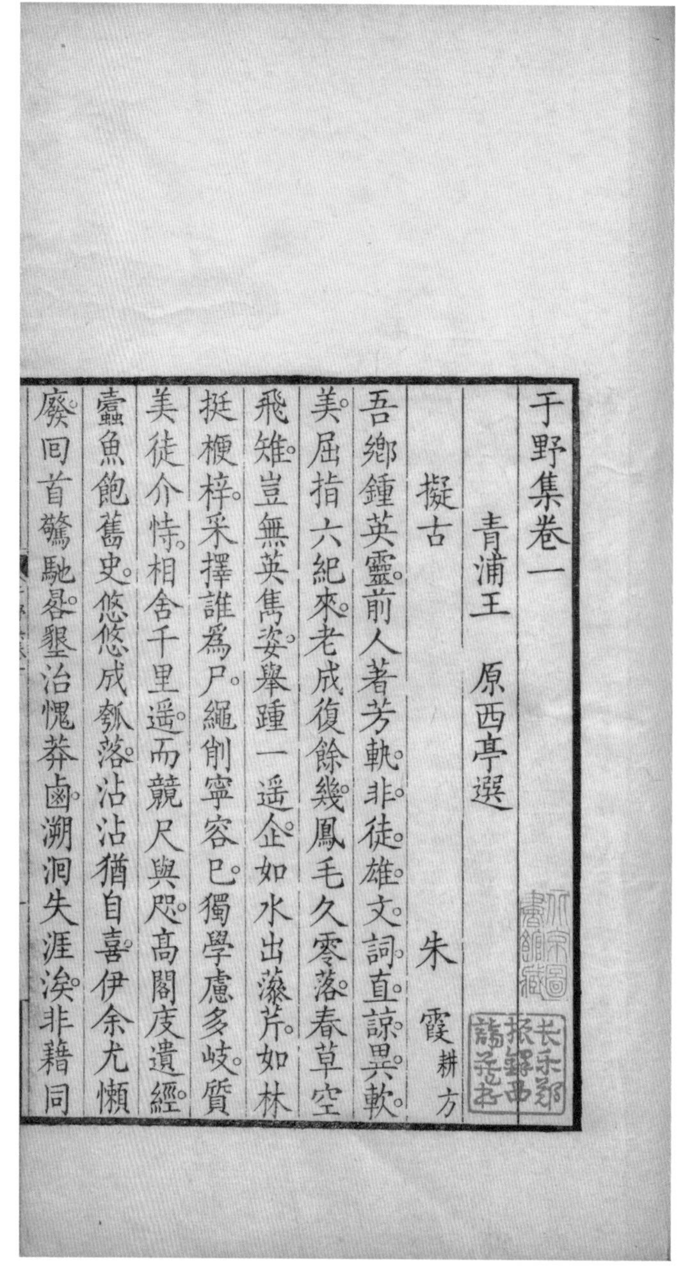

于野集十卷　〔清〕王原輯

清康熙遂安堂刻本

二册　存六卷：一至六

半葉十行十九字，黑口，四周單邊。版框 16.2×12.6 厘米

T03301（13973）

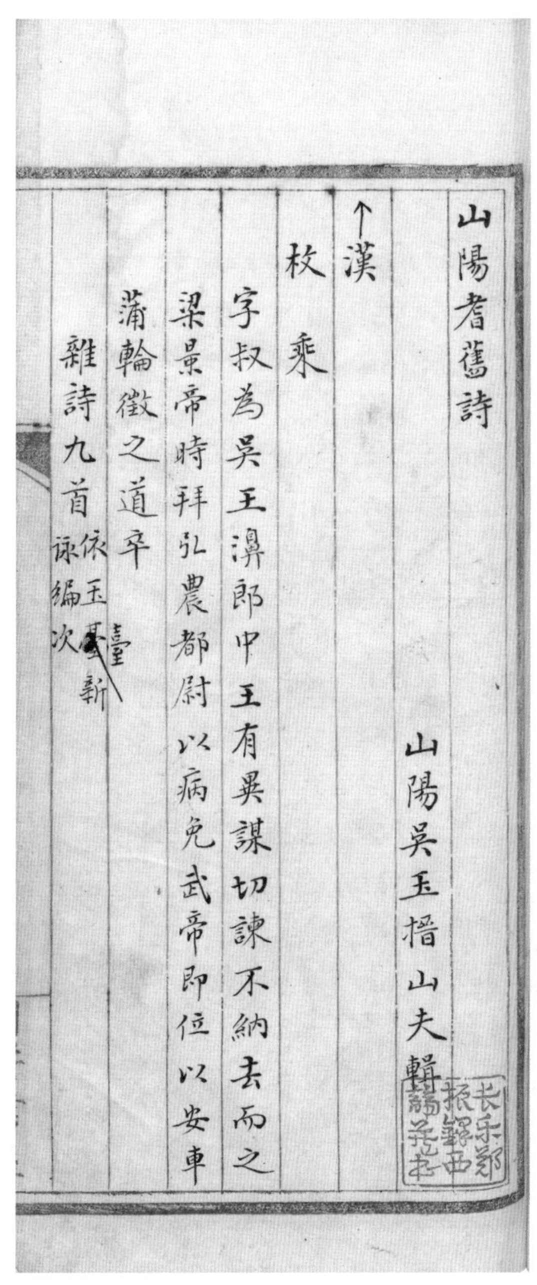

山陽耆舊詩不分卷　〔清〕吴玉搢輯

清抄本

三册

半葉八行二十一字，白口，四周雙邊。版框 20.7×10.4 厘米

15821（9162）

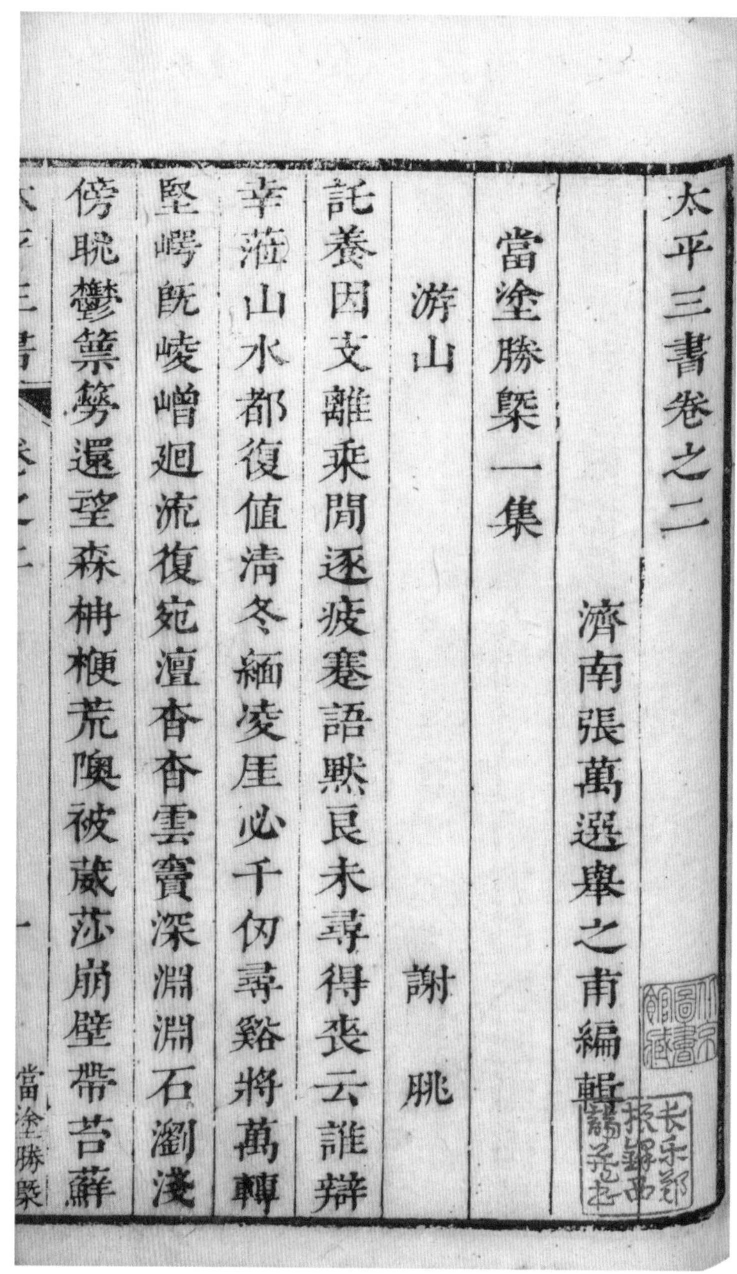
太平三書卷之二

濟南張萬選舉之甫編輯

當塗勝槩一集

游山　謝朓

託養因支離乘閒逐疲蹇語默良未尋得喪云誰辯
幸涖山水都復值清冬緬凌崖必千仞尋谿將萬轉
堅崿既崚嶒迴流復宛澶杳杳雲竇深淵淵石溜淺
傍眺鬱篻簩還望森柟楩荒隩被葴莎崩壁帶苔蘚

太平三書卷之二　一　當塗勝槩

太平三書十二卷　〔清〕張萬選輯

清順治五年（1648）懷古堂張萬選刻本

十册　存十一卷：二至十二

半葉八行二十字，白口，四周單邊。版框 19.7×13.8 厘米

16940（1906）

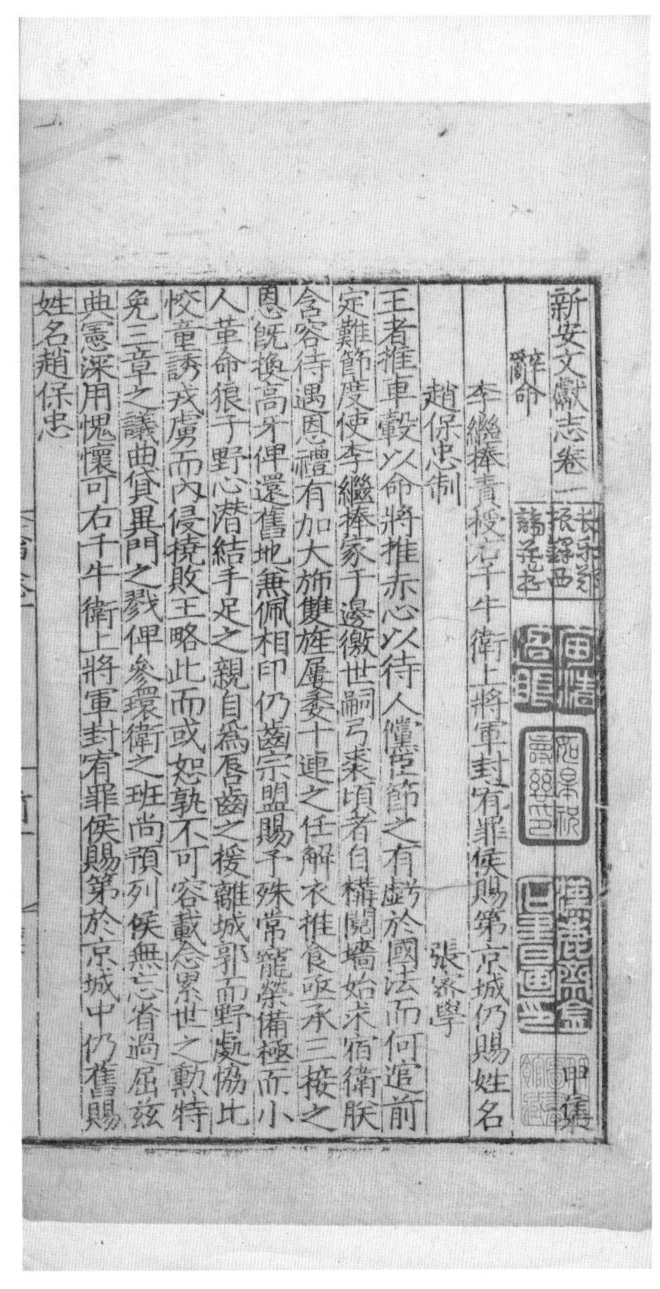

新安文獻志一百卷　〔明〕程敏政輯

明弘治十年（1497）祁司員、彭哲等刻本

三十二册

半葉十三行二十七字，白口，左右雙邊。版框 19.1×13.5 厘米

15394（776）

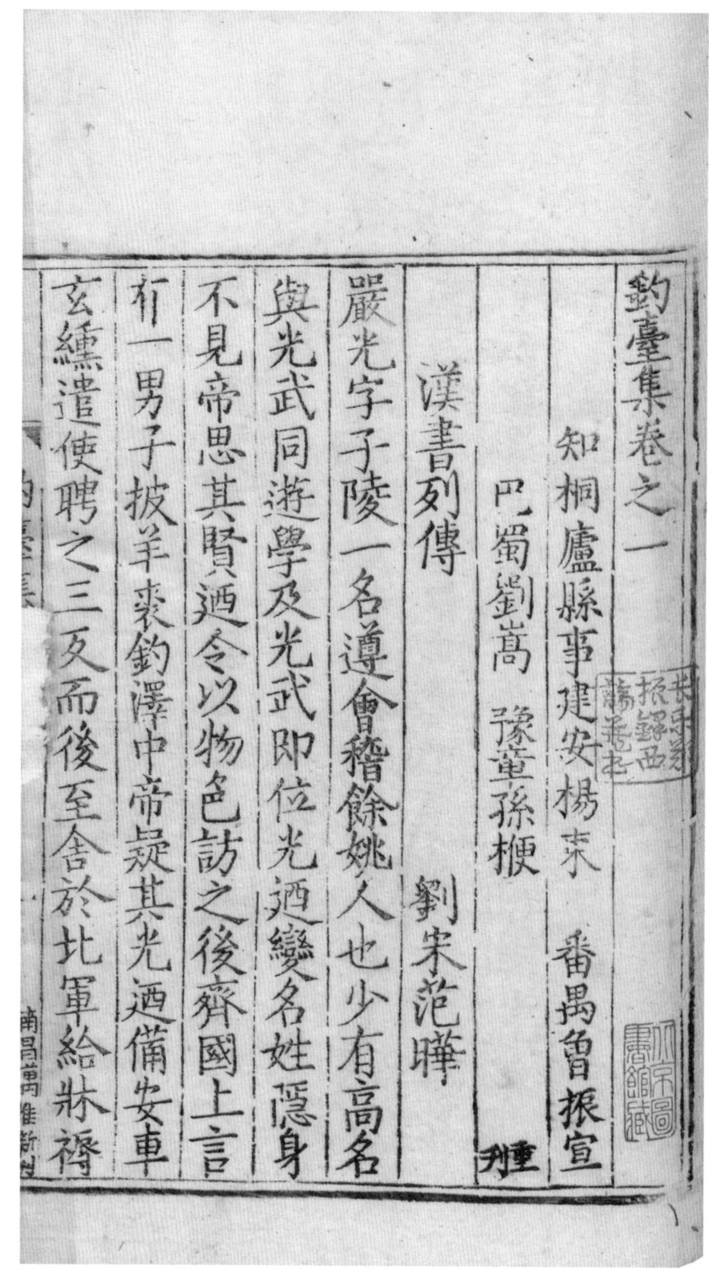

釣臺集卷之一

知桐廬縣事建安楊束　番禺曾振宣

巴蜀劉嵩　豫章孫梗　重刊

漢書列傳　劉宋范曄

嚴光字子陵一名遵會稽餘姚人也少有高名與光武同遊學及光武即位光迺變名姓隱身不見帝思其賢迺令以物色訪之後齊國上言有一男子披羊裘釣澤中帝疑其光迺備安車玄纁遣使聘之三反而後至舍於北軍給牀褥

釣臺集二卷　〔明〕楊束輯

明萬曆刻本　鄭振鐸跋

一册

半葉九行十八字，白口，四周雙邊。版框 18.3×13.6 厘米

T02308（9192）

九一九二

此明萬曆刻本鈞台集三卷疑非全書序云十卷但目錄只三卷不知何故惜未得他本一證之王富山從寧波購得殘本書不少此亦其一又有明刻國雅數冊恰能配齊前收之不全本也

一九五六年十二月二十三日西諦記

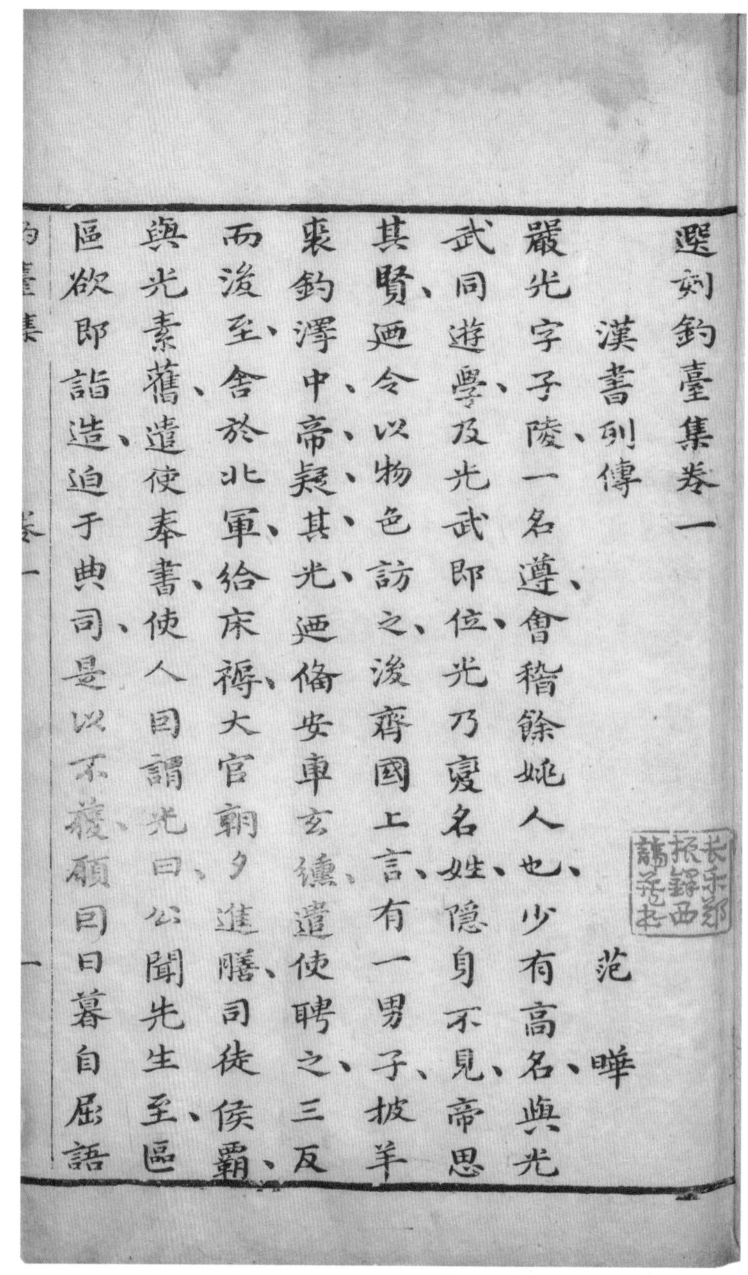

選刻釣臺集卷一

漢書列傳　　范曄

嚴光字子陵、一名遵、會稽餘姚人也、少有高名、與光武同遊學、及光武即位、光乃變名姓、隱身不見、帝思其賢、廼令以物色訪之、後齊國上言、有一男子、披羊裘釣澤中、帝疑其光、廼備安車玄纁、遣使聘之、三反而後至、舍於北軍、給床褥、大官朝夕進膳、司徒侯霸與光素舊、遣使奉書、使人因謂光曰、公聞先生至、區區欲即詣造、迫于典司、是以不獲、願因日暮自屈語

釣臺集　卷一　一

選刻釣臺集五卷　〔清〕錢廣居、潘煥寅輯

清順治七年（1650）錢廣居刻本

四册

半葉九行二十字，白口，四周單邊，無直格。版框 20.2×15.1 厘米

15463（1984）

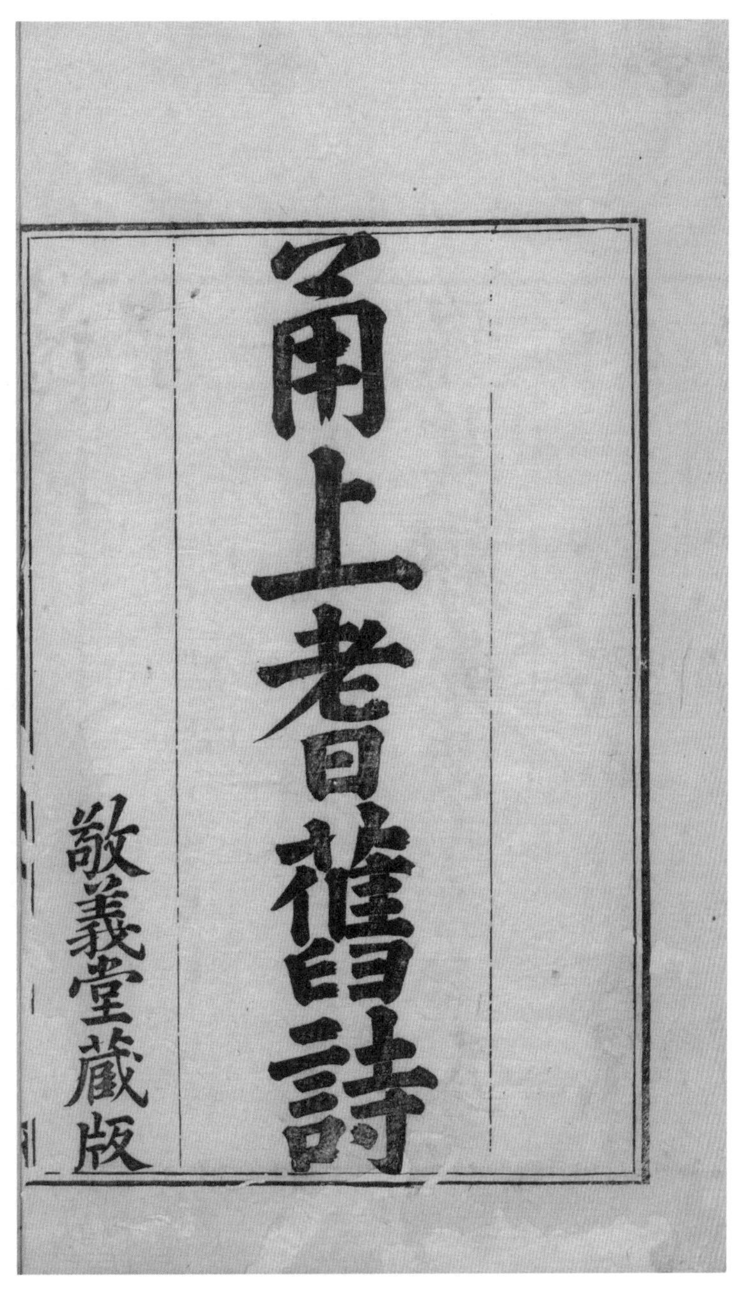

甬上耆舊詩三十卷　〔清〕胡文學、李鄴嗣輯　**高僧詩二卷**　〔清〕李鄴嗣輯

清康熙十四至十七年（1675—1678）胡氏敬義堂刻本

十二册

半葉十一行二十二字，白口，四周單邊，無直格。版框 18.6×14.4 厘米

15404（883）

甬上耆舊詩卷一

長樂鄭振鐸西諦藏書

後學胡文學輯選　男德邁　姪德裕　較

李鄴嗣叙傳

文大夫種　四首

大里黄先生　一首

禮部尚書賀先生知章　二十首

吳越春秋稱越地東至于鄞即所謂甬上也自後遷置不常一時人物與句章餘姚各相引重今錄其定爲鄞人者三家以冠此集之首

○文大夫種

字會鄞人見呂覽高氏注越滅吳其謀居多見越絕諸書既

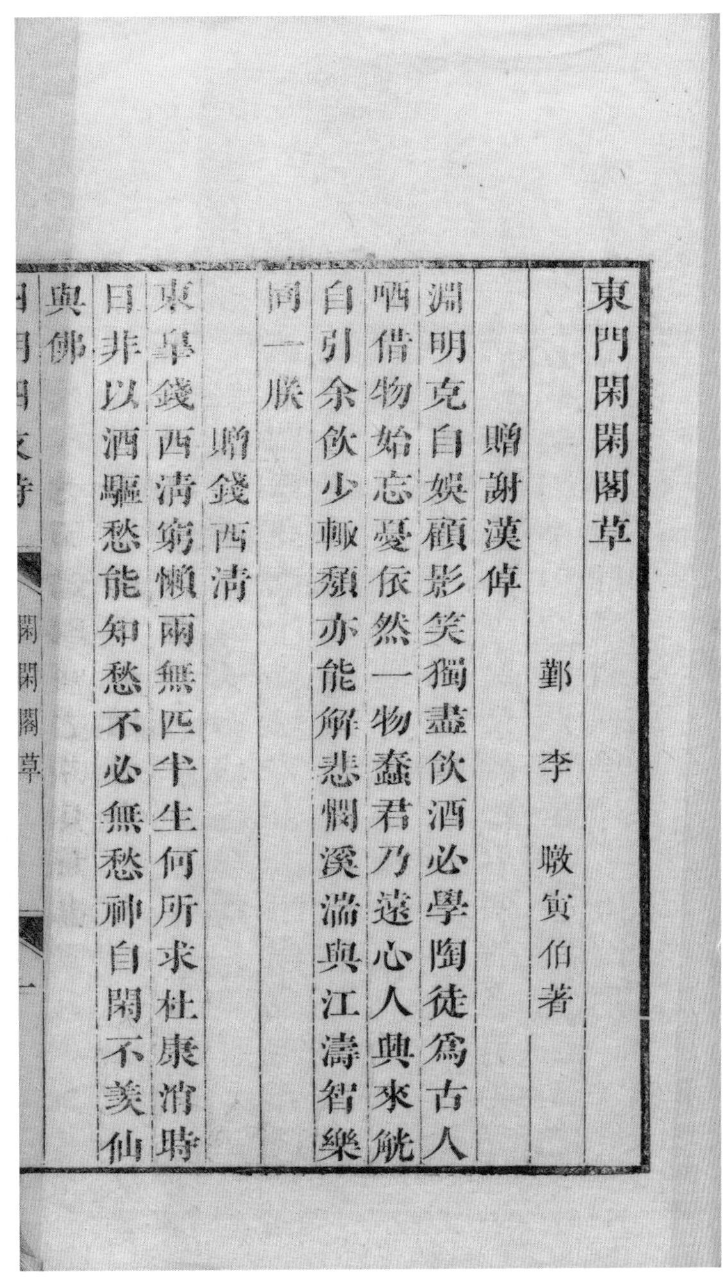

四明四友詩六卷　〔清〕鄭梁輯

清康熙四十八年（1709）刻本

四册

半葉十一行十九字，白口，四周單邊。版框 18.6×13.2 厘米

15402（904）

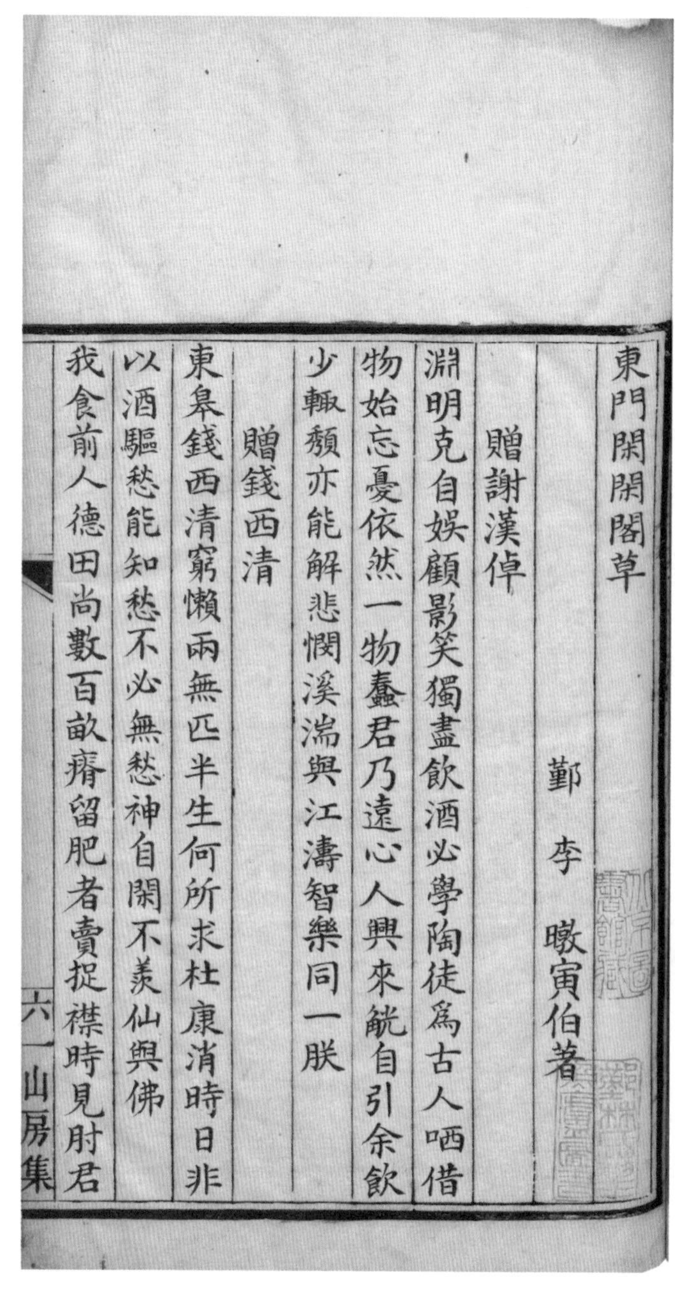

四明四友詩六卷　〔清〕鄭梁輯

清康熙抄本

一册

半葉十行二十一字，藍格，白口，四周雙邊。版框 17.9×13.4 厘米

T02180（905）

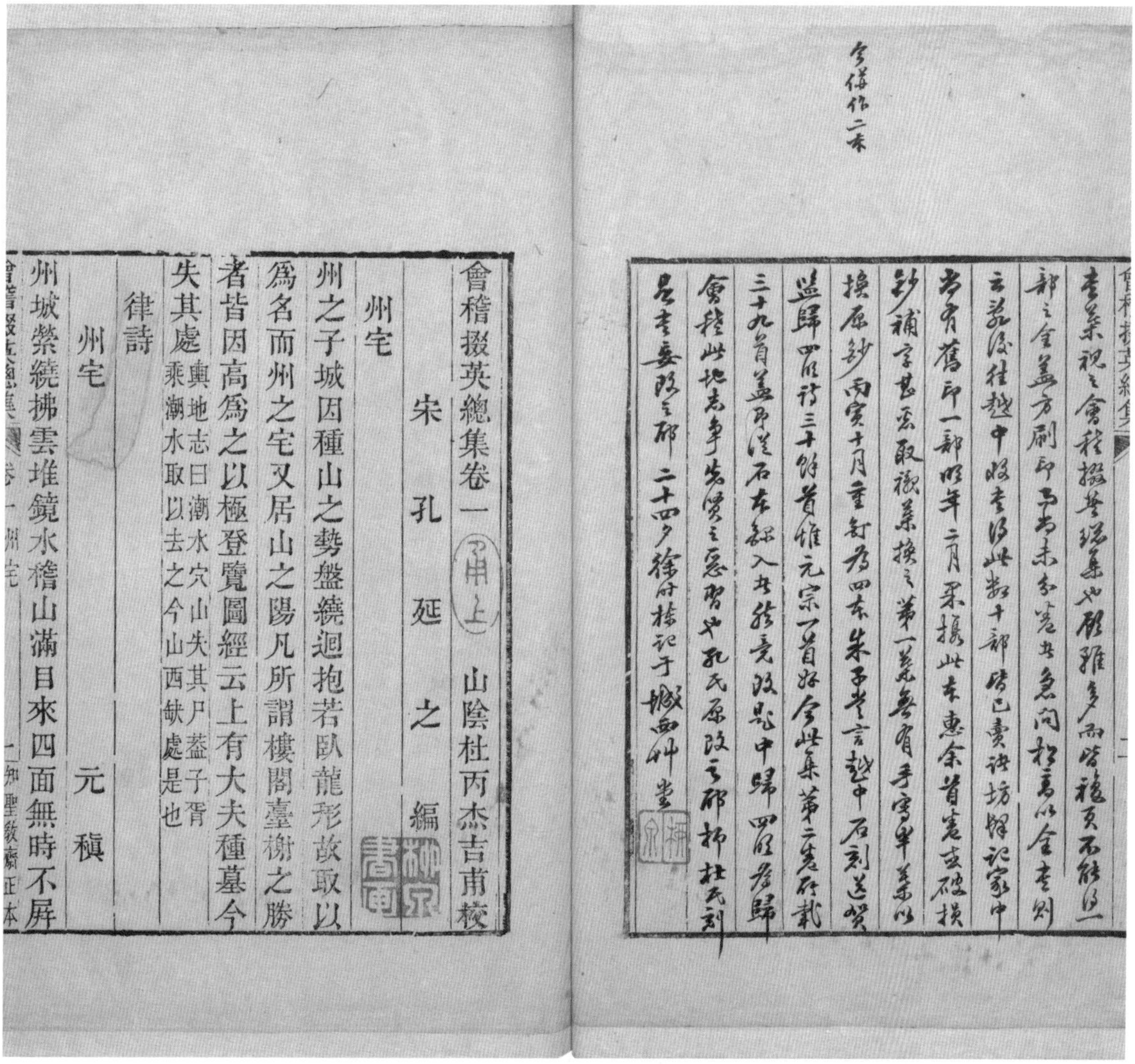
會稽掇英總集卷一　山陰杜丙杰吉甫校
宋　孔　延　之　編
州宅
州之子城因種山之勢盤繞迴抱若臥龍形故取以爲名而州之宅又居山之陽凡所謂樓閣臺榭之勝者皆因高爲之以極登覽圖經云上有大夫種墓今失其處輿地志曰潮水穴山失其尸葢子胥乘潮水取以去之今山西缺處是也
律詩
州宅　元稹
州城縈繞拂雲堆鏡水稽山滿目來四面無時不屏

會稽掇英總集二十卷　〔宋〕孔延之輯　**校正會稽掇英總集札記一卷**　〔清〕杜丙傑撰

清道光元年（1821）杜氏浣花宗塾刻本　清徐時棟批校並跋

六册

半葉十行二十字，黑口，左右雙邊。版框 17.5×13.4 厘米

16870（14832）

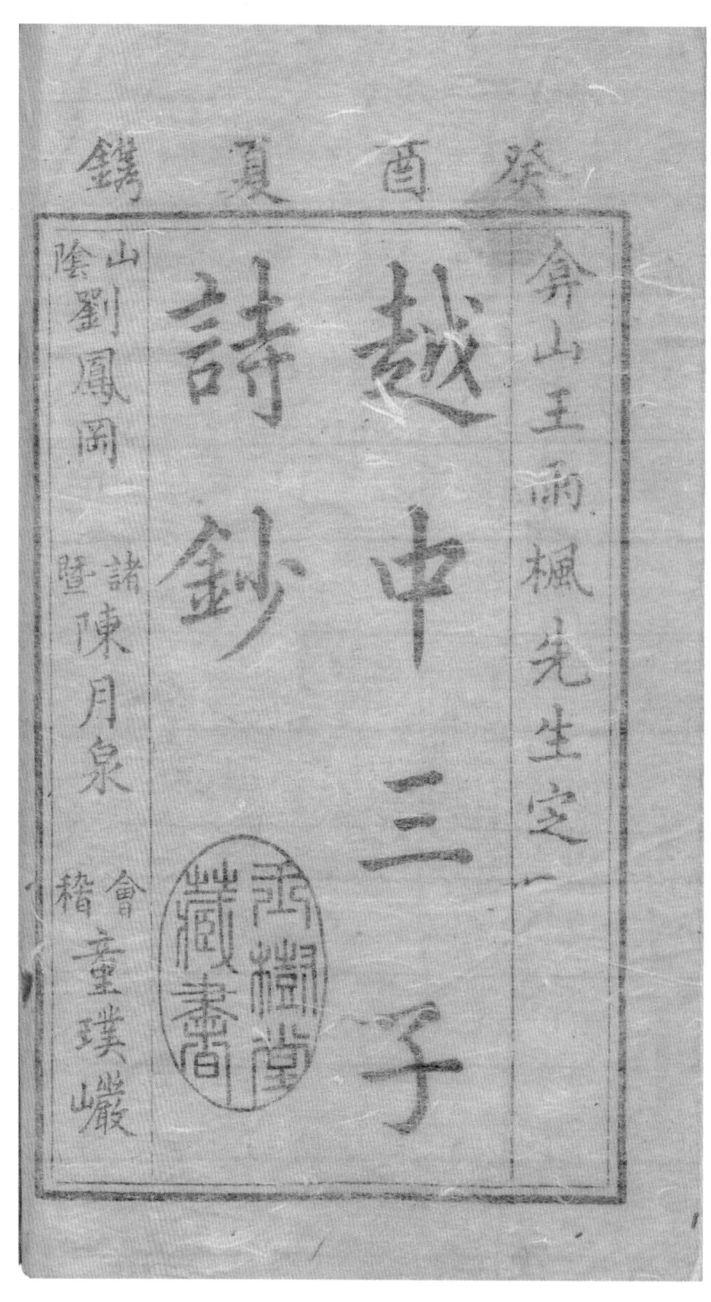

越中三子詩三卷　〔清〕郭毓輯

清乾隆十八年（1753）郭毓刻本

三册

半葉九行十九字，白口，四周單邊。版框 18.5×12.9 厘米

16764（14615）

越中三子詩

山陰　劉鳴玉鳳岡　譔

諸暨　郭　毓又春　選

曉發句容

征人候殘月小縣閉門中雉竄荒郊莽驢鳴野戍風鄉心寒鼓角行色壯刀弓千里還家夢迢迢只向東

彈子岡

西日平岡赤東風亂水黃人烟低虎落鈴語應驟

长乐郑振铎西谛藏书

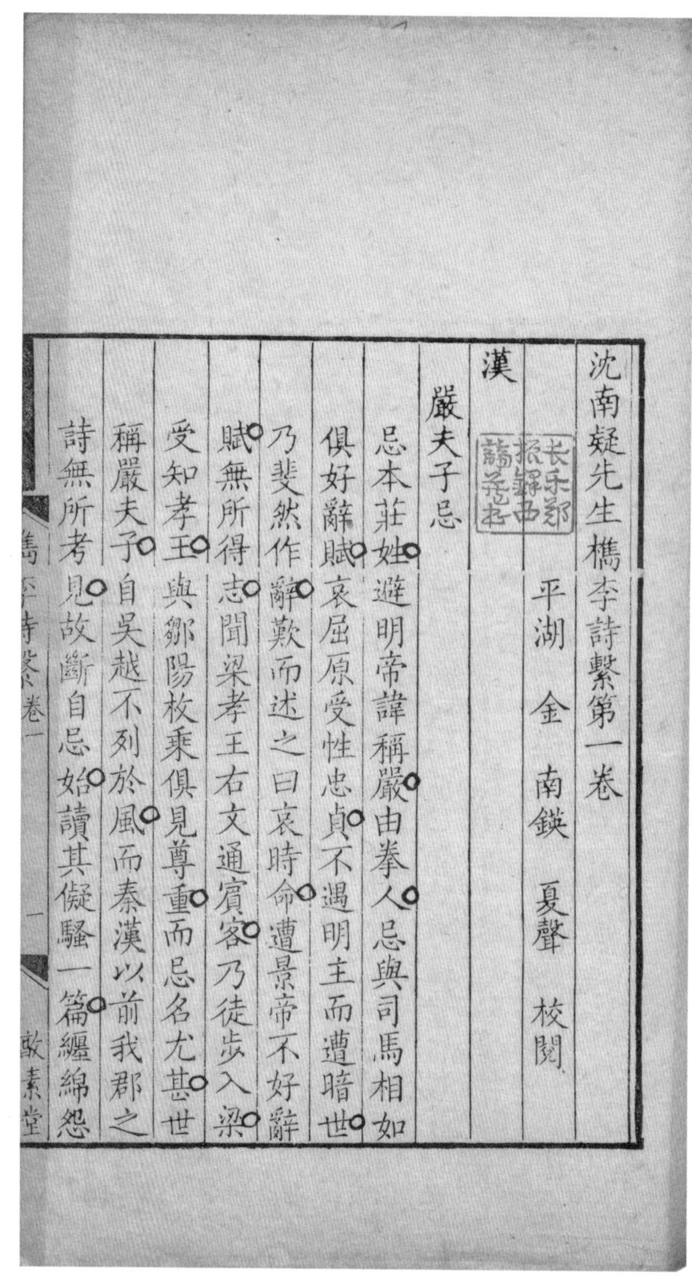
沈南疑先生檇李詩繫第一卷

平湖　金南鍈　夏聲　校閲

長樂鄭振鐸西諦藏書

漢

嚴夫子忌

忌本莊姓避明帝諱稱嚴由拳人忌與司馬相如俱好辭賦哀屈原受性忠貞不遇明主而遭暗世乃斐然作辭歎而述之曰哀時命遭景帝不好辭賦無所得志聞梁孝王右文通賓客乃徒步入梁受知孝王與鄒陽枚乘俱見尊重而忌名尤甚世稱嚴夫子自吳越不列於風而秦漢以前我郡之詩無所考見故斷自忌始讀其擬騷一篇纏綿怨

檇李詩繫卷一　一　敦素堂

沈南疑先生檇李詩繫四十二卷　〔清〕沈季友輯

清康熙四十九年（1710）金南鍈敦素堂刻本　鄭振鐸跋

十六册

半葉十一行二十一字，上黑口，左右雙邊。版框 17.6×13.6 厘米

15397（800）

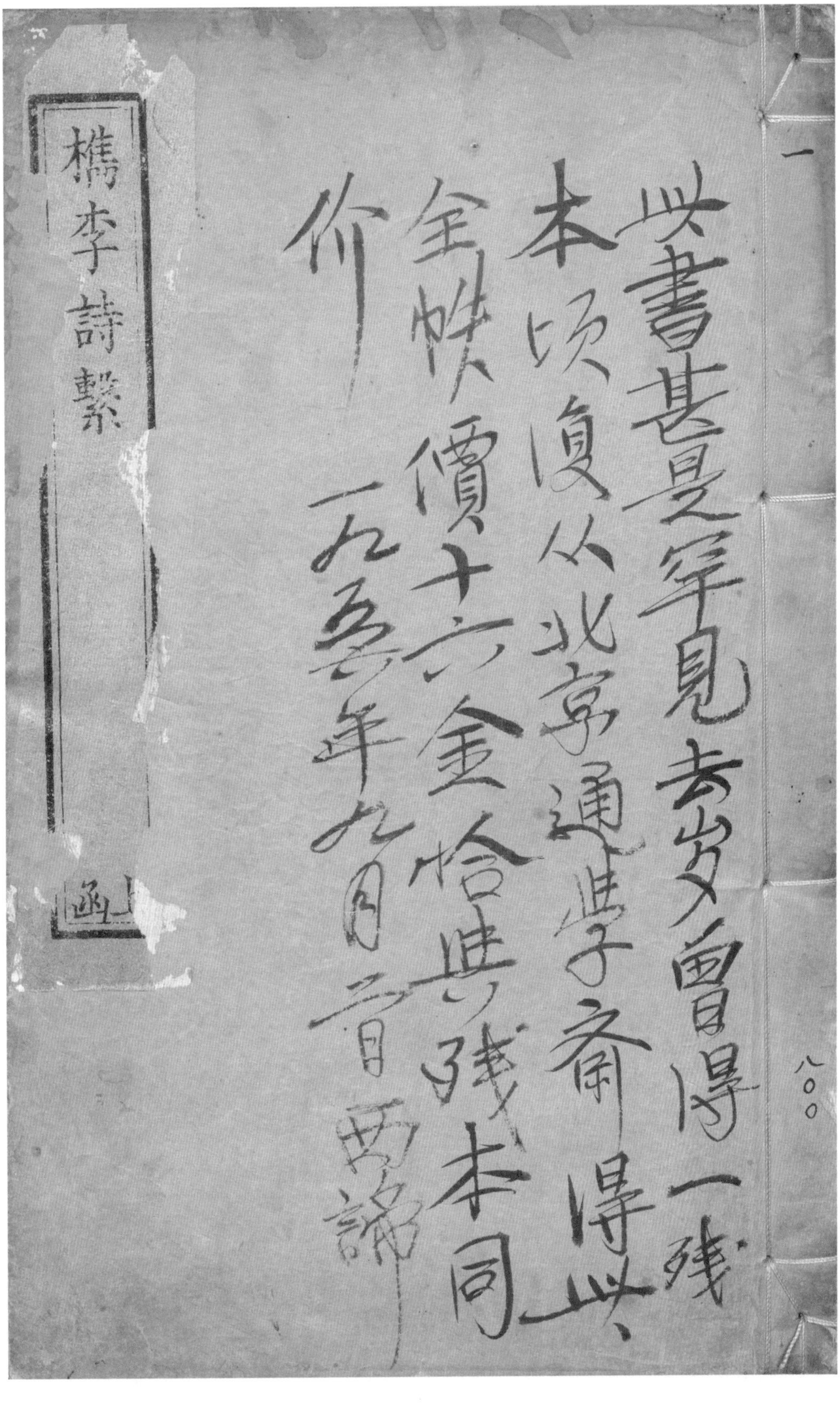

一

此書甚是罕見去歲曾得一殘本頃復從北京通學齋得此全帙價十六金恰與殘本同价

一九五三年九月二日西諦

八〇〇

檇李詩繫

函上

松陵潘稼堂先生鑒定

鴛湖詩集

曉亭藏板

鴛湖倡和二卷　〔清〕楊廷璧輯

清康熙刻本

二册

半葉十行二十二字，黑口，左右雙邊。版框 17.9×13.2 厘米

15391（803）

鴛湖唱和一集

集曉亭詠雪分題

雪江

屠又良　岫雲

風靜寒溪動客愁誰家蓑笠釣中流沙明兩岸鷗俱絶潮落孤舟浪欲浮山翠迷時天漠漠灘聲咽處路悠悠披裘重訪雙臺蹟無徑追尋仰白頭余曾登子陵二釣臺題詩問隱堂中

雪水

錢霑　上沐

積素凝華小院中融成寒碧映簷櫳掬來端合氷壺貯瀉

長樂鄭振鐸西諦藏書

赤城詩集卷之一

左委羽名緯字經臣黃岩人號委羽居士宋宣和靖康間以詩鳴與許景衡為友景衡稱其詩句法與杜少陵杭劉元禮周恭叔皆兄事之所著有委羽集

避寇五首真西山謂此可比老杜七歌

東隣有老人金玉富無敵惡賊一朝来棄之如瓦礫
性命雖尚存見人無顔色老人自不知本為大盜積
保城恃義兵誤事真可惜國家久昇平誰復見鋒鏑
一旦驅市人紛然冒矢石逢敵先棄戈罪之不可得
妻兒共一區日夜謹相守遥驚白旗来不覺四散走

長樂鄭振鐸西諦藏書

赤城詩集六卷　〔明〕謝鐸、黄孔昭輯

清抄本

一册

半葉九行二十字，無欄格

16553（9541）

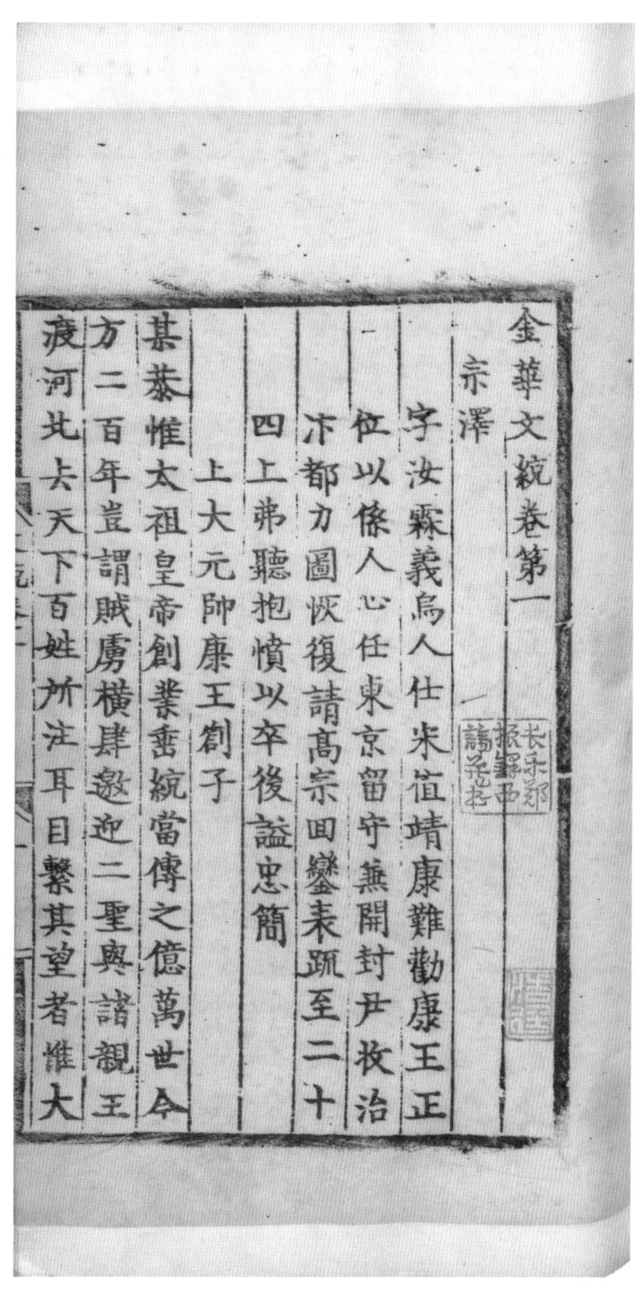

金華文統十三卷　〔明〕趙鶴輯

明正德七年（1512）趙鶴、李玘刻本

八册

半葉十行十八字，黑口，四周單邊。版框 19.2×13.0 厘米

15395（782）

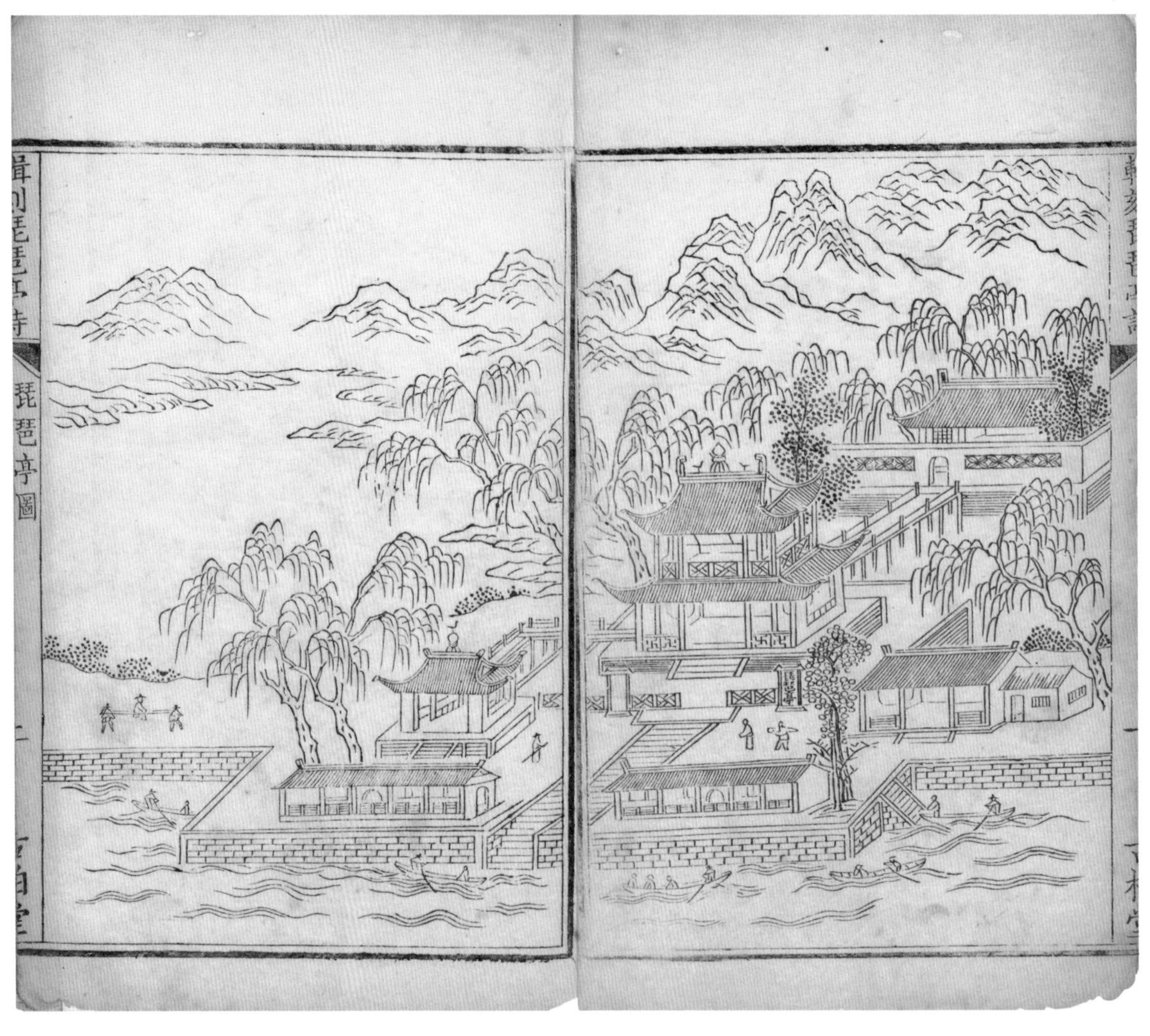

輯刻琵琶亭詩不分卷　〔清〕唐英輯

清乾隆十一年（1746）唐氏古柏堂刻本

一册

半葉九行二十一字，白口，四周雙邊。版框 20.2×14.7 厘米

15843（9338）

輯刻琵琶亭詩

瀋陽唐　英俊公輯

遊琵琶亭唱和

維揚方夢駪

琵琶亭子夕陽邊紅粉青衫已窅然江上月明秋寂好於今司馬正芳年

其二

不在吟邊在酒邊每逢佳客便留連湖山合有風騷主暫領名區愧不賢

其一

陳　鍾

臨川文獻二十五卷　〔清〕胡亦堂編

清康熙十九年（1680）夢川亭刻本

八册

半葉十二行二十二字，白口，左右雙邊。版框 20.0×14.5 厘米

16502（13900）

晏同叔先生集

慈谿胡亦堂二齋選輯

劄子

宋元獻公天聖上殿劄子

朝廷者天下之本也自古未有朝廷治而天下不治者亦未有朝廷不治而能治天下者故曰正朝廷以正百官正百官以正萬民正萬民以正四方此不易之序也太宗皇帝嘗以邊事問御史中丞王化基化基對以治天下猶植木所患根本未固固則枝幹不足憂今朝廷治則邊郡何患不安化基之言甚簡且要眞知治本者也且人君無職事惟辨臣下之邪正實人君之職也然古今說者以辨邪正爲難臣竊以爲不然在人君用心何如爾使人君之心

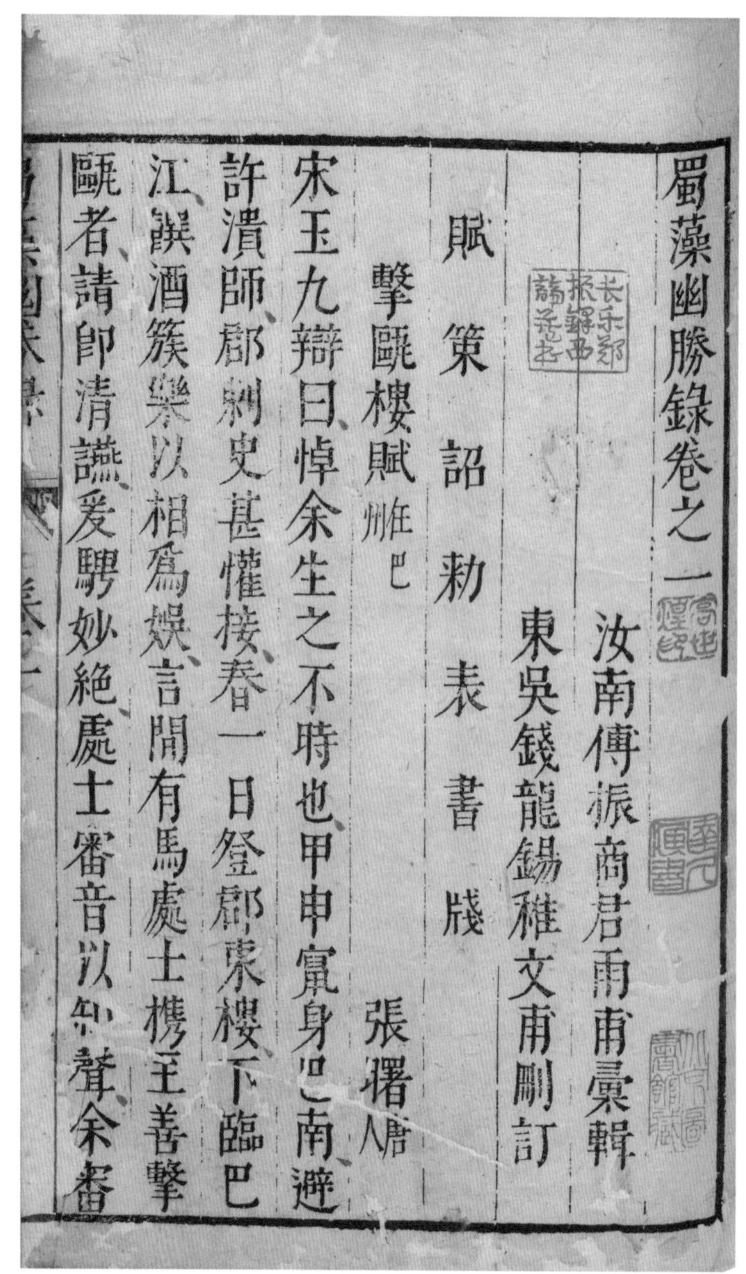

蜀藻幽勝錄卷之一

汝南傅振商君雨甫彙輯

東吳錢龍錫稚文甫删訂

賦　策　詔　勅　表　書　牋

擊甌樓賦（在巴州）　張曙（唐人）

宋玉九辯曰悼余生之不時也甲申寓身巴南避許潰師郡刺史甚懽接春一日登郡東樓下臨巴江饌酒簇樂以相為娛言間有馬處士携至善擊甌者請卽清讌爰騁妙絕處士審音以知聲余審

蜀藻幽勝録四卷　〔明〕傅振商輯

明萬曆四十七年（1619）刻本

十册

半葉九行十九字，白口，四周單邊。版框 22.9×15.4 厘米

T03717（910）

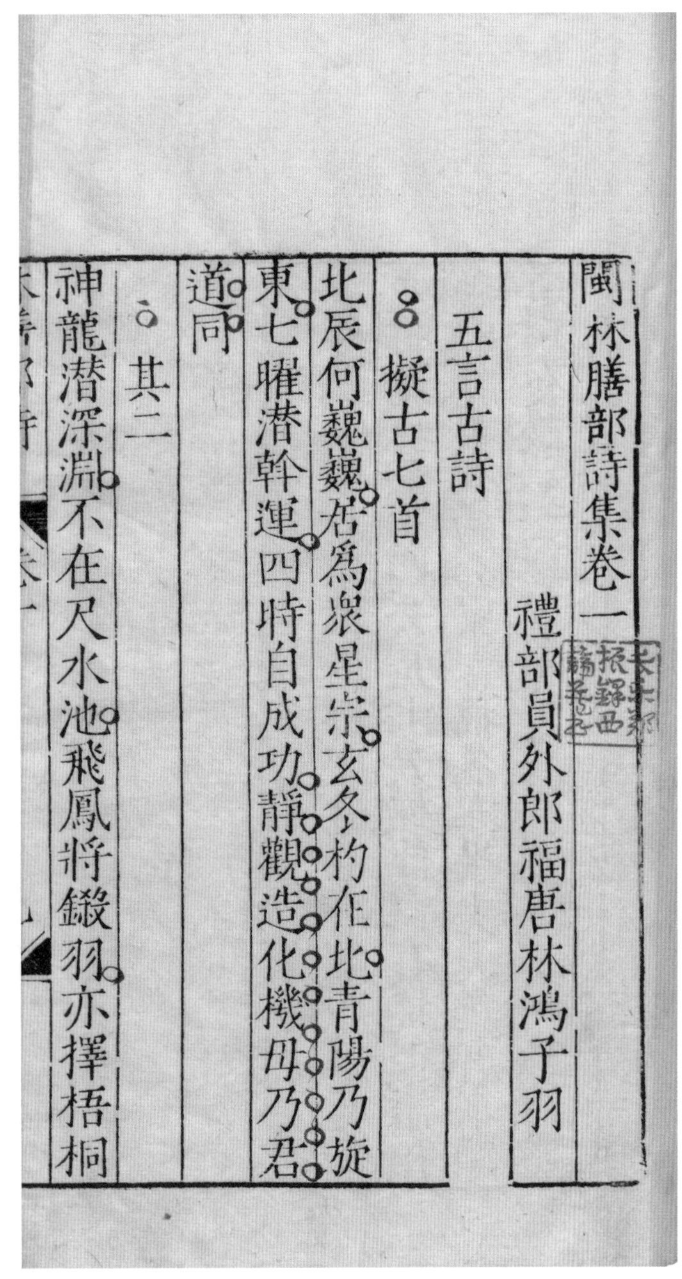
閩林膳部詩集卷一
禮部員外郎福唐林鴻子羽
五言古詩
擬古七首
北辰何巍巍居爲衆星宗玄冬杓在北青陽乃旋
東七曜潛斡運四時自成功靜觀造化機毋乃君
道同
其二
神龍潛深淵不在尺水池飛鳳將鎩羽亦擇梧桐

閩中十子詩十種三十卷　〔明〕袁表、馬熒編

明萬曆刻本　鄭振鐸跋

四册

半葉九行十九字，白口，四周單邊。版框 19.4×13.5 厘米

15615（8728）

閩十才子詩，予初得清末郭氏刊本，不自足。今果於北京來薰閣得明萬歷原刊本，甚可喜也。閩地在唐時猶為化外。讀顧況囝詩，可證。至今稱丈夫為「唐夫」。至歐陽詹出，閩之文學始有可稱者。明初，林鴻、高廷礼等十子，提倡唐詩，起宋元江西詩派之纖細，是天下士，非閩中一地所能囿也。

一九五〇年十月十七日 西諦

閩賢遺墨不分卷　〔明〕曹學佺　〔清〕張遠等撰

稿本　清梁章鉅跋

二册

16813（12128）

先生欵先八十時有司設賓筵迎先生々々允為邦國之先茲閭邑縉紳文學又以束帛之禮啓當事行倚備周官之懋典適五月下浣屬先生誕辰諸親朋以晉舊交能言命為文以先爵老晉既追悼々々成之每々形之筆墨况使頌揚至德而敢不文竊念先生本孝悌力田三老耆年師儒康福假使當漢朝文武之世宜立纏加辟如迎申轅故事豈徒勑有司々々存問賜物及當稟鬻米使長吏習行之哉晉不勝惓々之説為輔世長民者勸不但為先生祝噫也是為序

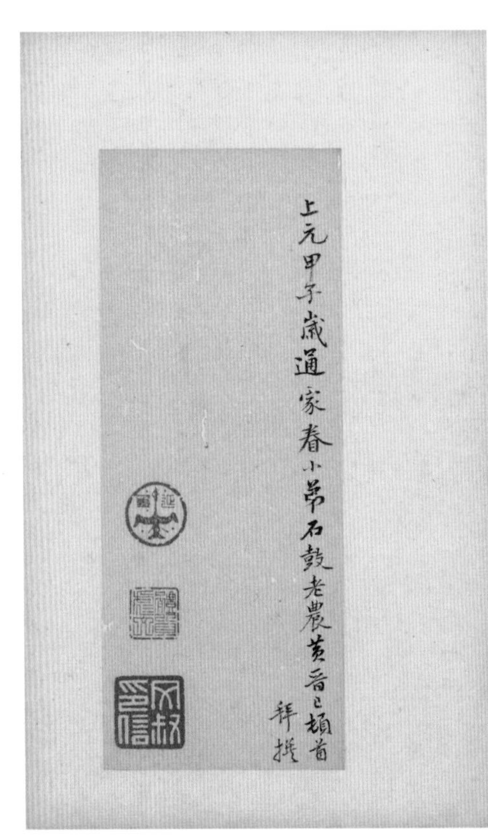

粵西詩載二十五卷　〔清〕汪森輯

清康熙四十三年（1704）汪氏梅雪堂刻本

六册

半葉十一行二十一字，黑口，左右雙邊。版框 18.7×14.1 厘米

15393（677）

粵西詩載卷一

奉直大夫前廣西桂林太平兩府通判汪森編輯

四言

長樂鄭振鐸西諦藏書

喻猛歌

漢和帝時蒼梧太守喻猛以清白爲治郡人頌之

於惟蒼梧交阯之域大漢唯宗遠以仁德

淳熙四年二月既望靜江守臣張某奉詔勸農于郊乃作熙熙陽春之詩二十四章章四句以示父老俾告于其鄉之人而歌之　宋　張栻

熙熙陽春既發既舒翼翼南畝是展是圖　嗟爾農夫各敬乃事往利爾器誡爾婦子　惟生在勤勤則及時惟時之趨時不爾違　祈祈甘雨膏我下土習習谷風

集

集部二——詩文評類

〇〇〇〇

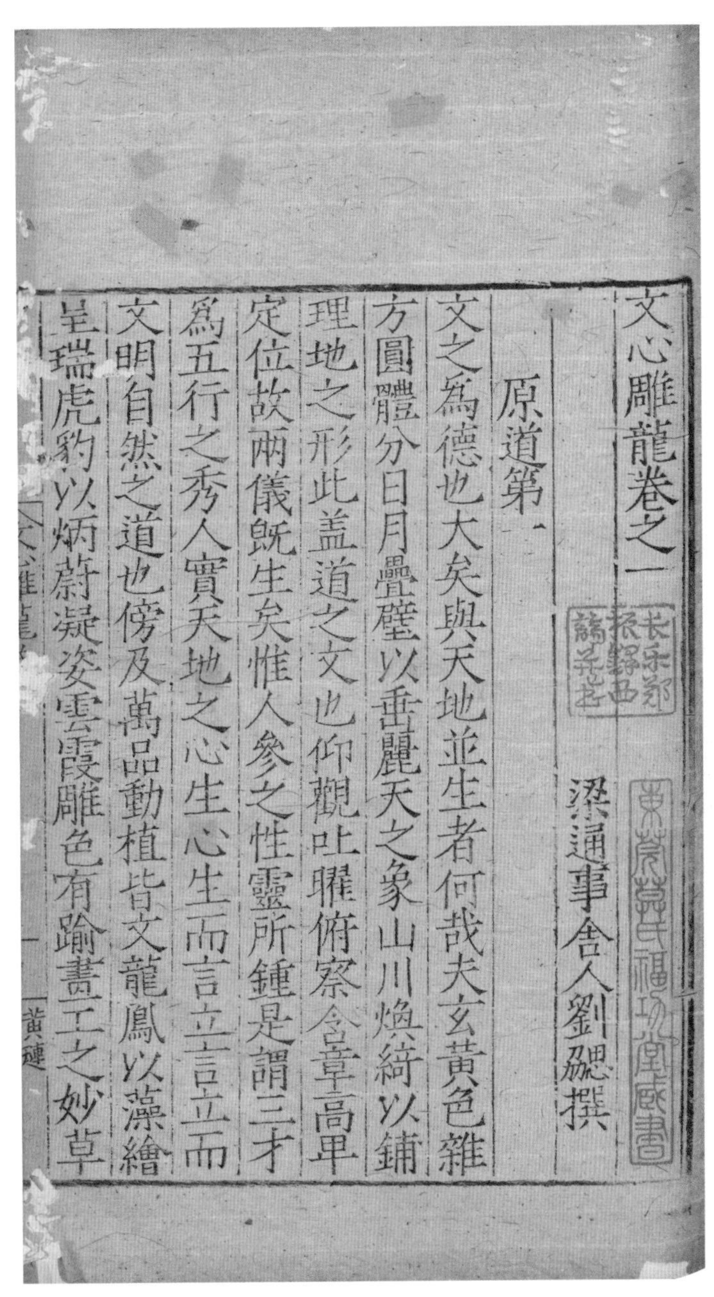

文心雕龍十卷　〔南朝梁〕劉勰撰

明嘉靖二十二年（1543）佘誨刻本

四册

半葉十行二十字，白口，左右雙邊。版框 17.7×13.5 厘米

15769（8990）

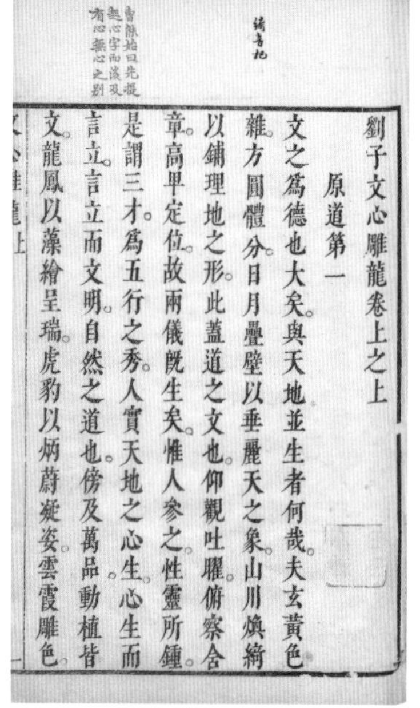

劉子文心雕龍卷上之上
原道第一
文之為德也大矣與天地並生者何哉夫玄黃色
雜方圓體分日月疊壁以垂麗天之象山川煥綺
以鋪理地之形此蓋道之文也仰觀吐曜俯察含
章高卑定位故兩儀既生矣惟人參之性靈所鍾
是謂三才為五行之秀人實天地之心生心生而
言立言立而文明自然之道也傍及萬品動植皆
文龍鳳以藻繪呈瑞虎豹以炳蔚凝姿雲霞雕色

徵童謠近在成世閱時取證則五言久矣又古詩
佳麗或稱枚叔其孤竹一篇則傅毅之詞比采而
推兩漢之作乎觀其結體散文直而不野婉轉附
物怊悵切情實五言之冠冕也至於張衡怨篇清
曲可味仙詩緩歌雅有新聲暨建安初五言騰踴
文帝陳思縱轡以騁節王徐應劉望路而爭驅並
憐風月狎池苑述恩榮敘酣宴慷慨以任氣磊落
以使才造懷指事不求纖密之巧驅辭逐貌唯取
昭晰之能此其所同也乃正始明道詩雜仙心何

晏之徒率多浮淺唯嵇志清峻阮旨遙深故能標
焉若乃應璩百一獨立不懼辭譎義貞亦魏之遺
直也晉世群才稍入輕綺張潘左陸比肩詩衢采
縟於正始力柔於建安或析文以為妙或流靡以
自妍此其大略也江左篇製溺乎玄風嗤笑徇務
之志崇盛亡機之談袁孫已下雖各有雕采而辭
趣一揆莫與爭雄所以景純仙篇挺拔而為俊矣
宋初文詠體有因革莊老告退而山水方滋儷采
百字之偶爭價一句之奇情必極貌以寫物辭必

劉子文心雕龍二卷 〔南朝梁〕劉勰撰 〔明〕楊慎、曹學佺等批點 **註二卷** 〔明〕梅慶生撰

明閔繩初刻五色套印本

五册

半葉九行十九字，白口，四周單邊。版框 21.2×15.1 厘米

16803（14843）

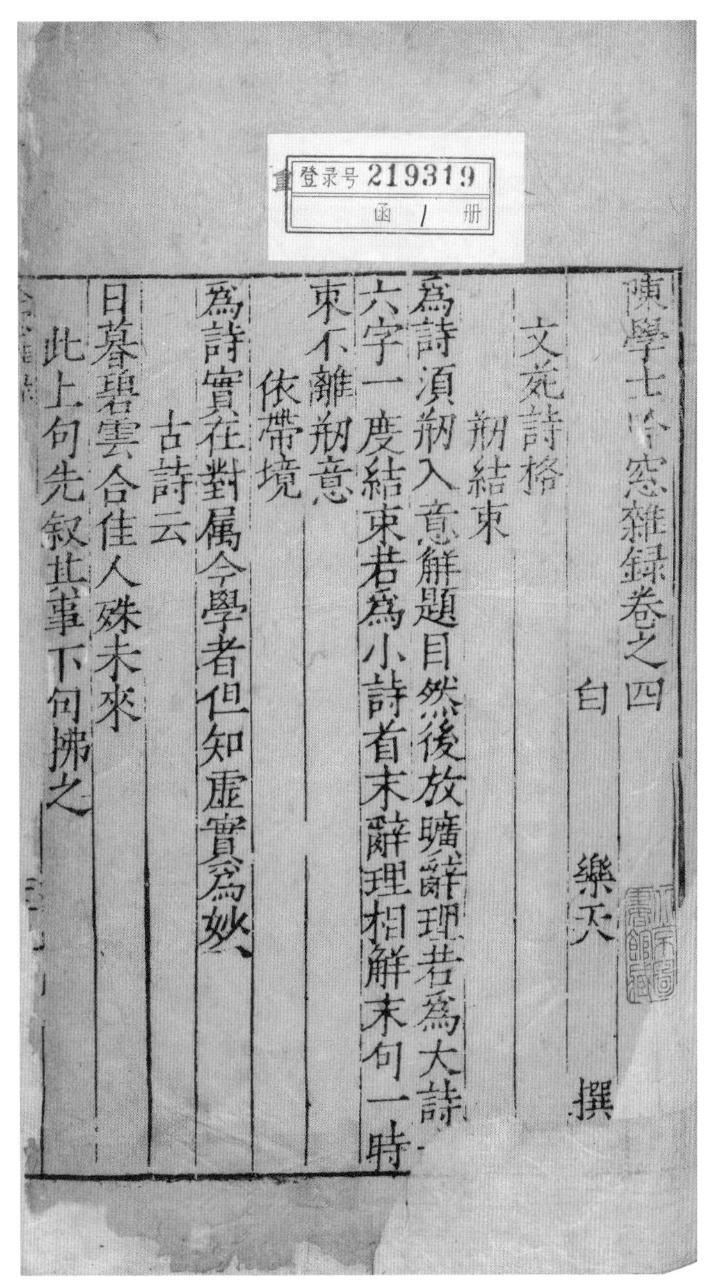
登录号219319
函 1 册

陳學士吟窗雜録卷之四
白　樂天　撰
文苑詩格
刱結束
爲詩須刱入意解題目然後放曠辭理若爲大詩
六字一度結束若爲小詩首末辭理相解末句一時
束不離刱意
依帶境
爲詩實在對屬今學者但知虛實爲妙
古詩云
日暮碧雲合佳人殊未來
此上句先叙其事下句拂之

陳學士吟窗雜録五十卷　題〔宋〕陳應行輯

明嘉靖二十七年（1548）崇文書堂刻本

一册　存三卷：四至六

半葉十二行二十字，白口，左右雙邊。版框 18.0×13.6 厘米

T03319（9921）

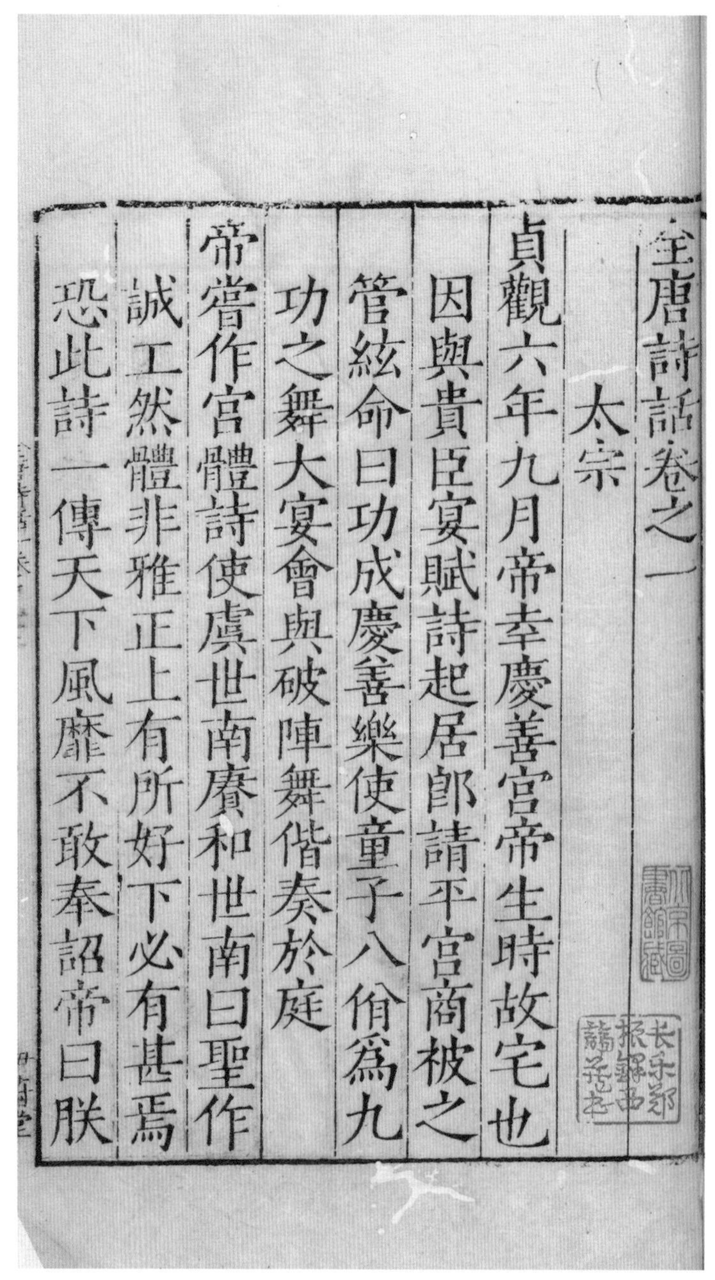

全唐詩話卷之一

太宗

貞觀六年九月帝幸慶善宫帝生時故宅也因與貴臣宴賦詩起居郎請平宫商被之管絃命曰功成慶善樂使童子八佾爲九功之舞大宴會與破陣舞偕奏於庭

帝嘗作宫體詩使虞世南賡和世南曰聖作誠工然體非雅正上有所好下必有甚焉恐此詩一傳天下風靡不敢奉詔帝曰朕

北京圖書館藏　長樂鄭振鐸西諦藏書

全唐詩話六卷　題〔宋〕尤袤撰

明嘉靖三十三年（1554）張鶚翼、伊蔚堂刻本　鄭振鐸跋

二册　存四卷：一至四

半葉九行十七字，白口，四周單邊。版框 19.1×14.5 厘米

T00226（9034）

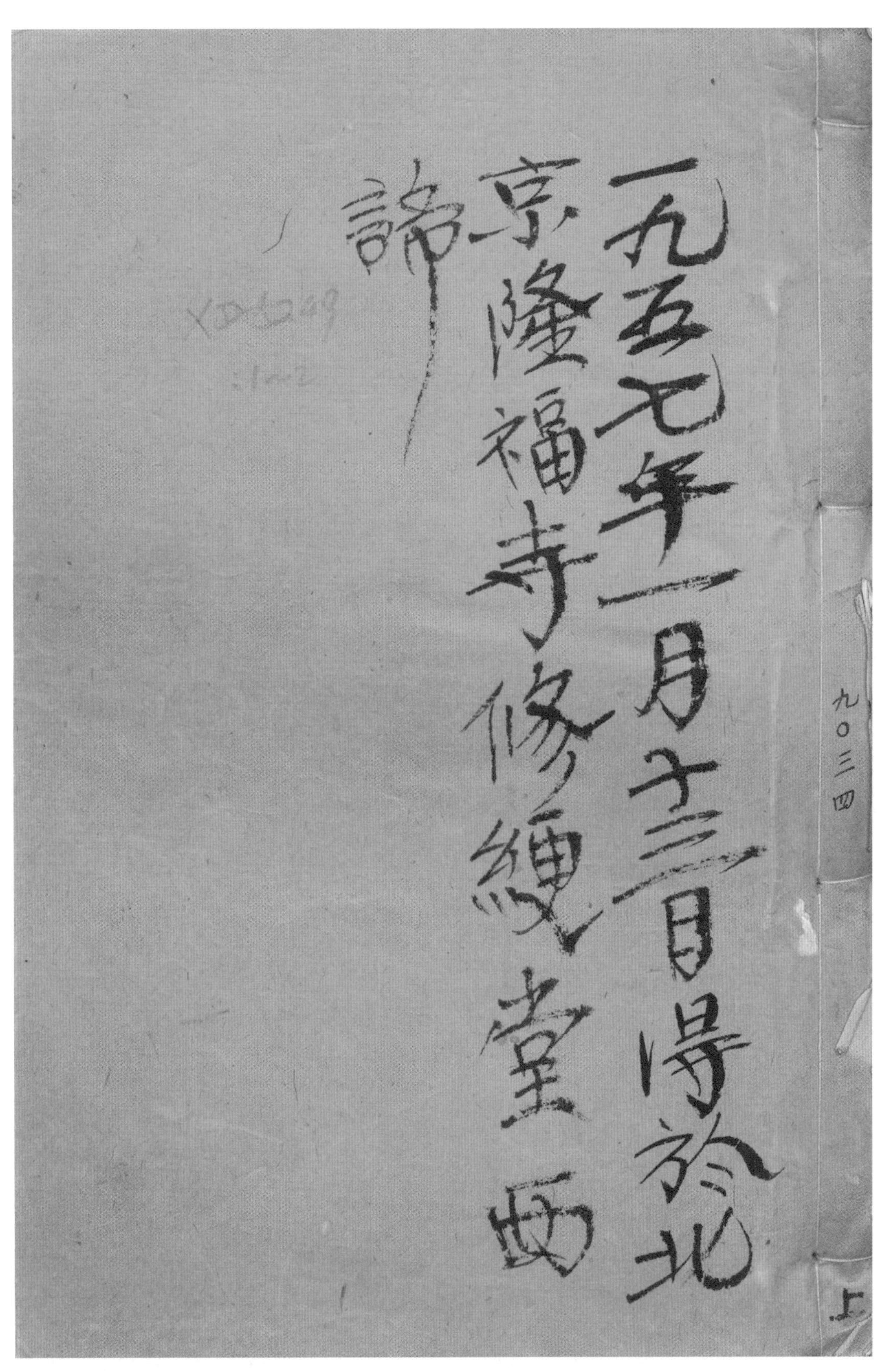
一九五七年十一月十三日得於北京隆福寺修綆堂西諦
九〇三四
上

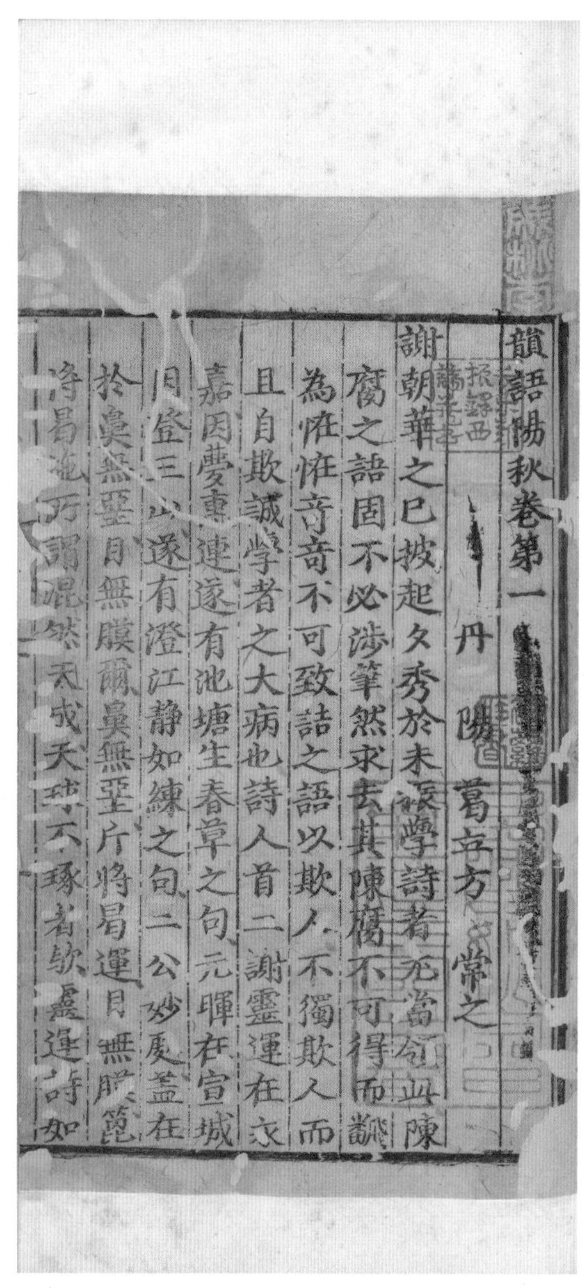

韻語陽秋卷第一

丹陽葛立方常之

謝朝華之巳披起夕秀於未振學詩者尤當領此陳腐之語固不必涉筆然求去其陳腐不可得而飜為恠恠奇奇不可致詰之語以欺人不獨欺人而且自欺誠學者之大病也詩人首二謝靈運在永嘉因夢惠連遂有池塘生春草之句元暉在宣城因登三山遂有澄江靜如練之句二公妙處蓋在於鼻無堊目無膜爾鼻無堊斤將曷運目無膜篦將曷施所謂混然天成天球不琢者歟靈運詩如

韻語陽秋二十卷　〔宋〕葛立方撰

明正德二年（1507）葛諶刻本

十册

半葉十行二十字，白口，左右雙邊。版框 19.7×13.0 厘米

16522（9434）

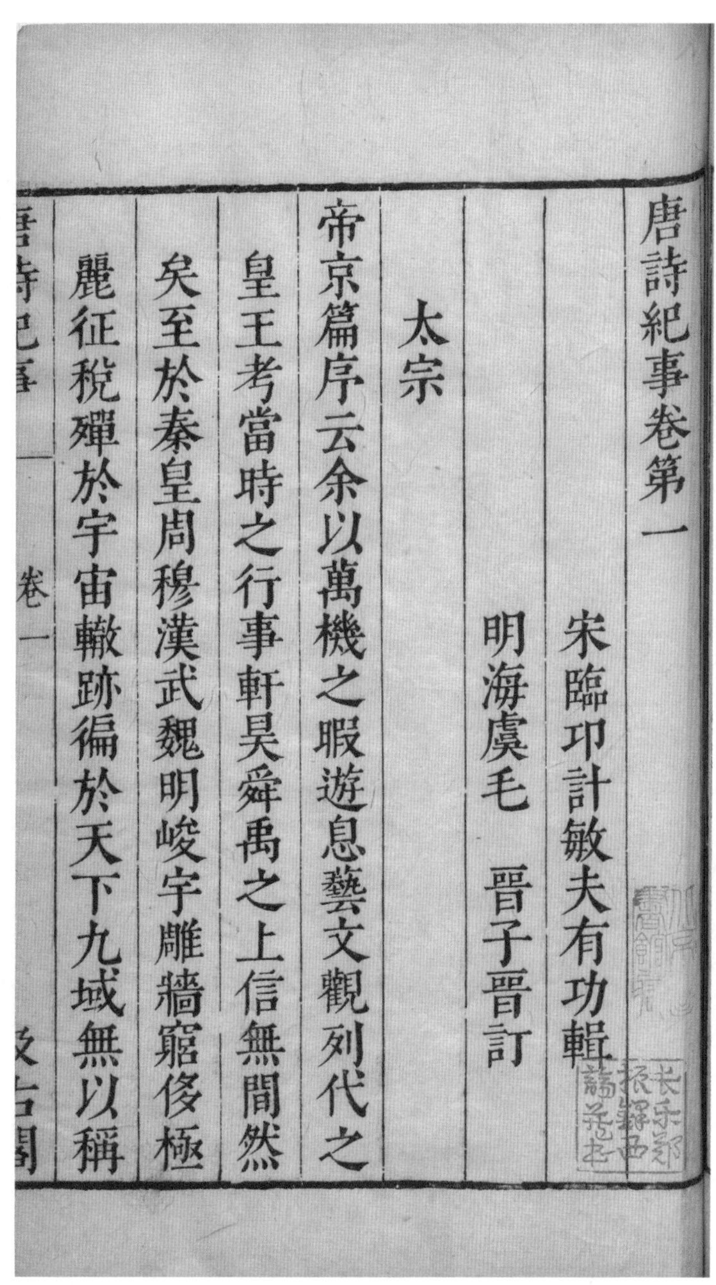

唐詩紀事卷第一

宋臨卭計敏夫有功輯

明海虞毛　晉子晉訂

太宗

帝京篇序云余以萬機之暇遊息藝文觀列代之皇王考當時之行事軒昊舜禹之上信無間然矣至於秦皇周穆漢武魏明峻宇雕牆窮侈極麗征稅殫於宇宙轍跡徧於天下九域無以稱

唐詩紀事　卷一　汲古閣

長樂鄭振鐸西諦藏書

唐詩紀事八十一卷　〔宋〕計有功撰

明崇禎五年（1632）毛氏汲古閣刻本　鄭振鐸跋

十六册

半葉八行十九字，白口，左右雙邊。版框 19.2×13.6 厘米

T00194（1587）

聞琉璃廠藻玉堂新從福建得書不少，亟往詢之，
則好本不多，且都已爲捷足者所得，意興索
然。偶翻架上書，見有汲古閣本唐詩紀事
及明末刊本所南心史，乃姑購之。予年來發
興收毛氏所刻書，所得已過半，今復獲
此初印本唐詩紀事，足補所未備，甚是
欣慰。一九五七年三月二十六日灯下展閱，
四無人声，缺月懸空，已是初春天氣，泥
土溫濕，百蟄都蘇。西諦記

夕諷誦之文也徒諷誦而弗考猶終日飲食而
不知味余竊有考焉隨而錄之遂盈簡牘古人
之文其則著矣因號曰文則或曰方今宗工鉅
儒濟濟盈庭下筆語妙天下雖與日月爭光可
也奚以吾子文則爲余曰蓋將所以自則也如
示人以爲則則吾豈敢乾道庚寅正月既望天
台陳騤序

陳眉公訂正文則卷之上
宋　天台　陳　騤著
明　繡水　沈元熙　沈德先　校
甲　凡九條
六經之道既曰同歸六經之文容無異體故易
文似詩詩文似書書文似禮中孚九二曰鳴鶴
在陰其子和之我有好爵吾與爾靡之使入詩

陳眉公訂正文則二卷　〔宋〕陳騤撰

明刻本

二册

半葉八行十八字，小字雙行同，白口，四周單邊。版框 20.0×12.5 厘米

T02966（2628）

後村詩話上卷

劉克莊著

故事經筵徹章宸翰賜講讀官詩率取前人絕句淳祐丙午講禮記畢錫宴秘書省御製七言唐律一首云鰲極開先已降衷上天下澤禮居中三才義理維持加萬世綱常建立功孔聖法言多纂輯漢儒師學共修崇經帷講徹資羣彥克己功夫在廣充詩既雄渾而奎文絢爛行草遒麗各為一體侍讀少師鄭公以下拜賜者十有四人克莊與焉徹章賜御製詩自今上始

廣疑擴

後村詩話二卷　〔宋〕劉克莊撰

清抄本　清鮑廷博校

二册

半葉九行二十一字，無欄格

16986（10190）

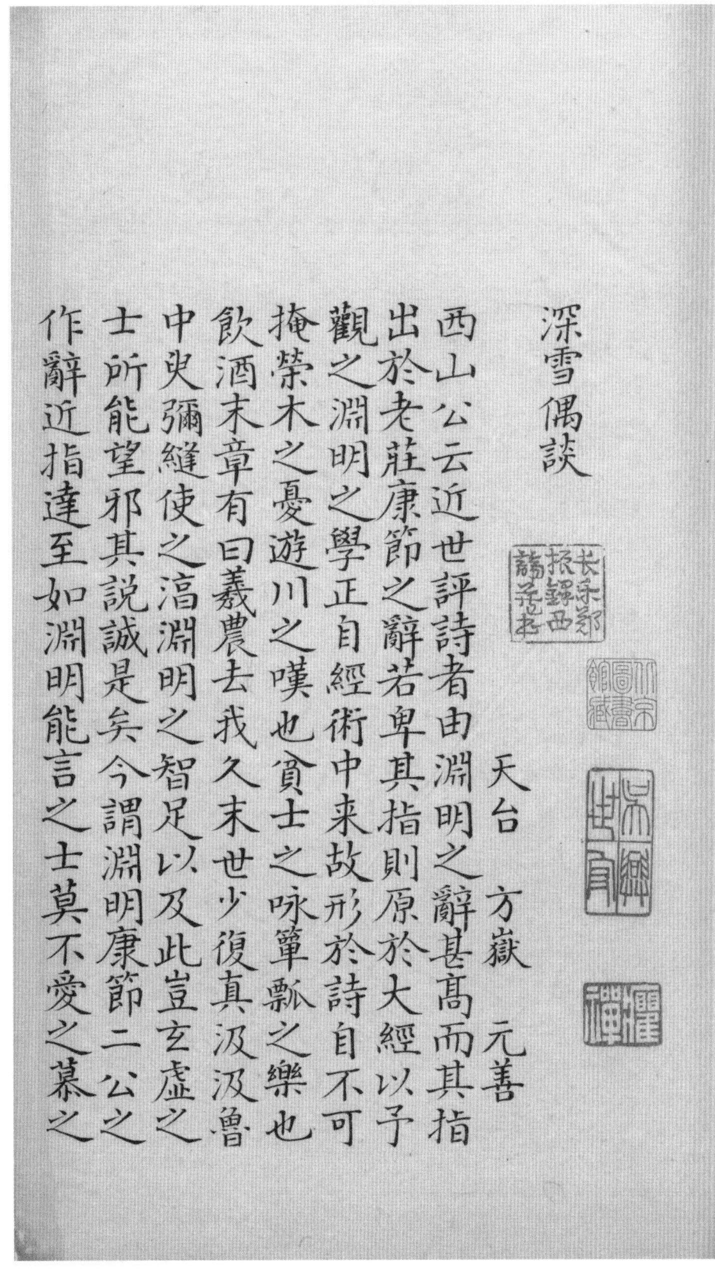

深雪偶談

天台　方嶽　元善

西山公云近世評詩者由淵明之辭甚高而其指出於老莊康節之辭若卑其指則原於大經以予觀之淵明之學正自經術中来故形於詩自不可掩榮木之憂遊川之嘆也貧士之咏簞瓢之樂也飲酒末章有曰羲農去我久末世少復真汲汲魯中叟彌縫使之湻淵明之智足以及此豈玄虛之士所能望邪其說誠是矣今謂淵明康節二公之作辭近指達至如淵明能言之士莫不愛之慕之

深雪偶談一卷　〔宋〕方嶽撰

清抄本

一册

半葉十行十九字，無欄格

15347（152）

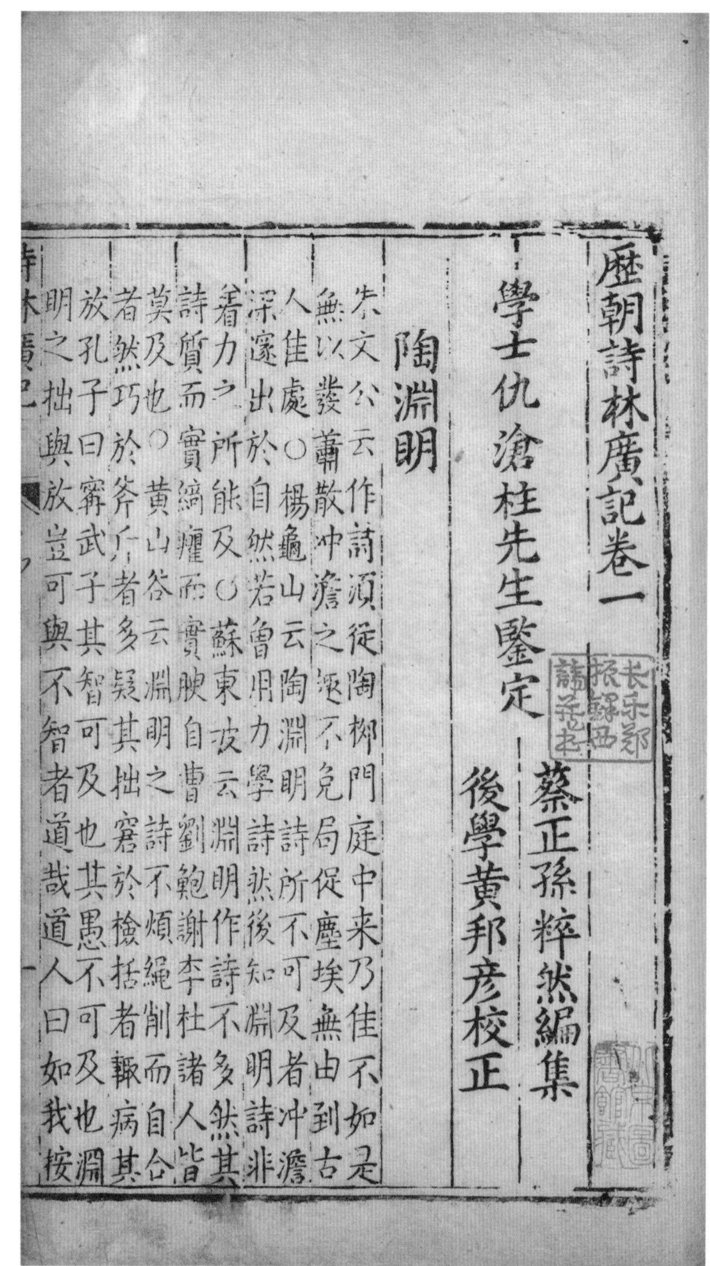

歷朝詩林廣記四卷　〔宋〕蔡正孫輯

清乾隆三十四年（1769）黄治徵刻本

四册

半葉九行二十字，小字雙行同，白口，四周雙邊。版框 19.7×13.3 厘米

T02958（1810）

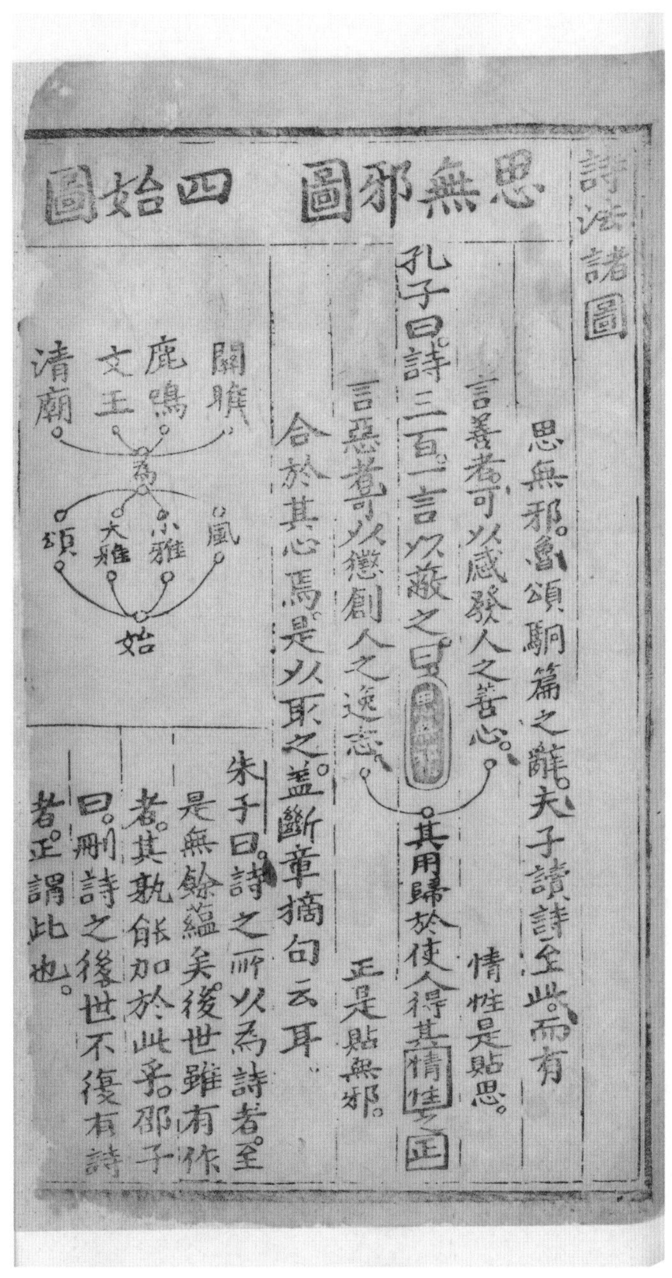

新編名賢詩法三卷

明史潛刻本

一册

半葉十一行二十六字，小字雙行同，黑口，四周雙邊，無直格。版框 26.5×15.6 厘米

16848（14946）

新編名賢詩法卷上

前進士河東塩運使金壇史潛校刊

詩評

作詩之由豈偶然哉自有天地萬物而詩之理已寓嬰兒之嬉笑童子之謳吟皆有詩之情而未動也桴以蕢鼓以土籥以葦皆有詩之用而未文也康衢之謡元首股肱之歌詩之正也至五子述大禹之戒相與歌詠傷今思古則變風變雅已備矣厥後若三百篇皆溫厚平易老成所謂溫厚者和而不流怨而不怒平易者所言皆眼前事老成者憂深思遠達於人情事物之變皆有理寓於其間然亦各有其體焉風之體多出里巷男女相與詠歌其情者也惟二南為正風自邶而下由其賢否不同故其所作之詩有邪正是非之不齊也猶

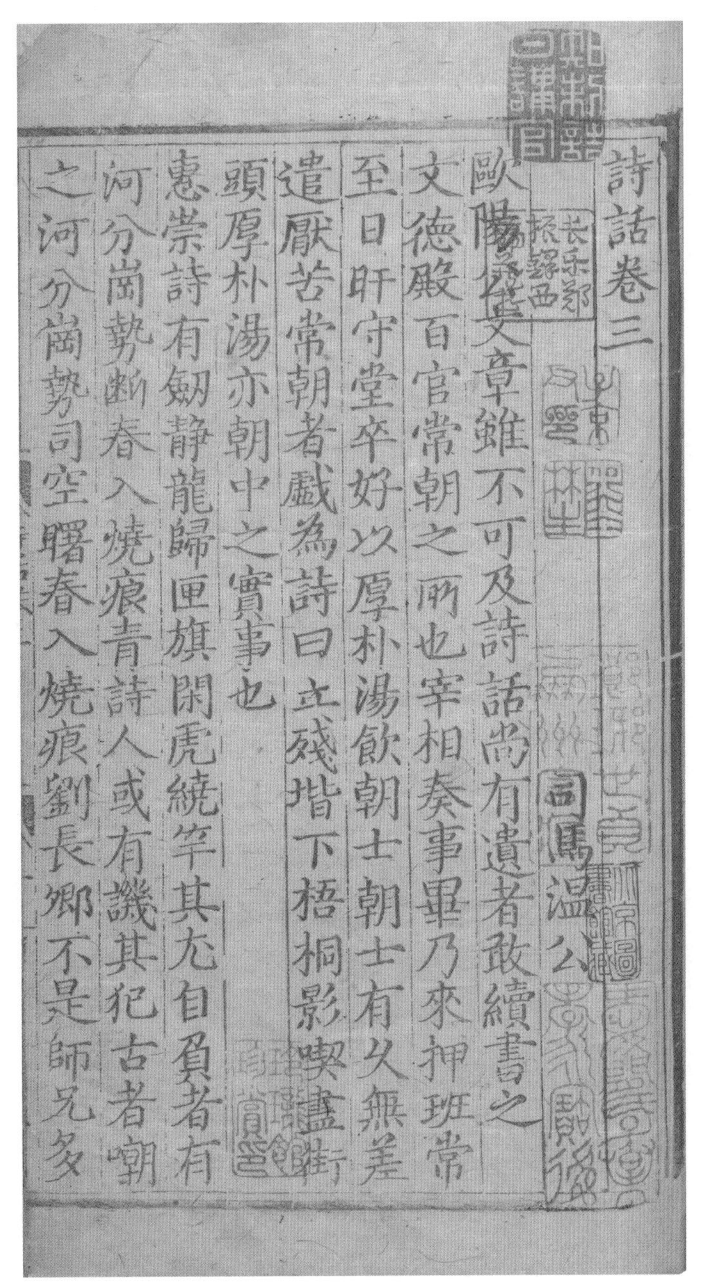

詩話十卷　〔明〕楊成編

明弘治三年（1490）馮忠刻本

一册　存五卷：三至七

半葉十行二十字，黑口，四周雙邊。版框 21.2×13.1 厘米

T03315（10729）

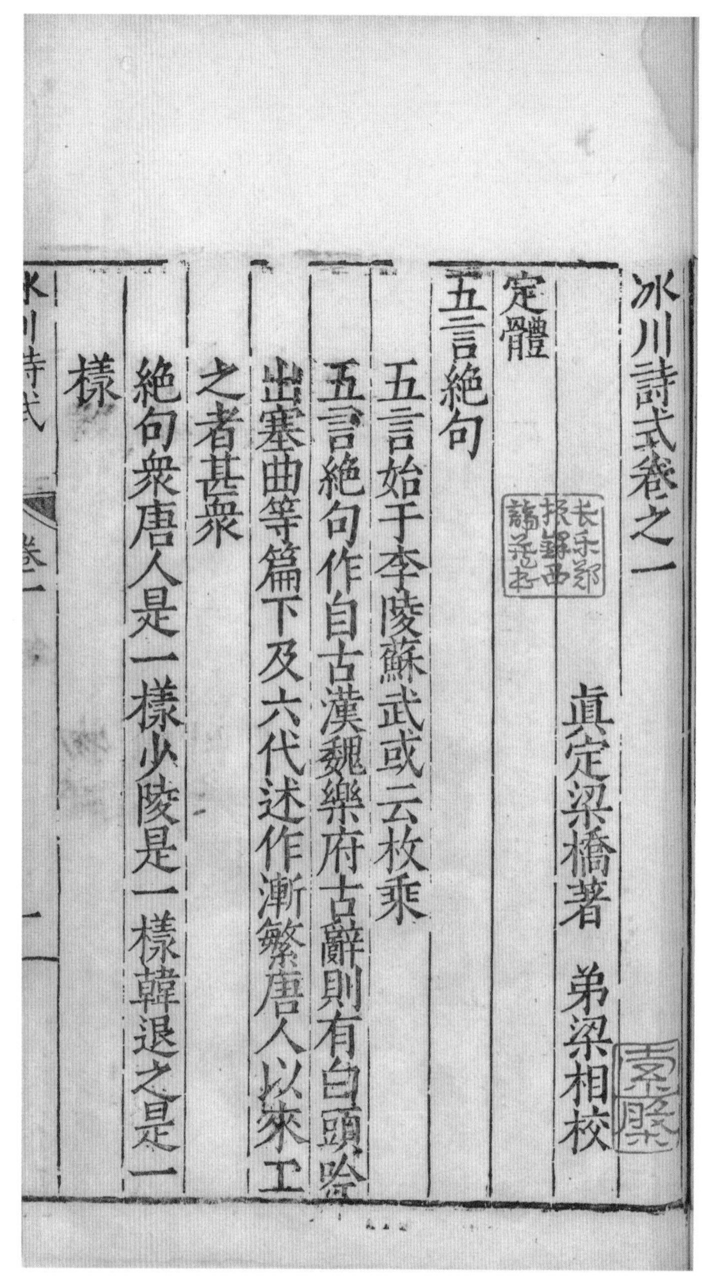

冰川詩式卷之一
眞定梁橋著　弟梁相校
定體
五言絶句
五言始于李陵蘇武或云枚乘
五言絶句作自古漢魏樂府古辭則有白頭吟
出塞曲等篇下及六代述作漸繁唐人以來工
之者甚衆
絶句衆唐人是一様少陵是一様韓退之是一
様

冰川詩式十卷　〔明〕梁橋撰

明萬曆刻本

四册

半葉十行二十字，白口，左右雙邊。版框 19.8×14.3 厘米

15983（10067）

冰川詩式十卷　〔明〕梁橋撰

明萬曆刻壽槐堂印本

四册　存六卷：一至六

半葉十行二十字，白口，左右雙邊。版框 19.7×14.3 厘米

T03380（9525）

冰川詩式卷之一

長樂鄭振鐸西諦藏書

眞定梁橋著　弟梁相校

北京圖書館藏

定體

五言絶句

五言始于李陵蘇武或云枚乘五言絶句作自古漢魏樂府古辭則有白頭吟出塞曲等篇下及六代述作漸繁唐人以來工之者甚衆

絶句衆唐人是一樣少陵是一樣韓退之是一樣

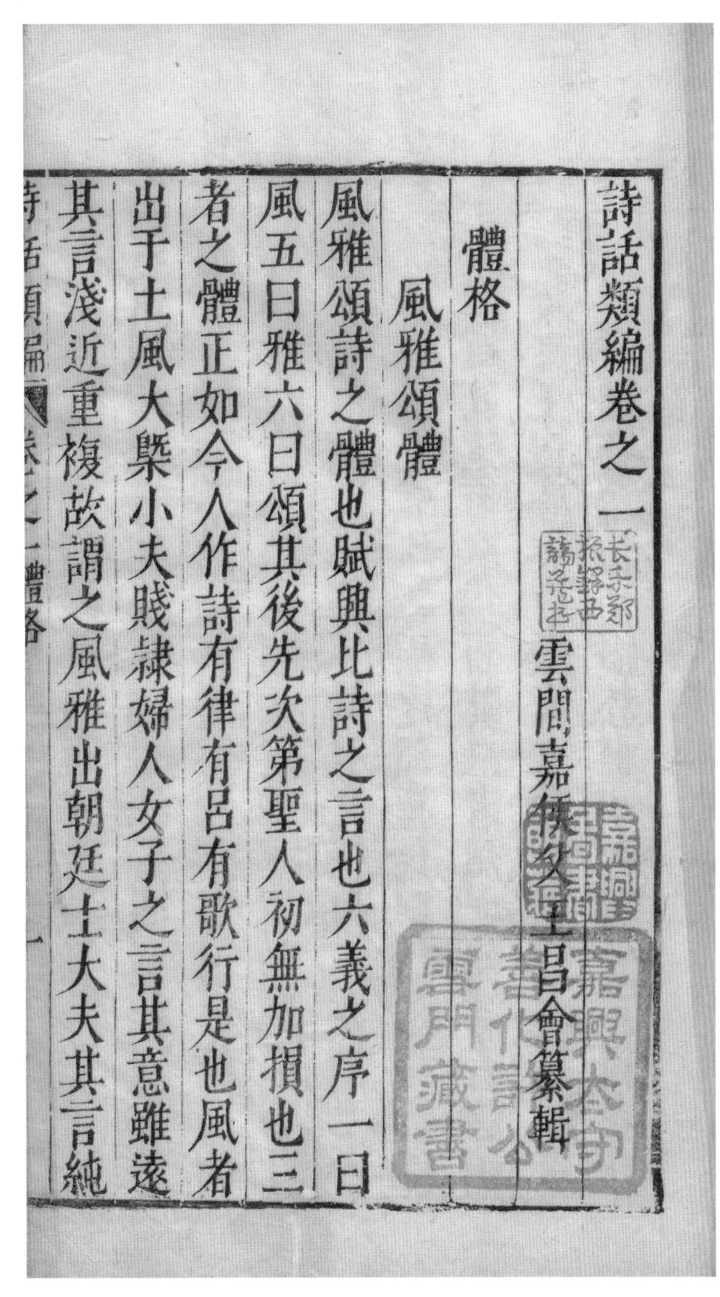

詩話類編三十二卷　〔明〕王昌會輯

明萬曆刻本

十六册

半葉九行二十字，白口，四周單邊。版框 22.3×14.0 厘米

16533（9452）

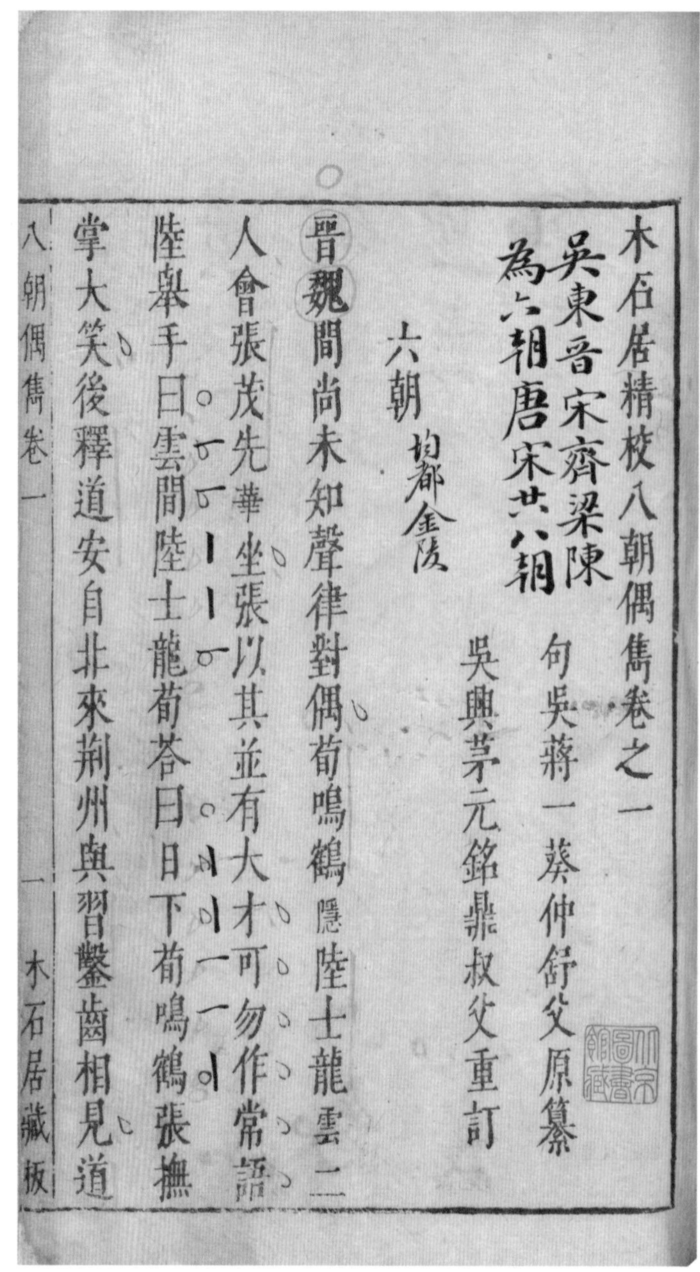

木石居精校八朝偶雋卷之一
吳東晉宋齊梁陳　句吳蔣一葵仲舒父原纂
為六朝唐宋共八朝　吳興茅元銘鼎叔父重訂
六朝　均都金陵
晉魏間尚未知聲律對偶荀鳴鶴隱陸士龍雲二
人會張茂先華坐張以其並有大才可勿作常語
陸舉手曰雲間陸士龍荀荅曰日下荀鳴鶴張撫
掌大笑後釋道安自北來荊州與習鑿齒相見道

八朝偶雋卷一　一　木石居藏板

木石居精校八朝偶雋七卷　〔明〕蔣一葵撰

明木石居刻本

一册

半葉八行十九字，白口，四周單邊，無直格。版框 20.7×14.0 厘米

16792（14773）

長樂鄭振鐸西諦藏書

作論秘訣心法序

三代無文人六經無文法論之作其起於秦漢乎秦之文李斯上秦王逐客書其最也漢儒彬興作者累數百家前則賈誼過秦論後則班彪王命論文其翹楚者與晉魏以下代亦有人然而連篇累牘不出月露之形積案盈箱尽是風雲之態求其清才逸思超越古今者獨淵明歸去來辭等作最為近之雖非論之正体而瀟灑脫塵標格丰度已可槩見矣隨則王通講道河汾獻太平策諫佞而不正也自擬素王誕妄而無稽也唐朝之文李翺失之僻賓王失之詭宋元失之怪惟昌黎文起八代之衰道濟天下之溺原道之作諍臣之論與夫進學解獲麟說蓋以矯晉隋之陋而歸之正矣學者稱之為斗山大儒又謂其文如韶鳴鳳躍詎不信與有宋龍興周程張朱為理學淵藪接洙泗淵源卓乎不可及矣若乃以論擅名歐蘇其選也著述繁浩星羅布列春秋論朋黨論孔子從先進論王者不治夷狄論物不可以苟合論豈非無関於世教者哉　此猶古作也至陳傅良出博極群書淵涵理趣論之作也格律

作論秘訣心法不分卷　〔明〕汪正宗撰

明抄本

二冊

半葉六行三十字，無欄格

15979（10095）

弘材孰與周公賢　就題辦駁格　只重周公二字生意思

破承文是一格只是意推斷周公非人所能及而以弘材妄擬之是之謂不知量也

起言人之分量相去有不同之等古今上下道德材術乃是眼目亦為衆頭豕項歸宿処

証言分量之不同是如此連前二段俱是泛泛議論為下文办駁張本

嘗覌五經易之象爻詩之風雅書之周官立政禮之三千三百與夫孔子作春秋以思周公之意未嘗不悚然嘆曰道正諸五經矣周公之道之廣大也如此夫後有作者弗可及矣而乃有弘才孰与周公賢之言者愚固未知其所自然豈不能以周公之聖而辨之噫甚哉論人之难也是故善論人者必於其類不於其類而妄擬焉君子不謂之知量也夫天下之人古今之異時上下之異品道德材術之異蘊古者弗類于今矣而今之不能擬夫古者猶夫古也上者弗類於下矣而下之不可擬乎上者猶夫上也道德弗類于材術矣而材術之难擬乎道德者亦然若是者莫不有自然之分量焉故聖人者有聖人之分量太山河海其等埒也賢人有賢人之分量丘陵沼沚其品流也庸人有庸人之分量卷石甕盎其品具也齲卷石之高於丘陵廣甕盎之品於沼沚人未有不笑之者況為太山乎河海乎古之聖者至周公孔子極矣自顔孟以下顧希聖猶

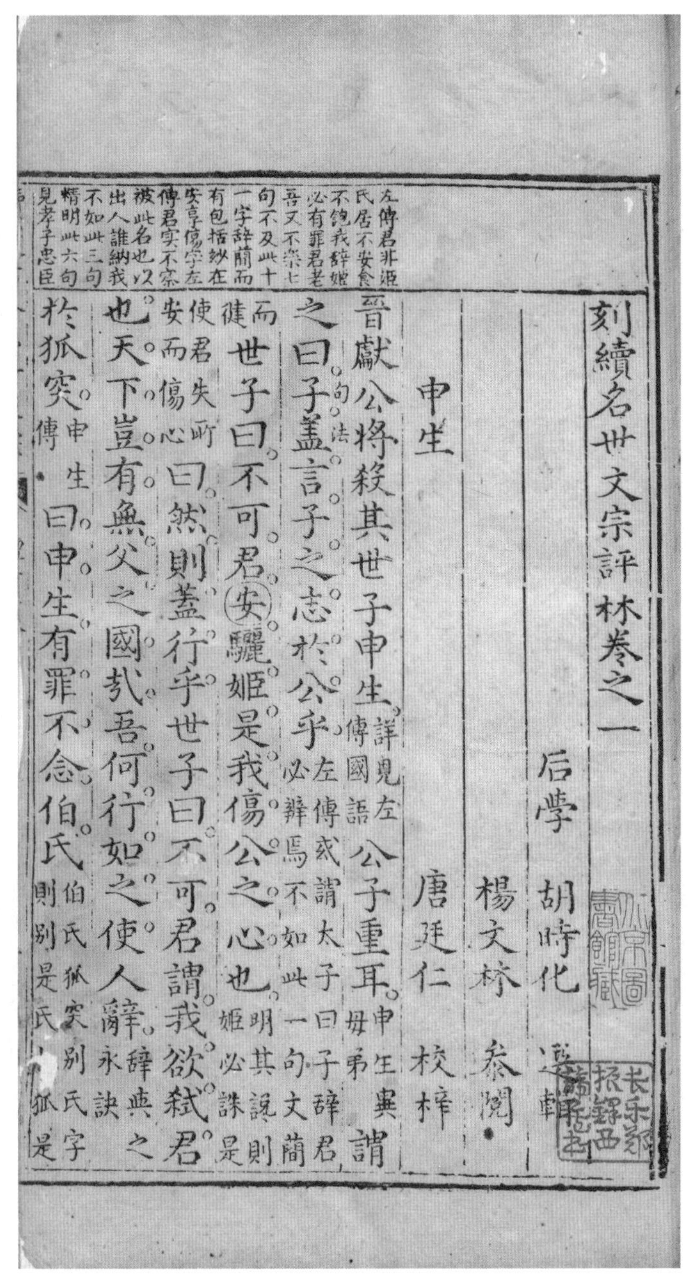

刻續名世文宗評林十卷　〔明〕胡時化輯

明唐廷仁刻本

十八册

半葉十行二十一字，小字雙行同，白口，四周雙邊。眉欄鐫評。版框 21.9×14.4 厘米

T02972（13934）

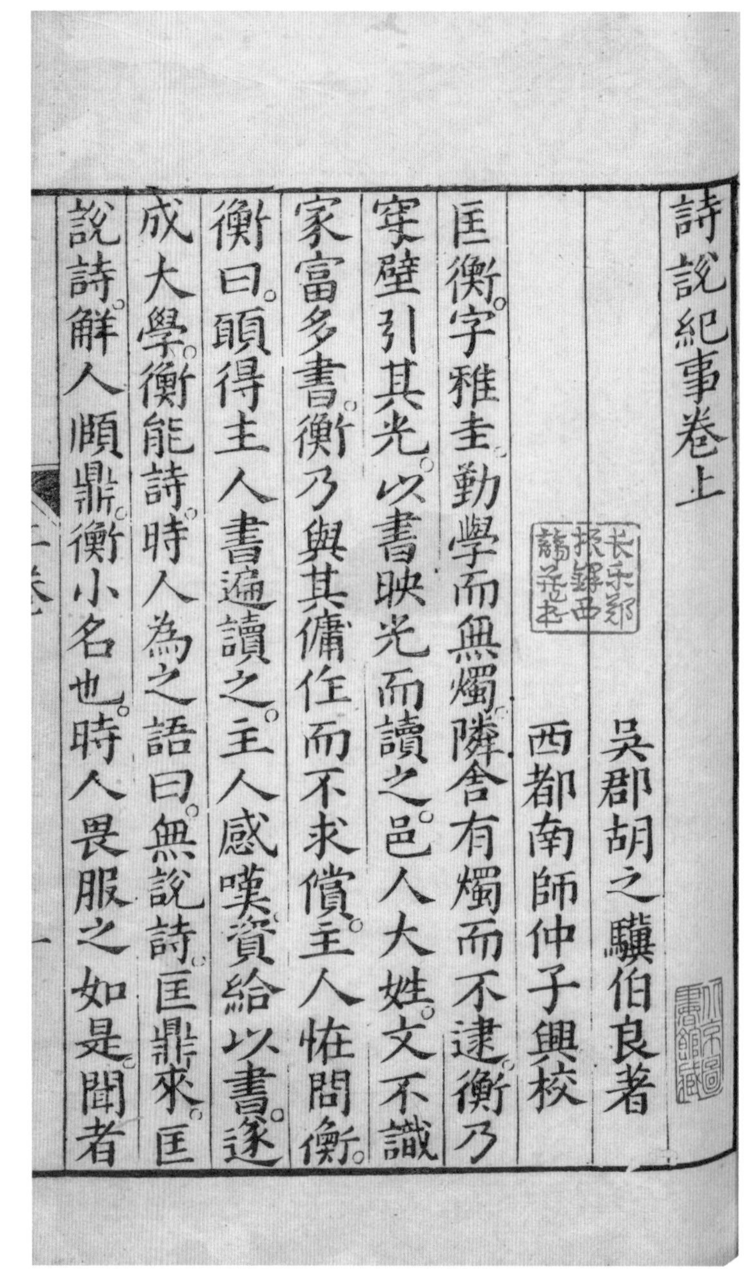

詩說紀事卷上

吳郡胡之驥伯良著

西都南師仲子興校

匡衡字稚圭勤學而無燭隣舍有燭而不逮衡乃穿壁引其光以書映光而讀之邑人大姓文不識家富多書衡乃與其傭作而不求償主人怪問衡衡曰願得主人書遍讀之主人感嘆資給以書遂成大學衡能詩時人為之語曰無說詩匡鼎來匡說詩解人頤鼎衡小名也時人畏服之如是聞者

詩説紀事三卷　〔明〕胡之驥撰

明萬曆刻本

三册

半葉九行十九字，白口，四周單邊。版框 19.3×14.5 厘米

T03325（9549）

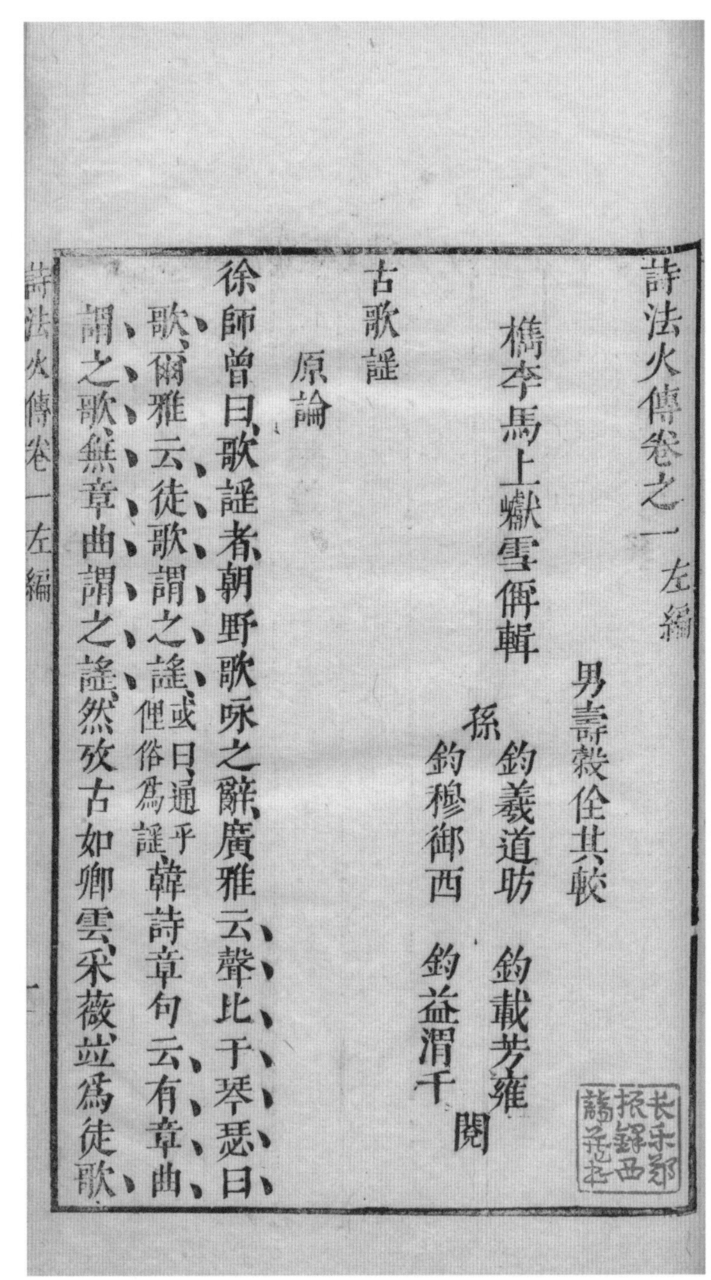
詩法火傳卷之一左編

檇李馬上巘雪㑹輯

男壽穀佺其較

孫鈞義道昉 鈞載芳𤣥

鈞穆御西 鈞益渭千 閱

古歌謡

原論

徐師曾曰：歌謡者，朝野歌詠之辭。廣雅云：聲比于琴瑟曰歌。爾雅云：徒歌謂之謡。或曰：通乎俚俗爲謡。韓詩章句云：有章曲謂之歌，無章曲謂之謡。然攷古如卿雲、采薇並爲徒歌

長樂鄭振鐸西諦藏書

詩法火傳十六卷 〔清〕馬上巘撰

清順治十八年（1661）刻本

十册

半葉九行二十二字，白口，四周單邊，無直格。版框 19.4×14.0 厘米

16936（1840）

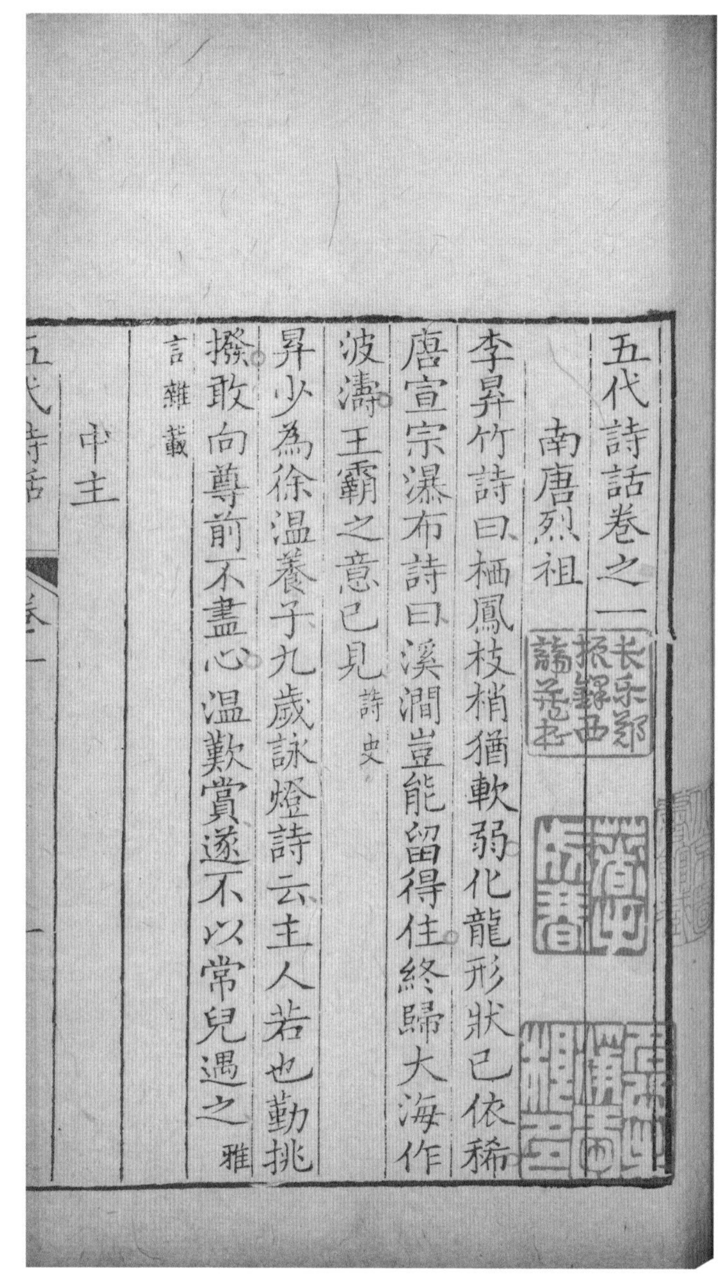

五代詩話十二卷　〔清〕王士禛輯　**漁洋詩話二卷**　〔清〕王士禛撰

清乾隆十三年（1748）養素堂刻本

六册

半葉九行十九字，白口，左右雙邊。版框 14.7×11.3 厘米

T02954（2738）

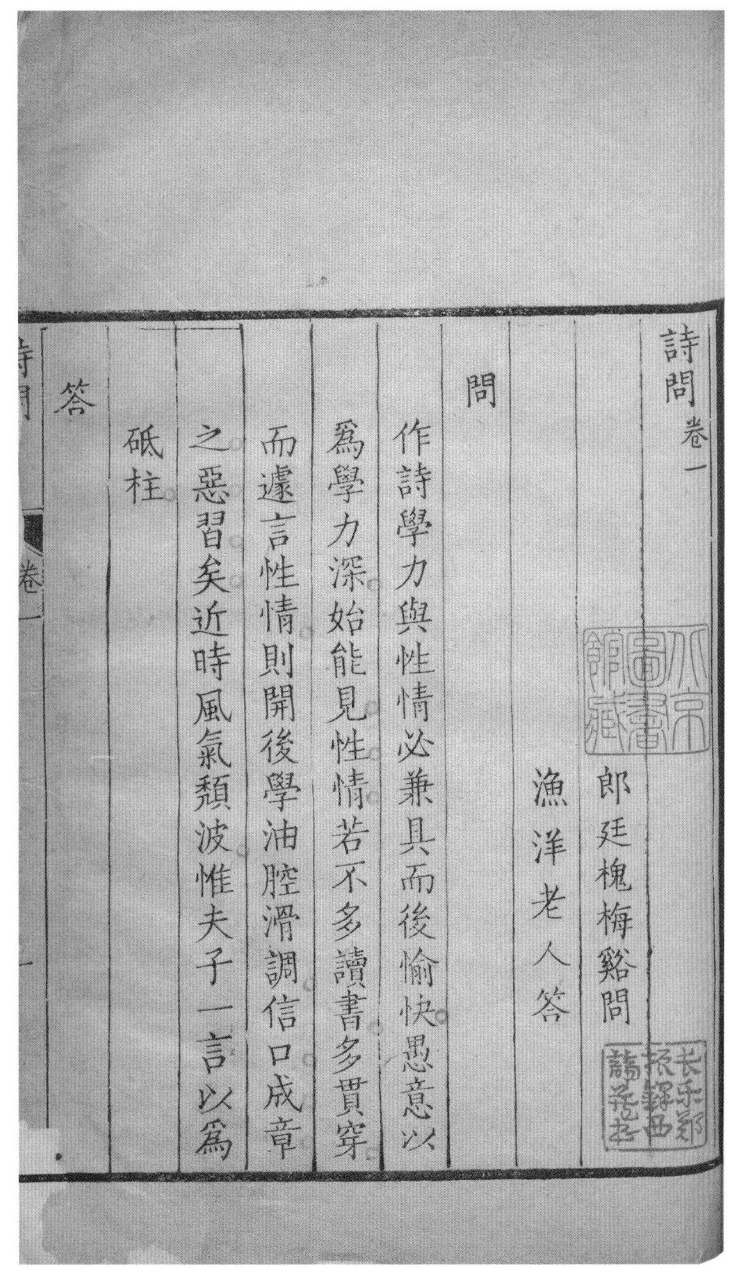

詩問卷一

郎廷槐梅谿問
漁洋老人答

問

作詩學力與性情必兼具而後愉快愚意以爲學力深始能見性情若不多讀書多貫穿而遽言性情則開後學油腔滑調信口成章之惡習矣近時風氣頹波惟夫子一言以爲砥柱

答

詩問四卷附詩問續一卷　〔清〕王士禛、張篤慶、張實居撰　〔清〕郎廷槐輯

清康熙四十五年（1706）刻本　裴□侯跋

二册

半葉十行十九字，白口，左右雙邊。版框 17.7×14.5 厘米

T00026（2493）

吕晚邨先生論文彙鈔不分卷　〔清〕吕留良撰

清康熙五十三年（1714）吕氏家塾刻本

一册

半葉九行十八字，黑口，四周雙邊。版框 17.7×11.8 厘米

16005（10130）

呂晚邨先生論文彙鈔

程子曰、今之學有三。而異端不與焉。一訓詁。一文章。一儒者。余按今不特儒者絶於天下。即文章訓詁皆不可名學。獨存異端耳。昔所謂文章蘇王之類也。訓詁則鄭孔之類也。今有其人乎。故曰不可名學也。而又有自附於訓詁者。則講章是也。儒者正學。自朱子没。勉齋漢卿。僅足自守。不能發皇恢張。再傳盡失其旨。如何王金許之徒。皆潛畔師説。不止吳澄

新建裘任遠輯
西江詩話
妙貫堂藏板

西江詩話十二卷　〔清〕裘君弘撰

清康熙四十二年（1703）裘氏妙貫堂刻本

四册

半葉九行十九字，白口，四周單邊。版框 18.9×13.6 厘米

15410（900）

西江詩話卷一

香坡裘君弘[illegible]選輯

陶淵明

陶集拱璧千載家有其書槩不掄入惟採古今論陶諸則可以與陶詩相發明者錄之如左

時周續之入廬山事釋慧遠彭澤劉遺民亦遯跡匡山淵明又不應徵命謂之潯陽三隱後刺史檀韶苦請續之出州與學士祖企謝景夷共在城北講禮加以較讐所住公廨近于馬隊故淵明示其

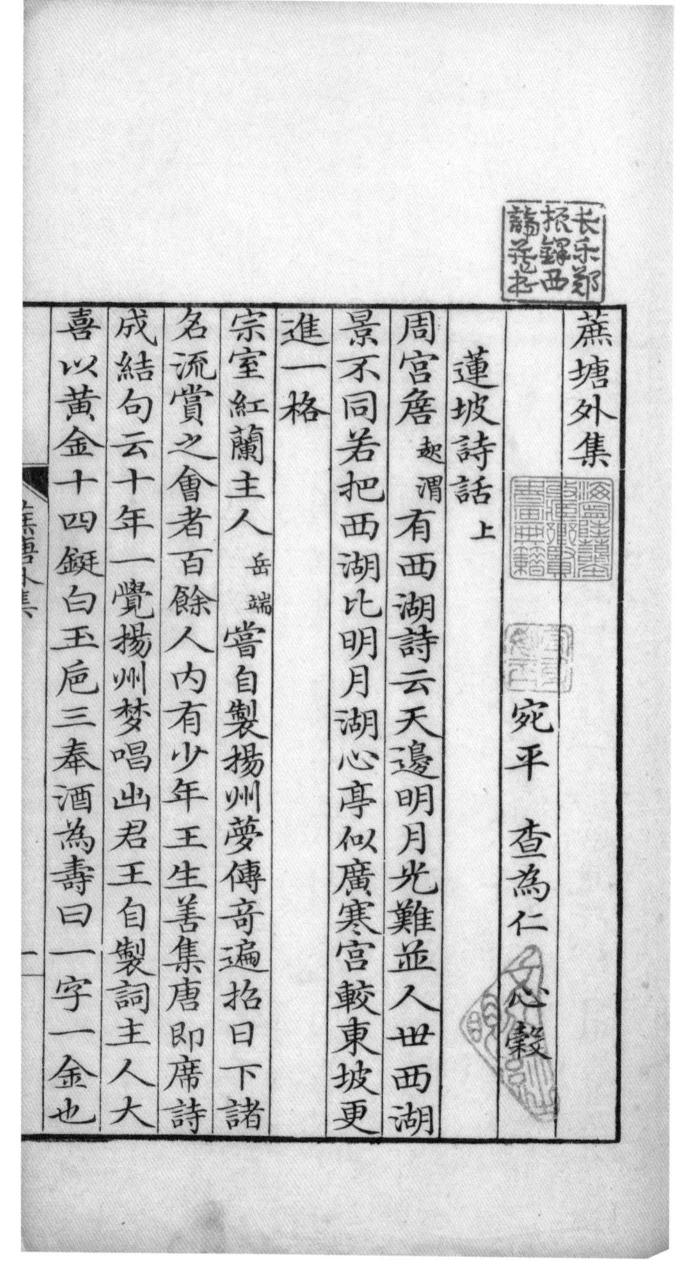
蕉塘外集
宛平　查為仁心穀
蓮坡詩話上
周宮詹趍渭有西湖詩云天邊明月光難並人世西湖
景不同若把西湖比明月湖心亭似廣寒宮較東坡更
進一格
宗室紅蘭主人岳端嘗自製揚州夢傳奇遍招日下諸
名流賞之會者百餘人內有少年王生善集唐即席詩
成結句云十年一覺揚州梦唱出君王自製詞主人大
喜以黃金十四鋌白玉巵三奉酒為壽曰一字一金也

蓮坡詩話三卷　〔清〕查爲仁撰

清乾隆刻蕉塘外集本

三册

半葉十行二十一字，白口，四周單邊。版框 17.9×12.7 厘米

15475（1918）

一瓢齋詩話

河津薛雪生白説

趨庭之訓首先及詩而曰不學詩無以言則詩之時義大矣哉夫詩以道性情感志意關風教通鬼神倫常物理無不畢具以擊壤康衢之類爲發源由三百篇而降則濫觴於漢魏六朝浸廣於唐宋元明以及昭代何世無詩但日趨日下去本一步呈盡千嗤昔人已有詩亡之歎況今日乎有志者要當自具隻眼溯流而上必得其源

學詩須有才思有學力猶要有志氣方能卓然自立與古人抗衡若一步一趨描寫古人已屬寄人籬下

一瓢齋詩話　一　掃葉村莊

一瓢齋詩話一卷　〔清〕薛雪撰

清乾隆掃葉村莊刻本

二册

半葉十一行二十字，小字雙行同，白口，左右雙邊。版框 18.8×14.6 厘米

15461（1920）

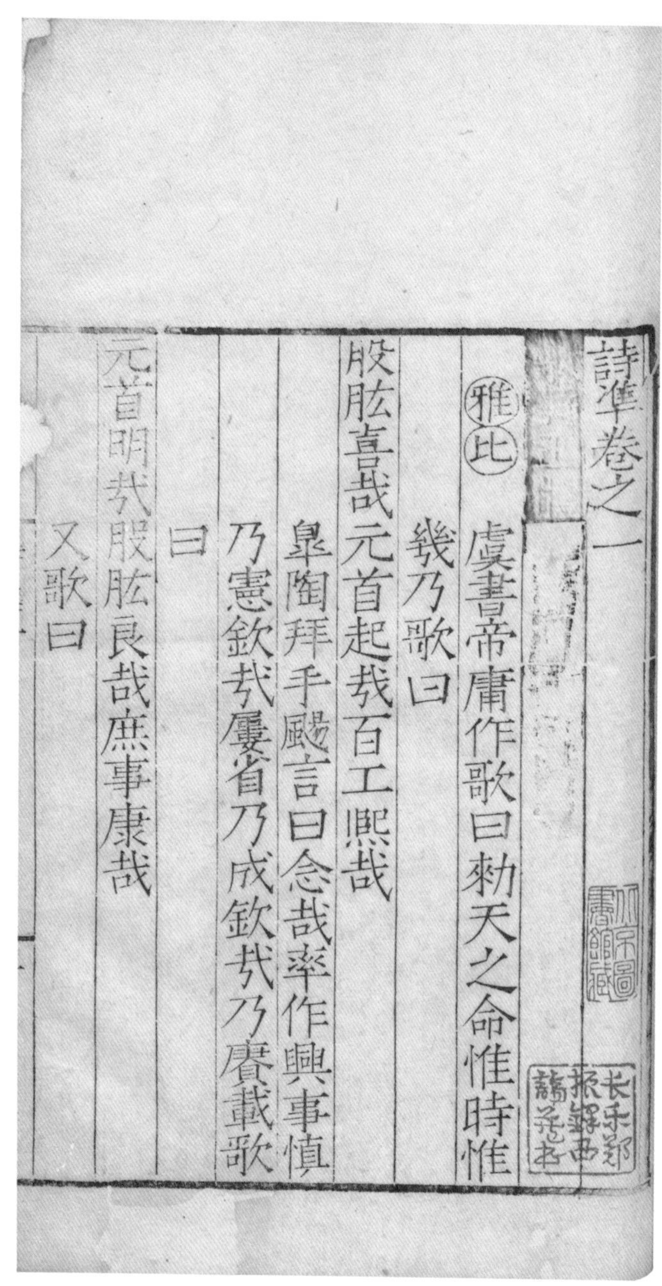

詩準卷之一

雅比　虞書帝庸作歌曰勑天之命惟時惟
幾乃歌曰
股肱喜哉元首起哉百工熙哉
皐陶拜手颺言曰念哉率作興事慎
乃憲欽哉屢省乃成欽哉乃賡載歌
曰
元首明哉股肱良哉庶事康哉
又歌曰

詩準四卷詩翼四卷　〔宋〕何無適、倪希程輯

明刻本

一册　存二卷：詩準一至二

半葉十行十八字，白口，左右雙邊。版框 17.2×12.9 厘米

T03317（9922）

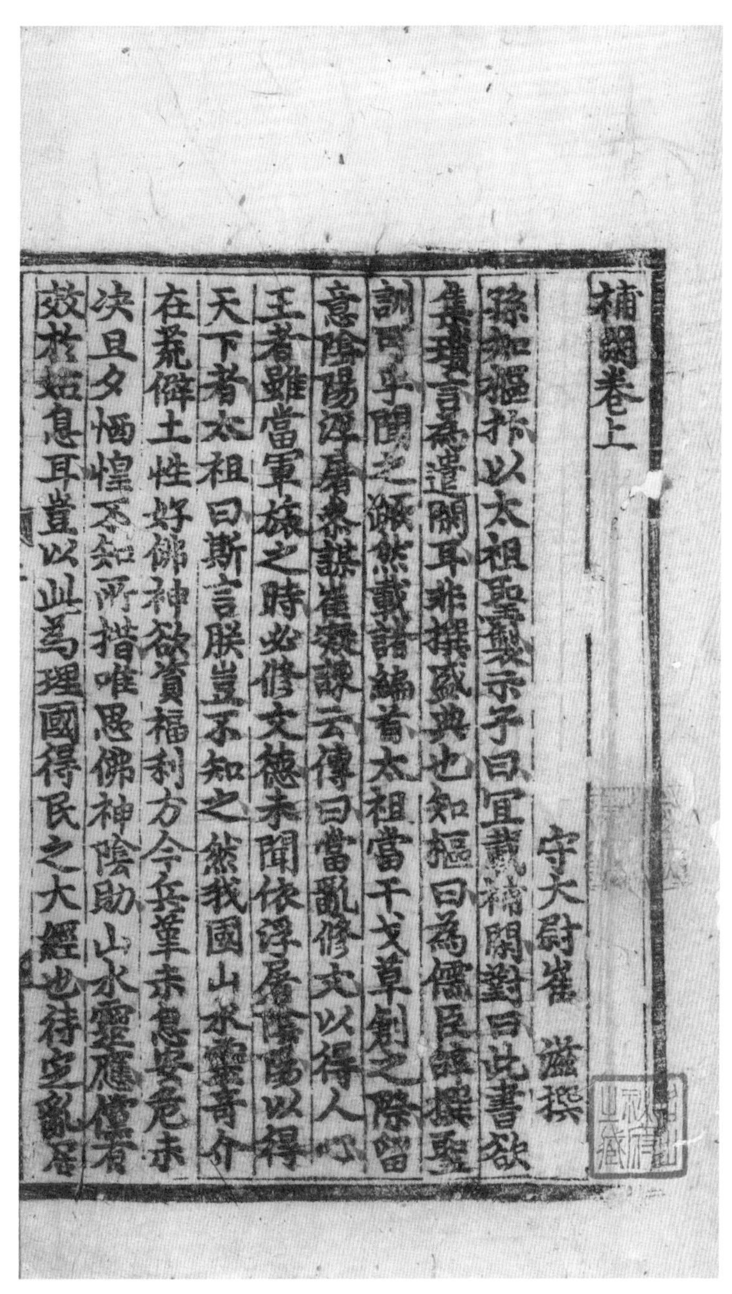

補閑卷上

守大尉崔　滋撰

孫知樞於以太祖聖製示予曰宜載補閑對曰此書欲集瑣言爲遣閑耳非撰盛典也知樞曰爲儒臣諱撰聖訓予聞之瞠然載諸編首太祖當干戈草創之際留意陰陽浮屠參謀崔凝諫云傳曰當亂修文以得人心王者雖當軍旅之時必修文德未聞依浮屠陰陽以得天下者太祖曰斯言朕豈不知之然我國山水靈奇介在荒僻土性好佛神欲資福利方今兵革未息安危未決旦夕惕惶不知所措唯思佛神陰助山水靈應儻有效於姑息耳豈以此爲理國得民之大經也待定亂居

補閑三卷　〔朝鮮〕崔滋撰

朝鮮刻本

三册

半葉十一行二十一字，黑口，四周雙邊。版框 19.6×13.8 厘米

15542（3468）

圖書在版編目（CIP）數據

國家圖書館西諦藏書善本圖録 / 國家圖書館古籍館編 .—厦門：鷺江出版社，2019.12
ISBN 978-7-5459-1528-0

Ⅰ. ①國… Ⅱ. ①國… Ⅲ. ①私人藏書—圖書目録—中國—現代 ②古籍—善本—圖書目録—中國 Ⅳ. ① Z842.7 ② Z838

中國版本圖書館 CIP 資料核字（2018）第 278085 號

策　　劃：雷　戎　劉浩冰
責任編輯：雷　戎　王　楓　金月華　陳　輝
裝幀設計：張志偉
營銷編輯：趙　娜
責任印製：孫　明

GUOJIA TUSHUGUAN XIDI CANGSHU SHANBEN TULU
國家圖書館西諦藏書善本圖録（全七册）
國家圖書館古籍館　編

出版發行：鷺江出版社
地　　址：厦門市湖明路 22 號　　郵政編碼：361004
印　　刷：天津聯城印刷有限公司
地　　址：天津市寶坻區新安鎮工業園區 3 號路 2 號　　郵政編碼：301806
開　　本：889mm × 1194mm　1/16
印　　張：235.5
版　　次：2019 年 12 月第 1 版　2019 年 12 月第 1 次印刷
書　　號：ISBN 978-7-5459-1528-0
定　　價：3800.00 元

如發現印裝品質問題，請寄承印廠調換。
版權所有，翻印必究